A marca FSC® é a garantia de que a madeira utilizada na fabricação do papel deste livro provém de florestas que foram gerenciadas de maneira ambientalmente correta, socialmente justa e economicamente viável, além de outras fontes de origem controlada.

ROBERT DARNTON

Censores em ação
Como os Estados influenciaram a literatura

Tradução
Rubens Figueiredo

COMPANHIA DAS LETRAS

Copyright © 2014 by Robert Darnton
Todos os direitos reservados.

Grafia atualizada segundo o Acordo Ortográfico da Língua Portuguesa de 1990, que entrou em vigor no Brasil em 2009.

Título original
Censors at Work: How States Shaped Literature

Capa
Mariana Newlands

Foto de capa
Corbis Corporation/ Fotoarena

Índice remissivo
Luciano Marchiori

Preparação
Lígia Azevedo

Revisão
Isabel Jorge Cury
Carmen T. S. Costa

Dados Internacionais de Catalogação na Publicação (CIP)
(Câmara Brasileira do Livro, SP, Brasil)

> Darnton, Robert
> Censores em ação : como os Estados influenciaram a literatura / Robert Darnton; tradução Rubens Figueiredo. — 1ª ed. — São Paulo : Companhia das Letras, 2016.
>
> Título original: Censors at Work : How States Shaped Literature
> ISBN 978-85-359-2710-8
>
> 1. Censura 2. Censura – Alemanha (Leste) – História – Século 20 3. Censura – França – História – Século 18 4. Censura – Índia – História – Século 19 5. Literatura e Estado I. Título.

16-01732 CDD-363.3123

Índice para catálogo sistemático:
1. Censura : Estado : Problemas sociais 363.3123

[2016]
Todos os direitos desta edição reservados à
EDITORA SCHWARCZ S.A.
Rua Bandeira Paulista, 702, cj. 32
04532-002 — São Paulo — SP
Telefone: (11) 3707-3500
Fax: (11) 3707-3501
www.companhiadasletras.com.br
www.blogdacompanhia.com.br
facebook.com/companhiadasletras
instagram.com/companhiadasletras
twitter.com/cialetras

Sumário

Introdução 7

PARTE 1 — A FRANÇA DOS BOURBON: PRIVILÉGIO E REPRESSÃO 17
Tipografia e legalidade 20
O ponto de vista dos censores 27
Operações cotidianas 37
Casos problemáticos 51
Escândalo e Iluminismo 58
A polícia do livro 64
Um autor nos aposentos dos criados 67
Um sistema de distribuição: Capilares e artérias ... 77

PARTE 2 — ÍNDIA BRITÂNICA: LIBERALISMO E IMPERIALISMO 99
Etnografia amadora 102
Melodrama 109
Vigilância 116
Sedição? 132

Repressão 139
Hermenêutica de tribunal 147
Menestréis ambulantes 154
A contradição básica 167

PARTE 3 — ALEMANHA ORIENTAL COMUNISTA:
  PLANEJAMENTO E PERSEGUIÇÃO 169
Informantes nativos 171
Dentro dos arquivos 192
Relações com os autores 200
Negociações entre autores e editores 215
Fortes batidas na porta 227
Uma peça: O espetáculo não deve continuar 241
Um romance: Publicar e destruir 249
Como a censura terminou 264

Conclusão 273
Agradecimentos 293
Notas 295
Créditos das imagens 347
Índice remissivo 349

Introdução

Onde fica o norte no ciberespaço? Não existe bússola que forneça nosso paradeiro na quinta-essência desconhecida para além da galáxia de Gutenberg, e a dificuldade não é meramente cartográfica e tecnológica; é moral e política. Nos primórdios da internet, o ciberespaço parecia ser livre e aberto. Agora é terreno em disputa, está dividido, fechado atrás de barreiras de proteção.[1] Espíritos livres talvez imaginassem que a comunicação eletrônica poderia ocorrer sem obstáculos, mas isso seria ingenuidade. Quem desejaria abrir mão da senha de seu e-mail ou rejeitar filtros que protegem crianças da pornografia ou deixar seu país indefeso diante de ciberataques? Mas a Grande Muralha da Internet da China e a vigilância irrestrita da Agência Nacional de Segurança dos Estados Unidos ilustram a tendência do Estado para garantir seus interesses à custa dos indivíduos comuns. Será que a tecnologia moderna produziu uma nova forma de poder, que levou a um desequilíbrio entre o papel do Estado e os direitos dos cidadãos? Talvez, mas devemos ter cautela ao supor que não exista nenhum precedente no passado sobre o equilíbrio de poder do presente.

Para se ter certa perspectiva sobre a situação atual, podemos estudar a história dos experimentos feitos pelo Estado para controlar a comunicação. Este livro tem o intuito de mostrar como se deram essas tentativas, não sempre e em toda parte, mas em momentos e lugares específicos, nos quais podem ser investigadas em detalhe. É uma história interna, pois pretende investigar os bastidores e as missões secretas em que agentes do Estado vigiaram palavras, permitindo ou proibindo que aparecessem impressas e suprimindo-as conforme as razões de Estado, quando começavam a circular em forma de livros.

A história dos livros e das tentativas de mantê-los sob controle não conduz a conclusões que possam ser diretamente aplicadas a políticas regulamentadoras da comunicação digital. Ela é importante por outras razões. Ao nos levar para o interior das operações dos censores, mostra como pensavam os formuladores de políticas, como o Estado avaliava as ameaças a seu monopólio de poder e como tentava se contrapor a tais ameaças. O poder do papel impresso podia ser tão ameaçador quanto a máquina de guerra cibernética. Como os agentes do Estado entendiam isso e como seus pensamentos determinavam as ações? Nenhum historiador consegue entrar na cabeça dos mortos — ou, a bem da verdade, nem na cabeça dos vivos, mesmo que possam ser entrevistados para estudos de história contemporânea. Porém, com documentação suficiente, podemos detectar padrões de pensamento e ação. Só raramente os arquivos se mostram adequados, porque a censura foi exercida em segredo e os segredos em geral continuaram ocultos ou foram destruídos. No entanto, uma vez que se consiga uma cadeia de provas suficiente, podemos trazer à tona os pressupostos subjacentes e as atividades ocultas dos funcionários incumbidos de policiar os impressos. Então os arquivos revelam fios condutores. Podemos seguir os censores enquanto examinavam textos, muitas vezes linha por linha, e podemos rastrear a polícia enquanto seguia os passos de livros proibidos, forçando as fronteiras que separam o legal do ilegal. As próprias fronteiras precisam ser mapeadas, porque frequentemente eram incertas e sempre eram mutáveis. Onde se pode traçar a fronteira entre Krishna namorando ordenhadoras e o erotismo inaceitável na literatura de Bengala, ou entre o realismo socialista e a narração "burguesa tardia" na literatura da Alemanha Oriental comunista? Os mapas conceituais são interessantes por si sós e importantes porque influenciavam o comportamento real. A repressão de livros — as sanções de todos os tipos que se incluem na rubrica de "censura pós-publicação" — mostra como o Estado enfrentou a literatura no dia a dia, em incidentes que levam o relato para o interior da vida de personagens audazes ou infames, que operavam fora do balizamento da lei.

Nesse ponto, a pesquisa cede lugar ao mero prazer da caça, porque a polícia — ou seu equivalente, conforme a natureza do governo — continuou atuando sobre variedades de natureza humana que raramente figuram nos livros de história. Menestréis errantes, mascates desonestos, missionários sediciosos, aventureiros mercantilistas, autores de toda sorte — famosos ou desconhecidos, inclusive um falso *swami*, ou mestre religioso hindu, um camareiro da corte que traficava escândalos e até mesmo os próprios policiais, que às vezes cerravam fileiras com suas vítimas — são as pessoas que povoam as páginas seguintes, com censores de todos os tamanhos e feitios. Esse aspecto da comédia humana merece ser recontado por seus próprios méritos, creio, mas ao contar as histórias do modo mais preciso de que sou capaz, sem exageros ou desvios de dados, espero alcançar algo mais: uma história da censura em uma nova chave, ao mesmo tempo comparativa e etnográfica.

Com a exceção de mestres como Marc Bloch, os historiadores defendem a história comparativa com mais frequência do que a praticam.² É um gênero exigente, não apenas devido à necessidade de dominar diferentes campos de estudo em idiomas diversos, mas também em razão dos problemas inerentes às comparações. Pode ser fácil não confundir maçãs com laranjas, mas como é possível estudar instituições que parecem semelhantes e têm o mesmo nome, porém funcionam de maneira diferente? Uma pessoa chamada de censor pode se comportar conforme as regras de um jogo que são incompatíveis com aquelas seguidas por outra pessoa, considerada um censor em outro sistema. Os jogos em si são diferentes. A própria noção de literatura, em certas sociedades, carrega um peso que, em outras, mal pode ser imaginado. Na Rússia soviética, segundo Aleksandr Soljenítsin, a literatura era tão poderosa que "acelerava a história".³ Para a maior parte das pessoas, ela importa menos do que os esportes. No entanto, suas atitudes variaram muito ao longo do tempo. A literatura teve muito peso há trezentos anos, quando a Bíblia (em especial as edições de Calvino em Genebra, em larga medida por causa da vigorosa tradução de William Tyndale) influenciava fortemente um modo de vida. De fato, pode ser anacrônico falar de "literatura" entre os puritanos, uma vez que o termo não entrou no uso comum senão no século XVIII. "Religião" ou "divindade" talvez fossem mais adequados, e o mesmo é verdade para muitas culturas antigas, como a indiana, na qual a história literária não pode ser nitidamente diferenciada da mitologia religiosa. Em vez de me concentrar na terminologia, espero captar a fraseologia — ou seja, compreender o tom subjacente de um sistema cultural, suas atitudes tácitas e seus valores implícitos, na medida em que afetaram a ação. As comparações, quero crer, funcionam melhor no nível sistêmico. Por conseguinte, tentei reconstruir a censura tal como operava no decorrer de três sistemas autoritários: a monarquia dos Bourbon na França do século XVIII, o governo britânico na Índia — o Raj, do século XIX — e a ditadura comunista na Alemanha Oriental, no século XX. Cada um deles vale um estudo particular. Quando tomados em conjunto e comparados, permitem repensar a história da censura em geral.

Talvez pareça melhor começar com uma pergunta: o que é a censura? Pedi a meus alunos que dessem exemplos, e estas foram algumas das respostas (além dos casos óbvios de opressão sob Hitler e Stálin):

Dar notas
Chamar um professor de "professor"
Correção política
Resenha pelos pares
Resenhas de qualquer tipo
Editar e publicar
Proibir armas de ataque
Jurar ou se recusar a jurar fidelidade à bandeira
Solicitar ou distribuir licença para dirigir
Vigilância da Agência Nacional de Segurança dos Estados Unidos
O sistema de classificação de filmes da Associação Americana de Cinema
A Lei de Proteção às Crianças na Internet
Monitorar a velocidade dos automóveis por meio de câmeras
Obedecer ao limite de velocidade
Classificar documentos para proteger a segurança nacional
Classificar qualquer coisa
Classificação de relevância por algoritmo
O uso de "ela" em vez de "ele" como pronome-padrão
Usar ou não usar gravata
Polidez
Silêncio

A lista poderia ser estendida indefinidamente, abarcando sanções legais e ilegais, filtros psicológicos e tecnológicos e todos os tipos de comportamento, seja de autoridade do Estado, de instituições privadas, de grupos de colegas, seja de indivíduos que vasculham os segredos da alma. Qualquer que seja a validade dos exemplos, eles sugerem que uma definição ampla da censura pode abranger quase tudo. Pode-se considerar que a censura exista em toda parte — mas, se está em toda parte, não está em lugar nenhum, pois uma definição que envolva tudo apagaria todas as distinções e, portanto, não teria sentido. Identificar a censura com coerções de todo tipo é trivializá-la.

Em vez de começar com uma definição e depois procurar exemplos que se adaptem a ela, resolvi interrogar os próprios censores. Eles não podem ser entrevistados (os censores da Alemanha Oriental, discutidos na Parte 3, constituem uma rara exceção), porém podemos recuperar sua voz por meio dos arquivos e indagá-los, testando e reformulando interpretações, à medida que passamos de um documento para outro. Alguns poucos manuscritos isolados não bastam. É preciso ter centenas, e a sequência deve ser rica o bastante para mostrar como os censores cumpriam suas tarefas cotidianas comuns. Portanto, as perguntas pertinentes passam a ser: como eles trabalhavam e como compreendiam seu trabalho? Se os dados forem adequados, deve ser possível compor padrões de comportamento entre os censores e em seu ambiente — desde a filtragem de manuscritos pelos editores até o confisco de livros pela polícia. Os papéis representados variam conforme as instituições envolvidas, e a configuração institucional depende da natureza da ordem sociopolítica. Seria errado, portanto, esperar que todas as publicações seguissem o mesmo trilho e que, quando ofendiam as autoridades, fossem reprimidas da mesma forma. Não existe um modelo geral.

Mas existem tendências gerais na maneira como a censura foi

estudada durante os últimos cem anos.[4] Com o risco de uma simplificação excessiva, eu citaria duas: de um lado, a história da luta entre a liberdade de expressão e as tentativas das autoridades políticas e religiosas para reprimi-la; de outro, o relato sobre as coerções de todo tipo que inibem a comunicação. Por mais opostas que sejam, creio que há muito a ser dito em favor de ambas.

A primeira tem um teor maniqueísta. Contrapõe os filhos da luz aos filhos das trevas e tem a simpatia de todos os defensores da democracia que julgam que certas verdades são óbvias e dispensam explicações.[5] A despeito de seu valor lógico ou epistemológico, tais verdades funcionam como princípios primordiais, não apenas de modo abstrato, mas na prática política. A Primeira Emenda da Constituição dos Estados Unidos fornece um ponto de partida para as leis e para as decisões dos tribunais que determinaram o significado e estabeleceram o limite de "liberdade de expressão ou de imprensa", como estabelecido numa só frase de tirar o fôlego.[6] Os sofisticados podem zombar do "Absolutismo da Primeira Emenda",[7] mas a liberdade invocada pela Declaração dos Direitos pertence a uma cultura política de um tipo que pode até ser considerado uma religião civil,[8] que se desenvolveu por mais de dois séculos e exige a fidelidade de milhões de cidadãos. Quando aderem à Primeira Emenda, os cidadãos mantêm o controle sobre certo tipo de realidade. Eles adaptam seu comportamento ao primado da lei e, quando entram em conflito, levam suas causas aos tribunais, que decidem qual lei de fato se aplica.

Quando debatem em defesa dos direitos fundamentais, os filósofos usam abstrações, mas em geral compreendem que as ideias têm raízes em sistemas de poder e de comunicação. John Locke, o filósofo mais identificado com teorias de direitos naturais, não invocou a liberdade de expressão quando a censura pré--publicação deixou de ser uma regra legal na Inglaterra. Em vez disso, deu boas-vindas à recusa do Parlamento para renovar a Lei da Autorização, que implantava a censura, como uma vitória sobre os livreiros da Corporação de Donos de Papelarias, a quem ele desprezava por causa de suas práticas monopolistas e de seus produtos de má qualidade.[9] Milton também atacou a Corporação de Donos de Papelarias em *Areopagitica*, o maior manifesto em língua inglesa em favor da liberdade de imprensa — importante, porém limitado (não se devia permitir nenhum "papismo" ou nenhuma "superstição evidente").[10] Tais exemplos e outros que poderiam ser citados (como Diderot)[11] não provam que os filósofos não defenderam a liberdade de imprensa como uma questão de princípio, mas sim que a entendiam como um ideal a ser defendido num mundo real, de interesses econômicos e de lobbies políticos. Para eles, a liberdade não era uma norma situada fora do mundo, mas um princípio vital do discurso político, que aplicavam na reconstrução social da realidade que estava em curso na Europa nos séculos XVII e XVIII. Muitos de nós vivemos no mundo que eles criaram, um mundo de direitos civis e de valores compartilhados. A internet não condenou essa moral à obsolescência. Nada seria mais autodestrutivo do que argumentar contra a censura e ao mesmo tempo desdenhar a tradição que conduz dos antigos, através de Milton e Locke, até a Primeira Emenda e a Declaração Universal dos Direitos Humanos.

Esse argumento pode parecer suspeitamente pomposo. Ele tem mais do que um sopro do partido whig e pode ter um cheiro de liberalismo rançoso.[12] Devo confessar minhas próprias simpatias liberais e admitir que acho *Areopagitica* uma das obras polêmicas mais emocionantes que já li. Mas também tenho de admitir que simpatizo com uma segunda abordagem do tema, que mina as bases da primeira. Quando faladas ou escritas, as palavras exercem poder. De fato, o poder da fala opera de maneiras que não são fundamentalmente distintas das ações comuns no mundo cotidiano. Atos de fala, tais como entendidos pelos filósofos linguísticos, têm a intenção de produzir efeitos em seu ambiente; e, quando assumem a forma escrita, não há motivos para associá-los exclusivamente à literatura. Alguns teóricos da literatura chegam a ponto de defender que não faz sentido separar uma categoria, santificada e delimitada por restrições constitucionais, chamada de liberdade de expressão. Como declarou Stanley Fish num ensaio provocador: "Não existe o que se chama de liberdade de expressão — e isso também é bom".[13]

Seria possível citar outras tendências naquilo que é às vezes conhecido pelo nome de pós-modernismo[14] para respaldar a mesma tese: em contraste com os que veem a censura como a violação de um direito, muitos teóricos a constroem como um ingrediente da realidade social que permeia tudo. Na sua visão, ela opera na psique individual e na mentalidade coletiva, em toda parte e em qualquer época. É tão onipresente que, como nos exemplos dados por meus alunos, dificilmente pode ser distinguida de quaisquer outros tipos de coerção. Portanto, uma história da censura deve enfrentar um problema. Pode ser válido se opor a delimitar o tema mediante uma definição restritiva, mas seria possível estendê-la para além de todos os limites. Estamos em face de duas visões conflitantes, uma normativa, outra relativa. De minha parte, creio que podem ser reconciliadas abarcando ambas e elevando-as a outro nível de análise, que eu chamaria de antropológico. A fim de defender essa ideia, apresentarei uma "descrição densa" de como a censura de fato operava em três sistemas políticos muito diferentes.[15]

Esse tipo de história requer imersão nos arquivos — o equivalente, para o historiador, ao trabalho de campo do antropólogo. Minha própria experiência começa muitas décadas antes, nos documentos da Bastilha e nas grandes *collections syndicales* de Anisson-Duperron e Chambre, na Bibliothèque Nationale de France. Em razão de uma série de circunstâncias felizes, o ano de 1989-90 no Wissenschaftskolleg zu Berlin; e, logo depois da queda do Muro de Berlim, conheci alguns censores da Alemanha Oriental. Em 1993-4, pude dar seguimento às informações que eles haviam me fornecido passando mais um ano como pesquisador convidado no Wissenschaftskolleg, e continuei a estudar o tema em vários outros períodos de pesquisa em documentos do Partido Comunista da Alemanha Oriental. Tendo estudado os censores em ação sob dois sistemas bem distintos nos séculos XVIII e XX, decidi procurar material no século XIX, numa parte não ocidental do mundo. Graças à ajuda de Graham Shaw, então encarregado da direção da Seção Indiana de Biblioteca e Documentação da British Library, pude passar dois verões estudando os arquivos extraordinariamente ricos do Serviço Civil Indiano.

Por fim, após tantas expedições em fontes tão fecundas, encarei o problema de transformar em livro esse material tão diverso. Talvez a fim de comunicar a informação com toda a sua riqueza, eu devesse ter escrito três livros, mas queria condensar os resultados da pesquisa num único volume para que os leitores pudessem fazer comparações e estudar questões gerais em contextos diferentes. Organizar questões conceituais e contextuais à medida que aparecem em três países no decorrer de três séculos pode parecer intimidador; mesmo assim espero que esta obra, condensada como é, tenha apelo para os leitores em geral e provoque a reflexão sobre o problema apresentado pela convergência de dois tipos de poder — o do Estado, que sempre se expande em abrangência, e o da comunicação, que aumenta constantemente com a tecnologia. Os sistemas de censura estudados mostram que a intervenção do Estado no reino literário foi muito além de riscos a lápis feitos no texto. Ampliou-se a ponto de influenciar a própria literatura como uma força em ação em toda a ordem social. Se Estados exerceram tamanho poder na era do papel impresso, o que os impedirá de abusar dele na era da internet?

PARTE 1
A FRANÇA DOS BOURBON:
Privilégio e repressão

A visão maniqueísta da censura exerce um apelo especial quando aplicada na era do Iluminismo, pois ele é visto facilmente como uma batalha da luz contra as trevas. O movimento do século XVIII se apresentava dessa forma e seus heróis derivaram outras dicotomias deste contraste básico: razão contra obscurantismo, liberdade contra opressão, tolerância contra fanatismo. Eles viam forças paralelas em ação nos reinos social e político: de um lado, a opinião pública mobilizada pelos *philosophes*; de outro, o poder da Igreja e do Estado. É claro que os historiadores do Iluminismo evitam tal simplificação. Expõem as contradições e as ambiguidades, sobretudo quando relacionam ideias abstratas com instituições e eventos. Mas, quando chegam ao tema da censura, as interpretações históricas geralmente opõem a atividade repressiva dos funcionários administrativos às tentativas de escritores para promover a liberdade de expressão. A França oferece os exemplos mais dramáticos; a queima de livros, a prisão de autores, a condenação das obras de literatura mais importantes como ilegais — sobretudo as de Voltaire e Rousseau e a *Encyclopédie*, cuja publicação simboliza a luta do conhecimento para se libertar das algemas impostas pelo Estado e pela Igreja.[1]

Há muito a dizer em favor dessa interpretação, especialmente se for vista da perspectiva do liberalismo clássico ou do compromisso com a defesa dos direitos humanos — ou seja, de um ponto de vista moderno, derivado ele mesmo do Iluminismo. Mas, qualquer que seja sua validade como forma de adaptar juízos de valor à objetividade histórica, ela se ressente da carência de bases de pesquisa sobre como os censores de fato operavam. O que eles faziam, como entendiam suas tarefas e como suas atividades se encaixavam na ordem política e social vigente?[2]

TIPOGRAFIA E LEGALIDADE

Pensemos, por exemplo, na folha de rosto de um livro comum do século XVIII, *Nouveau Voyage aux isles de l'Amérique* (Paris, 1722). Ela se estende demoradamente, mais parece uma sobrecapa do que a folha de rosto de um livro moderno. De fato, sua função era semelhante à de uma sobrecapa: resumia e fazia propaganda do conteúdo do livro para quem estivesse interessado em lê-lo. O elemento ausente, pelo menos para o leitor moderno, é igualmente chocante: o nome do autor. Ele simplesmente não aparece. Não que o autor estivesse tentando esconder sua identidade: seu nome aparece nas páginas preliminares. Mas a pessoa que realmente tinha de responder pelo livro, o homem com a responsabilidade legal e financeira por ele, se mostra de modo proeminente ao pé da página, com o endereço: "Paris, Rue S. Jacques, Pierre-François Giffart, perto da Rue des Mathurins, na imagem de santa Teresa". Giffart era um livreiro (*libraire*) e, como muitos livreiros, funcionava como publicador (o termo moderno para editor, *éditeur*, ainda não havia entrado para o uso comum): com-

NOUVEAU VOYAGE AUX ISLES DE L'AMERIQUE.

CONTENANT

L'HISTOIRE NATURELLE DE CES PAYS, l'Origine, les Mœurs, la Religion & le Gouvernement des Habitans anciens & modernes.

Les Guerres & les Evenemens singuliers qui y sont arrivez pendant le long séjour que l'Auteur y a fait.

Le Commerce & les Manufactures qui y sont établies, & les moyens de les augmenter.

Avec une Description exacte & curieuse de toutes ces Isles.

Ouvrage enrichi de plus de cent Cartes, Plans, & Figures en Tailles - douces.

TOME PREMIER.

A PARIS, RUE S. JACQUES;
Chez PIERRE-FRANÇOIS GIFFART, près la ruë des Mathurins, à l'Image Sainte Therese.

─────────────

M. DCC. XXII.
Avec Approbation & Privilege du Roy.

Típica folha de rosto de um livro censurado, Nouveau Voyage aux isles de l'Amérique, *1722.*

prava manuscritos dos autores, realizava sua impressão e vendia os produtos finalizados em sua loja. Desde 1275, os livreiros estavam sujeitos à autoridade da universidade e, portanto, tinham que montar suas lojas no Quartier Latin. Congregavam-se especialmente na Rue Saint Jacques, onde seus letreiros de ferro forjado (daí, "na imagem de santa Teresa") pendiam no ar presos em dobradiças, como os ramos das árvores numa floresta. A irmandade dos impressores e livreiros, cujo padroeiro era são João Evangelista, se reunia na Igreja dos Padres de Mathurin, na Rue des Mathurins, perto da Sorbonne, cuja faculdade de teologia muitas vezes se pronunciava sobre a ortodoxia dos textos publicados. Portanto, esse endereço situava o livro no coração do comércio oficial, e seu status legal ficava claro, de todo modo, pela fórmula impressa no pé da página: "com a aprovação e o privilégio do rei".

Aqui encontramos o fenômeno da censura, porque aprovações eram sanções formais conferidas pelos censores da corte. Nesse caso, há quatro aprovações, todas impressas no início do livro e escritas pelos censores que haviam aprovado o manuscrito. Um censor, professor na Sorbonne, comentou na sua aprovação: "Tive o prazer de ler isto; é repleto de coisas fascinantes". Outro, professor de botânica e medicina, sublinhou a utilidade do livro para viajantes, mercadores e estudantes de história natural e elogiou em especial seu estilo. Um terceiro censor, um teólogo, simplesmente atestou que era uma boa leitura. Ele não conseguiu largar o livro, disse, porque inspirava no leitor "essa curiosidade ávida, mas doce, que nos faz continuar a leitura". Será essa a linguagem que se espera de um censor? Para reformular a pergunta nos termos da indagação que Erving Goffman supostamente estabeleceu como ponto de partida de toda investigação sociológica: o que está acontecendo aí?

vû moi-même durant presque huit années la plûpart des choses dont il y est parlé, je les ai trouvé décrites avec une exactitude & avec une netteté qui ne laisse rien à souhaihaiter. L'Auteur entre dans des détails qui instruiront même ceux du Païs, & par son seul Livre on peut apprendre en Europe ce qu'il y a de plus interessant pour nous à l'Amerique. Il sera difficile d'en commencer la lecture sans éprouver cette douce, quoiqu'avide, curiosité qui nous porte à poursuivre. On n'y trouvera rien qui soit contraire à la Foi & aux bonnes mœurs. Donné à Paris dans nôtre Maison de Saint Honoré ce 17. Aoust 1719.

  F. NICOLAS JOUIN, *Profeßeur en Theologie, de l'Ordre des FF. Prêcheurs, & Regent.*

APPROBATION DE M.

HENRY BESNIER, *Docteur Regent en M decne en l'Université de Paris, & ancien Profeßeur de Botanique aux Ecoles de la Faculté.*

J'AY lû avec une attention singuliere, les *Memoires du R P Labat Missionnaire de l'Ordre des FF. Prêcheurs aux Isles Françoises de l'Amerique* Rien à mon avis n'est si utile aux voiageurs, aux Habitans de ce Païs, aux Commerçans, & à ceux qui s'appliquent à l'étude de l'Histoire naturelle. Les remarques judicieuses de l'Auteur sur ce qui concerne cette Partie du Monde, le style simple &

As aprovações e o privilégio impressos após o prefácio de Nouveau Voyage aux isles de l'Amérique.

Depois do texto do privilégio (só a primeira parte dele aparece aqui), algumas notas indicam os passos legais tomados para sua comercialização: 1. Foi inscrito no registro oficial da guilda parisiense de livreiros e impressores; 2. O autor, F. J.-B. Lobat, cedeu formalmente o privilégio, que tinha sido

23

concis de ces Memoires attireront sans dou-
te l'approbation de ceux qui ont connoissan-
ce du Païs, & donneront à d'autres l'envie
d'en connoître la verité en faisant le même
voyage. Rien n'est donc si necessaire au
Public que l'Impression de cet Ouvrage. A
Paris ce 4 Octobre 1719.

BESNIER.

APPROBATION DE M. l'Abbé RAGUET.

J'AY lû par l'ordre de Monseigneur le
Chancelier less Memoires des nouveaux
Voyages aux Isles de l' Amerique, par le P. Labat,
de l'Ordre de S Dominique : & ils m'ont pa-
ru dignes de la curiosité du Public. Fait à
Paris le premier Septembre 1721.

RAGUET.

PRIVILEGE DU ROY.

LOUIS par la grace de Dieu Roi de
France & de Navarre : A nos amez &
feaux Conseillers les Gens tenans nos Cours
de Parlemens, Maîtres des Requestes or-
dinaires de nostre Hôtel, Grand Conseil,
Prevost de Paris, Baillifs, Sénéchaux,
leurs Lieutenans Civils, & autres nos Ju-
sticiers qu'il appartiendra, SALUT. Nostre
bien amé le P. Jean-Baptiste Labat, Missionnaire de l'Ordre des FF. Prêcheurs,
Nous ayant fait remontrer qu'il souhaite-

garantido a ele, para dois livreiros, Giffart e Cavallier fils. (Como indicava uma nota anterior, só livreiros ou impressores tinham autorização para vender livros.); 3. Giffart e Cavallier fils atestaram que tinham dividido o privilégio em quatro partes; cada um ficou com uma e, juntos, cederam outra ao pai de Cavallier e a quarta a Theodore le Gras, também livreiros.

O início de uma resposta pode ser encontrado no privilégio em si, que vem impresso após as aprovações. Ele toma a forma de uma carta do rei para os funcionários de seus tribunais, notificando-os de que o rei garantiu ao autor do livro, cujo nome aparece pela primeira vez, o direito exclusivo de reproduzi-lo e de colocá-lo à venda por meio de intermediários na guilda dos livreiros. O privilégio é um texto longo e complexo, cheio de estipulações acerca dos atributos físicos do livro. Devia ser impresso em "papel bom e em tipos belos, em conformidade com os regulamentos do comércio de livros". Tais regulamentos definiam critérios detalhados de controle de qualidade: o papel devia ser feito com uma determinada variedade de trapos de pano; os tipos gráficos deviam ser calibrados de modo que a letra *m* seria exatamente da largura de três *l*. Isso era puro colbertismo — ou seja, interferência do Estado a fim de promover o comércio, estabelecendo critérios de qualidade e reforçando as guildas, por trás de um muro protetor de tarifas, originalmente concebidas sob a direção do próprio Jean-Baptiste Colbert. E concluía como todos os éditos reais: "Pois tal é o nosso prazer". Legalmente, o livro existia em virtude do prazer do rei; era fruto da "graça" real. A palavra *grâce* é recorrente em todos os éditos importantes no comércio do livro; e, de fato, a Direction de la Librairie, o departamento da corte incumbido do comércio de livros, estava dividida em duas partes: a "Librairie Contentieuse", para regular conflitos, e a "Librairie Gracieuse", para o fornecimento de privilégios. Por fim, depois do texto do privilégio, vinha uma série de parágrafos que afirmavam que o privilégio tinha sido inscrito no registro da guilda dos livreiros e que fora dividido em porções, vendidas a quatro livreiros diferentes.

Ora, aos olhos modernos, tudo isso parece um tanto estranho: temos censores que elogiam o estilo e a legibilidade do livro, em vez de cortar suas heresias; temos o rei que confere sua graça ao livro; e temos os membros da guilda dos livreiros que dividem essa graça e a vendem como se ela fosse uma forma de propriedade. O que estava acontecendo, na verdade?

Uma forma de entender esse enigma é pensar no livro do século XVIII como algo comparável a certos potes de geleia e caixas de biscoito na Inglaterra, que parecem muito curiosos para os estrangeiros, porque existem "por concessão especial de Sua Majestade a Rainha". O livro era uma variedade de produto; tinha uma sanção real; e, ao concederem tal sanção, os censores atestavam sua excelência em geral. A censura não era uma simples questão de purgar as heresias. Ela era *positiva* — um endosso real do livro e um convite oficial para sua leitura.

O termo governamental para esse sistema era "privilégio" (etimologicamente, "lei privada"). O privilégio era o princípio organizador do Antigo Regime em geral, não apenas na França, mas na maior parte da Europa. A lei não se aplicava igualmente a todos, pois se supunha que todos os homens (e, mais ainda, todas as mulheres) nasciam desiguais — e que isto era certo: as hierarquias eram ordenadas por Deus e estavam inscritas na natureza. A ideia de igualdade perante a lei era impensável para a maioria dos europeus, com exceção de alguns poucos filósofos. A lei era um beneplácito especial concedido a indivíduos particulares ou a grupos, pela tradição e pela graça do rei. Assim como "homens de qualidade" bem-nascidos desfrutavam privilégios especiais, o mesmo ocorria com livros de alta qualidade. De fato, o privilégio operava em três níveis na indústria editorial: o livro em si era privilegiado (a ideia moderna do direito autoral não existia, exceto na Inglaterra); o livreiro era privilegiado (como membro de uma guilda, desfrutava o direito exclusivo de participar do comércio de livros); e a guilda era privilegiada (como uma corporação exclusiva, ela se beneficiava de certos direitos, em especial da isenção da maioria dos impostos). Em suma, a monarquia dos Bourbon desenvolveu um sofisticado sistema de distribuição do poder do mundo da impressão; e, como produto desse sistema, o livro sintetizava o regime inteiro.

O PONTO DE VISTA DOS CENSORES

Tais eram as características formais do Antigo Regime tipográfico. Qual é a feição do sistema, se estudarmos seu funcionamento por trás da fachada das folhas de rosto e dos privilégios — ou seja, do ponto de vista dos próprios censores? Felizmente, uma série de manuscritos na Bibliothèque Nationale de France contém um rico veio de informações sobre como os censores exerciam suas tarefas nas décadas de 1750 e 1760. Centenas de cartas e relatórios dos censores para o diretor do departamento do comércio de livros (Direction de la Librairie), C. G. de Lamoignon de Malesherbes, revelam seu modo de trabalho e especialmente suas razões para aceitar ou recusar a solicitação de um privilégio.[3]

Como eram comunicações confidenciais para Malesherbes, os relatórios tratavam os livros com uma franqueza que não poderia aparecer em aprovações formais. Às vezes, está claro, elas se limitavam a fornecer a garantia de que um manuscrito não continha nada de ofensivo à religião, à moralidade ou ao Estado — as categorias convencionais que requeriam a atenção de um censor. No entanto, muitos censores transmitiam endossos positivos sobre o estilo e o conteúdo, mesmo quando consistiam em apenas uma ou duas frases. Esta é uma típica recomendação para um privilégio: "Por ordem do monsenhor chanceler, li as *Lettres de M. de la Rivière*. Elas me parecem bem escritas e cheias de reflexões razoáveis e edificantes".[4] Quando os censores se sentiam entusiasmados com um texto, exageravam nos elogios. Um deles oferece uma minuciosa exposição de todas as qualidades que justificavam a concessão de um privilégio a um livro sobre as Ilhas Britânicas: ordenação impecável do tema em estudo, história soberba, geografia precisa; era exatamente aquilo que satisfazia a curiosidade do leitor.[5] Outro censor endossava um livro sobre ética basicamente por suas qualidades estéticas. Embora carecesse de certa elevação de tom, o livro era simples e consistente, enriquecido com anedotas divertidas e apresentado de um modo que prenderia o interesse dos leitores, ao mesmo tempo que os convenceria das vantagens da virtude.[6] Alguns relatórios positivos se estendem a tal ponto que parecem resenhas de livros.[7] Um censor se entusiasmou com os elogios a um livro de viagem, depois se deteve e decidiu apresentar uma recomendação concisa "para evitar que eu invada o território dos jornalistas".[8] Longe de parecer sentinelas ideológicos, os censores escreviam como homens de letras, e seus relatórios podiam ser considerados uma forma de literatura.

Suas preocupações literárias sobressaem em especial nos relatórios negativos, nos quais se pode esperar a mais cerrada concentração de vetos a heresias. Um censor condenou o "tom leve e jocoso" de um tratado de cosmologia.[9] Outro não tinha nenhuma objeção teológica a uma biografia do profeta Maomé, mas a achou superficial e pesquisada de maneira inadequada.[10] Um terceiro não quis recomendar um manual de matemática porque não analisava os problemas com detalhes suficientes e não dava os cubos e os quadrados de certas somas.[11] Um quarto rejeitou um tratado de direito sob o argumento de que usava terminologia inexata, datava documentos erradamente, interpretava mal princípios básicos e estava cheio de erros de grafia.[12] Um relato das campanhas de Frederico II ofendeu um quinto censor, não por causa de alguma discussão desrespeitosa acerca da política externa francesa, mas porque "é uma compilação sem gosto e sem discernimento".[13] E um sexto rejeitou uma defesa da ortodoxia religiosa contra os ataques de livres-pensadores, antes de tudo, por sua negligência:

> Não chega a ser um livro. Não se pode dizer qual é o propósito do autor, senão quando se termina a leitura. Ele avança numa direção, depois volta atrás; seus argumentos muitas vezes são fracos e superficiais; seu estilo, numa tentativa de ganhar vivacidade, se mostra apenas petulante [...]. No esforço de tornear uma frase bonita, ele frequentemente parece tolo e ridículo.[14]

É claro, os relatórios também contêm muitos comentários que condenam ideias que não são ortodoxas. Sem dúvida, os censores defendiam a Igreja e o rei. Mas trabalhavam com base na ideia de que uma aprovação era um endosso positivo de um livro e de que um privilégio transmitia a sanção da Coroa. Escreviam como homens de letras, também, decididos a defender "a honra da literatura francesa", como diz um deles.[15] Muitas vezes adotavam um tom superior, derramando escárnio sobre obras que não conseguiam alcançar os padrões que podiam ser estabelecidos no *grand siècle*. Um censor se mostrou tão cortante quanto Nicolas Boileau, o mais incisivo crítico do século XVIII, ao rejeitar um almanaque que não continha nada de ofensivo, exceto sua prosa: "Seu estilo é indigente".[16] Outro descartou um romance sentimental simplesmente por ser "mal escrito".[17] Um terceiro condenou a tradução de um romance inglês por mera insipidez: "Só vejo aqui uma insípida pregação de moral entremeada com aventuras triviais, gracejos insossos, descrições desbotadas e reflexões banais [...]. Tal obra não é digna de aparecer com um sinal público de aprovação".[18]

Esse estilo de censura criava um problema: se os manuscritos tinham de ser não só inofensivos, mas também dignos de um selo de aprovação de Luís XIV, será que a maior parte da literatura não ficaria forçosamente abaixo desse nível de exigência? O censor do romance mencionado acima escolheu uma forma convencional para contornar tal dificuldade:

> Porque [esta obra], a despeito de suas falhas e de sua mediocridade, não contém nada de perigoso ou repreensível e, no final, não ataca a religião, a moralidade ou o Estado, creio que não existe nenhum risco em tolerar sua impressão e que ela pode ser publicada com uma permissão tácita, embora o público dificilmente vá se sentir honrado com um presente de tal ordem.[19]

Em outras palavras, o regime criou escapatórias no sistema legal. "Permissões tácitas", "tolerâncias", "permissões simples", "permissões da polícia" — os funcionários encarregados do comércio de livros inventaram uma série de categorias que podiam ser usadas para permitir que livros viessem a público sem receber um endosso oficial. Dada a natureza do sistema de privilégio, eles dificilmente poderiam agir de outro modo, a menos que quisessem declarar guerra à maior parte da literatura de sua época. Como diz Malesherbes, ao refletir sobre seus anos como diretor do comércio de livros: "um homem que só lê livros que apareceram originalmente com a sanção explícita do governo, como prescreve a lei, ficaria mais ou menos um século atrasado em relação a seus contemporâneos".[20] Mais do que qualquer outro diretor precedente do comércio de livros, Malesherbes ampliou o uso das permissões tácitas, um arranjo que permitia vendas discretas de um livro, contanto que não provocasse tanto escândalo que fosse necessário retirá-lo do mercado — em geral com a conivência da polícia. À diferença dos privilégios, as permissões tácitas não conferiam um direito exclusivo de publicar uma obra, mas requeriam a aprovação de um censor e a inscrição num registro. Nenhum traço da aprovação, inclusive o nome do censor, aparecia no livro em si, o qual muitas vezes trazia um endereço falso na folha de rosto, para sugerir que tinha sido publicado fora da França. Em casos especialmente problemáticos, os censores podiam recomendar *tolérances simples*, um acordo informal em que o diretor do comércio de livros aceitava fazer vista grossa quando um livro era vendido por baixo dos panos, ou "por baixo do casaco". *Permissions de police* eram concedidas pelo diretor-geral da polícia para obras curtas, efêmeras, e elas também podiam ser revogadas, se causassem alguma ofensa.

Para um censor diante de um manuscrito, esse espectro graduado de legalidade normalmente significava escolher entre três possibilidades: por intermédio do diretor do comércio de livros, podia recomendar que o chanceler concedesse um privilégio e a obra apareceria com uma aprovação e o nome do censor anexados a ela; podia recomendar uma permissão tácita, e a obra apareceria sem nenhum endosso oficial, como se tivesse sido importada do exterior; ou podia recusar sua sanção, e o livro seria publicado clandestinamente ou não seria publicado de forma nenhuma.[21] Para fazer essa escolha, o censor tinha de pesar fatores complexos e, por vezes, contraditórios: a ortodoxia do texto em relação a padrões convencionais de religião, política e moralidade; sua substância como contribuição para a literatura ou algum campo do conhecimento; sua estética e, às vezes, seu valor comercial; sua influência potencial sobre questões contemporâneas; e seu efeito sobre as redes de alianças e inimizades embutidas em *le monde* — ou seja, a elite por nascimento, riqueza e talento que dominava a vida pública na França. Consideremos dois exemplos.

Primeiro, uma história de sucesso. O *chevalier* de Mouhy, romancista de aluguel e às vezes espião da polícia, tinha pouco talento e ainda menos fortuna, mas havia construído um capital na forma de "proteções" — termo do século XVIII para designar o tráfico de influência que fazia *le monde* rodar. Em 1751, Mouhy amontoou alguns ensaios beletristas sob o título *Tablettes dramatiques* e tirou partido de um de seus trunfos: uma introdução dirigida ao *chevalier* de Pons, um dos conselheiros do duque de Chartres. De Pons permitiu que Mouhy apresentasse seu manuscrito ao duque durante uma audiência no castelo de Saint Cloud. Depois de passar os olhos no texto, o duque comentou que esperava ver o livro publicado. Mouhy voltou ao sótão, redigiu uma efusiva dedicatória ao duque e, depois de algumas negociações sobre a bajulação em uma das linhas, persuadiu De Pons a convencer o duque a aceitá-la. Em seguida, Mouhy tratou de obter a aprovação do manuscrito pela censura, uma tarefa nada fácil, pois o texto continha alguns comentários irreverentes sobre homens de letras e sobre a Académie Française. Para tornar mais fácil seu caminho, tirou partido de outro de seus trunfos: a proteção do marechal de Belle-Isle. O marechal escreveu para M. de la Reignière, sogro de Malesherbes, explicando que havia concedido sua proteção a Mouhy e ficaria contente se De la Reignière fizesse o mesmo. Mouhy mandou uma carta para De la Reignière, enfatizando a dedicação, a dupla proteção e a importância da presteza na obtenção do privilégio, pois, devido a razões comerciais, precisava pôr o livro à venda o mais rápido possível. De la Reignière consentiu, com uma carta dirigida a Malesherbes, e Malesherbes o atendeu, indicando um censor compreensivo, F.-A. Paradis de Moncrif, dramaturgo, poeta, membro da Académie Française e figura bem relacionada em *le monde*, graças ao seu modo cativante e à sua sagacidade. Moncrif sabia o que se esperava dele, porque Malesherbes havia deixado claro, ao lhe encaminhar suas ordens, que o marechal de Belle-Isle, um dos homens mais poderosos da França, tinha interesse naquele caso.

Até aí tudo bem, porém Moncrif recebeu um exemplar muito confuso, escrito em garranchos quase ilegíveis. Vencer a leitura lhe tomou muito tempo e esforço, marcando as páginas com suas iniciais à medida que as aprovava, conforme o procedimento normal. Mouhy, que pleiteava pressa, o persuadiu a entregar um primeiro maço de páginas aprovadas, de modo que o livro pudesse ser registrado para aprovação na próxima audiência de Malesherbes, no Bureau de la Librairie. Desse modo, o impressor poderia começar a trabalhar na parte do texto aprovada, enquanto Moncrif censurava o restante. Nada podia dar errado, porque Moncrif poderia, mais tarde, conferir as provas e cotejá-las com as páginas do manuscrito marcadas com suas iniciais. Além disso, Mouhy lhe dera *carte blanche* para cortar qualquer coisa passível de objeção, ao mesmo tempo que lhe garantia com segurança que nada de tal ordem poderia ser encontrada no texto. No entanto, em vez de receber as provas, Moncrif viu chegar a suas mãos um exemplar do livro recém-impresso, junto com os originais que os impressores haviam usado. Os originais continham muitas passagens que não existiam no manuscrito que Moncrif havia aprovado, inclusive alguns comentários na página 76 que seguramente ofenderiam seus colegas da Académie Française. Moncrif correu às livrarias que haviam recebido os primeiros exemplares, rasgou a página ofensiva e exigiu que Mouhy a substituísse antes que o grosso da edição pudesse ser comercializado. No fim, portanto, o censor salvou sua reputação e o autor obteve o livro que desejava, menos uma página, graças à sua habilidade para abrir caminho na burocracia e mexer os pauzinhos necessários.[22]

O segundo caso tem um final menos feliz. Guillaume Poncet de la Grave, advogado e homem de letras de baixo escalão, era um personagem muito mais substancial do que o *chevalier* de Mouhy, mas de muito menos sucesso no que diz respeito a mobilizar seus protetores, apesar de, mais tarde, ter ele mesmo se tornado censor. Em 1753, completou um *Projet des embellissements de la ville et des faubourgs de Paris*, um livro que continha um projeto de embelezamento de Paris reformulando os projetos dos espaços públicos.

Agraciado com o mesmo censor, Moncrif, especialista em obras sobre belas-artes, Poncet também tentou lançar seu livro sob a bandeira de um padrinho influente, pedindo permissão para dedicá-lo ao marquês de Marigny, irmão da Madame de Pompadour e alto funcionário encarregado dos projetos de construção de prédios da corte. Ele não chegou a lugar nenhum. Marigny devolveu o rascunho da dedicatória com uma recusa seca; e, quando pressionado a dar uma explicação, respondeu: "Aceitar a dedicatória de uma obra significaria dar a ela a aprovação pública". Ele tampouco permitiria que Poncet levasse seu pleito a Madame de Pompadour: "Como minha irmã tem muito pouco tempo livre, não prevejo um momento em que eu possa apresentar o senhor a ela".[23] Assim, o fracasso da dedicatória tornou-se um obstáculo para obter a aprovação, pois o censor não queria fazer inimigos em Versalhes.[24] Poncet e Moncrif discutiram demoradamente o impasse durante uma reunião no Château des Tuileries. Segundo Poncet, Moncrif achou o manuscrito perfeitamente digno de aprovação e confessou que seu "dever de censor" exigia que o aprovasse; mas nada o induziria a se opor a Marigny.[25] De sua parte, Marigny tinha suas próprias ideias sobre projetos arquitetônicos e não queria dar a impressão de que apoiava planos alheios, sobretudo se requeressem um aumento nos impostos. Versalhes, como de hábito, estava com pouco dinheiro em caixa. Mas por que tais considerações deveriam representar obstáculo à intenção de um súdito leal de publicar um livro que não ofendia nem a Igreja nem o rei nem nada, exceto o gosto de um marquês bem posicionado?

Perplexo, Poncet passou por cima de Moncrif e apelou a Malesherbes. "É duro para um autor se ver exposto a tantas dificuldades na França", escreveu. "Eu nunca soube como representar o papel de cortesão. Tanto pior para mim." Mas em seguida ele próprio escorregou para a linguagem cortesã:

> Se eu não conhecesse sua equidade, Monsieur, poderia fortalecer meu pleito invocando laços de família com Monsieurs D'Auriac e Castargnier. Embora eu não frequente a companhia deles, sabem perfeitamente quem sou; meu nome é bem conhecido para eles [...]. O sangue nunca se trai, entre os bem-nascidos.[26]

Malesherbes pediu a Moncrif sua versão da história. O censor confirmou seu desejo de evitar comprometer-se com pessoas influentes e pediu para ser dispensado do caso. Também escreveu uma carta indignada para Poncet, se queixando por ser exposto ao desfavor de Malesherbes. Poncet, assim, se viu reduzido a implorar outro censor e uma permissão tácita. Quando seu livro finalmente veio a público, um ano depois, sem nenhum privilégio e nenhuma aprovação, seu destino foi exatamente o que se podia prever desde o início: não ofendeu ninguém e ninguém tomou conhecimento de sua existência.

Esses dois episódios revelam mais sobre a maneira como a censura operava de fato no dia a dia do que as histórias bem conhecidas sobre a repressão às obras do Iluminismo. Na verdade, autores e censores trabalhavam juntos numa área cinzenta, onde o lícito, gradualmente, lançava sombra sobre o ilícito. Eles compartilhavam os mesmos valores e pressupostos — de forma nada surpreendente, pois em geral provinham do mesmo meio.[27] Os censores, em sua maioria, eram também autores e incluíam escritores que se alinhavam ao Iluminismo, como Fontenelle, Condillac, Crébillon fils e Suard. A exemplo dos *encyclopédistes*, pertenciam ao mundo das universidades e academias, ao clero, às classes profissionais de nível superior e à administração real.[28] Não ganhavam a vida censurando livros — tinham carreiras de professor, médico, advogado e ocupavam vários postos administrativos. Para eles, censurar era uma ocupação secundária e a maioria fazia isso sem receber remuneração. De 128 censores em 1764, 33 ganhavam um modesto emolumento de quatrocentos *livres* por ano, um ganhava seiscentos *livres* e o resto não ganhava nada.[29] Depois de um serviço longo e leal, podiam esperar receber uma pensão. O Estado havia reservado 15 mil *livres* para as pensões de censores aposentados, em 1764. Mas a recompensa para a maioria dos censores vinha na forma de prestígio e da possibilidade de proteção. Ser listado como "Censeur du Roi" no *Almanach royal* significava ocupar um lugar proeminente entre os servos da Coroa, o qual poderia levar a nomeações mais lucrativas. Um censor comunicou a Malesherbes que tinha aceitado seu posto com a ideia de que seu protetor faria sua carreira avançar, mas o protetor havia morrido e assim ele não tinha mais interesse em examinar manuscritos.[30] À medida que o status associado ao cargo de "Censeur du Roi" podia ser avaliado pelo número de homens que o ocupava, esse número não declinava durante todo o século. Continuou crescendo — de cerca de dez em 1660 para sessenta em 1700, setenta em 1750, 120 em 1760 e quase 180 em 1789.[31] O crescimento correspondia ao grande aumento na produção de livros, medida pelos pedidos anuais de permissão para publicação ao longo do século XVIII — de cerca de 3 mil em 1700 para quinhentos em 1750 e mais de mil em 1780.[32] Autores, editores e censores participavam em conjunto de uma indústria que estava em expansão. Mas os censores lucravam menos.

Por que tantos homens de letras, muitos deles também homens de princípios, se mostravam dispostos a aceitar tal emprego? As "atribuições do cargo", como diríamos hoje, dificilmente pareceriam atrativas: pouca ou nenhuma remuneração, nenhuma repartição, nenhum gabinete, nada além de um lápis azul fornecido pelo governo; e a censura ainda envolvia uma boa quantidade de trabalho maçante e o constante risco de ofender pessoas importantes ou até de incorrer em algum insulto. Porém, apresentar a questão nesses termos seria sucumbir a um anacronismo. Exceto por alguns raros protestos, como o famoso rompante de Fígaro em *Le Mariage de Figaro*,[33] a maior parte das ofensas dirigidas aos censores veio da era posterior a 1789, quando entre os cidadãos comuns se disseminou a crença de que os indivíduos têm um direito natural à liberdade de expressão. De que forma podemos entender a censura como um sistema que impunha respeito num mundo organizado segundo outros princípios?

OPERAÇÕES COTIDIANAS

Podemos começar examinando a relação entre a censura e o crescimento do Estado, um processo que adquiriu um impulso enorme na França desde o tempo de Richelieu. Na época de Malesherbes, a velha monarquia absolutista estava sendo transformada por um fenômeno novo, que influenciou a sociedade moderna em geral, segundo Max Weber: a burocratização. "Burocracia", como termo, surgiu na década de 1750, acompanhado por uma crescente confiança depositada no trabalho de escritório, formulários impressos, procedimentos racionais para executar tarefas e hierarquias de empregados assalariados, que se estendiam de copistas e secretários a *premiers commis* e *chefs de bureau*.[34] É claro, muitas repartições continuaram venais até o fim do Antigo Regime e o Estado lidava com seus assuntos financeiros e legais de maneira arbitrária e irracional, o que contribuiu fortemente para seu colapso em 1789.[35] Como parte do aparato do Estado — uma seção no interior da chancelaria, ou o que chamaríamos de Ministério da Justiça —, a Direction de la Librairie pouco parecia com uma burocracia moderna. Nem ao menos tinha um gabinete. Malesherbes resolvia os assuntos em sua própria casa na Rue Neuve des Petits Champs, perto da Rue de la Feuillade, um local chique de Paris, perto da Place Vendôme. Quando tratava de questões da censura — e de uma grande variedade de outros assuntos ligados ao comércio de livros —, ele trabalhava numa sala conhecida como "bureau". A sala servia para "audiências", em que recebia os peticionários e os suplicantes, à maneira de um grande senhor — como lhe convinha, pois pertencia à grande dinastia Lamoignon, no âmbito da nobreza togada: cabia a ele o gabinete de *premier président* na Cour des Aides, que julgava questões de impostos, e seu pai ocupava o cargo mais elevado no reino, como chanceler da França.[36] Os censores que trabalhavam sob as ordens de Malesherbes não tinham salas próprias. Examinavam manuscritos em sua casa ou onde quer que conseguissem executar seus trabalhos principais. Descrevê-los com neologismos como *bureaucrate, buraliste* ou *paperasseur* (empurrador de papel) é entendê-los de maneira errada.[37]

No entanto, as trilhas de papel que deixavam em seu caminho indicam a existência de uma formalidade processual e de uma consciência que podem ser vistas como sintomas de um modo burocrático de trabalhar — misturado, é claro, com elementos arcaicos, típicos de uma indústria dominada por uma guilda, a Communauté des Libraires et des Imprimeurs de Paris. Livreiros, que tinham de pertencer à guilda, frequentemente iam às audiências de Malesherbes, um encontro animado e concorrido, repetido toda quinta-feira, a fim de submeter manuscritos com solicitação de privilégios.[38] Malesherbes designava cada manuscrito para um censor, emitindo um *billet de censure*, também conhecido como *renvoi*. Tratava-se de um formulário impresso destinado ao censor, contendo um texto-padrão:

> Monsieur [...],
> Tenha a bondade de se dignar a examinar este manuscrito com a maior atenção e diligência possível a fim de apresentar um rápido julgamento dele para M. O CHANCELER.

Um *billet de censure impresso* datado de 28 de fevereiro de 1751, assinado por Malesherbes, ordenando que um censor, De Boze, examinasse o manuscrito intitulado "Lettre sur les peintures d'Herculanum". No pé da página, De Boze redigiu um *jugement* datado de 2 de março de 1751, atestando que o manuscrito era digno de uma permissão tácita ou de um privilégio. A nota no alto da folha indicava que devia receber uma permissão tácita, e o número no topo o identificava para o registro na "feuille des jugements".

O secretário de Malesherbes preenchia o nome do censor, o título do manuscrito, a data e, no alto da página, no lado esquerdo, o número do pedido. Esse número, com a informação correspondente, era inscrito num registro chamado de *livre sur la librairie*. Depois de receber o manuscrito acompanhado pelo *billet de censure*, o censor verificava o texto, marcava com suas iniciais cada página lida (a menos que decidisse recusar o manuscrito, o que o dispensava de marcar as folhas com suas iniciais) e anotava quaisquer alterações que julgasse necessárias. Em casos óbvios que recebiam sua aprovação, muitas vezes redigia seu "julgamento", como era conhecido, na parte de baixo do *billet de censure*, que então devolvia para Malesherbes. Este é um típico julgamento positivo:

> Nada encontrei senão [texto] razoável e decente nesta pequena obra sobre a pintura de Herculaneum cuja impressão pode ser autorizada antes por um privilégio formal, se for solicitado, do que por uma permissão tácita.[39]

Em casos mais complicados, o censor mandava seu julgamento na forma de uma carta para Malesherbes. Podia também apresentar uma opinião oral e discutir o caso em minúcias com ele durante a sessão de trabalho para censores, conhecida como *bureau de jeudi* (comissão de quinta-feira), que também ocorria na casa de Malesherbes.

De todo modo, um julgamento era uma troca de informações privada entre Malesherbes e um censor, a qual por vezes tinha um tom informal e se estendia de maneira considerável. Uma aprovação, em contraste, era o aceite formal de um pedido de um privilégio, em geral publicado juntamente com o privilégio no livro impresso. Os censores tendiam a usar uma linguagem mais sucinta e cautelosa quando redigiam aprovações. Normalmente as enviavam, com seu julgamento, para a residência de Malesherbes, onde sua equipe (talvez ele usasse apenas um secretário e um escrivão ou copista) supervisionava o passo seguinte do processo.[40] Guardavam uma cópia da aprovação para seus arquivos e produziam outra cópia, conhecida como *feuille* (folha), para ser enviada ao guardião dos selos, que afinal infundia ao documento toda a força da lei, marcando-o com o "grande selo" (*grand sceau*) à sua disposição e emitindo um privilégio semelhante àquele citado no início deste capítulo. O guardião dos selos devolvia a aprovação selada (*feuille scellée*) com o privilégio para a mesa do diretor, local no qual ela podia ser retirada numa audiência de quinta-feira pelo livreiro ou, após 1777, pelo autor (os éditos sobre o comércio de livros de 30 de agosto de 1777 permitiram explicitamente que os autores obtivessem privilégios em seu próprio nome, como havia acontecido algumas vezes anteriormente, e permitiam que vendessem seus livros impressos). O livreiro tinha de pagar uma taxa de 36 *livres* e vinte *sous* — uma soma um tanto volumosa, equivalente a quase um mês de salário de um trabalhador não especializado. Em seguida, levaria a *feuille scellée* e o privilégio ao gabinete administrativo (*chambre syndicale*) da guilda dos livreiros de Paris para fazer o registro. Depois que o escrivão da guilda tivesse copiado o texto inteiro do privilégio no livro de registro, o livreiro adquiria o direito exclusivo de reproduzir o texto por um determinado período, em geral pelo menos dez anos. Então ele podia levar o manuscrito para ser impresso, ou por um mestre impressor da guilda (em princípio, a impressão estava restrita a quarenta mestres impressores em Paris), ou por ele mesmo (caso tivesse sido aceito como mestre impressor, além de sua atribuição oficial de mestre livreiro). Uma vez impressas as provas, o censor fazia sua última aparição no processo, pois tinha de marcar com suas iniciais todas as páginas das provas a fim de verificar se o texto impresso correspondia ao manuscrito que também havia marcado com suas iniciais, página por página.

O sistema envolvia movimentos e trocas de papéis de sobra para possibilitar erros e fraudes, como no caso da tentativa de Mouhy de incluir sorrateiramente alguns comentários maldosos sobre seus inimigos na Académie Française, em provas sem as iniciais do censor. Mas o procedimento-padrão exprimia uma tentativa de impor uma ordem racional à complexa tarefa de examinar textos, em sua trajetória desde o manuscrito até a forma impressa. O preenchimento de formulários impressos, a numeração de documentos, o controle dos passos dos dossiês, a cópia, o registro, o selo, as iniciais — será que tudo isso não pode ser visto como um sintoma de completa burocratização? Não no sentido estrito e weberiano da palavra. A Direction de la Librairie pode ser mais bem entendida como uma burocracia sem burocratas. Ela representava um estágio intermediário no processo weberiano e, como tal, exemplificava os esforços do Antigo Regime para conduzir seus negócios de maneira mais eficiente, sem abandonar o sistema de privilégio e proteção que permeava um Estado barroco associado a uma corte real.

Os censores tinham de fazer face às pressões e contradições dessa burocracia protomoderna e barroca da melhor forma possível, aceitando as tarefas à medida que chegavam. Malesherbes em geral distribuía os trabalhos conforme os campos de especialização dos censores, que apareciam ao lado de seu nome em rubricas padronizadas no *Almanach royal*: teologia; jurisprudência; história natural, medicina e química; cirurgia; matemática; belas-letras, história e temas correlatos designados apenas por "etc."; geografia, navegação e viagem; e arquitetura. A carga de trabalho variava imensamente. Alguns censores examinavam apenas um ou dois manuscritos por ano, ao passo que outros pareciam estar constantemente ocupados, aproveitando todo o tempo que podiam ex-

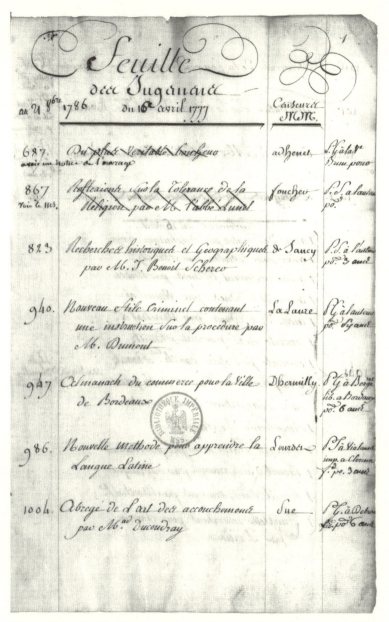

Uma página da "feuille des jugements" mostrando os números dos billets de censure com jugements, os títulos dos livros, os nomes dos censores e as decisões relativas à natureza da permissão (um privilégio, uma permissão tacite ou uma permissão simple) e seu prazo de duração.

trair de suas ocupações normais. A pressão cobrava seu preço em verdadeiros burros de carga como o abade Buret, um censor eclesiástico, que se sentiu sobrecarregado em julho de 1762. Tendo acabado de queimar as pestanas num livro de filosofia e noutro de teologia, teve de cuidar de uma tradução de Santo Agostinho, além de um tomo sobre a administração da Igreja, treze dias antes de tirar férias. O censor suplicou um adiamento para poder visitar a família no campo e cuidar de assuntos relativos à sua prebenda.[41] O abade De La Ville queixou-se de ter lido tantos tratados históricos de tamanha mediocridade que, quando recebia um novo manuscrito, não conseguia mais saber se já havia lido uma versão anterior da mesma obra. Só conseguia dar uma "atenção rápida e superficial" aos manuscritos que se amontoavam sobre a sua mesa, confessou.[42] A teologia representava um trabalho ainda mais pesado, segundo o abade Foucher. Depois de cortar e corrigir com afinco um tratado sobre a alma, ele exalou um suspiro e exclamou: "Vida longa aos livros de história e às antologias!".[43]

A maioria dos censores parece ter levado a sério sua missão e ter trabalhado com afinco. Ao examinar um tratado sobre comércio e taxas de câmbio, um deles corrigiu a grafia e refez muitos cálculos.[44] Outros faziam listas de erros factuais, corrigiam deslizes de gramática, anotavam falhas de estilo e tomavam um cuidado especial em assinalar expressões que pudessem ofender. Muitas vezes acusavam a rudeza de tom, defendendo um ideal de moderação e decoro (*bienséances*).[45] Em tais casos, emendavam a lápis, como sugestões de aprimoramento. Um censor exigiu que um manuscrito inteiro fosse recopiado com entrelinha suficiente para que ele pudesse inserir correções.[46] Censurar com esse grau de atenção se assemelha ao cuidado com que os preparadores de originais tratam os manuscritos para as editoras hoje.

Por envolver tanto cuidado, trabalho árduo e responsabilidade, a censura acabava unindo o censor e o autor num relacionamento que, não raro, era estreito e às vezes desaguava em colaboração. A escolha do censor pertencia ao diretor do comércio de livros, que muitas vezes consultava os autores e atendia aqueles que lhe enviavam pedidos especiais. Malesherbes conhecia todos os escritores importantes de seu tempo e às vezes intervinha a fim de salvar seus manuscritos dos becos sem saída e dos desvios de rota que se interpunham no caminho rumo ao privilégio ou à permissão tácita. Os autores mais eminentes contavam com um tratamento especial, pois a deferência e a arte de mexer os pauzinhos certos faziam parte dos costumes de *le monde*. Voltaire sempre pedia favores especiais, não só a Malesherbes, mas aos ministros, ao chefe da polícia, a figuras de destaque nos salões e a qualquer um que pudesse abrir caminho para suas obras — melhor dizendo, suas obras legais; Voltaire publicava seus panfletos ilegais clandestinamente e de forma anônima, ou com o nome de seus inimigos.[47] No curso de suas relações tortuosas com Rousseau, Malesherbes quase organizou nos bastidores a publicação de obras capitais, em especial *La Nouvelle Héloïse* e *Emile*. Autores menos famosos, mas igualmente bem relacionados, às vezes conseguiam ter seus manuscritos aprovados por pessoas que não eram censores oficiais, porque Malesherbes podia emitir um *billet de censure* para autorizar casos especiais. Quando lhe pediram que apressasse os trâmites de um tratado jurídico escrito por um advogado influente chamado Aubert, ele emitiu um *billet de censure* em branco para o próprio Aubert e orientou que o preenchesse em nome do censor.[48] Manobras internas desse tipo significavam que amigos e colegas muitas vezes censuravam as obras uns dos outros. Fontenelle aprovou as *Oeuvres diverses* de Moncrif, seu colega censor e companheiro na Académie Française.[49] Um censor, Secousse, chegou a aprovar uma antologia de direito que ele próprio havia organizado.⁵⁰ Por vezes, escritores obscuros recebiam um tratamento especial porque Malesherbes julgava seus pedidos persuasivos. Um padre que tinha escrito um *Plan général d'institution publique pour la jeunesse du ressort du parlement de Bourgogne* pediu a Malesherbes que submetesse o manuscrito a um amigo dele, um censor chamado Michault. Não havia nenhum perigo de favoritismo, enfatizou, pois Michault era "um homem de integridade, sincero e muito dedicado à glória das letras para fazer vista grossa a qualquer obra indigna de ser publicada. Tenho confiança completa em sua sabedoria e vou corrigir tudo o que ele censurar com toda a obediência e consideração que lhe devo". Malesherbes concordou.⁵¹

Em princípio e, em geral, também na prática, os autores não deveriam conhecer a identidade de seus censores. Às vezes, os censores faziam questão do anonimato como condição para fazer seu trabalho. Moncrif tinha tantos conhecidos na elite literária e social que se sentiria incapaz de trabalhar se sua identidade fosse revelada aos autores dos manuscritos que examinava.⁵² No entanto, às vezes ocorriam vazamentos.⁵³ Depois de saber que um de seus relatórios negativos talvez fosse apresentado ao autor, um censor particularmente sensível insistiu para que retirassem sua assinatura do pé da página.⁵⁴ Mesmo um relatório positivo podia trazer problemas, porque, quando o nome do censor aparecia impresso junto de uma aprovação e de um privilégio no texto de um livro, havia a impressão de uma cumplicidade com o autor, o que podia expor o censor à ira dos inimigos deste. Um censor literário implorou que Malesherbes desse apenas uma *permission tacite* a uma obra ortodoxa que criticava Voltaire, porque temia se tornar alvo dos ataques dos partidários dele, caso seu nome aparecesse ao lado da aprovação.⁵⁵ Voltaire e D'Alembert pediam tolerância para suas próprias obras, mas tentavam levar Malesherbes a suprimir as obras de seus inimigos — e Malesherbes recusava.⁵⁶

Por questão de princípio, ele defendia o debate livre,[57] porém seus censores, não raro, tinham de enfrentar o sectarismo. Uma discussão típica envolveu a aprovação de um censor a um *Cours de chimie* escrito por um médico chamado Baron, que criticava alguns argumentos contra a teoria de Newton formulados em um tratado anônimo. Infelizmente, o tratado tinha sido escrito por Jean-Baptiste Sénac, o primeiro médico do rei, personalidade poderosa no mundo da medicina, e, numa carta furiosa dirigida a Malesherbes, Sénac pedia que o censor fosse punido, pois era "tão culpado quanto o autor". Malesherbes respondeu que tanto a aprovação quanto o livro tratavam apenas de ideias, e não de personalidades; de fato, o censor não sabia que Sénac era o autor da obra anônima. Mas, assim que soube da reação de Sénac, Baron entrou em pânico. Escreveu uma carta desesperada para Malesherbes, numa tentativa de se livrar das sanções de Versalhes. Seu livro tratava de teorias científicas, protestou. O livre debate de ideias não era um direito básico desfrutado por todos na república das letras? E, além disso, "como eu poderia ser inimigo de mim mesmo a ponto de desrespeitar a proteção com que o senhor me honra e me malquistar de forma tão leviana com o primeiro médico do rei?". Esse incidente nunca deu em nada, mas expunha os elementos contraditórios no âmago do sistema literário do Antigo Regime: de um lado, o respeito ao ideal de uma república das letras aberta e livre; de outro, a realidade do poder e da proteção. Censores, como autores, tinham de atuar numa área em que essa contradição se fazia sentir em suas atividades cotidianas.[58]

Enquanto tentavam se adaptar aos poderes capazes de interferir em suas atividades ao mesmo tempo que se empenhavam para aprimorar os manuscritos, os censores muitas vezes adquiriam simpatia pelas pessoas cujos textos examinavam. Não raro, trocavam cartas com os autores e até se encontravam com eles, embora os autores teoricamente não devessem saber quem havia censurado sua obra antes de receber a aprovação. Depois de enviar algumas notas críticas para um teólogo que havia escrito um tratado sobre a encarnação, um censor se viu envolvido num complexo debate em torno da doutrina da Igreja.[59] Outro marcou um encontro com um autor a fim de explicar um problema delicado: o manuscrito era excelente, mas solapava sua própria argumentação ao adotar um tom excessivamente polêmico; o autor precisava aprender a respeitar as *bienséances* literárias.[60] Um terceiro censor aprovou uma história de La Rochelle, embora desaprovasse seu estilo empolado. Trabalhando como se fosse um editor, ele emendou o manuscrito a lápis, riscou as passagens mais ofensivas e obteve do autor a permissão para reescrevê-las.[61] Em certos casos, os autores não admitiam fazer alterações e seus censores paravam de trabalhar com eles — ou Malesherbes designava outro censor, às vezes seguindo uma sugestão do censor original.[62] O mais comum era que os autores aceitassem as críticas e reescrevessem os trechos "de bom grado", como exprimiu um censor, com tom de admiração.[63] A simpatia levava à flexibilidade por parte dos censores. Eles relaxavam as regras quando se viam diante de um pobre-diabo que produzia textos de má qualidade, por encomenda e às pressas, a fim de evitar a fome e a miséria.[64] Sem dúvida, os censores se mostravam condescendentes quando lidavam com escritores de encomenda. Adotavam um tom de deferência quando trabalhavam com manuscritos de escritores bem conhecidos e protegidos. De todo modo, os censores desempenhavam um papel tão ativo no processo de criação de um livro que supunham ter alguma responsabilidade pela obra. Num memorando típico dirigido a Malesherbes, um censor lamentava não poder dedicar mais tempo para melhorar o estilo de um manuscrito, pois o autor o queria de volta depressa e, assim, teria de assumir toda a culpa caso o livro fosse criticado após a publicação.[65]

Claro que as colaborações podiam azedar. Depois de não

conseguir persuadir autores a reescrever conforme suas especificações, os censores às vezes se recusavam a ter qualquer contato com eles.[66] Debates sobre textos degeneravam em brigas. Censores reclamavam do estado dos originais, autores reclamavam da demora.[67] Um oficial da Marinha aposentado achou penoso receber a ordem de cortar trechos de seus poemas e mais tarde, depois de algumas autoflagelações, receber um pedido para cortar mais ainda.[68] E um matemático que acreditava ter descoberto uma fórmula para a quadratura do círculo ficou indignado com a rejeição de seu manuscrito. O livro não continha nada contra a religião, o Estado, a moralidade; porém o censor o rejeitou sob o argumento de que não queria entrar em atrito com a Academia de Ciências, da qual era membro (a academia tinha recusado a ideia de analisar qualquer outro tratado sobre aquele tema).

> Então é essa a recompensa para um trabalho enorme, o mais desagradável, o mais difícil, e ao mesmo tempo o mais necessário que um geômetra jamais realizou? Que recompensa para incentivar o fervor e a emulação entre nós! Ou, para exprimir de modo correto, que fonte de desgosto e desânimo, se não recebemos todos, e de maneira igual, a permissão de ser úteis ao mundo que habitamos.[69]

A despeito das disputas ocasionais, a censura, em sua modalidade rotineira, levava autores e censores a se unir, e não a se afastar. As relações entre eles envolviam, em geral, variados graus de colaboração, e não doses implacáveis de repressão. Até onde é possível calcular, a taxa de recusas era baixa, muitas vezes por volta de 10%.[70] Mas, é claro, manuscritos que contestavam de modo grave os valores oficiais da Igreja e do Estado não eram submetidos à censura da Direction de la Librairie. Iam para gráficas situadas fora das fronteiras francesas, num fecundo arco de editoras que se estendia de Amsterdam até Bruxelas e Liège, passando pela Renânia e entrando pela Suíça, até chegar ao Estado papal de Avignon. Essa literatura francamente ilegal, suplementada por um enorme comércio de obras pirateadas, fornecia grandes negócios para os editores estrangeiros, que vendiam as obras na França por meio de um vasto sistema de contrabando e distribuição clandestina.[71] As perdas causadas à economia francesa eram tão grandes que os diretores do comércio de livros, em especial Malesherbes e seu sucessor, Antoine de Sartine, fizeram todo o possível para alargar os limites da legalidade, favorecendo permissões tácitas, permissões simples, tolerâncias e outros expedientes que fomentavam a produção doméstica. A economia tinha tanto valor quanto a política ou a religião na administração da censura.[72]

Porém, os administradores não tinham as mãos livres, porque não podiam tomar nenhuma decisão importante em Paris sem considerar as consequências em Versalhes. Sempre que surgia um problema delicado, Malesherbes passava por cima de seus censores e consultava personalidades de ponta nos ministérios e na corte. Seria digno de publicação um tratado sobre fortificações militares? O manuscrito seguia diretamente para o ministro da Guerra. Um estudo sobre o comércio exterior? O controlador-geral das Finanças teria de decidir. Uma história da Irlanda com referência especial à guerra e à diplomacia? O ministro do Exterior precisava aprovar o manuscrito, antes de ser submetido a um censor. Um livro sobre a necessidade de criar um hospital novo em Paris? Um censor tinha dado sua aprovação inicial, mas a decisão final cabia ao ministro incumbido do "Département de Paris".[73] As dedicatórias eram igualmente uma questão delicada, porque uma personalidade pública que aceitasse a dedicatória de um livro o endossava implicitamente e se identificava com ele. Os escritores viviam correndo atrás de figurões na esperança de que uma dedicatória acarretasse um apadrinhamento. Em geral, não conseguiam passar da antecâmara de personalidades importantes ou de seus secretários e, às vezes, tentavam driblar os obstáculos publicando uma dedicatória sem autorização e presenteando o protetor em potencial com um exemplar do manuscrito encadernado especialmente para ele. Malesherbes tinha de impedir tal comportamento, que era proibido. Ele não permitia uma dedicatória a menos que o autor apresentasse uma carta atestando que ela havia sido aceita, e sempre mandava um censor examinar seu texto.[74]

Nesse ponto, o argumento pode parecer resvalar para uma posição extremada. Os censores davam pareceres positivos dos livros. Eles se concentravam mais em questões de conteúdo e de estética e menos em ameaças à Igreja, ao Estado e à moralidade. Muitas vezes se solidarizavam com os autores, encontravam-se com eles e até colaboravam com os textos impressos. Em vez de reprimir a literatura, eles a promoviam. Será que não faziam nenhum trabalho policial e ideológico do tipo que em geral identificamos com a censura?

CASOS PROBLEMÁTICOS

É possível ressaltar os aspectos positivos da censura selecionando dados que deem a ela uma boa feição. Na descrição das atividades dos censores que acabei de fazer, abordei os dados da maneira mais imparcial que pude; porém, concentrando-me no aspecto rotineiro e comum do trabalho deles, negligenciei os episódios espetaculares que atraíram a atenção da maioria dos historiadores e não discuti casos em que os censores explicitamente trataram de questões ideológicas. Os anos de meados do século foram uma época de grande fermentação. De fato, o período de Malesherbes como diretor do comércio de livros, 1750-63, coincidiu bem de perto com o período em que as obras mais importantes do Iluminismo foram publicadas, desde a *Encyclopédie* (seus prospectos apareceram pela primeira vez em 1750; os últimos dez volumes foram publicados juntos em 1765) até *Emile* e *Du Contrat social*, de Rousseau (ambos publicados em 1762). Malesherbes era amigo dos *philosophes*, e seu período no cargo de diretor sempre foi interpretado como uma guinada na história do Iluminismo e da liberdade de expressão em geral. Como tal período se apresenta, quando visto da perspectiva do trabalho cotidiano dos censores, que estavam sob as ordens de Malesherbes?

Uma leitura atenta de todos os relatórios, correspondência e memorandos dos censores, de 1750 a 1763, mostra pouca preocupação com as obras dos *philosophes*. A filosofia em geral não era motivo de grande preocupação. No relatório sobre um livro que defendia a metafísica leibniziana, o censor se mostrava desdenhoso acerca da importância de tal assunto:

> Muitos filósofos entre nós não concordam com a verdade de tais princípios e alegam que as consequências a serem extraídas deles exercem uma influência perigosa na religião. Mas, como se trata meramente de uma disputa filosófica, não creio haver razão adequada para impedir a circulação de obras que possam dar origem a isso.[75]

Em algumas ocasiões, os censores exprimiam apreensão com o arrepiante deísmo de extração voltairiana.[76] Mas o nome de Voltaire raramente aparecia nos memorandos que circulavam pela Direction de la Librairie. Isso não devia ser surpresa, pois, como já foi explicado, nenhum manuscrito que contestasse abertamente os valores ortodoxos do Antigo Regime seria submetido para obter uma aprovação e um privilégio real ou mesmo uma permissão tácita. Tais obras iam para Marc-Michel Rey, em Amsterdam, para Gabriel Cramer, em Genebra, e para outros editores que trabalhavam fora do alcance da lei francesa. Os livros que chegavam às mesas dos censores e apresentavam mais dificuldades tinham a ver, em primeiro lugar, com religião — nuances de teologia no interior da Igreja católica, doutrinas protestantes e sobretudo jansenismo, a vertente austera e agostiniana da religião derivada das obras de Cornelius Jansen e condenadas como heréticas por diversas bulas papais.[77] Os autores e editores de tais obras as enviavam para ser censuradas na crença de que eram compatíveis com o catolicismo ortodoxo. Os censores tinham de decidir se era esse o caso.

Muitos censores que tomavam tais decisões eram professores de teologia na Sorbonne. Eram bastante flexíveis no que se referia a obras protestantes que não fossem polêmicas, como livros de orações, e que pudessem ser edificantes, muito embora os protestantes se dirigissem a Deus com o pronome *tu* em vez do *vous*, preferido pelos católicos.[78] Os censores também concediam permissões tácitas para obras que não fossem religiosas escritas por autores protestantes, apesar de alguns receios sobre comentários acerca de temas sensíveis, como a natureza do casamento.[79] Mas não admitiam nenhum livro que tivesse o menor vestígio de jansenismo ou que discutisse temas explosivos, como a graça eficaz, suscitados pelas controvérsias jansenistas.[80] Não admitiam aprovar nem mesmo manuscritos antijansenistas — como no caso de uma obra perfeitamente ortodoxa escrita pelo bispo de Sisteron —, porque, como disse um dos censores, isso não ajudaria "a esfriar os ânimos".[81] Os censores encontravam uma fartura de defesas da ortodoxia, mas mesmo assim hesitavam em aprová-las, caso não fossem convincentes o bastante. Um censor rejeitou uma piedosa tentativa de refutar o deísmo com o argumento de que era débil demais: "Apresentar uma defesa fraca da religião é, inadvertidamente, deixá-la exposta".[82] Livros religiosos não tinham de ser meramente isentos de heresias; precisavam se ajustar a critérios especialmente elevados de argumentação e estilo. De outro modo, solapavam as bases de sua própria causa e não podiam ser publicados.[83]

A mesma linha de raciocínio se aplicava a obras políticas. Os censores não se preocupavam com ataques contra o rei, que, de saída, nem seriam submetidos a eles para obter aprovação. Em vez disso, martirizavam-se debruçados em manuscritos que não elogiavam o rei de maneira eficaz o bastante. Certo libreto de ópera poderia ser publicado, segundo um censor, mas apenas se o autor cortasse seu prólogo, que continha um elogio inadequado a Luís XV.[84] "Política" para os censores, como para muitos franceses no século XVIII, não dizia respeito a lutas pelo poder no interior do governo, algo que não podia ser discutido abertamente, mas sim a assuntos estrangeiros. Jean-Pierre Tercier, o primeiro-secretário no Ministério das Relações Exteriores, cuidava para que os manuscritos não se desviassem da orientação vigente na política externa.[85] Um comentário desrespeitoso sobre a Prússia poderia ser tolerado durante a Guerra dos Sete Anos (1756-63), quando Frederico II estava em guerra contra a França, mas não durante a Guerra de Sucessão Austríaca (1740-8), quando era um aliado.[86] De modo semelhante, alguns comentários pró-jacobitas nos primeiros volumes de uma história da Irlanda pareceram aceitáveis para um censor, numa época em que a França apoiava o pleito do Jovem Pretendente ao trono britânico (Carlos Eduardo Stuart, conhecido posteriormente como Bonnie Prince Charlie), mas não quando os últimos volumes foram submetidos à censura para obter a aprovação. Nessa altura, após a Guerra de Sucessão Austríaca, a França havia abandonado a causa dos jacobitas e a história da Irlanda era vista de outro modo. O caso teve de ser resolvido pelo ministro do Exterior.[87] O ministro da Guerra não dava permissão para a publicação de nenhum tratado militar durante a Guerra dos Sete Anos, mesmo quando eram obras técnicas sobre balística.[88] Durante a crise em torno de sua tentativa de introduzir um imposto do "vigésimo" justo e mais equitativo, em 1749, o controlador-geral das Finanças tentou impedir a publicação de todos os livros sobre impostos.[89] O Parlamento de Paris constantemente se opunha às reformas tributárias e contestava a autoridade absoluta do rei, sobretudo em relação às discussões jansenistas. Mas os censores raramente tratavam de polêmicas parlamentares, provavelmente porque obras sobre temas controversos não seriam submetidas a sua aprovação.[90] Qualquer coisa relacionada aos fatos atuais precisava ser esclarecida com autoridades de escalão superior, mas os censores raramente recebiam obras sobre problemas do momento.

Em vez disso, examinavam grande quantidade de textos históricos, que suscitavam questões ideológicas de diversos tipos. Em tais casos, os censores podiam se mostrar notavelmente permissivos, como num relatório sobre uma história da Inglaterra escrita por um monge francês:

> Podemos dizer que se trata de uma história da Inglaterra destinada a ingleses da facção mais desvairada dos whigs [...]. A fúria na crítica aos padres e monges é levada a tal ponto que podemos pensar que estamos lendo Voltaire. Muitas vezes nosso autor emprega o tom e as expressões daquele escritor. Também declara, no início, que a nação inglesa tem o poder de escolher um rei conforme seu capricho, e ele não o diz a fim de demonstrar que Jaime II foi destronado de forma legítima [...]. Apesar de eu ter riscado os trechos mais revoltantes [...] o texto continua, todavia, coberto de um verniz inglês, o que torna impossível outorgar ao autor um privilégio para imprimir seu livro. Porém, se Monsieur Malesherbes quiser lhe conceder uma permissão tácita e se a obra for apresentada como um livro impresso em Londres, os leitores serão facilmente

enganados e, sem dúvida nenhuma, jamais desconfiarão que foi escrito por um monge beneditino francês.[91]

A categoria final que exigia toda vigilância, segundo Malesherbes e outros comentaristas do comércio de livros, era a literatura que ofendia os padrões comuns de moralidade — chamada comumente hoje de pornografia. O termo não existia no século XVIII, quando a literatura erótica floresceu sem despertar preocupação — a menos que tivesse monges, freiras e amantes do rei como personagens. Tais livros exerciam impacto suficiente para vender bem no comércio clandestino, mas nunca eram submetidos à censura. Alguns poucos romances obscenos chegavam às mãos dos censores e, no geral, eram tolerados.[92] O único caso de uma obra brutalmente indecorosa que encontrei nos relatórios dos censores foi *Mystères de l'hymen, ou la bergère de velours cramoisy* [Mistérios do hímen, ou a poltrona de veludo carmesim], que o censor repudiou como uma aberração repugnante.[93]

Depois de estudar centenas de relatórios e memorandos de censores, temos a impressão de estar cara a cara com um problema inesperado: se os censores não se concentravam principalmente em farejar a irreligião e a sedição, onde mais sentiam o cheiro do perigo, além de casos especiais como o jansenismo e os assuntos estrangeiros? Não era de esperar que o encontrassem — ou seja, no campo dos *philosophes*. Em vez disso, preocupavam-se com a corte. Mais exatamente, temiam se embaraçar nas teias de proteção e clientelismo por meio das quais o poder era transmitido no Antigo Regime. Embora o mercado literário estivesse a pleno vapor em 1750 e um novo tipo de poder passasse para a esfera do mercado, os censores reais ainda habitavam um mundo criado por príncipes do Renascimento, onde um passo em falso podia causar um desastre e sanções continuavam ao alcance das mãos dos grandes (*les grands*).

O perigo a esse respeito não era inerente às ideias, mas às

pessoas — qualquer um com influência que pudesse ficar ofendido por um comentário irreverente ou inadvertido. Um censor extraiu de um livro de história uma referência a um delito de um membro da poderosa família Noailles no século XVI — não porque aquilo não tivesse acontecido, mas porque "a casa [de Noailles] poderia reclamar de aquilo ser lembrado".[94] Outro censor rejeitou uma obra genealógica perfeitamente acurada sob o pretexto de que podia conter omissões capazes de ofender algumas famílias importantes.[95] Um terceiro censor não quis aprovar uma exposição sobre as relações francesas com o Império Otomano porque continha "detalhes relativos a famílias que exigem respeito"; e dava nomes aos bois: um nobre que enlouqueceu quando era embaixador em Constantinopla e outro que não conseguiu obter o cargo de embaixador por causa da hostilidade que havia na corte contra sua estranha sogra.[96] Em toda parte, os censores tremiam só de pensar em não conseguir perceber alguma referência velada a alguém importante. Foi preciso fazer uma pesquisa especial em Lyon para analisar um livro de ensaios que poderia ofender notáveis locais.[97] Malesherbes, que pertencia a uma família importante, constantemente analisava um manuscrito recorrendo a fontes bem situadas, capazes de identificar alusões que podiam escapar aos censores de escalões mais modestos da sociedade. Os figurões contavam com essa atenção. O duque d'Orleans, por exemplo, agradeceu a Malesherbes por meio de um intermediário por garantir que "nada relacionado ao seu pai fosse impresso, antes que ele [o duque atual] fosse informado".[98]

O gênero que despertava mais terror na alma de um censor era o *roman à clef*. Eles muitas vezes não identificavam um livro como um *roman à clef* porque não tinham conhecimento suficiente de *le monde*. O piedoso abade Guiroy, por exemplo, pediu a Malesherbes que indicasse outro censor para um romance que não apenas satirizava autores — isso era admissível — como podia ter em mira alvos mais importantes. "Temo as alusões. Elas ocorrem com frequência e não me atrevo a me responsabilizar por elas. Se conseguisse identificá-las, talvez poderia não me preocupar; mas não sou capaz de saber a quem o texto se refere."[99] O mesmo perigo assombrava outro censor inocente, que não liberou um manuscrito, embora o achasse soberbo em todos os demais aspectos: "Pode ser uma alegoria disfarçada com requinte e sutileza, sob nomes sagrados, que poderia servir para usos maliciosos [*applications malignes*] na corte. Por tais razões, julgo perigoso permitir sua publicação neste reino, mesmo com uma permissão tácita".[100] Malesherbes era solidário com as agruras dos homens que trabalhavam sob suas ordens. Afinal, não eram pessoas de grande projeção ("*des gens assez considérables*") e não se podia esperar que captassem alusões que seriam óbvias para qualquer pessoa de um círculo mais elevado. Além disso, tinham medo. Preferiam rejeitar um manuscrito a se expor a desprazeres, caso o aprovassem.[101] As rejeições muitas vezes exprimiam o medo de "aplicações", termo que aparece com frequência nos documentos de censores e da polícia.[102] Designava referências cifradas, em geral insultos e informação desonrosa, em livros, epigramas, canções e provérbios. Aplicações passavam despercebidas entre os leitores comuns, mas podiam infligir graves danos entre os grandes. Representavam uma forma de poder, numa sociedade onde a reputação, o nome e a "*face*" (*bella figura*) expressavam influência política e potencial vulnerabilidade, exatamente como acontecia trezentos anos antes, nas cortes italianas.

ESCÂNDALO E ILUMINISMO

Se é possível captar ecos do Renascimento nos escritos dos censores, haverá neles sinais perceptíveis da Revolução Francesa, que já estava batendo na porta? Longe disso: uma das vantagens de estudar de perto a censura entre 1750 e 1763 é a oportunidade de escapar da visão de que tudo durante os últimos anos do Antigo Regime estava levando à explosão de 1789. Porém, teleologia à parte, é importante admitir que havia muitas forças subversivas em atividade no mundo dos livros. Uma delas tem a ver com o Iluminismo. Embora os *philosophes* mandassem suas obras mais arrojadas para serem publicadas fora da França, de vez em quando tentavam publicar livros dentro do reino, submetendo-os à censura, e em raras ocasiões os censores os aprovavam. Nesse ponto, podiam causar um escândalo. Não apenas o censor poderia se ver em apuros como também, e mais importante, o aparato do Estado podia ser ameaçado por poderes externos, determinados a tomar o controle ideológico em seu próprio nome — ou seja, exercendo a censura pós-publicação. Os livros podiam despertar sentimentos de ofensa em vários setores — na Universidade de Paris (sobretudo na faculdade de teologia, na Sorbonne), nos parlamentos (tribunais de Justiça soberanos, que podiam intervir em ocasiões de desordem cívica), na Assembleia Geral do Clero (que muitas vezes condenava livros nas sessões que promovia, de cinco em cinco anos), e em outros poderes eclesiásticos, sobretudo bispos franceses e o Vaticano. Todas essas instituições reivindicavam o direito de exercer a censura e o Estado resistia a elas, decidido a manter seu monopólio sobre o controle do mundo dos impressos.

Esse monopólio era relativamente recente. Durante a Idade Média, a Coroa deixara a supervisão do comércio de livros ao encargo da Universidade de Paris, cuja preocupação principal era manter a exatidão dos exemplares produzidos pelos copistas dos mosteiros. Depois da insurreição da Reforma, a Sorbonne continuou a censurar os textos, mas não conseguiu conter a enxurrada de obras protestantes. A Coroa tentou resolver o problema em 1535, decretando que qualquer pessoa que imprimisse qualquer coisa seria enforcada. Não deu certo. Durante os 150 anos seguintes, o Estado construiu seu aparato repressivo, ao mesmo tempo que restringia o aparato repressivo da Igreja. O estatuto de Moulins (1566) exigiu que os livros recebessem um privilégio real antes da publicação, e o Código Michaud (1629) estabeleceu um mecanismo de censura por censores do rei, sob a autoridade da Chancelaria. No fim do século XVII, o Estado havia consolidado seu poder sobre a indústria editorial e a universidade já não desempenhava um papel tão importante no processo, porém os bispos e os parlamentos continuavam condenando livros após sua publicação, decretando *mandements* e *arrêtés* (cartas de bispos e decretos parlamentares). Está claro que essas declarações não produziam grande efeito — a menos que ocorressem durante momentos de crise.[103]

A crise mais grave teve lugar por ocasião da publicação de *De l'Esprit*, de Claude-Adrien Helvétius, em 1758.[104] Nenhum livro jamais atraiu tanta censura de tantos pretensos censores — um édito do Parlamento de Paris, uma resolução da Assembleia Geral do Clero, um *mandement* do arcebispo de Paris, ataques semelhantes de outros bispos, uma repreensão da Sorbonne, uma instrução do papa e uma prescrição do Conselho do Rei. *De l'Esprit* sem dúvida continha material de sobra — metafísica materialista, ética utilitarista, política heterodoxa — para garantir a condenação de qualquer um comprometido com os princípios ortodoxos. Mas a disputa para condená-lo exprimia mais do que uma indignação virtuosa. Todo ataque contra o livro era uma invasão na autoridade do Estado e uma tentativa de se apropriar de aspectos do próprio Estado. Obras escandalosas tinham vindo a público antes, é claro, mas circulavam nos canais clandestinos do comércio. *De l'Esprit* foi vendido abertamente com o privilégio e a aprovação reais.

O censor foi Jean-Pierre Tercier, um funcionário de alto escalão no Ministério do Exterior. Absorvido pelo redemoinho diplomático relativo à Guerra dos Sete Anos, Tercier não tinha tempo para filosofia abstrata e possuía limitada capacidade de entender o assunto. Normalmente lidava com obras relacionadas com história e relações internacionais. Para aumentar sua confusão, ele recebeu o manuscrito em maços avulsos e fora de ordem, o que dificultou o acompanhamento de um argumento sequencial. Madame Helvétius, uma beldade famosa que derramou seu charme sobre ele num jantar festivo, pressionou-o para terminar logo a leitura, antes que ela e o marido viajassem para sua propriedade no campo. No fim, Tercier deu à obra uma aprovação completa, a qual apareceu impressa ao lado de um privilégio real. Uma obra ateísta com o selo de aprovação real! O escândalo podia ser visto como algo mais grave do que uma trapalhada burocrática: sugeria que a censura era algo importante demais para ser deixada por conta dos censores reais e que as autoridades externas deviam ter certo controle sobre o que se passava no interior da Direction de la Librairie.

O Parlamento de Paris fez o esforço mais sério para tirar proveito da situação. Seu procurador-geral requisitou que Tercier retratasse sua aprovação, muito embora as decisões no que tangia às aprovações estivessem sob a jurisdição de Malesherbes, que agia em nome do chanceler e do rei. Malesherbes reagiu a essa ameaça: tomou providências para que o privilégio concedido ao livro fosse anulado, por força de um édito do Conselho do Rei. Helvétius foi obrigado a renunciar a um cargo que exercia na corte, e Tercier, que também havia se metido em apuros com a Madame de Pompadour, foi demitido de seu cargo no Ministério do Exterior. Mas o Parlamento contra-atacou, forçando Helvétius a repudiar seu livro, numa série de episódios humilhantes, e foi além, condenando um conjunto de obras do Iluminismo ao lado de *L'Esprit*: *La Religion naturelle, poème* [A religião natural, poema], de Voltaire; *Pensées philosophiques* [Pensamentos filosóficos], de Diderot; *La Philosophie du bon sens* [A filosofia do bom senso], de J.-B. de Boyer, marquês d'Argens; *Pyrrhonisme du sage* [Pirronismo do sábio], de Louis de Beausobre; *Lettres semiphilosophiques du Chevalier de *** au comte de **** [Cartas semifilosóficas, do cavalheiro *** para o conde de ***], de J.-B. Pascal; *Lettre au R.-P. Berthier sur le matérialisme* [Carta ao reverendo padre Berthier sobre o materialismo], de G.-B. Coyer; e os primeiros sete volumes da *Encyclopédie*. No dia 10 de fevereiro de 1759, todos esses livros, exceto a *Encyclopédie*, foram rasgados e queimados pelo carrasco oficial ao pé da grande escadaria do Parlamento. Um auto de fé cerimonial de tamanha escala pareceu uma declaração de guerra contra o Iluminismo.

E não poderia ter ocorrido num momento pior. Ferozes boatos sobre conspirações e sedição haviam circulado por Paris e Versalhes desde a insensata e tímida tentativa de assassinar o rei Luís XV executada por Robert-François Damiens, no dia 5 de janeiro de 1757.[105] Damiens provavelmente ficou perturbado com a histeria em torno do jansenismo, que tinha se exacerbado no meio de um conflito dramático entre o Parlamento e a Coroa. Nesse meio-tempo, a economia titubeava sob a pressão da Guerra dos Sete Anos, que drenava o Tesouro e obrigava a Coroa a infligir novos impostos a seus súditos. A guerra em si desandou numa sucessão de desastres, culminando na derrota de Rossbach, o desbaratamento das forças combinadas franco-austríacas por Frederico II, no dia 5 de novembro de 1757. Longe de reagir com sangue-frio a tais calamidades, o governo pareceu entrar em pânico. No dia 16 de abril de 1757, o Conselho do Rei publicou um decreto ameaçando punir com a morte qualquer um que escrevesse, imprimisse ou vendesse obras que simplesmente tendessem a agitar as emoções em geral (*émouvoir les esprits*).[106]

Por essa época, a agitação provocada pela *Encyclopédie* tinha proporcionado aos inimigos dos *philosophes* um alvo particularmente vulnerável. Jesuítas, jansenistas e um enxame de polemistas haviam denunciado as impiedades e heterodoxias dos dois primeiros volumes daquela obra de forma tão veemente que o Conselho do Rei a condenara em 1752, embora sem proibir a publicação dos volumes subsequentes. De fato, a condenação produziu pouco efeito, a não ser o de aumentar as vendas: as assinaturas dispararam para 4 mil. Isso representava uma fortuna: 1,12 milhão de *livres*, ao preço da assinatura original de 280 *livres* (mais tarde, chegou a 980 *livres*, o que fez da *Encyclopédie* um dos livros mais caros e, provavelmente, mais lucrativos na história editorial francesa antes do século XIX).[107] Malesherbes era especialmente sensível aos aspectos econômicos da indústria do livro.[108] Privilegiava a adoção de permissões tácitas a fim de impedir que capitais vazassem pelas fronteiras da França, rumo a editoras estrangeiras. Graças à sua proteção, a publicação da *Encyclopédie* prosseguiu sem interrupção até o volume 7, que veio a público em novembro de 1757. Oito meses depois, irrompeu a tempestade em torno de *L'Esprit*. Helvétius não havia colaborado com a *Encyclopédie*, mas em sua denúncia contra a literatura do Iluminismo o procurador-geral do Parlamento associou os dois livros como prova de uma conspiração para minar a Igreja e o trono. O Parlamento persistiu nessa linha de ataque, embora tenha poupado a *Encyclopédie* da queima de livros do dia 10 de fevereiro de 1759, proibindo todas as vendas da *Encyclopédie* e indicando uma comissão para investigar a obra. Malesherbes barrou com sucesso essa investida, mas apenas assumindo o encargo da supressão do livro. No dia 8 de março, um édito do Conselho do Rei revogou o privilégio da *Encyclopédie*. Quatro meses depois, um decreto real exigiu que seus editores reembolsassem 72 *livres* a cada um dos assinantes e Malesherbes ordenou que a polícia desse uma busca no quartel-general de Diderot a fim de confiscar todos os papéis daquele empreendimento colossal. Ao mesmo tempo que defendia sua própria autoridade, o

Estado parecia ter optado por uma variedade rigorosa de censura pós-publicação.[109]

Antes da batida policial, porém, Malesherbes preveniu Diderot para que levasse seus escritos para um local seguro. Diderot respondeu que não sabia onde poderia esconder tanto material num prazo tão curto. Malesherbes lhe fez o favor de esconder boa parte dos textos em sua própria residência. Para o mundo exterior, a *Encyclopédie* tinha sido destruída, mas Diderot continuou a editá-la em segredo durante os seis anos seguintes, trabalhando com os remanescentes do grupo de colaboradores que não haviam desertado; e os últimos dez volumes de texto foram publicados juntos em 1765 sob a falsa chancela editorial de Neuchâtel. Nessa altura, a França havia entrado num período de paz, as controvérsias jansenistas tinham se esgotado, as discussões entre a Coroa e os parlamentos haviam amainado, pelo menos brevemente, e as obras do Iluminismo continuavam a ser publicadas, embora sem o privilégio real.[110]

A POLÍCIA DO LIVRO

Ao sobreviver ao duplo escândalo de *De l'Esprit* e da *Encyclopédie*, o Iluminismo conseguiu alcançar os leitores no momento mais perigoso de sua existência sob o Antigo Regime. Mas esse episódio, por sua importância, pode parecer tão dramático a ponto de deixar na sombra os aspectos da censura mais generalizados e de longo prazo. Os acontecimentos de 1757-9 não devem ser tomados para tipificar as atividades dos censores ou para fazer a história da censura no século XVIII tomar o aspecto da história de uma luta entre os *philosophes* e seus inimigos. Seria mais exato entender o trabalho de Malesherbes e seus homens como parte do que poderia ser chamado de realidade literária — ou seja, o mundo rotineiro habitado por escritores, editores, livreiros e personalidades influentes da corte e da capital. Esse mundo, como descrito nas *Mémoires sur la librairie* (1759), de Malesherbes, parecia estar sob elevado controle. No entanto, a exemplo de muitos administradores de alto escalão no Antigo Regime, Malesherbes tinha apenas uma vaga noção do que se passava fora de Paris e de Versalhes. Nem ao menos sabia quantas cidades tinham inspetores do comércio de livros (além de Paris, apenas duas: Lyon e Rouen) e quantas possuíam guildas aptas a cumprir as determinações do rei (27 cidades tinham guildas ou comunidades corporativas cujos membros gozavam do privilégio exclusivo de vender livros, mas só quinze delas tinham *chambres syndicales* incumbidas da responsabilidade de inspecionar todos os carregamentos de livros). Embora ele se desse conta de que, nas províncias, estivesse ocorrendo um próspero negócio com a comercialização de livros ilegais, não tinha a menor ideia de sua extensão.

O sucessor de Malesherbes, Antoine de Sartine, que foi um administrador muito melhor, tentou traçar um quadro da realidade do comércio de livros recrutando supervisores para inspecionar todos os livreiros do reino. O resultado, um censo extraordinário que cobria 167 cidades, concluído em 1764, revelou uma enorme indústria que funcionava sem preocupações com o Estado, o qual tentava regulamentá-la. Essa informação serviu para alimentar novas regulamentações cujo intuito era criar alguma ordem em 1777, mas, a exemplo da maioria dos éditos reais, produziram poucos resultados. Os livreiros de província, tanto em cidades grandes como Lyon, Rouen e Marselha quanto em cidades pequenas — Avenches, Bourg-Saint-Andéol, Châteaudun en Dunois, Forges-les-Eaux, Ganges, Joinville, Loudun, Montargis, Nègrepelisse, Tarbes, Valence —, tocavam seu comércio fora do alcance de visão de Paris e, em grande parte, fora da lei.[111] Cerca de 3 mil comerciantes de todos os tipos vendiam livros na década de

1770, porém o semioficial *Almanach de la librairie* de 1781 lista apenas 1004. A maioria deles não tinha autorização. (Para operar legalmente, um livreiro tinha de ser membro de uma guilda ou pelo menos ter obtido um certificado chamado *brevet de librairie*.) Grande parte de seu estoque provinha de editores estrangeiros, ou diretamente ou por meio de intermediários, e consistia principalmente de obras pirateadas ou proibidas. Não temos dados suficientes para calcular as proporções, mas, qualquer que tenha sido o balanço estatístico entre os setores legal e ilegal, existia uma grande disparidade entre a literatura que ocupava os censores e a literatura que de fato circulava nos canais do comércio de livro.[112]

As autoridades estavam plenamente conscientes de tal disparidade, apesar de suas informações falhas, pois muitas vezes confiscavam livros ilegais na alfândega parisiense e nas inspeções obrigatórias dos carregamentos que passavam pelas *chambres syndicales* provinciais. Quando avisadas por informantes, davam batidas em livrarias, apreendiam mercadorias ilegais e interrogavam os comerciantes. Inspetores de polícia com a responsabilidade específica de cuidar do comércio de livros executavam as batidas. O mais atuante deles, Joseph d'Hémery, trabalhava em estreito contato com Malesherbes e Sartine e formou arquivos extraordinariamente ricos sobre todos os aspectos da indústria editorial. Deveria toda essa atividade ser considerada uma forma de censura pós-publicação?[113]

Para os franceses do século XVIII, isso seria visto como trabalho policial. "Polícia", naquela época, era um conceito amplo, que cobria a maioria dos aspectos da administração municipal, inclusive iluminação, higiene e provisão de alimentos.[114] A polícia parisiense gozava de boa reputação pelo aprimoramento dos serviços mais modernos e bem organizados. De fato, sua administração parecia tão avançada que servia como modelo para tratados sobre a polícia, que podem ser considerados contribuições para a literatura do Iluminismo. Voltaire se referia às *sociétés policiées* como ordens sociais que haviam alcançado o mais elevado estágio da civilização. Nada pode ser mais enganador do que associar a polícia da monarquia Bourbon com as forças repressivas de regimes totalitários. Porém, esclarecida ou não, a polícia literária do século XVIII na França confiscava muitas obras dos *philosophes* com muitas outras que jamais entraram na história literária, mas eram os alvos principais da repressão do Estado.

Para fazer justiça a todos os aspectos desse tipo de trabalho policial, seria necessário um vasto tratado. Mas seu caráter básico pode ser entendido a partir de alguns estudos de caso, que mostram como inspetores do comércio de livros (*inspecteurs de la librairie*) lidavam com a tarefa de policiar a literatura. Durante suas rondas, inspecionavam as grandes editoras e livrarias do Quartier Latin, porém o mais frequente era que as buscas de livros ilegais os levassem a sótãos, aposentos nos fundos, gráficas secretas e depósitos clandestinos, onde "livros ruins" (*mauvais livres*), como os inspetores os chamavam, eram produzidos e distribuídos. Tais livros eram tão maus, aos olhos das autoridades, que a mera possibilidade de submetê-los à censura era algo fora de questão. Tinham de ser apreendidos e destruídos — ou, em certos casos, mantidos encarcerados na Bastilha, pois existiam inteiramente fora da lei.

UM AUTOR NOS APOSENTOS DOS CRIADOS

A "inspeção" da literatura ocasionalmente punha a polícia em contato com autores famosos, mas os policiais passavam a maior parte do tempo seguindo os rastros de escritores menores e obscuros, que produziam o pior dos *mauvais livres*. Há um caso que ilustra a autoria no que tinha de mais obscuro e também como o trabalho de investigação policial às vezes podia arrancar pela raiz um negócio editorial num solo particularmente perigoso: a própria Versalhes.[115]

Em agosto de 1745, a polícia descobriu que certo livro especialmente condenável sobre a vida amorosa do rei, tenuemente disfarçado em um conto de fadas com o título de *Tanastès*, circulava clandestinamente. Prenderam um mascate, que contou que havia obtido seu estoque num depósito secreto em Versalhes cujo dono era um livreiro chamado Dubuisson, que foi rapidamente arrebatado para a Bastilha e interrogado. Contou que havia obtido o manuscrito com certo Mazelin, um criado da subgovernanta do delfim; Mazelin havia recebido o livro de sua autora, Marie-Madeleine Bonafon, camareira da princesa de Montauban; e ela havia cedido o manuscrito em troca de duzentos exemplares da edição que Dubuisson conseguira imprimir em Rouen, na gráfica da viúva Ferrand.

Um destacamento policial voltou a Versalhes em busca de Mazelin e Mademoiselle Bonafon; outro destacamento seguiu para a gráfica de Ferrand, em Rouen; enquanto isso, os inspetores continuaram a capturar mascates pelas ruas de Paris. No fim, encheram a Bastilha com 21 prisioneiros volúveis, cujos interrogatórios revelaram muita coisa acerca do comércio clandestino. O testemunho mais revelador veio da autora, Mademoiselle Bonafon. No dia 29 de agosto, depois de passar duas noites sozinha numa cela, foi levada perante Claude-Henri Feydeau de Marville, o comandante-geral da polícia.

Ele era um dos funcionários de mais alto escalão na França, mais ou menos equivalente a um ministro do Interior de hoje. Ele não interrogava pessoalmente os prisioneiros na Bastilha, exceto em questões de Estado importantes. Naquele caso, obviamente, farejou algo suspeito, porque camareiras não escreviam romances políticos; de fato, nem sabiam escrever. Portanto, Marville preparou o interrogatório cuidadosamente e conduziu-o como um jogo de gato e rato. Preparou armadilhas; Mademoiselle Bonafon tentou evitá-las; a transcrição do interrogatório recapitula todos os lances de ambos, pois foi escrito na forma de um diálogo: pergunta-resposta, pergunta-resposta, todas as páginas assinadas com as iniciais de Mademoiselle Bonafon, como testemunho de sua fidelidade.[116]

Marville passou rapidamente pelas perguntas preliminares: Mademoiselle Bonafon jurou dizer a verdade e se identificou como natural de Versalhes, com 28 anos, empregada nos últimos cinco anos como camareira da princesa de Montauban. Em seguida, ele entrou direto no assunto: ela já havia escrito livros?

Sim, disse Mademoiselle Bonafon: *Tanastès* e o início de outro, *Le Baron de xxx*, e uma peça, que nunca tinha sido encenada e estava sob a guarda do filho de Minet, da Comédie Française. (Mais tarde, ela contou que também havia concluído os rascunhos de outras duas peças, *Les Dons* e *Le Demi-Savant*, além de ser uma poeta prolífica.)

> Foi perguntada a causa de seu gosto pela escrita. Ela não teria consultado alguém familiarizado com a composição de livros a fim de aprender a organizar os livros que pretendia escrever?
>
> Respondeu que não consultou ninguém; que, como lê bastante, aquilo lhe dera vontade de escrever; que havia imaginado, além do mais, que poderia ganhar algum dinheiro escrevendo; que ninguém lhe ensinara as regras do teatro, mas havia aprendido sozinha, lendo peças; na verdade havia consultado Minet algumas vezes a respeito de sua peça *Le Destin*, mas, quanto ao outro romance que havia mencionado, trabalhara nele totalmente sozinha; que nunca havia falado a respeito de *Tanastès* com ninguém, exceto o *sieur* Mazelin, para que encontrasse alguém que pudesse se encarregar de imprimir o livro para ela.

Tratava-se de um momento extraordinário: uma mulher, uma criada, contava para o chefe da força policial, um dos homens mais poderosos do reino, que havia escrito um romance porque queria escrever um romance e que tinha feito isso sozinha, sem ajuda de ninguém. O comandante-geral da polícia não conseguia acreditar. "Escreveu o livro com base na própria imaginação?", perguntou ele.

Ninguém lhe deu um texto para servir de base para trabalhar? Quem forneceu o material?

Respondeu que nenhum relato escrito foi entregue a ela, que ela mesma havia composto o livro, que na verdade havia criado aquilo na sua imaginação.

Marville não se deteve diante dessas negativas genéricas. Exigiu informações precisas sobre a produção e a difusão do livro. (Aqui, vou parafrasear o interrogatório, seguindo de perto as palavras da transcrição.)

Quando ela havia escrito?
Entre dezembro-janeiro e em março de 1745.
O que foi combinado quanto à publicação?
Mazelin enviou o manuscrito para Dubuisson, que, em troca, prometeu dar a ela duzentos exemplares. Dubuisson ou alguém empregado por ele deve ter arranjado a epígrafe em latim, o prefácio e as notas, que não foram obra dela.
Onde foi impresso?
Em Rouen, segundo Mazelin.
O que ela havia feito com seus duzentos exemplares?
Tinha queimado.
Quando?
Depois que soube que a polícia havia prendido Dubuisson.

Nesse ponto, o interrogatório entrou num terreno perigoso, porque começou a abrir brechas na defesa de Bonafon. Embora não pudesse negar ser a autora de *Tanastès*, ela tentava apresentar o livro como um romance inocente, vagamente inspirado nos mexericos comuns na corte. Enquanto isso, Marville tentava induzi-la a admitir que sabia, o tempo todo, que se tratava de um ataque escandaloso contra o rei. O fato de ter esperado até o último minuto para destruir seus exemplares demonstrava sua intenção de lucrar com o escândalo, e que o havia explorado conscientemente. Assim, enquanto Bonafon se protegia atrás de sua versão do caso, Marville a cercava, disparando perguntas que miravam seus pontos fracos.

Quando leu o manuscrito pela primeira vez, Mazelin não advertiu que poderia levar a *mauvaises applications* ou paralelos perigosos com assuntos atuais?

Sim, mas ela garantiu a Mazelin que não passava de uma história inventada e que muitas histórias assim apareciam todos os dias, sem suscitar *applications*.

Se Mazelin a preveniu do perigo, por que ela insistiu em publicar o livro?

Ela agiu mal, admitia, mas não via nada de tão terrível nas *applications*. Foi em frente com a ideia de publicar o livro porque "tinha uma necessidade premente de dinheiro".

Não existia uma chave explicativa para a história? Não havia uma chave desse tipo anexada aos exemplares que recebera?

Não; ela vira uma chave explicativa havia três semanas, um manuscrito anexado a alguns exemplares à venda na loja de Dubuisson, em Versalhes, mas ela nada tinha a ver com aquilo.

Tal comentário deixava à mostra um flanco frágil nas defesas de Mademoiselle Bonafon, e Marville atacou imediatamente.

Ora! Muito antes de queimar seus exemplares, ela sabia de tudo acerca das *applications*; no entanto persistira em seus planos de vender o livro. De fato, ela teria esgotado seu estoque caso Dubuisson não tivesse sido preso. Era culpada de manufaturar e difundir "a obra mais indecente do mundo"! Não seria ela mesma a autora da chave explicativa? Ou Mazelin? As precauções que tomaram para camuflar sua operação comprovavam que sabiam como o livro era pernicioso.

De maneira nenhuma, retrucou ela. Só havia recorrido ao segredo porque não queria ser reconhecida como autora. Foi apenas sua desesperada necessidade de dinheiro que a compeliu a publicar o livro; e, com toda segurança, não foi ela que escreveu a chave explicativa, tampouco acreditava que Mazelin a havia fornecido.

Nesse ponto, Marville interrompeu o interrogatório. Já havia obtido informações suficientes para provar a cumplicidade de Mademoiselle Bonafon num tipo criminoso de literatura, mas desconfiava que, naquela história, havia mais do que ela estava disposta a admitir; como podia um serviçal, ainda por cima mulher, uma criada doméstica, se aventurar a escrever romances? A fim de alcançar a história por trás da história, ele tinha de interrogar os outros prisioneiros na Bastilha; e contava com uma bela coleção deles.

Por fim, o comandante-geral da polícia e seus auxiliares interrogaram todos os 21 detidos, aprisionaram alguns suspeitos, exilaram outros e libertaram o mascate e o aprendiz de gráfico. Adquiriram um completo conhecimento da rede subterrânea que ligava Rouen, Versalhes e Paris. Porém sua principal preocupação continuava a ser a autoria misteriosa — da chave explicativa e do romance —, por isso concentraram-se em Mademoiselle Bonafon. Chamaram-na de volta para mais dois interrogatórios, continuaram a pôr armadilhas em seu caminho, das quais ela continuou a se esquivar. Mas fizeram mais progressos com seus colaboradores. Quando arrancavam informações comprometedoras de um suspeito, interrogavam outro e guardavam aquela informação, até conseguir pegar o interrogado numa mentira. Então o atacavam com o testemunho de seu cúmplice, numa tentativa de provocar uma confissão. Também tentavam romper as defesas dos prisioneiros mediante uma técnica conhecida como "confrontação". Convocaram Mademoiselle Bonafon e Mazelin, trazidos de celas separadas, e então leram o testemunho de ambos, na tentativa de suscitar recriminações mútuas. Como isso não deu em nada, convocaram Dubuisson e fizeram o mesmo. A história dele sobre a chave explicativa do romance contradizia frontalmente a dos outros dois, mas ninguém quis se desdizer; desse modo, a investigação ficou empacada por alguns dias, até que os interrogadores, afinal, trouxeram Maillard, o porteiro da casa do marquês de Prye, e conseguiram quebrar as defesas. Ele admitiu que tinha montado um depósito clandestino na casa do marquês, em Paris. Abastecia os mascates parisienses, que vendiam de porta em porta, e havia obtido seu estoque em Versalhes: 45 exemplares vieram de Mazelin e 25 de Mademoiselle Bonafon, que devia receber três *livres* por exemplar vendido. (Um *livre*, a moeda corrente mais comum, equivalia aproximadamente a um dia de trabalho de um trabalhador não qualificado em 1750.) O produto fornecido por Bonafon incluía a chave explicativa, escrita à mão por ela mesma.

A confissão de Maillard municiou o comandante-geral da polícia com a informação de que precisava em seu terceiro interrogatório de Mademoiselle Bonafon. De início, manteve aquela informação oculta, enquanto lhe fazia as perguntas de costume sobre a chave explicativa e recebia as negativas de sempre. Então partiu para o ataque.

Mademoiselle Bonafon conhecia certo Maillard, porteiro do marquês de Prye?
Ela o vira uma vez, com a Madame de Prye, em Versalhes.
Alguma vez havia escrito para Maillard e enviara a ele exemplares de *Tanastès*?
Não.
Ela estava mentindo. Ele sabia muito bem que ela mandara 25 exemplares para Maillard e estava envolvida na remessa de outros 25, na expectativa de ganhar três *livres* a cada exemplar vendido.

Nesse ponto, o último bastião da defesa de Mademoiselle Bonafon desmoronou e ela não teve outro recurso senão confessar, omitindo o maior número possível de informações.

Sim, ela confessou, era verdade: tentara ganhar algum dinheiro com os exemplares que continuaram em seu poder. Ela os entregara a um criado do príncipe Constantin, que os fizera passar pela alfândega sem dificuldade, dentro da carruagem do príncipe.
Ela mandara uma chave explicativa do livro na mesma remessa?
Sim, não podia negar. Maillard precisava da chave para vender o livro; por isso a escreveu de próprio punho e entregou para Mazelin levar para Maillard — mas com a condição de que a chave serviria apenas para Maillard estar ciente do assunto, e não para ser distribuída com os livros.

Então Marville apresentou uma folha de papel coberta de letras escritas à mão. Era aquela a chave?

Sim, ela confessou; aquela era a folha de papel que mandara para Maillard, escrita por ela mesma. Tudo o que pôde dizer em sua defesa era que nunca chegara a ganhar dinheiro com o livro.

Deixando de lado aquela desculpa, Marville repreendeu duramente a acusada.

"Fez ver à prisioneira que, desde sua detenção, ela havia seguido o procedimento sistemático de admitir alguns fatos levantados contra ela e negar outros." Era culpada de produzir e distribuir o tipo de literatura mais desrespeitoso e perigoso que existe. Tentara enriquecer, caluniando a Coroa. E podia contar que ficaria na prisão até quando aprouvesse à Coroa, para satisfação de sua graça.

Na verdade, Mademoiselle Bonafon ficou na Bastilha catorze meses e meio. Seu estado de saúde piorou a tal ponto, segundo um relatório do governador da Bastilha, que muito provavelmente morreria, caso não fosse transferida para algum local menos insalubre. Assim foi trancafiada no Convento das Bernardinas, em Moulins, onde ficou, sem permissão de receber visitas ou cartas, durante mais doze anos.

Por que escolher esse caso, entre centenas de outros que enchem os arquivos da Bastilha? Para um leitor moderno (mera especulação; provavelmente sou o único que leu o texto nos últimos 250 anos), *Tanastès* deve parecer insípido. Mas para leitores do século XVIII, munidos da chave explicativa, era algo sensacional, porque foi a primeira obra a revelar a vida sexual de Luís XV e as intrigas da corte a ela associadas. Na verdade, os mexericos em Versalhes mantinham a corte informada a respeito dos casos do rei, desde o começo hesitante do caso com as três filhas do marquês de Nesle (especialmente a odiadíssima duquesa de Châteauroux, que havia acompanhado Luís XV ao front em Metz, durante a Guerra de Sucessão Austríaca) até a elevação de Madame de Pompadour, a *maîtresse en titre*; mas *Tanastès* expunha tudo em letra impressa. Com ajuda da chave explicativa — Tanastès é Luís XV; Oromal, o cardeal de Fleury; Amariel, o bispo de Soissons etc. —, qualquer leitor era capaz de decodificar o jogo de poder e sexo no coração da monarquia francesa. Foi assim que a polícia leu o livro. Num relatório para o governo sobre a investigação, eles escreveram:

> Este livro é um conto de fadas alegórico do qual é fácil fazer aplicações ofensivas ao rei, à rainha, à Madame de Châteauroux, ao duque de Richelieu, ao cardeal de Fleury e a outros grão-senhores e damas da corte. Apresenta um relato do que aconteceu durante a enfermidade do rei em Metz, em 1744; a renúncia de Madame de Châteauroux; seu regresso às boas graças do rei e seu restabelecimento; sua doença, sua morte e a nova escolha de Madame de Pompadour.[117]

Isso era lesa-majestade literária.

O mais notável, da perspectiva da tentativa do Estado de controlar a palavra impressa, era que toda a operação fora conduzida a partir dos alojamentos dos criados. A autora, seu intermediário (Mazelin), o contrabandista (um criado do príncipe de Constantin) e o distribuidor (Maillard), todos eles serviam a aristocracia em diversas funções. Dubuisson era um dos muitos comerciantes de livros que faziam negócios em Versalhes, guardando obras proibidas em armazéns secretos e vendendo-as clandestinamente, em sua loja ou de porta em porta, "por debaixo do casaco" (*sous le manteau*, no linguajar comum). O palácio estava crivado por pontos de venda do submundo literário. E alguns agentes secretos eram mulheres. O comandante-geral da polícia mal conseguia acreditar que uma camareira havia escrito um *roman à clef* de cunho sedicioso, ao passo que Mademoiselle Bonafon tinha toda uma obra às suas costas — poemas e peças, além de seu romance. Além do mais, *Tanastès* foi produzido numa oficina gráfica dirigida por uma mulher, a viúva Ferrand, em Rouen. A exemplo de muitas viúvas no comércio de livros, ela havia assumido a empresa do marido após sua morte. A polícia literária trouxe à tona personagens obscuros e inesperados o bastante para sugerir que a literatura, concebida de maneira ampla para abranger todas as fases da produção e difusão de livros, se alastrava mais profundamente na sociedade do Antigo Regime do que jamais se imaginou na versão da história literária concentrada nos grandes livros e nos grandes homens.

UM SISTEMA DE DISTRIBUIÇÃO: CAPILARES E ARTÉRIAS

A "inspeção" de livros muitas vezes começava no ponto final de sua difusão e depois refazia seu caminho de trás para a frente, até chegar aos vigias de depósitos, cocheiros, gráficos, editores e autores. A fim de seguir os fios da meada na repressão da literatura ilegal, a polícia precisava conhecer seus caminhos na rede de capilares do comércio — os aposentos dos fundos, as rotas dos mascates, as feiras livres, onde a população mais pobre do mundo literário tentava, a duras penas, ganhar a vida em conjunto. Muitas vezes, a penúria levava à criminalidade, porque os maiores lucros provinham de onde os riscos eram maiores — do comércio ilegal. Muitas vezes a polícia prendia comerciantes periféricos, que operavam no setor de maior risco, lutando para que seus estoques atendessem à demanda, e nos arquivos da Bastilha abundam as histórias sobre esses pobres-diabos (*pauvres diables*), na camada mais baixa do comércio de livros.

O dossiê de um *bouquiniste* (pequeno livreiro que, em geral, trabalhava numa barraca de feira) parisiense contém a mais rica série de informações acerca desse aspecto do sistema de distribuição. Louise Manichel, conhecida no meio do comércio como "*la fille La Marche*", cuidava de uma barraca que ficava numa travessa que ligava o jardim do Palais-Royal com a Rue de Richelieu, no coração de Paris. Muito antes de Balzac celebrá-lo em *Les Illusions perdues*, o Palais-Royal tinha se tornado um ponto de venda vital para a indústria editorial. Ele encarnava outro aspecto do sistema de privilégio peculiar ao Antigo Regime. Como pertencia ao duque d'Orléans, membro da família real, era um *lieu privilégié* (lugar privilegiado), fora do alcance da polícia. Os inspetores e seus espiões podiam examinar as mercadorias à venda nas barracas espalhadas por seus jardins, mas não podiam dar batidas e fazer detenções sem a autorização prévia do governador do palácio, que em geral adiava as coisas por tempo suficiente para que os acusados fugissem. Em resultado, o Palais-Royal, cuja área era aberta a todos em Paris, servia de abrigo para toda sorte de atividade dúbia — prostituição, jogo de apostas, mexericos políticos e venda de livros ilegais. La fille La Marche oferecia as mercadorias mais seletas para um público faminto de informação sobre intrigas ministeriais, a vida sexual do rei e todas as formas de libertinagem, tanto as filosóficas quanto as eróticas.

Ela não tinha nenhum direito de fazer isso. Em princípio, todos os mascates e *bouquinistes* tinham de obter autorização da polícia para se registrar na Direction de la Librairie, mas o Palais-Royal a protegia, com o manto de seu privilégio, bem como vários outros minúsculos varejistas. Eles montavam barracas (*étalages*) sob as arcadas que rodeavam o jardim e em todas as vielas e travessas anexas. Quando havia oportunidade, faziam negócios entre si, disputavam uns com os outros baixando os preços e faziam alianças com seus colegas em outros locais relativamente seguros, como o Louvre e o Palais de Justice. Em geral, obtinham seu estoque com livreiros periféricos de Paris, que por sua vez eram abastecidos por gráficas e depósitos clandestinos situados nas províncias ou no exterior. La Marche conhecia todos os macetes do comércio. Trabalhava no ramo desde bem moça e herdara a barraca da mãe, que havia trabalhado ali até morrer, em 1771. O pai, conhecido pela polícia como "um mau elemento que vendia livros muito maus",[118] cuidara de um micronegócio semelhante, em outro local, até sua saúde fraquejar, aos 74 anos, e sua irmã vendia "livros ruins" de porta em porta, até que a polícia a encarcerou na prisão de Fort l'Eveque, no início da década de 1770. Parece improvável que os membros dessa família lessem os livros que vendiam. La Marche não era analfabeta, mas suas cartas da Bastilha foram escritas em garranchos toscos e numa ortografia tão ruim que muitas vezes temos de ler em voz alta e ouvir os sons a fim de decifrar seu significado.

Em dezembro de 1774, a data do primeiro item de seu dossiê, La Marche tinha 28 anos. Morava com uma viúva que trabalhava para ela como criada, num apartamento do sexto andar nos fundos de um prédio, em cima de uma tabacaria na Rue Saint Honoré — ou seja, num local barato, pois as distinções econômicas tendiam a ser verticais no mercado de imóveis parisiense: quanto mais alto o andar, mais pobre o inquilino. Pierre-Auguste Goupil, inspetor do comércio de livros, começou a preparar uma armadilha para ela, depois que recebeu o relatório de um espião que havia comprado uma obra ilegal na sua barraca, e descreveu os frequentadores do local:

> Todos os nobres que buscam as publicações mais recentes, amantes de livros que vêm buscar suas encomendas ou mulheres que desejam ter os livros à disposição em sua penteadeira recorrem a essa mulher. Ela sempre tem algo para espicaçar sua curiosidade: *Lettre à un duc et pair* [Carta para um duque e par da corte], *Lettre du sieur de Sorhouet au sieur de Maupeou* [Carta do senhor de Sorhouet para o senhor de Maupeou], *Mémoires authentiques de la vie de Madame du Barry* [Memórias autênticas da vida de Madame du Barry], *Les Soirées du Roi de Prusse* [Os saraus do rei da Prússia] etc. Ela tem tudo e vende tudo.[119]

Como os títulos indicam, La Marche trabalhava especialmente com livretos políticos e obras escandalosas, muitas delas direcionadas contra o ministério do chanceler René-Nicolas-Charles--Augustin de Maupeou, que provocara uma onda de literatura de protesto, entre 1771 e 1774, por conta de sua reorganização do sistema judicial, de um modo que reforçava o poder arbitrário da Coroa. O governo fazia todo o possível para suprimir essas publicações, mesmo depois da queda do ministério de Maupeou e do advento de Luís XVI, em maio de 1774. Um livreto que o governo desejava especialmente erradicar era *Lettre de M. l'abbé Terray à M. Turgot*, que vinculava os protestos contra Maupeou ao novo ministério de Anne-Robert-Jacques Turgot. O comandante-geral da polícia, Jean--Charles-Pierre Lenoir, ordenou que Goupil rastreasse a origem daquele livreto e Goupil obedeceu, comprando dois exemplares da obra na barraca de La Marche, por intermédio de um espião. Em seguida, mandou outro relatório sobre as atividades dela:

> A srta. La Marche continua a vender a *Lettre de M. l'abbé Terray à M. Turgot* no Palais-Royal. As pessoas afluem em bandos à sua barraca, como se fossem assistir a uma nova peça de teatro, e isso cria um efeito sensacional. Ademais, esse livreto desencadeia conversas sobre as pessoas nele comprometidas; e, apesar de escrito de modo muito pobre, o sal da malícia, que espalha por toda parte, o faz ser muito vendido e lido.[120]

Ao mesmo tempo que rastreava as origens dos livros, a polícia registrava seus efeitos no público parisiense. Um livreto sagaz e uma *boutique* de livros estrategicamente localizada podiam agitar correntes indesejáveis na opinião pública, e La Marche sabia como manipular a sensibilidade de seus fregueses. Goupil disse que ela tentou seduzir seu agente secreto com a seguinte conversa de vendedora:

Baixando a voz, ela perguntou se conhecia *Vie de Madame du Barry*. "Claro", respondeu ele. "Por quê?" "Porque ainda tenho alguns exemplares dos duzentos que consegui em Flandres, duas semanas atrás." Em seguida acrescentou, em tom provocante: "O senhor já viu essa nova obra? É o *Bréviaire des chanoines de Rouen* [Breviário dos cânones de Rouen]. Vem do mesmo lugar". E imediatamente puxou sob sua barraca o livro que anexo ao relatório, pelo qual cobrou dois *livres* e oito *sous*. Como pode ver, Monsieur, trata-se de uma compilação de indecências bem apropriadas para a corrupção da moral.[121]

Goupil recomendou que lhe dessem autorização para fazer uma batida no apartamento de La Marche, onde acreditava que a vendedora guardava livros proibidos e onde poderiam encontrar pistas que levassem às fontes de suprimento. Lenoir o enviou para realizar tal "averiguação" e, às 22 horas de 23 de janeiro de 1775, Goupil, acompanhado por Pierre Chénon, um funcionário (*commissaire*) da corte de Châtelet que muitas vezes colaborava com a polícia dos livros, entrou no apartamento de La Marche. Deram uma busca completa, mas só encontraram três exemplares da *Lettre de M. Terray*, dois exemplares do folheto pornográfico *Le Volupteux hors de combat* [O voluptuoso fora de combate] e um livro de contabilidade antigo. Na noite seguinte, às 23 horas, eles voltaram com uma *lettre de cachet* para prendê-la e a levaram para a Bastilha.

La Marche ficou numa cela, isolada de qualquer contato com o mundo exterior, até 27 de janeiro, quando Chénon a levou para o primeiro de dois interrogatórios. Ele já havia interrogado muitos mascates e livreiros da sua estirpe e, em geral, não forçava muito as perguntas em seu primeiro confronto com eles, para poder confundi-los nas sessões seguintes, com provas produzidas pelo trabalho investigativo posterior. Quando lhe pediram informações sobre seus fornecedores, La Marche deu uma resposta vaga sobre homens que apareciam em sua barraca com embrulhos e reapareciam dias depois para pegar o pagamento. Ela não podia fornecer nomes nem nada que servisse como uma descrição, além de "estatura mediana" e "um olhar meio para baixo". Ela vendia as mesmas obras que todos os outros *bouquinistes* no Palais-Royal, contou, e achava que aquilo era tolerado pela polícia; mas sabia muito pouco a respeito do conteúdo, pois nunca lia os livros. Não tinha a menor ideia de que a *Lettre de M. Terray* era proibida. Seus clientes lhe haviam pedido o livro; quando apareceu um desconhecido com uma dúzia de exemplares no bolso, ela comprou. Ele continuou aparecendo e ela continuou vendendo os livros, até comercializar mais ou menos uma centena de exemplares. Chénon tentou apanhá-la numa cilada, indicando dois lançamentos em seu livro de contabilidade, referente a quinhentos exemplares de uma "brochura", mas ela retrucou que "brochura" era um termo genérico que usava quando totalizava suas vendas no fim do dia. Não conseguia lembrar que livros estavam incluídos naquela expressão abrangente e jamais anotava os títulos em sua contabilidade. Ela não teria vendido, também, a *Vie de Madame la comtesse du Barry*?, perguntou Chénon. Só dois exemplares, respondeu. Ela os comprara de um de seus fregueses, que calhou de possuir alguns exemplares de sobra, dos quais não precisava. Ela não sabia seu nome nem seu endereço e podia descrevê-lo apenas como um cavalheiro de uns cinquenta anos.[122]

Chénon interrompeu o interrogatório nesse ponto. Por experiência, sabia que a defesa dos prisioneiros muitas vezes desmoronava, apesar da tentativa inicial de negar tudo, depois de passar bastante tempo isolados e abandonados numa cela úmida e imunda. La Marche parecia desesperada numa carta que escreveu para Lenoir, um dia depois do interrogatório. Ela era a única fonte de renda da família, explicou. O pai estava enfermo, a irmã era inválida, a criada estava doente e seu negócio, do qual todos dependiam, estava à beira da ruína. Sua carta, que merece ser aqui reproduzida, corrigida e traduzida, indica seu nível de alfabetização, bem como seu estado mental:

> La supliente in plor votre justise vous prit de l'a regardé dun neuille de pitié je suis comme unemer de famille qui abesoins daitre ala taite de ses affair je un per de soisante e quinsans son et-tat nes pas sufisans pour le fair subsité et une seurs qui es dan la paine elle napoint dautre secour que de moy, je… ne ces de vercé des larme de sens
>
> [La suppliante implore votre justice [et] vous prie de la regarder d'un œil de pitié. Je suis comme une mère de famille qui a besoin d'être à la tête de ses affaires. J'ai un père de soixante et quinze ans. Son état n'est pas suffisant pour le faire subsister, et [j'ai] une sœur qui est dans la peine. Elle n'a point d'autre secours que moi. Je… ne cesse de verser des larmes de sang.]
>
> [A requerente implora vossa justiça [e] pede que a olhe com piedade. Sou como uma mãe de família que precisa estar à frente dos negócios. Tenho um pai de 75 anos. Seu estado de saúde não lhe permite ganhar a vida por sua conta e tenho uma irmã que está em apuros. Ela não tem outros recursos senão os que recebe de mim. Eu… não paro de derramar lágrimas de sangue.][123]

Enquanto isso, a polícia seguia outras pistas. Com a ajuda de espiões e de subordinados, Goupil descobriu que a *Lettre de M. l'abbé Terray à M. Turgot* fora distribuída por "*la femme Mequignon*", a *bouquiniste* na Cour de Mai do Palais de Justice, que vendia livros de porta em porta, em caráter privado, e também negociava pequenas remessas da obra para seus colegas em outros locais, em especial no Palais-Royal. A mulher contou para um dos agentes de Goupil, que comprara dela alguns exemplares, que havia feito um acordo secreto com o impressor do livro. O impressor concordou em fazer dela o único distribuidor em Paris, em troca de uma parcela dos lucros nas vendas. O caráter secreto do acordo tinha a intenção de proteger a mulher do marido, bem como da polícia, explicou ela, porque se ele soubesse do dinheiro que a esposa estava ganhando ia exigir uma redução da parte das despesas que cabia a ele pagar.[124] Em seu relatório para Lenoir, Goupil recomendou que usassem essa informação para localizar o impressor, que aparentemente trabalhava numa segunda edição, a qual incluiria mais cartas fictícias destinadas a comprometer a reputação de personalidades públicas.

Ao mesmo tempo, a polícia descobriu os rastros de outra obra que preocupava seus superiores em Versalhes: *Vie de Madame la comtesse du Barry, suivie de ses correspondances épistolaires et de ses intrigues galantes et politiques* [Vida da Madame condessa du Barry, seguida de suas correspondências epistolares e suas intrigas galantes e políticas]. Era vendida por baixo dos panos por uma equipe formada de pai e filho: Desauges *père* e *fils*, que traficavam livros a partir de seu apartamento na Rue de Souarre e operavam uma pequena *boutique* na Place du Louvre, ao pé de um portão na Rue Fromanteau. Os dois foram presos e mantidos incomunicáveis em celas separadas na Bastilha. Infelizmente, as transcrições dos interrogatórios desapareceram (só existe uma referência a uma longa sessão de interrogatório que Chénon realizou com Desauges *père* [pai] até as 20 horas, em 2 de fevereiro),[125] mas os arquivos contêm muitas das cartas que eles escreveram e receberam. Depois de investigar todos os indícios, Chénon reuniu informações suficientes para destruir as defesas de La Marche em seu segundo interrogatório.

Começou com uma pergunta sobre *Vie de Madame la comtesse du Barry*. Ela estava mesmo determinada a reafirmar a declaração anterior sobre como havia adquirido o livro? Sem dúvida, respondeu. Tinha comprado seus exemplares de um cavalheiro desconhecido. Não teria sido, na verdade, do mascate chamado Desauges?, retrucou ele. Nesse ponto, La Marche se deu conta de que não poderia insistir na sua história. Sim, ela admitia, havia escondido o nome dele só porque "o sofrimento dele não aliviaria o dela". Desauges *père* havia fornecido uma dúzia de exemplares por cinco *livres* cada, e ela os vendera por seis *livres* a unidade. E a *Lettre de M. l'abbé Terray*? Ela admitiu que obtivera o livro com Mequignon — (*sieur* Mequignon, portanto aparentemente a esposa não tinha conseguido esconder do marido sua renda extra). Não havia mais nada para extrair de La Marche e Chénon mandou-a de volta para sua cela.

Nesse ponto, a investigação passou de negócios microscópicos em Paris para o mundo mais vasto do comércio de livros. Entre as dúzias de cartas que a polícia confiscou em sua batida no apartamento dos Desauges, algumas indicavam que Desauges *père* traficava livros havia 33 anos e obtinha boa parte de seu estoque com um comerciante em Versalhes chamado Ravinet; Ravinet redistribuía cargas que Desauges encomendava de atacadistas das províncias, sobretudo Jacques Manoury, em Caen, Abraham Lucas, em Rouen, e um livreiro chamado Walle, que gerenciava os negócios da Veuve l'Ecorché, em Bayeux. Goupil e Chénon partiram para a Normandia em meados de fevereiro de 1775.

A polícia do livro parisiense fazia batidas nas províncias quando havia acumulado indícios de violações da lei em larga escala, ou quando o governador lhes ordenava que reprimissem publicações hostis.[126] Tais missões demandavam uma preparação cuidadosa: reconhecimento prévio do território por espiões, cooperação de intendentes e de seus *subdélégués*, ajuda da polícia local e reforços, se necessário, da polícia montada (*maréchaussée*), tudo feito em segredo para que os suspeitos fossem apanhados de surpresa. No dia 20 de fevereiro, Goupil e Chénon, acompanhados por um policial local, chegaram à livraria de Abraham Lucas, no

Quai de Caen, na placa de Saint Luc, em Rouen. Vasculharam a loja e a parte residencial, no primeiro andar, mas não encontraram nada de suspeito. Em seguida convocaram Lucas, avisaram que já sabiam que ele vendia grande quantidade de livros proibidos e exigiram que revelasse onde os estocava. Duro veterano do comércio de livros, com 65 anos (já ficara preso na Bastilha em 1771), ele não se deixou intimidar. Porém, enquanto insistia em afirmar sua inocência, os policiais descobriram um buraco no teto do andar superior. Lucas alegou que era uma saída para o sótão, que servia de quarto para um criado. Mas resolveram verificar com os próprios olhos. Depois de subir uma escada, encontraram uma arca cheia de obras extremamente ilegais, como a pornográfica *Histoire de dom B..., portier des Chartreux* [História de dom B..., porteiro dos cartuxos] e o ateu *Christianisme dévoilé* [Cristianismo sem véus]. Confiscaram toda a contabilidade e a correspondência de Lucas, juntamente com os livros proibidos, em seguida o prenderam e levaram para a Bastilha, sob a guarda do agente policial.[127]

Três dias depois, invadiram a livraria de Jacques Manoury, A la Source des Sciences, na Place Saint-Sauveur, em Caen. Enquanto o chefe da brigada da polícia montada ficava de guarda na porta, deram uma busca em todas as dependências e acharam uma vasta coleção de obras políticas, pornográficas e hereges, inclusive *Vie de Madame la comtesse du Barry*. Suspeitaram que Manoury promovesse a publicação dos livros, mas ele negou ter qualquer ligação com alguma gráfica. Embora só tivesse 34 anos, também contava com muitos anos de experiência no comércio clandestino e passara quatro meses na Bastilha em 1771 por publicar panfletos contrários ao governo. Suplicou para ser poupado da Bastilha, dessa vez, porque ele e a esposa estavam doentes. De fato, ela estava em perigo iminente de morte, como foi atestado por um médico local que encontraram ao lado da cama, prestando assistência à mulher. Por conseguinte, Goupil e Chénon aceitaram suspender a ordem de prender Manoury; depois de confiscar seus papéis e despachar seus livros para Paris, partiram para a loja seguinte, a livraria gerenciada por Walle, em Bayeux.[128]

O relatório sobre essa batida desapareceu dos arquivos, mas Goupil e Chénon devem ter encontrado muitos indícios incriminadores, pois mandaram Walle para a Bastilha, escoltado por guardas armados. Uma figura eminente do local tentou atenuar o golpe, apelando por clemência numa carta dirigida a Lenoir. Alegou que Walle não passava de um garoto de recados (*garçon de boutique*), que não tinha nenhum conhecimento sobre livros e vendia tudo o que os atacadistas (sobretudo Manoury) lhe ofereciam, sem saber nem como definir os preços. Ainda por cima tinha de sustentar a viúva L'Ecorché, herdeira da loja, e seus seis filhos, que se veriam entregues à indigência caso ele não tivesse autorização para reassumir o negócio em breve.[129] A correspondência de Walles com Desauges, que a polícia havia apreendido na batida no apartamento de Desauges, mostrava-o sob um aspecto menos inocente.[130] Mas Goupil e Chénon não se demoraram a examinar o caso dele porque precisavam voltar depressa para Caen a fim de interrogar Manoury.

Chegaram no dia 25 de fevereiro e fizeram o interrogatório em sua hospedaria, o Auberge du Palais Royal. A única documentação que sobreviveu do interrogatório é uma lista dos livros que apreenderam na sua loja.[131] Apesar de muito rasgado, contém títulos suficientes para demonstrar que Manoury fazia muitos negócios com toda sorte de literatura ilegal. Junto com a pornografia comum (*Histoire de dom B...*, *Thérèse philosophe*), abarcavam boa parte da literatura de protesto direcionada contra o ministério de Maupeou:

14 *Thérèse philosophe* [Thérèse filósofa]
65 *Haquenettes ou étrennes au seigneur de Maupeou* [As harpias, ou presentes de Ano-Novo para o senhor de Maupeou]

3 *Margot la ravaudeuse* [Margot, a remendeira]
2 *Réflexions impartiales sur l'Evangile* [Reflexões imparciais sobre o Evangelho]
1 *Traité des erreurs populaires* [Tratado sobre os erros comuns]
2 *Lettres philosophiques par M. de Voltaire* [Cartas filosóficas do M. de Voltaire]
7 *Le Compère Mathieu, ou les bigarrures de l'esprit humain* [O irmão Mathieu, ou as confusões do espírito humano]
4 *Le Colporteur, histoire morale et critique* [O mascate, conto moral e crítico]
7 *Grigri, histoire véritable traduite du japonais* [Grigri, história real traduzida do japonês]
2 *L'Académie des dames, ou les entretiens galants d'Aloysia* [A academia das damas, ou as conversas galantes de Aloysia]
10 *Histoire de dom B..., portier des Chartreux* [História de dom B..., porteiro dos cartuxos]
1 *La Gazette de Cythère, ou histoire secrète de Madame la comtesse du Barry* [A Gazeta de Citera, ou história secreta de Madame condessa du Barry]
4 *Vie de Madame la comtesse du Barry* [Vida da Madame condessa du Barry]
92 *Oraison funèbre des conseils supérieurs* [Oração fúnebre dos conselhos superiores (ou seja, os conselhos criados por Maupeou)]
42 *Haute messe célébrée par l'abbé Perchel, conseiller-clerc du ci--devant soi-disant conseil supérieur de Rouen* [Missa solene celebrada pelo abade Perchel, conselheiro clerical do antigo conselho superior de Rouen]
118 *Derniers soupirs du soi-disant parlement* [O último suspiro do assim chamado parlamento]

Goupil e Chénon não mandaram Manoury para a prisão, talvez por causa de sua enfermidade e do estado desesperador da esposa. No fim, portanto, só Lucas e Walle se juntaram a La Marche e aos Desauges *père* e *fils* na Bastilha. Mas a apreensão da correspondência e dos livros de contabilidade forneceu para a polícia indícios de sobra para reconstituir uma rede de negócios que se estendia de Londres a Genebra.

Seria maçante descrever todos os nós que unem a rede e todos os livros que circulavam através dela. A melhor maneira de ter uma imagem do comércio de livros que ocorria no extremo oposto dos *bouquinistes* de Paris é consultar os documentos apreendidos na loja de Manoury — sete maços grossos que Goupil depositou nos arquivos da Bastilha.

Jacques Manoury dirigia um dos mais vastos negócios livreiros na França provincial. Ele pertencia a uma dinastia de livreiros estabelecida em Caen desde o início do século. Seu pai tinha uma livraria na Rue Notre Dame no centro da cidade e dominava o comércio em toda a área circundante. Como filho mais velho e provável herdeiro do negócio, Jacques aprendeu com o pai como trabalhar no ramo. Foi admitido na guilda local como mestre, na idade extraordinariamente jovem de dezoito anos. Entre os vinte e os trinta anos, enquanto continuava a trabalhar na loja do pai, começou a especular por conta própria, sobretudo na clandestinidade. A primeira vez que aparece citado nos registros da polícia é em 1770, quando fez uma viagem de negócios para Paris. Registraram que se hospedou num hotel de luxo (Hôtel du Saint-Esprit, Rue de l'Hirondelle, num quarto do segundo andar com vista para o pátio) e que tinha vendido dois exemplares do livro ateu *Système de la nature*, que naquela época era uma das obras mais procuradas e perigosas, para um agente secreto do inspetor Joseph d'Hémery. D'Hémery não prendeu Manoury, mas fichou-o como um "jovem de cerca de trinta anos, alto, que usava espada ou faca de caça, cabelo penteado no estilo *bourse*, sobrecasaca cinzenta".[132] Manoury não devia ser confundido com os pés-rapados do submundo literário. Ele tinha ares de cavalheiro.

Um ano mais tarde, numa missão muito semelhante àquela de Goupil em 1775, D'Hémery deu uma batida numa série de livrarias e gráficas em Caen, Avranches, Saint-Malo, Alençon e Le Mans. No dia 4 de maio de 1771, com dois agentes da polícia local e quatro membros da polícia montada, apareceu na loja do pai de Manoury. Inspecionaram cada centímetro do imóvel, que consistia de um amplo salão de venda, vários aposentos contíguos no térreo, cômodos residenciais no primeiro andar e, na ponta do pátio, dois depósitos repletos de livros. Não encontraram nada de suspeito, mas, graças a um relatório feito por um espião, sabiam que o jovem Manoury estivera envolvido com a publicação de *Le Procès instruit extraordinairement contre M. de Caradeuc* [O processo extraordinário contra M. de Caradeuc], um livro em quatro volumes, contra o governo, relacionado com a crise política conhecida como "a questão britânica". Louis-René de Caradeuc de la Chalotais, o procurador-geral do Parlamento de Rennes, liderara a resistência do Parlamento contra diversas medidas da Coroa, sobretudo fiscais. Sua prisão, por uma *lettre de cachet*, em 1765, despertou uma onda de protestos de "patriotas" contra o que entendiam ser o despotismo do rei, e as batidas de D'Hémery tinham o intuito de reprimir suas publicações. Munido de uma *lettre de cachet* para a prisão de Manoury, mandaram-no "muito abalado e trêmulo" para passar a noite numa prisão local, isolado de todo contato. (Manoury *père* não estava implicado.) Durante seu interrogatório no dia seguinte, ele confessou ter vendido quatrocentos exemplares do livro. Porém, quatro dias depois, D'Hémery deu uma batida na gráfica de Jean-Zacharie Malassis, em Alençon, que confessou ter imprimido 1500 exemplares encomendados por Manoury e por um livreiro em Saint-Malo, chamado Hovius. Manoury pegara os livros, dizendo que pretendia mandá-los para um depósito fora de Paris e depois comercializá-los na capital. A confissão de Malassis, confirmada por outra investigação, levou à detenção de Manoury na Bastilha: quatro meses e meio atrás das grades e, como explicou mais tarde, com 20 mil *livres* de prejuízo.[133]

Só um comerciante de peso poderia suportar tamanho golpe financeiro. Em 1775, Manoury tinha não apenas se recuperado como estabelecera também um negócio próprio, na Place Saint--Sauveur, em Caen. Uma circular belamente impressa apresentava a loja assim:

A LA SOURCE DES SCIENCES

J. Manoury, *fils, aîné*, livreiro em Caen, oferece uma vasta coleção de livros de vários gêneros, raros e únicos, próprios para satisfazer os amantes dos livros e abastecer grandes livrarias com as obras que lhes faltam.

Como se corresponde com os principais livreiros em Paris, na França e em toda a Europa, pode sempre fornecer não apenas todos os livros novos anunciados nas revistas como também livros raros, do mercado moderno e de antiquários.[134]

Ao mesmo tempo que atendia os fregueses locais de sua loja em Caen, Manoury concentrava suas ações no mercado atacadista. Sua correspondência mostra que ele abastecia varejistas em Lille, Rouen, Fougères, Bayeux, Saint-Malo, Rennes, Le Mans, Alençon, Compiègne e outras cidades no noroeste da França, bem como Desauges *père*, em Paris. Manoury também publicava livros, fazia encomendas a impressores em Rouen, Saint-Malo, Nantes e numa *île anglaise*, provavelmente Jersey.[135] Com edições inteiras sob seu comando, ele podia negociar livros às centenas e permutá--los por obras produzidas por outros editores-atacadistas, a fim de diversificar seu estoque. Ele se correspondia com as editoras mais importantes de Amsterdam, Haia, Genebra e Neuchâtel.[136] Um contato em Londres se ofereceu para lhe fornecer centenas de exemplares dos tratados franceses antigovernistas que eram impressos lá — por um preço reduzido, com um xelim por exemplar, a fim de cobrir o "seguro", caso fossem confiscados na França.[137] E um comerciante de livros em Lyon, Gabriel Regnault, ofereceu a promessa de especulações igualmente perigosas e lucrativas:

> Não posso aceitar seus *Trois imposteurs* [Três impostores (um ataque contra Moisés, Jesus e Maomé)], pois estou imprimindo uma edição dele, nem o *Dom B...*, pois tenho metade dos direitos de uma edição que ainda está para se esgotar. Quanto aos *Pensées théologiques* [Pensamentos teológicos], ainda estou sobrecarregado com exemplares de uma edição antiga. Com relação à sua [indagação sobre] as *Cythères* [*Gazeta de Citera, ou a história secreta de Madame condessa du Barry*], não sei se ela se refere a um livro que eu produzi por permuta em Rouen ou a uma edição cuja impressão estou à beira de concluir, cuja folha de rosto incluo aqui. Se você não o possui [...] estará entre os primeiros a receber a obra [...] *Maupeouana* [ou seja, uma antologia de obras contra Mapeou], dois volumes in-oitavo: estou fazendo uma edição, juntamente com *La Fille de joie* [A moça do prazer], ilustrada, e outros, que vou lhe oferecer no tempo devido [...]. Quando nossas relações ficarem estabelecidas, sem dúvida poderemos fazer publicações em conjunto [...]. Consumo grande quantidade desses itens e só imprimo grandes tiragens, as quais, no entanto, não me eximem de fazer novas edições [...]. Pode ter certeza da minha discrição.[138]

Em certos casos, é possível reconstruir todas as etapas do processo de difusão. Por exemplo, em maio de 1774, Regnault encomendou a Jacques-Benjamin Téron, livreiro e impressor periférico em Genebra, a impressão de uma edição em três volumes do

Journal historique de la révolution opérée dans la constitution de la monarchie françoise par M. de Maupeou [Jornal histórico da revolução promovida por M. de Maupeou da constituição da monarquia francesa], uma das publicações antigovernamentais mais importantes nos últimos anos do reinado de Luís XV. Regnault (em Lyon) mandou cem exemplares para Manoury (em Caen) em janeiro de 1775, tomando o cuidado de não mencioná-lo pelo nome numa carta que anunciava o carregamento e terminava com um P.S.: "Rasgue isto imediatamente". (Encontrei uma quantidade surpreendente de cartas incriminadoras que terminavam com "queime isto" ou "destrua isto".) Manoury informou Walle (em Bayeux) que esperava a chegada do livro em duas caixas, na primeira semana de fevereiro. No dia 24 de fevereiro, Walle propôs vendê-los para um de seus clientes, um nobre que morava num *château* perto de Isigny, na Normandia, e sublinhou "seu gosto pela literatura e especialmente pelo patriotismo". A correspondência indica até o aumento dos preços, à medida que os livros passavam do editor para o atacadista, para o varejista e para o leitor. Regnault vendeu o *Journal historique* para Manoury por seis *livres* o exemplar; Regnault vendeu para Walle por nove *livres*; e Walle vendeu para seus fregueses por quinze *livres*.

Era possível ganhar grandes somas de dinheiro no comércio ilegal, mas também havia grandes riscos — em todos os níveis, inclusive entre os maiores livreiros-editores. Depois de acumular dívidas de 3 mil *livres* com Manoury — e, sem dúvida nenhuma, muito mais com outros fornecedores —, Regnault desapareceu. Negociantes clandestinos muitas vezes iam à falência. Quando suas especulações ultrapassavam seus recursos, eles suspendiam os pagamentos e tentavam fazer acordos com seus credores, jogando uns contra os outros — ou simplesmente caíam na estrada, abandonando esposa e filhos. O próprio Manoury foi à falência no fim de 1778. Por meio de acordos com seus credores, restabeleceu seu negócio e, aparentemente, continuou a negociar livros ilegais, seu "principal ramo de negócio",[139] até 1789, ou depois. Mas nunca recuperou sua reputação entre os banqueiros que pagavam todas as letras de câmbio dos livreiros. Um deles preveniu a Société Typographique de Neuchâtel, um editor suíço que lhe havia fornecido muitos carregamentos de livros ilegais: "Esse homem não é nada confiável. Tome cuidado ao se expor a ele".[140]

O maior problema de Manoury era arrancar dinheiro dos varejistas como Desauges, que sempre encontravam uma desculpa para evitar o pagamento das contas. Em janeiro de 1775, por exemplo, Desauges mandou algumas ordens de pagamento pelo livro antigovernamental *Oraison funèbre du conseil supérieur* [Oração fúnebre do conselho superior]. Seus clientes, disse ele, "me atormentam para conseguir um exemplar".[141] Ele conseguiu contrabandear um primeiro lote para Paris, a partir de seu depósito secreto em Versalhes, mas a polícia apreendeu um segundo carregamento nos arredores da cidade. Pediu a Manoury que, em sua condição de fornecedor, dividisse o custo daquele prejuízo e mandasse mais exemplares, junto com cem exemplares de *Histoire de la vie de Madame la comtesse du Barry*:

> Mande o mais depressa possível. Do contrário, não vai servir para nada, porque é crucial vender rapidamente e sem chamar atenção. Acrescente doze *Portier des Chartreux* [Histoire de dom B..., portier des Chartreux], seis *Nonnes éclairées* [As freiras esclarecidas, uma nova edição de *Vénus dans le cloître, ou la religieuse en chemise*] e dois *Vérités des mystères de la religion* [Verdades dos mistérios da religião].[142]

Manoury nunca recebeu nenhum pagamento por esses livros. A polícia apreendeu a maior parte deles, junto com o próprio

Desauges e o arquivo de cartas incriminadoras que os agentes confiscaram na livraria de Manoury.

Essas cartas e uma grande quantidade de indícios suplementares demonstram que os negociantes situados no escalão mais alto do comércio ilegal se comportavam de maneira tão inescrupulosa quanto os peixinhos miúdos na parte de baixo. Simplesmente usavam um arsenal diferente de truques sujos. Vendiam o mesmo livro sob títulos diferentes. Acumulavam grandes dívidas e depois se recusavam a quitar as letras de câmbio, inventando pretextos como atrasos em carregamentos ou custos de transporte excessivos. Plantavam espiões em lojas rivais e denunciavam os competidores à polícia. Blefavam, mentiam, trapaceavam e cometiam fraudes — alguns mais do que outros, e alguns simplesmente não faziam nada disso. O editor de Voltaire em Genebra, Gabriel Cramer, e o editor de Rousseau em Amsterdam, Marc-Michel Rey, eram homens de gosto e integridade. Mas eram exceções. A edição de livros, pelo menos no setor ilegal, não era um negócio de cavalheiros.

Assim como o trabalho da polícia. Goupil tinha de conviver com uma grande quantidade de personagens dúbios a fim de dar seguimento às investigações. Capturou tantos deles e aprendeu tanto acerca de suas atividades que ele e seus superiores, especialmente Lenoir, o comandante-geral da polícia, adquiriram um conhecimento completo sobre o funcionamento do submundo literário. Mas tantos livros circulavam de forma ilegal que eles não podiam confiscar todos nem prender todos os distribuidores. Capturavam apenas alguns elos intermediários na cadeia que ligava os *bouquinistes* do Palais-Royal aos empresários situados nas fontes de abastecimento. Aqueles que eram mandados para a Bastilha ficavam lá por apenas alguns meses e depois retomavam seus negócios, a começar por *la fille* La Marche.

Não que o tempo que ela passou na cela tenha sido fácil. Durante a longa espera para recuperar a liberdade, ela mergulhou cada vez mais fundo no desespero. Depois de dois meses, escreveu:

> Qui son donc mes enmi je né jamais fait de malle ny de paine a qui se soit e il faut que je soit a cabalé sou le pois de la doulheure quelles donc mon sor je suis comme ci je né extes plus je suis oublié de tout le monde.
>
> [Qui sont donc mes ennemis? Je n'ai jamais fait de mal ni de peine à qui que ce soit, et il faut que je sois accablée sous le poids de la douleur. Quel est donc mon sort? Je suis comme si je n'existais plus. Je suis oubliée de tout le monde.]
>
> [Então quem são meus inimigos? Nunca fiz nada de mau nem causei dano a ninguém, e é preciso que eu seja esmagada sob o peso da dor. Então, qual é minha condição? É como se eu não existisse mais. Estou esquecida por todo mundo.][143]

Ela tivera um lampejo de esperança no dia de sua prisão. Antes de ser transportada para a Bastilha, falara em particular com Goupil e se oferecera para agir como sua espiã, caso ele a poupasse. Conhecia tudo a respeito das atividades ilegais dos outros *bouquinistes* — em especial Guyot, Morin e Lesprit. Ela o manteria informado sobre tudo o que eles faziam e forneceria exemplares das obras mais recentes para que ele soubesse exatamente o que estava circulando por baixo dos panos no Palais-Royal. La Marche já havia feito esse trabalho para Joseph d'Hémery, seu antecessor no cargo de inspetor do comércio de livros. Goupil achou que era uma sugestão excelente e a apresentou para Lenoir.[144] Apesar de Lenoir ter recusado, provavelmente a ideia não morreu aí. No fim de março, Lenoir recomendou ao duque de la Vrillière, o ministro encarregado da Bastilha, que La Marche fosse solta: "Creio que ela foi suficientemente castigada com uma detenção de quase dois meses e que não há prejuízo nenhum em lhe dar a liberdade".[145] Segundo um relatório do diretor da Bastilha, ela foi posta em liberdade no dia 30 de março de 1775: "Foi o *sieur* Goupil, inspetor de polícia, quem nos trouxe a ordem de soltura [...] e levou a prisioneira para casa, em sua carruagem. Eles fizeram as pazes".[146]

Sua reconciliação levou a um desenlace surpreendente. Graças às informações obtidas de La Marche e de todos os outros negociantes que ele prendera e dos quais depois ganhara a simpatia, Goupil havia adquirido um conhecimento tão vasto sobre o comércio clandestino de livros que resolveu se integrar a ele. Enquanto fingia confiscar obras ilegais, encomendava sua publicação em segredo. Organizava edições inteiras, apreendia alguns exemplares como prova de seu zelo no cumprimento da lei e comercializava o restante por meio de mascates — inclusive, muito provavelmente, *la fille* La Marche. Depois de algumas operações bem-sucedidas, um dos intermediários empregados por ele o denunciou. Goupil acabou na prisão e morreu nas masmorras de Vincennes, em 1778.[147]

A polícia e seus prisioneiros formam um elenco de personagens fascinantes, mas a comédia de que participavam tem mais do que um valor de interesse humano. Mostra como o Estado tentava controlar a palavra impressa. Restringir o estudo da censura aos próprios censores significa contar apenas metade da história. A outra metade se refere à repressão executada pela polícia. Se tratarmos o trabalho policial como uma forma de censura, isso não alargará demais o conceito de censura? Para os franceses do século XVIII, que orgulhosamente punham o título *censeur royal* após o próprio nome, a censura se restringia à função de investigar livros com privilégios. No entanto muitos livros, talvez a maioria (as obras pirateadas e as proibidas), nunca circulavam no âmbito do sistema legal. Se a noção de censura abarca as sanções do Estado aplicadas aos livros, a polícia do livro estava envolvida no mesmo tipo de atividade daqueles funcionários que trabalhavam na Direction de la Librairie. *Direction* e *inspection* tinham significados distintos na França do século XVIII, mas a história dos livros deve ser ampla o bastante para compreender ambos. Ela deve se estender tanto quanto a própria história da França, pois uma conclusão que se pode extrair de todas as atividades de todas as pessoas que lidavam com livros é que o mundo delas se alastrava por toda a sociedade francesa e descia até os mascates, que mal sabiam escrever, e até os contrabandistas, que não sabiam ler. Mesmo os autores, como bem ilustra o caso de Mademoiselle Bonafon, às vezes provinham das camadas inferiores da sociedade, e as mulheres podiam ser vistas em toda parte no mundo dos livros. Desse modo, o caso da França do século XVIII sugere duas maneiras de compreender a história da censura. A primeira a construiria de forma estreita, concentrando-se no trabalho dos censores; a outra incluiria esse trabalho numa imagem mais ampla da história literária, entendendo literatura como um sistema cultural embutido numa ordem social. De minha parte, prefiro a segunda e acho que ela é útil para estudar a censura em outras épocas e lugares — em especial no reinado britânico na Índia, no século XIX, quando, em princípio, a imprensa era livre, mas o Estado impunha sanções rigorosas todas as vezes que se sentia ameaçado.

PARTE 2
ÍNDIA BRITÂNICA:
Liberalismo e imperialismo

Nos planos dos manuais e cursos sobre história mundial, o liberalismo e o imperialismo aparecem como forças abstratas, varrendo o século XIX em trajetórias diferentes e raramente confluindo entre si.[1] No entanto, eles se uniram na vida dos indivíduos — não como "ismos" vazios, mas como experiências pessoais, que expunham contradições subjacentes aos sistemas de poder.

O caso de James Long, um missionário anglo-irlandês em Bengala, resume uma contradição alojada no coração do Raj, o governo britânico na Índia, pois as autoridades imperiais entendiam sua missão segundo os princípios liberais que haviam adquirido em seu país natal. Fossem whig ou tóri, liberais ou conservadores, elas reconheciam certos direitos, como a liberdade de expressão e a liberdade de imprensa. No entanto tais direitos assumiram uma feição incomum na Índia; e, quando questionados no tribunal, os agentes do Raj britânico embaralhavam as incoerências da melhor forma que podiam — em especial quando processaram Long.

ETNOGRAFIA AMADORA

Nascido no condado de Cork, na Irlanda, em 1814, Long combinava o zelo missionário com um dom para idiomas e um fascínio por culturas estrangeiras. Estudou no Islington College da Sociedade da Igreja Missionária de Londres, foi ordenado padre da Igreja da Inglaterra em 1840, e mais tarde nesse mesmo ano chegou à Índia e passou os trinta anos seguintes como padre num povoado perto de Calcutá. Ao longo do tempo, adquiriu o domínio de algumas línguas da Índia e ficou conhecido como filólogo e folclorista competente, em parte graças a suas publicações eruditas *Provérbios de Bengala* (1851) e *Catálogo descritivo de livros e livretos em línguas vernáculas* (1867). Sua obra mais notável permaneceu inédita, pois se tratava de um relatório confidencial, escrito para as autoridades imperiais em 1859, sobre literatura — literatura e, pelo menos de modo implícito, revolução.

A Revolta dos Cipaios em 1857 — ou, como alguns indianos preferem chamá-la, a Primeira Guerra de Independência da Índia — pode não ser classificada como uma revolução, mas abalou o Raj até seu âmago. Os cipaios (soldados indianos no Exército britânico) derrubaram seus oficiais britânicos e, com o apoio de líderes regionais, entre camponeses, marajás e nababos (governantes de Estados semiautônomos), tomaram o controle de vastas áreas da Índia central e setentrional. Após mais de um ano de conflitos sangrentos, os britânicos restabeleceram a ordem; quando fizeram um levantamento dos estragos, se deram conta de que compreendiam muito pouco sobre os "nativos" que haviam sujeitado. Em 1858, dissolveram a antiga Companhia das Índias Orientais e começaram a instaurar um Estado moderno, com uma burocracia que realizava sindicâncias acerca de todos os aspectos da sociedade indiana, inclusive os livros.

Embora a imprensa tivesse existido no subcontinente desde

1556, quando os portugueses fundaram o primeiro prelo, por dois séculos e meio ela se manteve confinada a enclaves de missionários, administrações imperialistas e alguns poucos jornais. Mas em 1858 a publicação de livros em muitas línguas havia se tornado uma indústria importante, e o novo Serviço Civil Indiano (ics, da sigla em inglês) começou a controlar seus movimentos. As evidências em documentos que encontramos nos arquivos do ics começam com eventuais "relatórios" sobre a produção de livros. Em seguida passam por "catálogos" trimestrais, que registravam as publicações novas, e culminam em "relatórios" anuais, que quantificavam e analisavam a produção de livros em cada superintendência ou província. Bem entendido, o material desse tipo produzido pelo Estado tem um viés implícito, muitas vezes revela mais sobre os britânicos do que sobre os "nativos" que observavam.[2] Mas alguns documentos contêm observações etnográficas notáveis, e a maioria deles foi escrita na esteira da Revolta por James Long.

Com o respaldo do vice-governador e do diretor da instrução pública em Bengala, Long tentou fazer um levantamento de tudo o que foi impresso em bengalês entre abril de 1857 e abril de 1858. Inspecionou todas as gráficas em Calcutá pelo menos duas vezes, durante sua investigação de um ano. Comprou todos os livros de 1857 que conseguiu encontrar nas livrarias dispersas pelos "bairros de nativos" da cidade. Tabulou os preços e as tiragens, seguiu os passos dos mascates em suas rondas, escutou às escondidas as leituras em voz alta, entrevistou autores e pesquisou registros em busca de informações sobre hábitos de leitura no passado. No fim, transformou-se num etnógrafo amador e ficou tão contagiado por seu tema de estudo que produziu uma visão panorâmica da literatura em bengalês em geral, medida por estatísticas e matizada por leituras solidárias dos próprios livros.[3]

A despeito de suas simpatias, que o situavam ao lado dos camponeses explorados pelos fazendeiros britânicos que plantavam índigo, Long escreveu na condição de agente do imperialismo, ao estilo anglo-indiano — ou seja, o tipo liberal, que se estendia de James Mill a John Morley e celebrava a palavra impressa como uma força civilizadora. Livros, insistia ele, podiam "romper os preconceitos da ignorância", como a oposição ao casamento de viúvas, na "antiga escola hinduísta".[4] Em vez de impor a censura, como alguns haviam proposto, os britânicos deviam promover a liberdade de imprensa e incentivar o desenvolvimento da literatura indiana. Caso tivessem prestado atenção aos jornais indianos, argumentava Long, eles teriam detectado sintomas de agitação suficientes para prevenir a Revolta. Para manter seu império, eles precisavam de informação, que provinha, antes de tudo, do material impresso.

Long colaborou com essa causa acumulando dados sobre a produção de livros. Segundo seus cálculos, a produção total de obras em bengalês antes de 1820 alcançou apenas trinta títulos, a maioria sobre religião e mitologia hinduísta. Só 28 novos livros saíram entre 1822 e 1826, e esse nível baixo de produção, sobre os mesmos temas, continuou até meados do século. Uma guinada ocorreu em 1852, quando foram publicados cinquenta novos livros em bengalês, inclusive gêneros recém-criados de "obras úteis". Em 1857, ano da sua investigação, a indústria editorial estava a todo vapor: em Calcutá havia 46 prelos, e eles haviam lançado 322 obras novas, inclusive seis jornais e doze periódicos nos últimos doze meses. A produção total de livros na metade do século, segundo as estimativas de Long, alcançou 1800 títulos. A qualidade da tipografia e do papel tinha melhorado; os impressores haviam abandonado seus antigos prelos de madeira; o número de autores tinha aumentado; e um mercado literário importante havia emergido, embora os camponeses continuassem atolados no analfabetismo: "Nem 3% da população rural de Bengala sabe ler corretamente. Em Mumbai, nem

3% sabem ler". Ao promover a educação, os britânicos poderiam aliviar o sofrimento das massas:

> A atenção do governo foi atraída para melhorias das condições sociais dos *ryots* [camponês empregado, muitas vezes lavrador arrendatário de terras] — mas o esclarecimento mental deve ser um acompanhamento a isso, a fim de lhe dar uma sensação *viril* para resistir à opressão do *zamindar* [senhor de terra indiano] e do *planter* [fazendeiro e colono britânico que plantava índigo] — para fazê-los sentir que são homens, mediante a influência vivificante da educação.[5]

Long não disfarçava os sentimentos liberais-vitorianos que trazia para seu trabalho, e seus gostos pessoais tendiam para a literatura séria, escrita num estilo que exprimia as origens sânscritas do bengalês, mas ele oferecia uma leitura compreensiva dos gêneros populares, como os almanaques:

> Os almanaques circulam onde poucos livros bengaleses chegam; pouco antes do início do ano bengalês, a temporada fica movimentada com os vendedores de almanaques de Calcutá; mascates de livros podem ser vistos em grande número saindo das gráficas, carregados de lotes de almanaques que levam para longe e para toda parte; alguns, com oitenta páginas, são vendidos ao preço baixo de um *anna* [uma rupia continha dezesseis *annas* e um trabalhador qualificado, em geral, ganhava seis *annas* por dia]. O almanaque bengalês é tão necessário para os bengaleses como seu narguilé ou sua frigideira; sem isso, não conseguem determinar os dias auspiciosos para casar (22 no ano), para alimentar o bebê pela primeira vez (27 no ano), para alimentar a mãe com arroz no primeiro mês de gestação (doze dias), para começar a construção de uma casa, para furar as orelhas, pôr giz nas mãos de um menino a fim de

ensiná-lo a escrever, para saber quando uma viagem deve começar, ou para calcular a duração e a gravidade de uma febre.[6]

A Sociedade dos Panfletos de Calcutá tentou reagir ao efeito desses livretos produzindo almanaques cristãos, mas suas edições encontraram poucos compradores, observou Long, porque não continham profecias.

Ele notou que livros de história também exerciam pouco apelo — resultado, acreditava Long, da convicção existente entre os leitores hinduístas de que os assuntos mundanos têm pouca importância no grande esquema das coisas. Todavia o público bengalês apreciava comentários sarcásticos acerca de fatos atuais, sobretudo na forma de drama. No interior, grupos de *jatra* (trupes itinerantes) viajavam de povoado para povoado apresentando peças baseadas na mitologia hinduísta, mas apimentadas com episódios obscenos, canções irreverentes e apartes sobre colonos e governantes britânicos. Em Calcutá, obras com temas semelhantes — algumas de dramaturgos consagrados, outras improvisadas à maneira dos palhaços de circo ou vaudevile — dominavam o repertório no palpitante bairro dos teatros. Os impressores de Calcutá produziam edições baratas das peças e os mascates vendiam os exemplares em grandes quantidades por toda a província, junto com livros de canções, outro gênero muito popular, que suplementava as peças teatrais. Embora boa parte desse material ofendesse a sensibilidade vitoriana, Long o discutiu em minúcia e enfatizou seu apelo popular:

> As canções bengalesas não inculcam o amor ao vinho ou, como as escocesas, o amor à guerra, mas são devotadas a Vênus e às divindades populares; elas são sórdidas e aviltantes. Entre elas, as mais conhecidas são as *panchalis*, cantadas nos festivais e vendidas em numerosas edições e aos milhares, algumas em papel bom, bem

arranjadas [ou seja, bem desenhadas e bem impressas], outras feitas com o refugo de sacos de lona velhos. As *panchalis* são recitações de histórias oriundas sobretudo dos shastras hinduístas, metrificadas, com música e canto; falam de Vixnu e Xiva, entremeadas com trechos no estilo de Anacreonte [...]. Os *jatras* são uma espécie de ação dramática, vulgar, no mesmo estilo dos espetáculos de marionetes e dos teatros baratos de bairros populares de Londres, tratando de assuntos licenciosos, ou de Krishna. Um *mehtar* [um humilde faxineiro doméstico] com uma vassoura na mão sempre se destaca nessas apresentações.[7]

Long presenciou espetáculos de cantores, fossem bardos itinerantes ou poetas de rua, e viu inclusive um homem capaz de improvisar versos em sânscrito sobre qualquer assunto que lhe propusessem. As canções transmitiam uma boa dose de comentários sobre questões políticas e sociais:

> Por exemplo, a nomeação de fazendeiros que plantavam índigo como juízes honorários despertava forte sentimento de indignação entre muitos *ryots* em determinados distritos; um comentário comum era: "*Je rakhak se bhakhak*" — ou seja, o homem nomeado para ser nosso protetor se transformou num lobo.[8]

Impressos populares, com tiragens de dezenas de milhares, colados nos muros, em geral se restringiam a temas religiosos, como as aventuras dos deuses. Long não tinha nada de bom a dizer a respeito da categoria "erótica", mas observou que isso, também, tinha apelo para um público amplo e popular. Ele encontrou poucas obras sérias de ficção comparáveis aos romances europeus, todavia considerava que os contos religiosos às vezes eram "escritos de tal maneira e em tal estilo que produziam nos leitores ou ouvintes os efeitos agradáveis da ficção".[9] Calculou que mais de setecentos autores tinham publicado livros em bengalês, e fez a lista de todos. Achava que nenhum podia ser considerado um grande escritor, embora admitisse ter certa admiração por Bharut Chandra, cujo *Shishubodh* era "o livro mais popular nas escolas nativas, embora repleto de moralidade frouxa e de mitologia". *Videa Sundar*, de Chandra, "uma história popularíssima e sagaz, embora obscena", tinha sido reimpresso recentemente numa edição de 3750 exemplares que havia se esgotado em quatro meses.[10] Apesar de sua condenável linguagem obscena, os escritores bengaleses prometiam desenvolver uma literatura rica, adaptando as tradições sânscritas aos interesses de um público leitor crescente. Somente seus números já indicam que "a mente bengalesa emergiu de um torpor de várias eras".[11]

Em resumo, a literatura bengalesa começava a florescer, embora a maior parte dos europeus não tivesse a menor ideia de sua existência. Para se familiarizar com ela, teriam de atravessar a fronteira que separava a sociedade britânica dos "bairros dos nativos" da zona norte de Calcutá e aventurar-se nas fervilhantes salas das gráficas e das livrarias que se espalhavam por todo canto, em especial pela Chitpoor Road, "a Paternoster Row deles", na região de Battala. Long explorou esse território em detalhe e também rastreou os elos que ligavam os produtores em Calcutá com os consumidores no interior. Exceto na estação das chuvas, quando trabalhavam nos campos, duzentos camponeses mascates se abasteciam regularmente nas gráficas da capital e se disseminavam pelo interior, carregando seus fardos na cabeça. Dobrando o preço do atacado, muitas vezes ganhavam oito rupias por mês; seu comércio de porta em porta fazia deles os intermediários ideais num sistema de distribuição direcionado tanto para leitores quanto para ouvintes: "Os nativos acham que a melhor publicidade para um livro bengalês é um agente vivo, que mostra o livro propriamente dito".[12]

Long prestava muita atenção à leitura como a etapa final no processo de comunicação. Por mais tendenciosa que fosse sua visão dos "orientais", ele tinha um olho aguçado para os aspectos performáticos da leitura numa sociedade avassaladoramente analfabeta:

> Entre os orientais, é prática comum ouvir a leitura e por isso numerosas pessoas que não sabem ler escutam aquelas que sabem. Os leitores (*kathaks*) muitas vezes são contratados para recitar ou entoar determinadas obras, e alguns deles o fazem de maneira muito impressionante — há pouco tempo, um deles recitou de memória, para mim, qualquer trecho que eu escolhesse de *Ramayana, Raghuvansa, Mahabharata*; sua maneira de recitá-los era muito impressionante; alguns deles ganham quinhentas rupias por mês [...]. Conhecemos um nativo que, durante anos, foi contratado por um babu rico para ler duas horas por dia para quarenta ou cinquenta mulheres, em sua casa. Esse é um costume desde tempos imemoriais em Bengala, onde "leituras", como em todos os países orientais, são muito populares e onde a entonação, o gesto etc. tornam a experiência de escutar um livro algo mais revelador do que meramente ler. Às vezes as mulheres se sentam num círculo em torno de uma mulher que lê um livro para elas. Admitindo que alcancem em média dez ouvintes ou leitores para cada livro, calculamos que esses 600 mil livros bengaleses [estimativa de Long do número total de exemplares produzidos em 1857] alcançam 2 milhões de leitores ou ouvintes [supostamente um lapso na hora de escrever 6 milhões].[13]

MELODRAMA

O relatório de Long se destaca como a exposição mais completa sobre a edição e o comércio de livros nos documentos do ICS, mas não conduziu a um final feliz. Em 1861, levado pela simpatia aos *ryots* explorados pelos fazendeiros britânicos, Long promoveu a publicação de uma edição inglesa de *Nil Darpan*, um melodrama bengalês sobre a opressão dos fazendeiros britânicos, e foi acusado de calúnia pelos plantadores de índigo.

O processo por calúnia servia como a principal restrição da liberdade de imprensa na Inglaterra, depois do fim da censura pré-publicação, em 1695.[14] Porém, apesar de algumas condenações célebres — Daniel Defoe em 1703 e Henry Sacheverell em 1710 —, a imprensa tornou-se cada vez mais aberta. Após uma grande agitação na década de 1760 — as reivindicações de liberdade de imprensa de Wilkite e a recusa do júri de condenar o editor das cartas de "Junius" em 1770[15] —, a calúnia deixou de servir de recurso para frear as discussões de questões políticas e sociais. A Lei da Calúnia de 1792 confirmou essa tendência e em 1850 um vasto corpo de leis havia imposto limites à calúnia como ofensa criminal. Os promotores tinham de produzir provas de danos causados à reputação dos indivíduos e não podiam fazer acusações com base em observações ou comentários políticos genéricos que pudessem ofender grupos definidos de maneira vaga. Em princípio, o precedente inglês determinava os julgamentos nos tribunais indianos, mas os casos levados a julgamento no subcontinente ocorriam num contexto muito diferente, apesar do emprego esmerado das formalidades inglesas.[16]

O processo de Long em 1861 transformou-se num drama encenado num tribunal, que inflamou as paixões em Bengala e provocou repercussões no coração do império, em Londres. Embora Calcutá, a capital do Raj, quase não tivesse sofrido os efeitos da revolta de 1857, a cidade foi abalada pela Revolta Azul de 1859-60, um movimento de protesto de camponeses explorados por fazendeiros plantadores de índigo, no interior. Enquanto especulavam com a demanda de tintura azul natural, que vinha aumentando em ritmo constante desde a década de 1780, os fazendeiros forçaram os *ryots* a abandonar sua economia agrária semifeudal, baseada num cultivo diversificado, e a adotar um sistema complexo de arrendamento de terras para o cultivo do índigo. Os fazendeiros induziam os camponeses a plantar índigo, adiantando pequenas somas, em seguida trapaceavam nos pagamentos devidos pelas colheitas, executavam as dívidas e se apropriavam das terras dos camponeses ou os obrigavam a continuar cultivando índigo sob o ônus de uma dívida transmitida de pai para filho, o que os reduzia à condição de servidão por dívida. Em face da insubordinação, os fazendeiros mandavam criminosos espancar os camponeses, queimar suas colheitas e encarcerá-los em prisões anexas às fábricas onde o índigo era transformado em tintura. A Revolta Azul, um levante combinado com uma greve de pagamento do arrendamento da terra, pôs a nu abusos tão drásticos que as autoridades indicaram uma comissão para investigá-los. Seu relatório, publicado em agosto de 1860, condenou a tirania dos fazendeiros e reforçou a agitação de intelectuais bengaleses como Harish Chandra Mukherjee, editor do *Hindoo Patriot*.

À diferença do relatório da comissão e dos artigos publicados em periódicos, *Nil Darpan* — uma peça destinada à encenação em teatros de Calcutá e à leitura na forma de um livreto — atacou os fazendeiros por meio da ficção. Dramatizava os males do sistema do cultivo de índigo de modo tão eficaz que se tornou conhecida como "A cabana do Pai Tomás de Bengala".[17] A edição bengalesa apareceu alguns meses depois do relatório da Comissão do Índigo, e a tradução inglesa, publicada por Long e distribuída com a ajuda de W. S. Seton-Karr, secretário do governador de Bengala e ex-presidente da comissão, veio a público em 1861. O autor da peça, Dinabandhu Mitra, era um exemplo dos indianos instruídos nas

NIL DARPAN,

OR

THE INDIGO PLANTING MIRROR,

A Drama.

TRANSLATED FROM THE BENGALI

BY

A NATIVE.

CALCUTTA:

C. H. MANUEL, CALCUTTA PRINTING AND PUBLISHING PRESS, No. 10, WESTON'S LANE, COSSITOLLAH.

1861.

A edição em inglês de Nil Darpan, *publicada sem o nome do autor ou do tradutor.*

camadas inferiores da burocracia conhecidos como babus, termo que por vezes carregava conotação pejorativa, porque podia sugerir servilismo e imitação das maneiras inglesas.[18] Ele escreveu o texto quando trabalhava como chefe da agência de correio em Patna (Bihat) e publicou o livro anonimamente em Daca. Apesar de logo ter se tornado conhecido como o autor da peça, prosseguiu sua carreira no Departamento de Correios e Telégrafos sem ser perturbado, até morrer de diabete, em 1873, aos 44 anos.

De fato, nem as autoridades britânicas nem os fazendeiros parecem ter prestado grande atenção à versão bengalesa da peça. Foi a tradução para o inglês que despertou a fúria dos fazendeiros, que alegavam ter sido coletivamente caluniados. Protestaram em especial contra o fato de alguns exemplares terem circulado pelo correio sob o selo de gratuidade de Setton-Karr e de outros exemplares terem chegado à Inglaterra, onde poderiam fornecer munição para membros reformistas do Parlamento e para funcionários do India Office. O caso *Nil Darpan*, portanto, se desdobrou num conflito no âmbito da comunidade britânica de Bengala, opondo fazendeiros apoiados por profissionais da Justiça contra reformistas e seus aliados na intelligentsia de Bengala.

Um século e meio após sua publicação, o texto em inglês soa um melodrama puro. Contrapõe vilania e virtude, a primeira personificada por dois fazendeiros gananciosos; a segunda, por camponeses nobres. Uma família *zamindar*, liderada por um patriarca tradicional e dois filhos progressistas, tenta defender sua aldeia dos malévolos *sahibs*, que não se detêm diante de nada — tortura, assassinato, estupro, corrupção de juízes e incêndio de colheitas e de casas — para satisfazer seu apetite maligno. Os agentes bengaleses dos fazendeiros — um agiota, um fiscal de terras, uma alcoviteira, um carcereiro — representam as forças que ameaçam a solidariedade da comunidade. Os habitantes da aldeia resistem, unidos contra o inimigo comum. Congregam-se em torno do *zamindar*, que é a alma da generosidade, muito embora também cubra arrendamentos de terra e pratique a usura. Um camponês, o indigente porém heroico Torap, demonstra as possibilidades limitadas da violência. Ele foge da prisão da fábrica no último instante para salvar uma mulher grávida de uma tentativa de estupro, praticada pelo sr. Rogue, um fazendeiro particularmente asqueroso. Enquanto a mulher foge para um local seguro, Torap dá uma surra em Rogue e arranca seu nariz a dentadas, mas se recusa a ir além porque entende que, em última instância, os camponeses devem procurar justiça no sistema legal britânico. Os filhos do *zamindar* assumem essa defesa, levando o caso do camponês para fora da jurisdição do magistrado local, que é cúmplice dos fazendeiros, encaminhando o processo para os britânicos honestos num tribunal superior. No entanto, antes que sua apelação tenha êxito, a tragédia se abate em episódios sucessivos, deixando o palco coalhado de cadáveres. Quando a cortina desce, o único sobrevivente da devastação lamenta: "A família Basu de Svaropur foi destruída pelo índigo, o grande destruidor da honra. Como são terríveis as armas do índigo!".[19]

O índigo, e não os estrangeiros pérfidos, nem a perversidade do regime que impuseram à Índia, nem as divisões no seio do antigo regime, nem sua incapacidade de se defender da dominação. Uma planta e alguns fazendeiros que a cultivavam. Longe de transmitir uma mensagem revolucionária, *Nil Darpan* exprimia fé na justiça suprema do governo britânico. Os bons *sahibs*, no fim, corrigiriam os abusos dos *sahibs* maus, a peça deixava claro, citando o relatório da Comissão do Índigo como prova. Num prefácio a seu texto, Mitra garantia aos indianos que podiam contar com o governo benevolente de Lord Canning, vice-rei da Índia; J. P. Grant, vice-governador de Bengala; o Serviço Civil da Índia; e, acima de tudo, "a bondosíssima rainha Vitória, mãe do povo".[20] Long exprimiu sentimentos semelhantes numa introdução à edição inglesa. Ela fora publicada, explicou, a fim de que os europeus pudessem entender o sistema da produção do índigo, tal como era visto pelos camponeses. Podia não ser grande literatura, mas exprimia o ponto de vista dos "nativos", no gênero predileto dos "nativos" — ou seja, o drama popular, que se calcava em modelos sânscritos para oferecer comentários sobre questões sociais. Ao publicar *Nil Darpan*, portanto, Long tornava acessível aos leitores ingleses um exemplo perfeito da literatura vernácula que ele estudava em seu relatório entregue ao Serviço Civil da Índia.

Os fazendeiros não encararam o caso *Nil Darpan* com esse mesmo espírito. Levaram-no ao tribunal. O processo atraiu tamanha atenção que, pelo que contam, as atividades cotidianas se interrompiam em Calcutá durante as sessões, que se estenderam de 19 a 24 de julho de 1861.[21] Dois promotores e dois advogados de defesa expuseram argumentos minuciosos diante de um júri composto de residentes britânicos. Os promotores declararam sua fidelidade ao princípio da liberdade de imprensa e admitiram que a sátira social podia ser um modo legítimo de expor abusos sociais, mas *Nil Darpan* difamava toda a comunidade dos fazendeiros que plantavam índigo. Pior, lançava "raça contra raça, europeus contra nativos".[22] Em consequência, punha em perigo todos os europeus na Índia, pois "as mais recentes revoltas nos mostraram como nossa situação é insegura".[23] O principal advogado de defesa retrucou que os dois vilões da peça podiam não representar os fazendeiros em geral e, em todo caso, a lei da calúnia dizia respeito a indivíduos, e não a grupos mal definidos, como os fazendeiros, que não tinham existência corporativa. Condenar *Nil Darpan* seria declarar fora da lei toda literatura satírica e crítica — as obras de Molière, por exemplo, *Oliver Twist* e *A cabana do Pai Tomás*. Ninguém julgava Dickens um caluniador.

Quando o juiz dirigia a palavra ao júri, continuava a voltar, seguidas vezes, à questão da liberdade de imprensa. Exortou os jurados, como ingleses, a pensar na história de seu país, sobretudo no direito de todo indivíduo de publicar sua opinião sobre qualquer questão pública e até de atacar homens investidos de autoridade. Declarou seu compromisso inabalável com a "liberdade de imprensa e a liberdade de discussão".[24] Jamais permitiria que seu tribunal abrisse um precedente que pudesse malbaratar esse grande princípio constitucional. Mas a questão perante o júri era mais direta: Long tivera a intenção de corrigir mazelas sociais ou difamar os fazendeiros enquanto classe?

O júri resolveu que Long cometera crime de calúnia. O juiz sentenciou-o a uma multa de mil rupias (que foram pagas a ele por um simpatizante "nativo") e a um mês de prisão. Ao proferir a sentença, o juiz se congratulou e também ao júri por um "veredicto que, tenho a satisfação de sentir, se apoia na base constitucional e não pode ser usado, no futuro, contra a liberdade de imprensa".[25]

VIGILÂNCIA

O caso *Nil Darpan* foi o mais dramático caso de censura — censura revestida de protestos que negavam sua existência — no Raj britânico durante o século XIX. Houve outros casos, alguns relativos a jornais, mais do que a livros, e alguns por causa de publicações tidas antes como pornográficas que como caluniosas, mas no conjunto as autoridades britânicas prestavam pouca atenção à imprensa vernácula antes da revolta de 1857. Depois dela, como o caso de Long demonstrou, não abandonaram sua adesão aos valores liberais nem recorreram à repressão aberta. Em troca, adotaram um sistema que se adapta ao conceito de controle de Michel Foucault, como uma combinação de conhecimento e poder — ou "vigilância", que podia levar à "punição".[26]

Em 1857, a fase nua e crua do imperialismo tinha chegado ao

fim.[27] A pilhagem de Clive, a brutalidade de Wellesley, a agressão de Auckland, o massacre de Napier e a diplomacia dúbia de Dalhousie haviam posto a maior parte do subcontinente sob o controle britânico. Na última fase do imperialismo, os britânicos procuraram aumentar seu poder expandindo seu conhecimento. Já haviam adquirido um domínio considerável das línguas indianas — as línguas clássicas, sânscrito, persa e árabe, e dúzias de línguas vernáculas; e fazia tempo que funcionários distritais se orgulhavam de "conhecer o país". Mas dois anos de estudo desordenado no Haileybury College na Inglaterra, seguidos por alguns meses em Calcutá, não transformavam os agentes da Companhia das Índias Orientais em "orientalistas". Os melhores entre eles aprendiam a sugar "informantes nativos": homens santos, barbeiros, guardas-florestais, mercadores de bazares, prostitutas, parteiras, astrólogos, vigias, peregrinos — todos descendentes dos *hakharas* e *kasids*, ou captadores de informações e agentes, que converteram o Império Mogol num vasto sistema de informação, em certos aspectos semelhante à rede de espiões e informantes da polícia na França do século XVIII.[28] Porém a maioria dos agentes da Companhia das Índias Orientais mal tinha começado a aprender o caminho para um distrito quando eram transferidos para outro. A rebelião apanhou-os totalmente de surpresa.

Embora os soldados nativos permanecessem fiéis na maior parte do subcontinente, os cipaios da região central do Raj, dos territórios gangéticos de Nova Delhi até Calcutá, haviam mostrado que não eram confiáveis e que não tinham sido compreendidos, o que era igualmente perturbador. Quem poderia pensar que a introdução de um novo fuzil, o Enfield, que carregava pela culatra, forneceria a centelha que dispararia a conflagração?[29] Para carregar o fuzil, dizem que os soldados (segundo o boato, que pode ter sido tão importante quanto um comportamento real) tinham de arrancar a ponta do cartucho com os dentes; para eles, isso era inconcebível, porque os cartuchos eram lacrados com gordura de porco e banha de vaca, o que tornava aquilo uma abominação tanto para hinduístas quanto para muçulmanos. Os cipaios achavam que os *sahibs* estavam tentando desonrá-los, a fim de que fossem expulsos da casta e se convertessem ao cristianismo. Quando os oficiais falavam de modernização militar, os soldados farejavam uma intriga missionária. Suas desconfianças foram confirmadas pela Lei de Alistamento de 1856, que os ameaçou com a perspectiva de ser enviados de navio para o outro lado da baía de Bengala, para lutar as guerras do homem branco, em Burma. Ao atravessar "águas escuras" e entrar em território estrangeiro, os cipaios de castas elevadas ficariam permanentemente poluídos e especialmente vulneráveis à conversão. Quarenta mil deles provinham da rica província de Oudh, que os britânicos haviam anexado no mesmo ano, apesar dos sagrados compromissos estabelecidos em tratado. Porém o que os ingleses entendiam de sagrado? Num ímpeto repentino de reformas "liberais", tinham proibido a *sati* (a autoimolação das viúvas na pira funerária do marido) e permitiram que a viúva se casasse de novo, outra pílula amarga empurrada pela goela dos nativos em 1856, o ano das abominações.

Quando os britânicos inspecionaram a devastação causada pela rebelião, começaram a medir a distância cultural que os separava dos "nativos". Muitos deles se retiraram para o mundo dos gabinetes e tribunais e dos clubes, com seu racismo reforçado pelos relatórios que falavam de negros que emboscavam mulheres e crianças e atiravam cadáveres em poços. Circulavam histórias estranhas sobre faquires e mulás que, supostamente, haviam organizado a rebelião distribuindo *chapatis* (o pão dos nativos) tingidos de vermelho entre as tropas, ou, segundo uma versão posterior, borrando árvores com estrume de vaca. Tudo indicava que os "nativos" e seus conquistadores viviam em mundos mentais separados.

Mas, a fim de manter o domínio de suas conquistas, os britânicos precisavam compreender os indianos, e não apenas derrotá-los.[30]

Depois de abolir a Companhia das Índias Orientais, em 1858, os britânicos governaram por meio de uma administração que dependia de modalidades modernas de coleta de informações — ou seja, de um interminável fluxo de palavras em papel. O ICS, recrutado desde 1853 mediante exames competitivos, produzia relatórios a respeito de tudo sob o sol subcontinental. "Coleções" e "notícias" jorravam dos prelos do governo, inundavam os canais de comunicação oficial com dados sobre colheitas, fronteiras das aldeias, flora e fauna, além dos costumes dos nativos. Tudo era vigiado, mapeado, classificado e quantificado, inclusive os seres humanos, que apareceram no primeiro censo indiano em 1872 nitidamente divididos em castas, subcastas e uma dúzia de outras categorias, determinadas por colunas em formulários impressos. Os catálogos de livros pertenciam a esse esforço de registrar tudo. Constituíram um censo da literatura indiana, tal como as autoridades imperiais a entendiam.[31]

Pela Lei de Imprensa e Registro de Livros de 1867, o governador-geral ordenava ao ICS que registrasse todos os livros publicados em todas as províncias do Raj. Os registros, conhecidos de forma um tanto enganosa pelo nome de "catálogos", eram compilados quatro vezes por ano por memorandos de bibliotecários de província, subordinados a funcionários locais. Os editores eram obrigados a fornecer três exemplares de todos os livros que produziam e, em troca, recebiam o pagamento por eles, pelo preço de venda normal. Também tinham de fornecer informação sobre um conjunto-padrão de assuntos, que correspondiam às colunas dos formulários impressos dos catálogos: o título da obra, o autor, a língua, o tema, o local da impressão, os nomes do impressor e do editor, a data da publicação, o número de páginas, o tamanho, o formato, a tiragem, se era impresso ou litografado (a litografia era um grande estímulo à produção da literatura vernácula) e o preço. Ao pagar duas rupias, o editor recebia o direito autoral; mas, se não conseguisse registrar o livro, a obra seria tratada como ilegal e ele seria punido com uma multa de 5 mil rupias e/ou até dois anos de prisão.[32]

A lei de 1867 foi em parte inspirada pelos bibliotecários e incentivou o crescimento das bibliotecas, mas os catálogos que resultaram dela jamais ficavam acessíveis ao público em geral, apesar do seu nome de aspecto inocente. Eles circulavam em segredo pelos canais do ICS — assunto "A", tido como "confidencial". Tomados em conjunto, forneciam aos agentes do Raj a contabilidade corrente de tudo o que era publicado no subcontinente — ou pelo menos de tudo que os impressores e editores submetiam ao registro oficial. As entradas do catálogo de 1868 a 1905 abrangem cerca de 200 mil títulos — muito mais do que o total produzido na França durante a era do Iluminismo. Só em Bengala, os catálogos daqueles anos enchem quinze volumes enormes, cada um com quinhentas páginas ou mais, todas em letras miúdas. Sua escala é incrível: mais de 1 milhão de palavras, impressas com precisão em quinze colunas padronizadas. (Eram impressas de tal modo que múltiplos exemplares podiam circular dentro do ICS.) Eles mostram o ICS falando consigo mesmo sobre os "nativos", um discurso sobre literatura feito pelas autoridades coloniais no auge do imperialismo.

William Lawler, bibliotecário-chefe da Biblioteca de Bengala, a maior do Raj, serve como bom exemplo de como esse discurso se desenvolveu, no início. Ele compôs o catálogo que abarcava todos os livros publicados em Bengala em 1879, resumindo as narrativas de romances, poemas e peças de um modo que tornava sua moral clara para os próprios leitores de Lawler, os homens que governavam os bengaleses no ICS. Por exemplo, seus comentários sobre o poema épico bengalês *Vana-Vihangini*, ou *A ave fêmea da floresta*:

A obra em pauta, de oito capítulos, começa com um tocante apelo à Mãe Índia, cujo triste destino é lamentado, e a opressão nas mãos dos *yavans* (ou estrangeiros) é declarada insuportável. O primeiro capítulo contém o relato de um brâmane que sustentava a si e à esposa Sundari, numa floresta, só com esmolas, até que um dia um nababo [governador de província] de Bengala, que tinha ido lá numa excursão de caça, calhou de passar ali, viu a esposa dele e, durante sua ausência, a levou consigo. O segundo capítulo descreve o regresso do marido brâmane após o costumeiro começo do dia. No terceiro, ele descobre que a esposa foi embora e fica profundamente abatido. No quarto capítulo, o povo de Bengala é aconselhado a se unir mais e agir em conjunto, pois assim ganhará força e recuperará seus bens perdidos. O quinto retrata a tristeza de Sundari na casa do nababo, onde ela se recusa a comer e se prepara para se matar, e como acaba sendo libertada pela esposa do nababo. No sexto, o marido brâmane e sua esposa se encontram de novo na floresta e vivem em grande felicidade, até que, no sétimo capítulo, são presos e levados por ordem do nababo. E no capítulo 8 o marido Sharat é executado, ao passo que sua esposa Sundari morre de tristeza. Das páginas 50 a 55 no capítulo 3, o poeta faz uma digressão para retratar, em linguagem veemente, a sujeição da raça ariana bengalesa aos estrangeiros, que calcaram os pés sobre a cabeça dos brâmanes, mas indica que vai chegar o tempo — embora ainda possa estar distante — em que os arianos serão libertados do jugo.[33]

Por mais que seja fiel ao original, Lawler recontou a história de uma forma que daria a um juiz de distrito no *mofussil* (interior) ou a um secretário do India Office em Londres a sensação de saber o que os "nativos" tinham em mente quando publicavam livros.

Eles não serviam para nada. Na verdade, alguns livros celebravam a benevolência do Raj: tribunais, ferrovias, eletricidade, críquete e todo o resto. Por exemplo, *Daiva-lata*, ou *Correias transportadoras da providência*: "O escritor [...] elogia os ingleses por sua administração justa e espera que eles continuem por muito tempo a governar o país e que a Índia inteira seja grata aos benefícios recebidos do governo inglês"; *Sammya*, ou *Igualdade*, chega a se apoiar em Mill e Carlyle a fim de atacar o sistema de castas: "Mais algumas poucas obras desse tipo bastariam para provocar uma revolução na vasta quantidade de literatura bengalesa ociosa e tola que existe hoje". Porém tais obras laudatórias eram uma exceção. Os "nativos" tinham a desafortunada tendência de buscar diversão na sua literatura: *Dekhila-hansi-paya*, ou *Se alguém pudesse ver isso riria muito*, uma novela sobre os contratempos de um irmão caçula de pouca inteligência, era "uma dessas histórias totalmente tolas que encontram um vasto público entre os nativos, pois tende a provocar risos". Da forma como Lawler os encarava, os indianos eram crianças que gostavam de livretos baratos de aventura e de contos de fadas, ou de versões impressas de peças teatrais baseadas no *Ramayana*, ou pior: relatos obscenos dos namoros de Krishna com as ordenhadoras, um dos temas prediletos de todos os tempos, adaptado do *Mahabharata*. *Jagannather Rath-arohana-o-Kamini-ranjana*, ou *O prazer das mulheres*, levava o tema de Krishna muito além dos limites da decência, tal como Lawler os concebia. Ele deplorou o livro como o compêndio das "observações mais francamente vulgares e obscenas jamais vistas, sem manter sequer a aparência de uma desculpa, em atenção ao público. Deveria ser suprimido imediatamente". *Rahasya-pratibha*, ou *Mistérios revelados*, o relato da história real de um crime ocorrido em Calcutá, também pareceu ofensivo à sensibilidade vitoriana de Lawler:

> A produção é destituída de qualquer mérito, o estilo é coloquial e os sentimentos são obscenos [...]. Sua publicação constitui um des-

crédito para a literatura bengalesa e para o gosto do público leitor nativo [...]. É enfaticamente desejável que esteja disponível algum modo de pôr freio à ameaça da publicação de mais lixo desse tipo, num segundo volume.[34]

A mensagem é bastante clara, mas levanta problemas; pois os leitores implícitos do catálogo eram os senhores da Índia: por que eles não baniam os livros que Lawler considerava tão repreensíveis? E, se não tinham intenção de reprimir nenhuma literatura "nativa", por que monitoravam sua produção em minúcias tão exaustivas? A fórmula conhecimento/poder, de Foucault, pode fornecer uma parte da resposta, mas precisa ser nuançada. Alguns governantes se preocupavam autenticamente com o bem-estar dos indianos. Lord William Bentinck, governador-geral entre 1828 e 1835, não procurava apenas maximizar o poder ao abolir a *sati* ou ao aceitar indianos na Companhia das Índias Orientais. Tampouco seu conselheiro, Thomas Babington Macaulay, projetou um sistema educacional em inglês para uma elite indiana meramente a fim de tornar a burocracia mais eficiente. Eles acreditavam no princípio utilitário de promover a felicidade. De fato, o pai e o avô do liberalismo, John Stuart Mill e James Mill, transformaram esse princípio numa filosofia quando trabalhavam para a Companhia das Índias Orientais. O testemunho de J. S. Mill para a Câmara dos Lordes em 1852 sobre a companhia prenunciava seu manifesto sobre o liberalismo, *On Liberty* (1859). E John Morley, um dedicado liberal e biógrafo de Gladstone, tentou traduzir essa filosofia em política de governo, cinquenta anos depois, quando servia como secretário de Estado na Índia.[35]

Na verdade, Morley julgou impossível conciliar seu compromisso com a liberdade de imprensa e sua necessidade de reprimir a agitação nacionalista e, na medida em que o utilitarismo fornecia uma ideologia ao imperialismo, ele reforçava o Raj. Ao desenvolver "serviços públicos" como ferrovias, telégrafo e correio, os britânicos consolidavam seu controle sobre o subcontinente. Mas também forneceram obras de irrigação, proteção policial e justiça, ao estilo britânico. Juízes distritais às vezes tomavam o lado dos camponeses contra os senhores de terra, apesar de não perturbar as hierarquias nativas. À diferença das aventuras predatórias do século XVIII, investiram num etos de trabalho duro e de serviço. Apesar do crescimento do racismo, algumas simbioses se desenvolveram entre as elites estrangeiras e as elites locais. À medida que a educação inglesa se espalhava e os indianos iam ocupando cargos na burocracia administrativa e nas profissões liberais, uma intelligentsia indiana se enraizou. O resultado não foi simplesmente o mal-afamado babu, mas também o Renascimento de Bengala. Após a fundação da Brahmo Samaj (Sociedade de Brahma) em 1828, por Ram Mohun Roy, que iniciou sua carreira como assistente de cobrador na Companhia das Índias Orientais, os intelectuais indianos começaram a elaborar os ingredientes extraídos dos seus clássicos antigos para forjar uma variedade de literatura moderna e buscaram inspiração em Shakespeare tanto quanto nos *Upanishads*. Num nível mais modesto, os babus nas burocracias, milhares deles, preenchiam formulários e redigiam relatórios que influenciaram a maneira como o Raj entendia a si mesmo. Eles ajudaram a criar a Índia britânica como uma construção cultural, com orientalismo e tudo. Foi um processo complexo, imposto aos indianos pelos britânicos e executado, em larga medida, pelos próprios indianos, e não existe local melhor para estudar sua elaboração do que na coluna 16 dos catálogos de livros do Raj.[36]

    A coluna 16, uma categoria genérica intitulada "comentários", só foi acrescentada ao formulário-padrão em agosto de 1871; os primeiros bibliotecários a usá-la restringiam seus comentários ao máximo, embora não hesitassem em proferir juízos sobre os livros que registravam: "canções misturadas, sobretudo de cunho obsceno"; "uma descrição dos primeiros flertes amorosos de Radha e Krishnu, no conjunto um livro obsceno"; "conto mitológico hinduísta. A efusão poética mais obscena que se pode imaginar"; "poemas sobre diversos assuntos, escritos declaradamente para meninos, mas totalmente inadequados para eles".[37]

Depois desse estágio inicial de choque cultural, o confronto da imaginação vitoriana com a imaginação bengalesa na coluna 16 produziu reações cada vez mais complicadas, e os "comentários" cresceram em ritmo acelerado. Logo se derramavam por cima das linhas bem traçadas entre as colunas, invadiam os espaços vizinhos, atravessavam a página, enchiam a folha toda com uma enxurrada de palavras. Em 1875, a coluna 16 começou a parecer uma coluna de jornal e os comentários se converteram em resenhas. Os comentários opinativos de William Lawler eram típicos do gênero. De fato, suas opiniões não diferem acentuadamente das dos demais bibliotecários, inclusive os indianos. Os babus substituíram os britânicos em 1879, quando Chunder Nath Bose sucedeu Lawler.[38] Daí em diante, o catálogo foi compilado por indianos, sem dúvida com o auxílio de assistentes, pois nenhum indivíduo poderia se manter em dia com a enxurrada de literatura que vinha dos prelos no final do século XIX e início do século XX. Porém o tom dos comentários continuou essencialmente o mesmo, embora os bibliotecários indianos pareçam menos obcecados por sexo e mais preocupados com a correção filológica. Quando detectavam sinais de inquietação entre os "nativos", mostravam-se tão preocupados ou indignados quanto seus antecessores britânicos: Chunder Nath Bose deplorou o romance bengalês *Surendra-Binodini Natak*: "Uma história de amor misturada com outra história, cujo propósito parece ser provocar no espírito dos nativos um ódio veemente

BENGAL

CATALOGUE OF BOOKS for the Second

1	2	3	4	5	6	7
Number.	Title (to be translated into English when the title-page is not in that language).	Language in which the book is written.	Name of author, translator, or editor of the book or any part of it.	Subject.	Place of printing and place of publication.	Name or firm of printer, and name or firm of publisher.
						BENGALI BOOKS—
107	Rádhá Krishna Vilás : or, The Sports of Rádhá and Krishna at Vraja.	Bengali	Jaynáráyana Mukerji.	Poetry	... Printed and published at the Kávya Prakásha Press, No. 3, Haripál's Lane, Calcutta.	Printed and published by Umeshchandra Bhattáchárya.
108	Vana-Vihanginí : or, The Fenale Bird of the Forest.	ditto	... Rajanínáth Chatterji.	ditto	... Printed and published at the Ananda Press, Mymensing.	Printed and published by Chandra Kumár Sarkár.

the oppression at the hands of the *Yavans* (or foreigners) pronounced unbearable. The 1st chapter contains an Bengal, who came on a hunting excursion, chaned to alight there, saw his wife, and during his absence took her away. and is in deep distress thereat. In the 4th chapter advice is given to the people of Bengal to be more united and act the Nabab's house, where she refused to eat and was prepared to kill herself, and how she was eventually released. time in much happiness, till in chapter 7 they are arrested and taken by the orders of the Nabab. And in chapter 8th the poet digresses to pourtray in forcible language the subjection of the Aryan Bengali race to foreigners, who the Aryans will be freed from the yoke.

Páginas contíguas do catálogo de livros trimestral publicado na superintendência de Bengala. Os "comentários" na coluna 16 se prolongam através da página e podem ser lidos como uma observação contínua sobre as literaturas "nativas" feitos pelos agentes da Biblioteca de Bengala. Os comentários circulavam pelo Serviço Civil Indiano na condição de matéria confidencial e, em certos casos, acabavam sendo utilizados para processar autores e editores por sedição.

contra o governo inglês e o caráter inglês. Há trechos em que a linguagem do autor se torna quase sediciosa".[39] Será que essa continuidade nos comentários deve ser compreendida como sintoma de cooptação, anglicização ou orientalismo autoimposto? É difícil dizer, em virtude da falta de informação sobre os bibliotecários. Mas uma característica sobressai: seu virtuosismo linguístico. Harithan De, candidato ao posto de bibliotecário imperial em Calcutá em 1906, dominava latim, grego, alemão, francês, italiano, espanhol, sânscrito, páli, árabe, persa, urdu, híndi, bengalês, oriá, marati e guzerati, além de provençal, português, romeno, holandês, dinamarquês, anglo-saxão e alto-ale-

Quarter ending 30th June 1879.—(Continued.)

8	9	10	11	12	13	14	15	16	17
Date of issue from the press, or place of publication.	Number of sheets, leaves, or pages.	Size.	First, second, or other edition.	Number of copies of which the edition consists.	Printed or lithographed.	Price at which the book is sold to the public.	Name and residence of proprietor of copyright, or any portion of it.	REMARKS.	Number.

NON-EDUCATIONAL—(Continued.)

1879. Pages.   Rs. A. P.

April 1st | 132 | 12mo. | ...1st... | 3,000 | Printed | 0 5 6 | Umeshchandra Bhattáchárya, No. 324, Chitpore Road, Calcutta. | Accounts of the sports of Krishna with the *Gopís* or milkmaids, the incarnation of Vishnu by the order of Mahá Vishnu to save the world from sin, particulars of the marriage of Deviki and Rohini with Vasudeva and the imprisonment of the first and last by Kansa Rájá, and the slaughter of the sons of Deviki by the latter, the births of Valarám and Krishna, and the release of his father and mother by the latter from imprisonment after killing Kansa Rájá. | 107

„ 21st | 161 | dy. 8vo. | 1st... | 400 | ditto | 1 0 0 | Rajanínáth Chatterji of Barísál. | The present work of eight chapters commences with a touching appeal to mother India, whose sad lot is deplored, and account of a Bráhmin who supported himself and his wife Sundarí in a forest by alms, till one day a Nabab of The 2nd describes the return of the *Bráhmin* husband after the usual day's begging. In the 3rd he finds his wife gone, in concert, whereby they will gain strength and recover their lost possessions. The 5th depicts Sundarí's distress in by the wife of the Nabab. In the 6th the *Bráhmin* husband and wife meet again in the forest and spend their the husband Sharat is executed, whereupon his wife Sundarí dies broken hearted. From pages 50 to 55 in chapter 3rd have placed their feet on the heads of Bráhmins, but that the time must come, thought it may be distant, when | 108

mão antigo e médio, e tinha algumas noções de hebraico, turco e chinês. Ele conseguiu o emprego.[40]

Que tendências emergem de trinta anos de comentários contínuos sobre a produção diária de livros? Primeiro, perplexidade etnográfica. Para os bibliotecários britânicos na década de 1870, a literatura bengalesa era uma estranha mistura de elementos incompatíveis. Assim era *Gyananjan,* ou *Colorido de conhecimento*: "Versos variados sobre o tempo, a esperança, os rios, as codornas e os cocos".[41] A incompreensão incidia nos dois sentidos, pois os comentários da coluna 16 também fornecem lampejos das observações que os indianos faziam sobre os britânicos. Um compêndio bengalês popular de conselhos e informações úteis continha pequenos ensaios sobre os seguintes assuntos, segundo a síntese feita por William Lawler: "Trabalho, sono, saúde, peixe, sal, índigo e o porco, descrito como um animal sórdido, cuja carne é comida por pessoas da categoria mais inferior, como os faxineiros, *domes, mehtars* e os ingleses".[42] De fato, nenhuma literatura vernácula exprimia um estado de pureza antropológica intocada pela presença imperialista. Indianos e bretões vinham formando a Índia Britânica havia mais de um século, quando os catálogos começaram a registrar o entendimento britânico do entendimento dos indianos de seu próprio mundo comum.

Todavia era necessário um esforço etnográfico enorme para os britânicos formarem uma ideia clara de uma literatura que lhes era alheia. Muitas vezes deparavam com páginas que permaneciam inteiramente escuras. Assim, *Chinta Lahari,* ou *Ondas de meditação,* foi lido por John Robinson, em 1878: "Um texto de escrita incoerente e ininteligível. Alguns versos, algumas canções e alguns diálogos, todos despropositados. Não está claro por que o autor se deu ao trabalho de escrever tanta coisa absurda".[43] Os comentários adotam um tom menos tendencioso nos catálogos posteriores, sem dúvida em razão das tentativas dos bibliotecários indianos de agir como intermediários, traduzindo e adaptando diferenças entre as culturas. Mas os primeiros catálogos não condenam de maneira geral os costumes nativos. Descrevem a medicina da aldeia, a magia, a vida doméstica, os rituais religiosos e até a poligamia de uma forma bastante honesta, embora contenham muitas observações sobre a "idolatria" indiana, para lembrar ao leitor onde está a verdade.[44] Quando se tratava do sobrenatural, os britânicos mostravam preferência por divindades benévolas, como Satya Pir, cultuada com oferendas de flores e leite pelos muçulmanos de Bengala Oriental, em contraste com Kali, a terrível deusa hinduísta da destruição, que tinha de ser aplacada com sangue de cabras sacrificadas.[45] As faculdades místicas e poéticas do hinduísmo exercim apelo sobre eles. Como tinham estudado textos clássicos sagrados, manifestavam admiração pela profundidade dos *Vedas* e pelo *páthos* do *Ramayana,* embora reclamassem de obscuridades impenetráveis; e, quando exaltavam a poesia, davam a ela a aparência do romantismo inglês. Por exemplo, "o lamento de uma amante viúva" em *Nibhrita Nivas Kavya,* ou *A morada solitária*: "A descrição da Terra e dos demais planetas como sustentados pelo espírito da heroína, linda e pura, em sua ascensão rumo ao paraíso em companhia de ninfas celestiais, é inteiramente poética. Há uma semelhança considerável entre isso e certas passagens de *Queen Mab*, de Shelley".[46]

A literatura popular bengalesa, em contraste, não recebia outra coisa que não escárnio nos catálogos. Os bibliotecários a desdenhavam como material barato, "literatura de rua" vendida por mascates entre os pobres de Calcutá e os aldeões ignorantes do *mofussil* (interior remoto). Tratava de horrores urbanos — vida sórdida, assassinos, detetives, prostitutas — e fantasias rurais — fadas, magia, aventuras, astrologia. A julgar pelos comentários, era algo semelhante aos horríveis livros de histórias seriadas da Europa daquela época. Mas seus romances sentimentais provinham da mitologia hindu, e seus almanaques combinavam conselhos astrológicos com mantras que deviam ser recitados na hora em que se perfuravam as orelhas ou se dava arroz pela primeira vez para uma criança.[47] Livros de canções também tinham larga circulação, misturando obscenidades tradicionais com comentários sobre acontecimentos contemporâneos. E, o mais importante, versões impressas de peças populares, em geral pequenos folhetos, mas às vezes também volumes de duzentas páginas ou mais, que disseminavam o picante repertório dos teatros de Calcutá por toda a província. Toda essa matéria impressa era lida em voz alta, em locais de trabalho, em feiras e no ambiente doméstico das mulheres; e, como Long observara, as leituras eram performances, algumas feitas por profissionais, que cantavam ou representavam os textos, dando-lhes vida diante de uma plateia numerosa.

Os responsáveis pelos catálogos não desperdiçavam espaço com comentários demorados sobre impressos efêmeros, mas sintetizavam seu conteúdo de um modo capaz de informar os leitores britânicos acerca do exotismo oriental. Sobre o *Sarbbagyan Gyan-*

manjari, ou *As flores de todo conhecimento*, foi dito: "Astrologia ou adivinhação vulgar do futuro, inclusive o *Hanuman Charita*, o *Kak Charita*, sinais e augúrios a partir dos grasnidos dos corvos, e *Spandan Charita*, a partir dos movimentos espasmódicos das veias, dos olhos e dos nervos".[48] A coluna 16 continha muitos resumos dos enredos das peças, como *Rajatgiri Nandini Natak*, ou *A filha do cume da montanha dourada*:

> O filho de Joubanashya, rajá de Pingal, se apaixona por Khyanaprabha, filha do rei de Rajatgiri, uma fada, e por fim casa com ela; porém um astrólogo, inimigo do príncipe, mediante intrigas, conseguiu exilar a heroína. Todavia, no final, ela é resgatada pelo marido e se une de novo a ele, e o astrólogo malvado recebe o castigo merecido e é morto.[49]

Apresentado dessa forma simplória, o enredo parece sugerir que os "nativos" se divertiam com histórias de fadas, como crianças. No caso dos dramas derivados da literatura religiosa, os comentários pareciam menos condescendentes. "O enredo é extraído do *Ramayana* e muitas vezes foi registrado em catálogos anteriores *in extenso*", observou William Lawler em 1879. "Os nativos parecem ter grande predileção por dramas adaptados do *Ramayana*, que são sempre encenados com muito entusiasmo."[50] Em 1900, no entanto, o elemento religioso da ficção de massa parecia estar em descenso, em face do avanço das influências ocidentais, inclusive de melodramas sentimentais sobre o amor não correspondido e sobre os males da bebida.[51] Histórias de crime publicadas em folhetos destinados a fazer publicidade de óleo de cabelo faziam Calcutá ganhar um vago aspecto da zona portuária de Londres, sem a neblina e sem o frio.[52] Para os responsáveis pelo catálogo, era tudo muito desolador, o sintoma de uma nova cultura plebeia que se enxertava numa civilização venerável e ancestral.

Um comentário típico em 1900 deplorava um drama popular como "uma farsa de classe inferior [...]. Trata-se de uma produção vulgar e não merece nenhuma atenção".[53]

A coluna 16 contém, de fato, alguns comentários elogiosos sobre ficção séria bengalesa. Rabindranath Tagore recebeu observações complementares muito antes de ganhar o prêmio Nobel em 1913.[54] O catálogo saudou *Swarnalata* em 1881 como "talvez o único romance (em contraste com um relato poético ou uma novela romântica) escrito em bengalês".[55] Observava a influência do bramoísmo (movimento religioso, com base em Bengala, cujo propósito era reformar o hinduísmo),[56] a difusão de resenhas literárias[57] e o aparecimento de volumes de poesia ocasionais, "inspirados por sentimentos genuínos e pela apreciação das belezas naturais".[58] Autores individuais se destacam, como Ishvarchandra Vidyasagar.[59] Mas nada que corresponda ao Renascimento de Bengala (termo que só se tornou corrente na década de 1930) é mencionado. Longe de indicar qualquer consciência de algum florescimento geral da literatura moderna, os catálogos deixam a impressão de alguns poucos livros bons que surgem aqui e ali, no meio da maré crescente de vulgaridade.

A principal virtude que merecia respeito em todos os catálogos era a destreza filológica. Tendo recebido uma dose dupla de educação nos clássicos — sânscritos e persas, além dos gregos e latinos —, os bibliotecários eram rápidos para condenar traduções incorretas e linguagem impura. Reservavam os maiores elogios para tratados como *Bhasha Tattva*, ou *Verdades da língua*: "O capítulo sobre a declinação dos casos nos sufixos do bengalês e sobre as formas verbais do sânscrito revela uma verdadeira competência filológica".[60] Ao resenhar ficção, atribuíam muitos pontos ao uso correto da língua e ao emprego do estilo tradicional. Assim, foi dito sobre *Udvaha Chandraloka*, ou *O luar do casamento*:

O livro é escrito num sânscrito puro, idiomático, em que muito poucos sábios indianos, se é que existe algum, são capazes de escrever hoje. A introdução métrica [...] será vista como algo de grande valor. Em todos os aspectos, a obra faz jus à erudição profunda e vasta de seu autor.[61]

Um grau proporcional de escárnio recaía sobre tudo o que fosse "baixo" e "vulgar" no estilo, bem como no tema. Os catálogos favoreciam o bengalês "sânscrito" em detrimento do bengalês "maometano", e eles eram especialmente severos quando topavam com um texto inepto. Uma resenha exaustiva de um romance, *Gajimiyar Bastani*, ou *A trouxa de Gajimiyar*, concluía assim: "O escritor, embora maometano, escreve em bengalês com naturalidade e possui um domínio maravilhoso do vocabulário da língua. Seu estilo, todavia, é gramaticalmente defeituoso e marcado por um bengalismo oriental e por falta de graça literária".[62] Os responsáveis pelos catálogos agiam como guardiões da chama da cultura, o equivalente indiano da Era de Ouro da Grécia. Identificavam civilização com sanscritização, ou aquilo que tomavam por uma tendência cultural que conduzia de volta para um mundo ancestral de pureza clássica. Isso também pertencia ao Raj construído conjuntamente por britânicos e indianos.

SEDIÇÃO?

Nada pareceria mais distante do controle político do que uma obsessão pelo estilo literário, mas a literatura sob o Raj era política em si mesma, até o âmago da própria sintaxe.[63] Ao adotar uma visão brâmane da cultura indiana, os britânicos reforçaram sua política básica após 1857: deixar as hierarquias indianas em paz e governar por meio da elite. Ao mesmo tempo, usaram sua supervisão sobre a literatura vernácula como modo de vigilância, em busca de sinais de perigo. Quando esquadrinhavam a poesia, procuravam sintomas de insatisfação entre os "nativos", bem como desvios da pureza purânica. Um resenhador desqualificou uma coletânea de 34 poemas bengaleses como um livro "de pouca importância", com exceção de um poema:

> Há um poema, porém, sobre o lamento da Índia, em que a condição abjeta e totalmente dependente dos nativos é trazida à tona. O britânico é retratado como cavalgando a seu bel-prazer, enquanto ressoa a música, com a melodia de "Rule Britannia" [...]. Os nativos são descritos como trêmulos de medo ante a mera visão de um homem branco. A perda de independência dos nativos e a partida de todos os seus compatriotas nobres e bons são deploradas.[64]

Os catálogos prestavam atenção especial às peças de teatro, em que detectavam um fluxo constante de comentários sobre fatos do momento, exatamente como James Long tinha feito décadas antes. Processos espetaculares na Justiça, como o caso Baroda de 1876, que tratava de um conflito entre um príncipe indiano e um britânico "residente", ou agente do Raj, forneciam vasto material para os dramaturgos condenarem a Justiça britânica, personificada por um elenco-padrão de vilões: juízes tirânicos, policiais pérfidos e carcereiros sádicos.[65] Ao dramatizar malogros judiciais, as peças faziam o regime em seu todo parecer vil; e em certos casos também atacavam injustiças sociais, inclusive a exploração de camponeses pelos senhores de terra, exatamente como em *Nil Darpan*.[66] Por trás do senhor de terra, assomava a figura do juiz distrital e até do missionário, ambos cúmplices na missão básica de tomar a riqueza da Índia e oprimir seu povo. Uma longa resenha de um drama de 1878 concluía assim:

A obra abarca uma variedade de temas, como a hipocrisia cabal de muitos missionários cristãos, que, ao mesmo tempo que se empenham ostensivamente na pregação do Evangelho, ameaçam os nativos do país da maneira mais cruel e não hesitam sequer em assassiná-los em face da mais ligeira provocação. Seu estilo de pregação, sua forma de pronunciar o bengalês, os ultrajes que cometem contra os deuses e as deusas hindus e o caráter torpe e hipócrita dos nativos cristãos convertidos são todos satirizados com veemência. O escritor ridiculariza ao máximo a maneira como são conduzidos os processos judiciais contra europeus acusados de assassinar nativos. Como um europeu espanca até a morte um servo nativo inofensivo, por exemplo; como sua viúva e seus filhos recebem algumas poucas rupias como indenização pela perda de seu protetor; como se arranjam testemunhas subornadas [...]. No todo, trata-se de uma produção perniciosa, calculada para fomentar o descontentamento e iludir o povo ignorante.[67]

Seria possível alinhavar muitas citações desse teor a fim de sugerir que a Índia britânica estava fervilhando de sedição. Na verdade, porém, a grande maioria dos comentários na coluna 16 não fazia referência direta à política; e quando, de fato, registravam sinais de inquietação entre os "nativos", não pareciam particularmente preocupados com isso. Seu tom continuava neutro, como se os indianos pudessem ser deixados em paz, soltando fumaça pelas ventas, enquanto os britânicos tocavam seus negócios no governo.[68] Além disso, as publicações indianas também exprimiam uma forte contracorrente de apoio ao governo britânico. Poemas celebravam temas tão improváveis como a construção de chafarizes:

O autor, a princípio, retrata em linguagem inflamada os numerosos e duradouros benefícios para o povo deste país trazidos pelo governo britânico, depois descreve coisas como relógios de pulso, carvão, luz a gás, hortelã, telégrafo, estrada de ferro, chafarizes, papel industrializado, a Sociedade Asiática etc. Todos introduzidos ou instituídos pelos ingleses. A poesia do livro é muito boa.[69]

A visita do príncipe de Gales e a ascensão da rainha Vitória ao título de imperatriz da Índia em 1876 produziram arroubos de efusão poética, alguns dos quais louvaram os britânicos por libertar os indianos do "jugo e da opressão dos maometanos", um tema bastante comum nos textos hindus.[70] Alguns escritos contrastavam desfavoravelmente o "caráter indiano" com "o gênio dos britânicos".[71] Em 1900, houve um que chegou a ponto de instar os indianos a "trabalhar mais e falar menos", evitando todo tipo de agitação, a fim de conquistar o respeito de seus governantes.[72] Se tais sentimentos eram genuínos ou uma mistura de propaganda e bajulação é algo que não pode ser determinado com base nos catálogos, mas eles ocorriam com frequência suficiente para sugerir que os britânicos achavam que tinham apoio de sobra em meio à elite educada.[73]

Apesar de tudo, o descontentamento se revelava, em geral, não na forma de oposição declarada ao governo britânico, mas nos temas da humilhação e da opressão, que os catálogos encontravam em toda parte, no fim do século XIX, mesmo em peças de teatro e poemas que entoavam louvores ao Raj. Pode parecer estranho que tais contradições pudessem existir no mesmo corpo literário. Talvez seja mera ilusão de ótica, produzida por observar a literatura através de um filtro duplo: o historiador que estuda os imperialistas que estudam os textos. Mas as contradições estavam embutidas no âmago da cultura imperialista. Vista através dos catálogos, a literatura indiana no século XIX combinava a autodepreciação com o ódio contra os estrangeiros e a autoafirmação com a deferência ao *sahib*.

As contradições derivavam, em parte, de uma visão cíclica da história, na qual idades de ouro de expansão davam lugar a idades de ferro de declínio. A mais dourada de todas ocorreu num passado remoto, quando o povo ariano construiu uma grande civilização no território que conquistou entre 1500 a.C. e 450 a.C. A idade mais decadente começou com a invasão mogol no século XVI e alcançou seu nadir com o Raj britânico. Como os deuses presidiram todo esse processo, a história se dilui na mitologia. O Senhor Xiva, o deus que favorecia os arianos, deu lugar a Kali, a deusa da destruição, cujo predomínio tendia a produzir infortúnio naquela idade de ferro. Fome, peste e pobreza deixaram o povo comum prostrado diante dos *feringis* (estrangeiros). Em vez de empunhar *lathis* (porretes compridos e revestidos de ferro) e avançar contra os conquistadores, a elite adotou as maneiras deles. Em toda parte, sobretudo em Calcutá, os babus falavam a língua *feringi*, bebiam álcool *feringi* e cobravam os impostos dos *feringi*. Alguns casavam sem o consentimento dos pais. Alguns até casavam com viúvas! Um sentimento de vergonha e decadência se disseminou pela literatura, acompanhado por protestos populares contra a dominação estrangeira. A "Jovem Bengala" tornou-se alvo predileto das peças teatrais populares, impressas em forma de livretos, que adaptavam temas tradicionais a fatos do momento. *Sura-sanmilana*, ou *A assembleia dos semideuses*, parecia "repleta de significado" para um catalogador em 1879:

> Ela representa uma reunião, ou *darbar*, realizada em presença dos três deuses principais que incorporam a Trindade Hindu, com dez *crores** de 30 milhões de semideuses como membros, a fim de deliberar em comitê sobre a fome iminente em 1268 a.C., ou 1879. Lord Lytton [o vice-rei no momento], como Indra, o rei dos deuses, é o culpado de tudo isso e não se preocupa com nada, a não ser se

---

* Unidade numérica indiana equivalente a 10 milhões. (N. T.)

divertir, praticar esportes e frequentar entretenimentos teatrais, vivendo em meio ao luxo e a tudo o que há de desejável na vida. Todavia, ele se exime lançando a culpa na depravação do tempo, sobretudo entre os nativos, nessa idade de ferro, ou em Kali — a predominância da mentira, da luxúria, da bebida etc. Sir Ashley Eden [na época governador de Bengala] se justifica na pessoa de Varuna, ou o Netuno indiano, dizendo que tem simplesmente que obedecer e cumprir ordens, e não possui nenhuma vontade própria no que diz respeito ao assunto. Os supostos culpados são perdoados, com a advertência de que devem tomar cuidado para que tais coisas não ocorram outra vez no futuro. Os nomes do vice-rei e de Sua Alteza não são usados abertamente, mas os fatos se tornam evidentes pelo teor da peça.[74]

Sem dúvida, algumas obras, sobretudo em gêneros novos como o romance, derivavam de modelos ocidentais e celebravam o próprio babu como modelo de modernidade.[75] Mas os gêneros mais populares, acima de todos o drama, tornavam o babu o símbolo dos efeitos deploráveis da ocidentalização. Em 1871, uma farsa típica se calcava no tema de que "a civilização da 'Jovem Bengala' consiste em comer carne e se embriagar".[76] Em 1900, o indiano anglicizado se tornara uma figura constante nas farsas tradicionais, usada não meramente para provocar o riso, mas para protestar contra o governo britânico.[77] Poemas e canções repisavam um sentimento comum de indignação.[78] Num poema típico, é dito que "a raça ariana é repreendida e questionada sobre a maneira como os britânicos, uma nação de comerciantes, podem se atrever a sentar no trono de Nova Delhi".[79] Em toda parte, os antigos arianos serviam como uma crítica à degradação de seus descendentes.[80] Imitar os arianos era repudiar as maneiras ocidentais e tornar-se mais viril, mais militante e (pelo menos na literatura bengalesa não maometana) mais hindu.[81] Todos esses temas, que os bibliotecários pacientemente esquadrinhavam e registravam nos catálogos, exprimiam um espírito não apenas de descontentamento, mas de nacionalismo apaixonado. No auge de sua veemência, soavam como um apelo à revolução:

> Os bengaleses são chamados de covardes e zombados por estarem tão acostumados aos grilhões da escravidão e por gostarem tanto deles que chegam a esquecer o próprio nome e o significado de "independência". O poeta recorda a seus compatriotas seus nobres ancestrais e seus feitos valorosos; descreve a "independência" como uma joia preciosa, palavra cujo mero som é capaz de dar vida aos mortos; e que os americanos a tinham em conta de um tesouro tão precioso a ponto de pegarem em armas de comum acordo, a fim de preservá-la.[82]

A que ponto eram sérios tais sintomas? Tomando a questão em perspectiva, compilei estatísticas a partir de uma vasta amostra dos relatórios anuais e tentei esboçar um quadro geral da produção de livros no fim do século.[83] Infelizmente, porém, as tabelas estatísticas com base em tais fontes são inevitavelmente falhas. Elas distribuem os livros em categorias como "ficção" e "filosofia", o que fazia sentido para os britânicos, mas não correspondia aos conceitos indianos de gênero. Além disso, muitos livros podem ter sido publicados sem submissão ao registro das autoridades britânicas. A proporção podia alcançar 25% em Bengala, segundo um relatório produzido em Calcutá em 1898.[84] As obras subcatalogadas eram sobretudo livretos avulsos feitos para vender na rua e "lixo de bazar", na opinião dos catalogadores; mas essas publicações tinham um grande apelo e às vezes transmitiam protestos políticos, como no caso de *Nil Darpan*, que podia ser classificado como literatura "de bazar", se essa categoria fosse construída de forma bastante abrangente.[85]

No entanto, por mais arbitrárias que sejam, as estatísticas

demonstram tanto a escala da produção indiana quanto o esforço dos britânicos para acompanhá-la. Em 1900, os prelos indianos estavam rodando a todo vapor e produzindo mais de 5 mil livros novos por ano, numa vasta diversidade de línguas e gêneros. A maré crescente de publicações incluía alguns poucos livros radicais, como Lawler e seus sucessores observaram ao preparar os relatórios. É impossível avaliar seu número, mas não eram numerosos o bastante para produzir muitas ondulações, num vasto oceano de literatura de aspecto convencional e calmo, aos olhos das autoridades britânicas. Em sua massa avassaladora, essa literatura consistia de clássicos antigos, obras de devoção, poesia religiosa, contos mitológicos, manuais profissionais, livros de escola, almanaques e ficção barata e popular.[86]

Após 1900, algumas poucas obras anti-imperialistas chegaram do exterior pelo correio e outras foram produzidas em enclaves estrangeiros, como Pondicherry e Serampole. Mas a Índia não desenvolveu uma elaborada literatura clandestina comparável à da França pré-revolucionária ou à da Europa Oriental comunista.[87] Ao contrário, o governo permitia a publicação de livros que pareciam abertamente sediciosos para os homens que os registravam. Os comentários nos catálogos e os relatórios para os vice-governadores mostram que o ICS captava sinais potencialmente perturbadores sem se perturbar com isso. Os "nativos" podiam estar inquietos, mas os britânicos acreditavam que tinham as coisas sob controle.

REPRESSÃO

Se examinada um século depois, após duas guerras mundiais e incontáveis levantes anticoloniais, a informação parece mais ameaçadora do que parecia no auge do Raj. Ela expunha uma paixão explosiva: o nacionalismo. Enquanto a contradição entre imperialismo e liberalismo continuasse latente, aquela paixão poderia ser contida. Mas quando o imperialismo se revelou um governo por direito de conquista e quando a palavra impressa começou a penetrar mais fundo na sociedade indiana, os nacionalistas levantaram uma reação, os livros se tornaram perigosos e o Raj recorreu à repressão. Antes de 1900, os registros parecem confirmar a convicção dos imperialistas de que tratavam a literatura indiana de forma liberal: a Grã-Bretanha governava e a imprensa continuava livre, até do lamento pela falta de independência do país.[88] Mais tarde, as coisas começaram a se despedaçar. O acontecimento que pôs a nu a contradição no coração do Raj teve lugar em 1905: a divisão de Bengala.

Claro, Bengala não era a Índia. O Congresso Nacional Indiano se reuniu primeiro em Mumbai, em 1885, e os nacionalistas recorreram primeiro ao terrorismo na presidência de Mumbai, onde Bal Gangadhar Tilak atiçou as paixões dos hindus falantes de marati com seu jornal, o *Kesari*. Grupos de intelectuais nacionalistas também se congregaram em redor de jornais em Madras (o *Mahajana Sabha*) e em Lahore (o *Punjabee*). Mas Calcutá, a capital da vida literária indiana e também da administração britânica, proporcionou o solo mais fértil para a agitação. O nacionalismo criou raízes entre seus *bhadralok*, uma vasta população de pessoas com formação profissional, pequenos burocratas e rentistas, que sentiram a mordida no bolso na virada do século, quando a economia degringolou e o acesso às carreiras profissionais foi fechado. Em 1905, jovens desse meio tinham sido agitados pelo Renascimento de Bengala e pelo renascimento hindu. Revoltados, articulados, muito bem instruídos e subempregados, eles se entusiasmaram com o culto de Shivaji, o guerreiro marata que derrotou a invasão mogol no século XVII; e se inflamavam quando expostos a romances como *Yugantar*, de Sibnath Sastri, e *Kali, a mãe*, da irmã Nivedita (Margaret E. Noble). Também se empolgavam com relatos de autossacrifício heroico e de agitação nacionalista entre os carbonários, os decembristas, os Camisas Vermelhas italianos, os republicanos irlandeses, os anarquistas russos e os soldados japoneses, que mostraram que os asiáticos podiam derrotar os europeus, na Guerra Russo-Japonesa de 1904-5. A divisão de Bengala, proposta pelo vice-rei Lord Curzon em 1903 e executada em outubro de 1905, lhe deu uma causa de vida ou morte em seu próprio quintal.[89]

Para os britânicos, a divisão seguia uma lógica boa, sólida e burocrática. Bengala era uma vasta província de cerca de 489 mil quilômetros quadrados, com uma população de 80 milhões de pessoas, duas vezes maior do que a Grã-Bretanha, e não podia ser administrada adequadamente por um vice-governador e funcionários distritais dispersos. Mas para os bengaleses a divisão foi um golpe mortal, que cortou fundo na carne de seu corpo político. Atribuíram a medida à estratégia cínica de dividir para governar: a nova província de Bengala Oriental e Assam forneceria aos britânicos uma dócil dependência muçulmana, ao passo que os intelectuais *bhadralok* de Calcutá perderiam influência relativa sobre os habitantes de Bengala Ocidental que não falavam o bengalês. Discursos, petições, comícios, protestos, manifestações e coros em altos brados do novo hino nacionalista, *Bande Mataram* ("Saudação a ti, mãe", ou seja, a Índia), caíam em ouvidos surdos. Curzon era tão inflexível quanto o suporte de aço que usava para escorar as costas. E Lord Minto, que lhe sucedeu no posto de vice-rei em 1905, deu ainda menos atenção aos desejos da população nativa, apesar dos apelos de seu superior, John Morley, que assumiu o cargo de secretário de Estado na Índia, junto com o governo liberal eleito no fim de 1905. Morley apoiava todo tipo de reforma, inclusive a eleição de indianos para os conselhos provinciais; mas, quando reconheceu a divisão de Bengala como um "fato consumado", os intelectuais bengaleses sentiram-se traídos pelos princípios liberais que haviam absorvido nas escolas inglesas.

Depois do fracasso da chamada "mendicância" — a política de cooperação apoiada pela ala moderada do Partido do Congresso —, os nacionalistas recorreram à *swadeshi*, uma estratégia que consistia em boicotar as importações britânicas e favorecer produtos feitos no país. O boicote das manufaturas levou ao boicote das instituições — tribunais, escolas, o Serviço Civil — e à demanda por *swaraj* (autogoverno, independência). Grupos de militantes se inspiraram no hinduísmo ressurgente a fim de desenvolver formas alternativas de vida cívica, como o *ashram* (retiro rural) e o *samiti* (uma assembleia ou associação). Fundaram escolas em que exercitavam os homens jovens no "jogo do *lathi*", ou na luta de espada tradicional, e às vezes se permitiam pregar com veemência a imposição do boicote por meio da violência e o recurso ao banditismo político (*dacoity*, ou assalto em bando). A agitação se direcionou contra os muçulmanos e contra os britânicos, porque a enorme minoria muçulmana, 30% da população de Calcutá, permanecia intocada pelo renascimento hindu e indiferente ao boicote, na maioria dos casos. A criação da Liga Muçulmana Indiana, com o estímulo de Minto, no fim de 1906, confirmou a visão de que os britânicos estavam fazendo o jogo de dividir para governar. Os conflitos hindu-muçulmanos em Comilla e Mymensingh na primavera de 1907 abriram uma cunha entre as duas populações. Sob o pretexto de restaurar a ordem, os britânicos suspenderam as liberdades civis e começaram a prender agitadores em toda parte, desde Bengala até o Punjab. Mas os próprios hindus se dividiram quando o Partido do Congresso rachou em sua reunião anual, em dezembro de 1907. E os extremistas se viram cada vez mais isolados — incapazes de trabalhar com a velha elite moderada, de um lado, e, de outro, incapazes de mobilizar as massas camponesas empobrecidas e analfabetas.

Tolhidos por tal impasse, os nacionalistas mais radicais tentaram abrir caminho à força por meio de bombas. Os exemplos dos anarquistas europeus, a ideia de fazer propaganda das ações, o apelo do autossacrifício heroico e o culto a Kali também reforçavam a guinada para o terrorismo. No dia 30 de abril de 1908, uma bomba matou duas mulheres britânicas num vagão de trem em Muzaffarpur. A investigação levou a uma batida contra um grupo terrorista em Maniktala, subúrbio de Calcutá. Depois que um membro do grupo incriminou os demais e revelou todas as suas operações, foi assassinado na prisão de Alipore por outros dois terroristas, em agosto. Um subinspetor de polícia e um procurador público foram assassinados em novembro. Em julho de 1909, um extremista do Punjab assassinou um assessor de Morley, Sir William Curzon-Wyllie, em Londres. Os terroristas também atentaram contra a vida de Minto e um de seus assessores, Sir Andrew Fraser, mas não conseguiram, é claro, explodir a administração britânica e despertar um levante de camponeses. O ciclo de violência chegou ao fim com uma tentativa malograda contra a vida do sucessor de Minto, Lord Hardinge, em 1912. Nessa altura, a maioria dos extremistas tinha sido presa ou expulsa do país. A transferência da capital para Nova Delhi e a reunificação de Bengala em 1911, seguidas pelo início da Primeira Guerra Mundial, puseram fim à primeira fase da agitação nacionalista. Em retrospecto, parece claro que os protestos contra a divisão e a campanha terrorista jamais representaram uma ameaça séria ao Raj. Mas pareceram tremendamente ameaçadores entre 1904 e 1912, quando os britânicos não paravam de lembrar que eram uma população estrangeira constituída por poucas centenas de milhares de pessoas que tentavam governar um subcontinente de centenas de milhões de habitantes, enquanto pregavam as virtudes da liberdade das prisões arbitrárias e da liberdade de imprensa.

Desde o início, a imprensa tinha fornecido o combustível

para a explosão do nacionalismo. Os líderes agitadores eram homens de letras que extraíam sua inspiração da literatura, tanto indiana como ocidental, e se congregavam em torno de jornais e bibliotecas. O mais importante círculo nacionalista de Calcutá, o Anushilan Samiti, tinha uma biblioteca de 4 mil volumes e seu semanário revolucionário, *Yugantar*, que misturava belas-letras com apelos para a ação revolucionária, derivava seu nome do romance de Sibnath Sastri. Canções, peças, poemas, folhetos, obras de religião, de história, de literatura de todo tipo vinham à tona onde quer que um agente britânico descobrisse sinais de sedição. Os funcionários do Raj conheciam muito bem essa literatura, pois vinham seguindo seus passos havia quarenta anos, em seus catálogos e relatórios. Após 1905, a questão era: como poderiam usar aquela informação para reprimir a explosão do nacionalismo?

Nesse ponto, a vigilância se transformou em punição, assumindo duas formas: repressão pela polícia e processos nos tribunais.

A ação da polícia se assemelhou à de regimes autoritários em toda parte. Envolvia investidas contra livrarias; interrogatórios e intimidação dos suspeitos; prisão de autores, editores e gráficos; interceptação de cartas e remessas postais; até o emprego de agentes secretos para relatar o que era falado nas reuniões e o que se lia nas escolas. Quando relatos dessa atividade começaram a convulsionar o vasto aparelho do Serviço Civil da Índia, ficou claro que agora a literatura tida como sediciosa era a mesma literatura que havia aparecido nos catálogos durante anos. Cobria o mesmo espectro de temas e gêneros e incluía muitos dos mesmos livros, porém agora os agentes do Raj queriam aniquilá-la a qualquer preço, em termos de sacrifício das liberdades civis. Eram necessários "processos sumários", segundo o vice-governador do Punjab, pois os "nativos" eram "crédulos", "emotivos", "inflamáveis" e passíveis de explodir quando provocados por mensagens sediciosas.[90] Apenas um "governo autocrático" poderia manter as "diversas raças" da Índia em xeque, segundo o vice-governador de Burma: todas as publicações dúbias tinham de ser erradicadas, mas com o mínimo de alarde possível, para que ninguém na Grã-Bretanha viesse a saber do assunto.[91] Nas Províncias Centrais, um comissário se mostrou preocupado com os protestos de "Sir Henry Cotton e companhia e outros políticos mal orientados na Inglaterra".[92] No entanto, outro recomendava repressão rigorosa: "A gravidade da situação exige que tomemos qualquer medida que seja absolutamente efetiva para controlar a sedição na imprensa, sem dar atenção a nenhuma teoria ou sentimento ocidental, que não são aplicáveis às condições deste país".[93] Em toda parte, os homens no campo de batalha pareciam encarar a liberdade de expressão como um luxo ocidental que tornaria impossível governar a Índia.[94] Lord Minto tentou impor sua visão a Morley, cobrando um poder arbitrário para conter a imprensa.[95] Mas a liberdade de imprensa constituía um dos itens mais sagrados no sincero credo liberal de Morley; e a disparidade entre pregar o liberalismo e praticar o imperialismo sobressaía a cada semana durante os questionamentos feitos aos ministros no Parlamento, quando políticos de segundo escalão como Sir Henry Cotton, um bem informado especialista em assuntos indianos, expunha a falta de liberalismo do governo britânico na Índia para que o mundo inteiro visse.[96]

Enquanto Minto e Morley duelavam em suas mensagens, os agentes de escalão inferior do Raj enchiam a correspondência confidencial do Serviço Civil da Índia com relatos de repressão. Numa investida contra uma associação nacionalista, os livros confiscados pela polícia incluíam a *Política* de Aristóteles, bem como obras em língua inglesa como *O despertar do Japão* e *A vida e as obras de Joseph Mazzini*.[97] Imprimir, sem comentários, relatos sobre movimentos nacionalistas na Irlanda e na Itália parecia algo subversivo aos policiais de Mumbai: "O governo está ensinando o camponês a ler e, a menos que cuide para que esse camponês receba material de leitura saudável, ele vai inevitavelmente se tornar presa fácil do fornecedor de veneno literário".[98] Os policiais do Raj não permitiram a importação de um livro com excertos dos documentos oficiais impressos pelo governo em Londres, porque faria a polícia indiana parecer ruim.[99] Inspetores postais muitas vezes apreendiam *The Gaelic American* e discursos anti-imperialistas de William Jennings Bryan no correio. Bryan, traduzido para línguas indianas, parecia especialmente ameaçador para o Departamento de Investigação Criminal: "O leitor hindu ignorante imagina que Bryan esteja capacitado para fazer críticas e que é um inglês, e não aquilo que é de fato — um demagogo americano, francamente hostil à Inglaterra".[100] Os funcionários hesitaram em condenar um livro de autoria do feroz nacionalista do Punjab chamado Ajit Singh, no qual ele simplesmente alinhavava breves biografias de grandes patriotas, de Brutus a Robert Bruce, John Hampden e Samuel Adams.[101] Mas planejaram processar um editor por reimprimir alguns discursos de Bal Gangadhar Tilak, que tinham sido autorizados no fim do século XIX. Também viram sedição numa reimpressão de uma história hostil da Companhia das Índias Orientais, feita por William Howitt, publicada pela primeira vez em 1838 e, desde então, disponível em várias bibliotecas públicas. Num sumário para a acusação, um consultor jurídico do governo não discutia a exatidão nem a idade do texto. Em vez disso, parecendo antes um moderno teórico da recepção do que um agente do Raj, argumentava que o livro havia adquirido um significado novo. Um leitor pouco sofisticado da barata edição moderna, em urdu, pode acreditar que a crítica feita em 1838 se aplicava ao Raj de 1909. "O que deve ser considerado é seu efeito sobre o leitor em geral", insistiu ele. E, como prova conclusiva de seu argumento, declarava: "A legislatura decretou que a reputação do atual governo da Índia deve ser sagrada". O advogado-geral do governo da

Índia concordava: "Aquilo que há alguns anos era algo inocente hoje é algo perigoso".[102] Os mesmos argumentos se aplicavam a outros livros, devidamente registrados nos catálogos, sem suscitar acusações de sedição.[103] O panorama literário continuava o mesmo de antes de 1905, porém tinha um aspecto totalmente diverso.

HERMENÊUTICA DE TRIBUNAL

Tendo cumprido essa mudança da Gestalt e enchido as cadeias com autores presos, os agentes do Raj precisavam processá-los na Justiça. Esse último passo foi o mais difícil de todos, porque ameaçou pôr a nu as contradições inerentes ao imperialismo liberal. Os britânicos estavam comprometidos a jogar segundo as regras que impuseram aos indianos — como a medida da civilização que haviam trazido ao subcontinente. Assim, aceitaram o direito dos indianos de publicar livros sob as mesmas restrições aplicadas aos ingleses — ou seja, livremente, sujeitos às leis da calúnia e da sedição. Sem dúvida, a sedição havia adquirido um significado peculiar sob o Raj. Segundo a seção 124A do Código Penal Indiano de 1860, escrito na confusão da era pós-rebelião, ela se aplicava a qualquer pessoa que "provoca ou tenta provocar sentimentos de desafeição com o governo".[104] Desafeição continuou sem uma definição até 1897, quando um tribunal em Poona condenou Tilak, o nacionalista mais influente na virada do século, a dezoito meses de rigoroso encarceramento por causa de um artigo que havia publicado em seu jornal, *Kesari*. Furioso com a incapacidade do governo de tomar as medidas adequadas durante a peste bubônica de 1896, ele citou o *Bagavadguitá* como justificativa do assassinato de um general mogol, cometido por Shivaji, durante um momento de desespero em 1659. Alguns dias depois, um dos seguidores de Tilak assassinou um funcionário britânico. O juiz julgou Tilak culpado de sedição, segundo a seção 124A, estabelecendo um precedente para dúzias de casos levados a julgamento durante a agitação que se seguiu à divisão de Bengala. O próprio Tilak foi julgado e sentenciado novamente em 1908, dessa vez a uma pena de "transporte" de seis anos numa prisão em Mandalay.[105]

Nessa altura, o governo havia aprovado uma nova legislação a fim de ter mão mais forte nos tribunais. A emenda ao Código Penal Indiano de 1898 reafirmou o caráter generalizado da seção 124A com um fraseado adicional, mais vago do que nunca: "A expressão 'desafeição' inclui a falta de lealdade e todos os sentimentos de inimizade".[106] A emenda ao Código Penal Indiano de 1908 aboliu o julgamento por júri em certos casos de sedição. A Lei dos Jornais, também aprovada em 1908, atribuía aos juízes distritais o direito de confiscar os prelos de jornais que lhes parecessem sediciosos. E a Lei de Imprensa Indiana de 1910 exigia que todos os proprietários de gráficas fizessem um depósito de fiança e possibilitava que os magistrados autorizados confiscassem tanto o dinheiro como os prelos para pôr fim à desafeição promovida "tanto por escritos abertamente sediciosos como por sugestão e incitamento velado para inculcar hostilidade contra o governo britânico".[107] Tais medidas se aplicavam a publicações, livros, folhetos e jornais, e autorizavam buscas no correio e nas livrarias, além das gráficas. Como a Lei das Representações Dramáticas de 1876 conferira aos juízes distritais poderes ainda mais abrangentes a fim de evitar a produção de peças de teatro, quase todos os meios de comunicação tinham ficado sujeitos à ação arbitrária das autoridades.[108] Restava aos juízes e advogados meramente apresentar desempenho convincente nos tribunais.

Em retrospecto, os veredictos parecem conclusões tomadas de antemão. Juízes ultrajados por incidentes terroristas não eram passíveis de leniência. Os acusados, em sua maioria, eram condenados e sentenciados a "encarceramento rigoroso", em geral com pena de um a seis anos, às vezes com a punição adicional de uma multa pesada e "transporte" para uma prisão sufocante em Mandalay. A fim de aumentar o peso da sentença, no entanto, os juízes, advogados, escrivães e meirinhos tinham de representar seu papel com eficiência. As perucas e as togas, as batidas do martelo e a tomada de juramento, o ritual de ficar de pé e sentar-se, a linguagem legalista e as cortesias formalistas — "Vossa Excelência", "o douto defensor" — demonstravam a legitimidade do direito britânico num cenário indiano. Mas os indianos também tinham aprendido a jogar aquele jogo. Seus defensores haviam estudado em escolas britânicas e podiam defender seus clientes citando precedentes britânicos — ou, se necessário, Shakespeare e Milton. Claro, a maioria das citações tendia a provir do *Mahabharata* e do *Ramayana*, pois era daí que os autores acusados obtinham sua inspiração. Para ganhar sua causa, os promotores às vezes tinham de argumentar no terreno dos nativos. Mas os britânicos tinham se educado nas maneiras dos "nativos", assim como os indianos tinham se instruído nas escolas dos *sahibs*. Décadas de comentários eruditos nos catálogos demonstravam que os agentes do Raj haviam desenvolvido um vasto conhecimento da literatura indiana. Em casos cruciais, os próprios catalogadores davam testemunho nos tribunais. Assim o tribunal se convertia num campo de batalha hermenêutico, cada lado representava sua interpretação do outro e, pelo menos durante alguns momentos, enquanto os mosquetes ficavam guardados nas prateleiras, o imperialismo parecia apenas uma disputa de supremacia simbólica por meio de exegeses textuais.

Examinemos o seguinte poema, publicado numa revista literária, *Pallichitra*, em 1910, que exemplifica o material condenado como sedicioso nos tribunais.[109] Como o autor não podia ser identificado (mais tarde, foi descoberto e mandado para a prisão por dois anos), o editor do volume, Bidhu Bhusan Bose, foi levado a julgamento por um juiz distrital, R. C. Hamilton, em Khulna, Bengala. Depois de julgar Bose culpado de sedição, segundo a seção 124A do Código Penal Indiano, o juiz declarou que ele devia ser preso por toda a vida, tão hediondo era seu crime. No fim, foi sentenciado a dois anos de encarceramento rigoroso e seu impressor teve de cumprir dois meses de prisão, como cúmplice. Então, qual era a perversidade das seguintes palavras, dadas aqui em tradução do bengalês, feita pelo tradutor oficial do tribunal?

ESHO MA POLLI-RANI

Vem, ó, Rainha Mãe da aldeia, o dia está se encaminhando de todo para o fim. Deixa que teus filhos despertem com coração palpitante, ao ouvir tua voz grandiosa. Sacrifiquei minha vida para tomar a coroa da vitória da fronte do inimigo e condecorar a ti, Rainha das Rainhas, com ela, na batalha da vida.

Levado por ideias errôneas e atormentado pela paixão, não percebi e não pude sentir no coração quando [teu] trono dourado desapareceu.

Sob o selo dos pés dos *asurs*, não existem flores de *parijat* nos jardins de Nandan; e sob a vestimenta de um mendigo, Indrani está sofrendo amargamente nos profundos recessos de seu coração.

Os suras que conquistaram a morte veem tudo isso à sua frente e, como covardes, fecham os olhos por ódio e vergonha. Oh, mãe, não sei quando, para a *swadeshi*, os deuses vão se levantar num corpo e, ardendo de raiva, ferozes como o fogo que destrói o mundo, vão matar a força de seus adversários, e confiando na própria força e erguendo os próprios braços, vão restabelecer o trono dos céus, oferecendo brindes de sangue para as almas dos mortos.

* * *

A maioria dos leitores hoje, provavelmente, acharia o poema obscuro. Para o juiz distrital em 1910, no entanto, tudo estava bem claro: um caso crasso de sedição. Nada havia no poema de esotérico que um "leitor comum" não fosse capaz de captar, alegou ele, pois seu significado era transparente para qualquer pessoa dotada de um conhecimento elementar da mitologia hindu: a rainha era a Mãe Índia, também referida como Indrani; o jardim florido era o paraíso destruído pelos britânicos; os *asurs* eram os demônios, ou seja, os britânicos; e os suras eram os deuses, ou seja, os indianos, agora reduzidos à mendicância, mas que em breve despertariam e derrubariam seus opressores. O contexto tornava a mensagem do poema aterradoramente clara, como explicou o juiz:

> O poema foi publicado [...] em meados de julho passado; antes de sua publicação, houve uma série de ataques homicidas contra homens e mulheres ingleses na Índia, especialmente contra funcionários britânicos. O poema seria destituído de significado, exceto pela alusão à matança dos demônios [*asurs*] que representam a raça britânica. O objetivo do escritor obviamente foi incitar seus compatriotas hindus a se unir para assassinar os britânicos na Índia. Em vista do efeito terrivelmente pernicioso que uma literatura como essa deve produzir na geração mais jovem de bengaleses [...] não só uma sentença dissuasora é necessária, mas também afastá-lo de imediato por algum tempo, a fim de evitar que cause mais danos à sociedade, pois se trata de alguém que vem com persistência causando danos à sociedade [...]. Não creio que exista algum motivo para tratar seu delito de maneira branda. Por conta disso, eu o sentencio a dois anos de encarceramento rigoroso.

Essa interpretação, porém, não ficou sem contestação. O juiz só a alcançou após uma luta livre hermenêutica entre o advogado de defesa e o promotor. Segundo a defesa, as palavras significam aquilo que os dicionários dizem que significam e o que as pessoas comuns entendem que significam. Citou dicionários e chamou para o banco de testemunhas homens típicos da rua, a fim de provar seus argumentos de forma convincente. Um termo-chave, *boyrishir*, em bengalês, dificilmente poderia se referir ao governo britânico, como afirmava a promotoria, porque seu significado convencional era "da cabeça do inimigo". Outro, *asur*, significava "as forças das trevas". Não poderia se referir aos ingleses, como ele demonstrou, provando que a palavra tinha sido usada nos discursos do vice-rei. Quanto a um terceiro termo supostamente incriminatório, *rudhir*, era usado em expressões comuns como "vou oferecer meu sangue", que indicavam a disposição de fazer um sacrifício. Qualquer pessoa familiarizada com os costumes dos hindus sabia que era comum entre eles o sacrifício de animais e que nada havia de ofensivo na ideia de oferecer sangue por uma causa digna. No plano da metáfora, o poema usava as mesmas figuras de linguagem presentes no mais famoso solilóquio de Hamlet. Tratava-se de uma reflexão sobre a liberdade, com base na oposição entre a vida na cidade e a vida no campo, como "Deserted Village", de Goldsmith. De fato, o poema de Goldsmith continha uma declaração muito mais forte contra a tirania, no entanto era lido em geral, sem nenhum efeito nocivo, por crianças indianas em escolas britânicas. Caso os britânicos tivessem esquecido como seus próprios poetas celebravam a liberdade, o advogado de defesa apresentou à corte alguns trechos turbulentos de Cowper. Em comparação com Cowper, insistiu ele, seu cliente era a brandura em pessoa. Claro, o autor do poema bengalês se inspirou na mitologia hindu; mas, se a corte fosse proibir todas as referências desse tipo, não sobraria nada na literatura vernácula. Enxergar sedição em tal poema não era apenas entendê-lo erradamente, mas atiçar as chamas do pânico, em vez de aplacá-las.

Em refutação, o promotor esquadrinhou o texto mais uma vez, argumentando que a leitura da defesa combinava definições falhas com metáforas incoerentes. *Asur*, por exemplo, não podia significar "trevas", "pois a ela são atribuídas pernas e pés que pisoteiam as flores do paraíso". A exegese textual prosseguiu de forma interminável, até que o juiz decretou uma pausa no debate e propôs uma leitura própria, linha por linha, e por fim chegou a uma conclusão: sedição. O julgamento tinha tudo o que se espera encontrar numa aula moderna sobre poesia: filologia, campos semânticos, padrões metafóricos, contextos ideológicos, reação do leitor e interpretações semelhantes.

Debates desse tipo tinham lugar caso após caso, pois as autoridades passaram a enxergar sedição em todo tipo de publicação — livros de história, panfletos políticos, textos religiosos, peças de teatro e livros de canções. O que antes de 1905 parecera o início inofensivo de uma literatura moderna passou a ser condenado como agitação revolucionária em 1910. A literatura agora parecia perigosa, porque não estava mais restrita aos *literati*: estava se espalhando entre as massas — ou seja, espalhava-se a desafeição, e desafeição significava sedição. Levando em conta o estado empobrecido e pouco instruído da maioria dos camponeses indianos, o diagnóstico parece exagerado. Mas o Serviço Civil levava aquilo a sério:

> Declarações incendiárias [...] são lidas com avidez e acreditarão nelas sem questionamentos, em bazares e aldeias [...]. A partir de leitores crédulos, a notícia se dissemina entre a população analfabeta, cuja suscetibilidade diante dos rumores mais extravagantes é proverbial, e na transmissão a notícia acaba se tornando ainda mais distorcida e violenta [...]. As remessas postais levam o *Sandhya* ou

o *Charu Mihir* ou outros jornais populares locais e alguém entre os líderes da aldeia lê em voz alta trechos para uma reunião de *bhadralog* e outros, sob o abrigo de uma árvore conveniente. Mesmo o lavrador de passagem baixa sua trouxa no chão e se junta ao grupo ávido. Os trechos perniciosos são ouvidos e digeridos e depois todos se dispersam e seguem seu caminho, redistribuindo o que aprenderam com Deus sabe quais embelezamentos e exageros adicionais.[110]

Claro, os jornais, como indicado nesse relatório de um agente distrital, pareciam especialmente ameaçadores, porque combinavam ideologia com noticiário. Mas livros e panfletos, sobretudo coletâneas de canções e textos de peças teatrais, podiam penetrar de maneira ainda mais eficiente no mundo dos analfabetos, porque eram apresentados em representações orais, que muitas vezes combinavam música, mímica e drama. Examinemos mais dois exemplos de casos judiciais.

MENESTRÉIS AMBULANTES

No dia 11 de dezembro de 1907, R. P. Horsbrugh, um juiz distrital em Amravati, nas Províncias Centrais, sentenciou Swami Shivanad Guru Yoganand, também conhecido como Ganesh Yadeo Deshmukh, por sete anos por distribuir e declamar um livro de canções sedicioso, *Swarajya Sapan*, ou *Passos para a autonomia*.[111] Deshmukh compôs as canções, imprimiu e vendeu de rua em rua em toda a região, cantando enquanto se deslocava. A fim de promover as vendas — assim declarou o juiz —, ele mudou de nome e se vestia de homem santo mendicante, uma estratégia de mercado que apelava "ao coração dos numerosos analfabetos em todas as cidades e aldeias pelas quais passava". Com "metro e música", o falso *swami* atiçava as emoções dos "crédulos rústicos que ficavam prontamente impressionados com o que saía dos lábios de um *sanyasi* [homem santo brâmane]". O juiz considerou isso "um crime muito grave", sedição de um tipo que antigamente era punida com a morte:

> Está na hora de o público em geral se dar conta de que a sedição na Índia não é mais uma vituperação de tagarelas, que passa de maneira inofensiva por cima da cabeça da massa do povo, como ocorria, talvez, um quarto de século atrás. A educação e as comunicações internas se desenvolveram a tal ponto hoje, e uma imprensa inamistosa está em atividade há tantos anos, que libelos contra o governo [...] se tornaram um perigo político que é dever das cortes criminais investigar e, se possível, extirpar mediante a rigorosa aplicação da lei.

Como exemplo da perfídia de Swami Shivanad, o juiz citou o seguinte verso de uma de suas canções:

> Ó, deus de cabeça de elefante e boca torta. Ao virar sua tromba gentil, entrega nas mãos dos arianos a bandeira da devoção ao país.

Não soava como "Deus salve o rei", mas o que isso significava? Um perplexo Morley, depois de ser informado sobre o caso, telegrafou para perguntar se o verso merecia sete anos de cadeia na Malásia. A resposta foi que o deus de cabeça de elefante, Ganesh, era especialmente adorado no militante culto hindu promovido por Tilak. E o promotor havia acumulado provas de insubordinação ainda mais convincentes — outra canção afirmava: "É fato consumado que Morley é um *karela* mais amargo" (*karela* é uma pera balsâmica). E outras canções brincavam com imagens fortes, embora confusas:

Ó, impotentes! Para que o arco e a flecha? Deixem os bolsos deles vazios para que sintam a mordida no estômago. Mostrem sua bravura para os ingleses sendo decididos. Por causa das opressões ou tirania deles, não conseguimos comida suficiente, nem água à vontade. Insultos e maldições são infrutíferos, no fim. Esses egoístas [ingleses] comem a manteiga do *sinciput* do irmão morto. Ninguém presta atenção às queixas. [Eles são] enganadores, de profundas trapaças e de vasta astúcia, conhecida no mundo inteiro. Tomem cuidado e tratem de se salvar [deles]. No *pobara*, que sua oposição caminhe emparelhada com a ajuda da própria força deles, [de modo que] eles [os ingleses] vão levantar acampamento. O governo ficará paralisado de espanto. A língua e as palavras não podem descrever as opressões e as calamidades. Nenhuma forragem restou para o gado.

Esse texto obviamente desafiou a capacidade exegética do tribunal. Com o auxílio do tradutor oficial, o juiz acrescentou um comentário crítico. Os protestos contra a pobreza e a exploração continham uma referência ao recente aumento nas taxas de irrigação. O *sinciput* se referia ao costume hindu de pôr manteiga em cima da cabeça dos cadáveres a fim de facilitar a cremação. E *pobara* era um jogo de dados, o que evocava uma espécie de unidade comparável a um lance perfeito (dois dados com o número 6 e o terceiro dado com o número 1), ao passo que, ao mesmo tempo, o original em língua marati fazia um jogo de palavras com as ideias de levantar acampamento e formar uma liga.

Tudo isso podia constituir um irreverente jogo de palavras, mas sedição? Certamente não, disse o advogado do *swami*. A tradução estava toda errada. Um falante nativo de marati não reconheceria o comentário sobre comer manteiga como referência ao irmão do autor, nem aos ingleses; e o trocadilho com o jogo de dados não passava de uma extravagância verbal. Mais adiante, havia uma referência perfeitamente respeitável a Eduardo VII, como todos podiam ver, assim que se identificava qual nome era o sujeito do verbo. A canção inteira exprimia um estado de espírito jocoso, e não sedição; bastava que fosse lida do ponto de vista de um falante nativo. Mas o juiz não aceitou nenhum desses argumentos. Rejeitou a ideia de tradução em geral apresentada pela defesa, e a tradução da canção em particular: "Tal tradução não apenas violaria as regras da gramática como desvincularia a passagem, em termos de sintaxe e de sentido, de tudo o que a antecede e a sucede". No fim, é claro, a promotoria venceu e o *swami* foi para a prisão.

O segundo caso diz respeito a Mukunda Lal Das, líder de um grupo de *jatra*, trupe de atores itinerantes, que viajava de barco pelo delta do Ganges apresentando dramas em aldeias camponesas. Seu maior sucesso em 1908 foi *Matri Puja*, uma peça adaptada de um conto purânico sobre o conflito entre os *daityas* (demônios) e os *devas* (deuses). Após uma série de apresentações de sucesso em Calcutá, a peça foi publicada e registrada no catálogo de Bengala. Foi banida em 1908, quando o responsável pelo catálogo testemunhou no tribunal declarando que se tratava de uma "alegoria sediciosa" que atacava figuras de liderança no Raj.[112] Quando Mukunda encenava a peça no interior do país, improvisava falas a fim de zombar dos funcionários locais e até do rei-imperador, Jorge V. Misturava rimas, música e canto; além disso, compôs seu próprio livro de canções, que teve várias edições e circulou amplamente com outros livros de canções, que copiavam dele parte do seu material. Dos textos em sânscrito para os livros modernos e do palco de Calcutá para o vaudevile das aldeias do interior, *Matri Puja* percorreu um vasto itinerário na cultura. Quando Mukunda a levou às massas, o Serviço Civil da Índia sentiu o cheiro de sedição. Policiais distritais tentaram barrar seu caminho em vários pontos, mas ele se esquivou por nove meses, até que, após 168 apresentações de grande sucesso, foi preso e levado a julgamento.

Houve, na verdade, dois julgamentos diante do mesmo juiz, V. Dawson, em Barisal, em janeiro e fevereiro de 1909. O primeiro tratou do livro de canções, o segundo, da turnê do *jatra*. Ambos se relacionavam com outros casos e com uma ampla investigação do movimento nacionalista promovida pelo Serviço Civil da Índia. No cerne disso tudo estava "A canção do rato branco", o maior sucesso no vasto repertório de Mukunda, que o tradutor oficial entendia da seguinte forma:

> Babu, você vai se dar conta de sua situação quando morrer! O diabo branco está sobre você [literalmente, sobre seus ombros] e está levando você à completa ruína. Antigamente, você comia em pratos de ouro, mas agora se contenta com pratos de aço. Não vai se encontrar outro tolo como você. Você gostava de pomada de cabelo, em detrimento do *otto* indígena, e é por isso que chamam você de "burro", "desmiolado" e "tolo" [literalmente, estão dispostos a chamar você de burro etc.], seu celeiro estava repleto de arroz com casca, mas o rato branco o destruiu. Babu, tire os óculos e olhe à sua volta. Sabe, deputado babu, que agora sua cabeça está debaixo das botas dos *feringhees*, e que eles arruinaram sua casta e sua honra e, espertamente, tomaram seus bens?[113]

O advogado de defesa retrucou que a última linha deveria ser lida assim: "Status e recompensas, hoje, só vão para os homens de negócios, portanto vá fazer negócios". Seu sentido dependia do pronome "eles", que não poderia de maneira nenhuma se referir aos *feringhees* (estrangeiros), argumentou o advogado de defesa, em razão das peculiaridades da sintaxe bengalesa e, em particular, do uso do "sétimo caso com força de nominativo". Em pouco tempo, a corte se viu embrulhada num debate acerca de dicionários, casos gramaticais, raízes sânscritas e o valor relativo da tradução literal em contraposição às traduções figurativas. Mas o juiz, afinal, pôs um fim naquilo com seu veredicto: Mukunda havia cometido sedição e iria para a prisão.

Ao rejeitar a exegese esotérica, o juiz confirmava uma variedade de hermenêuticas legais estabelecidas pelo caso de Tilak de 1897, quando o juiz Strachey instruiu o júri (casos de sedição normalmente eram submetidos a um júri antes de 1908, quando os juízes ganharam o poder de resolvê-los) a fim de evitar demasiada sofisticação.

> Ao julgar a intenção do acusado, devemos nos guiar não só pela nossa estimativa do efeito dos artigos sobre a mente dos leitores, mas também pelo nosso senso comum, nosso conhecimento do mundo, pela nossa compreensão do significado das palavras e nossa experiência da maneira como um homem escreve quando está animado por um sentimento particular. Leiam os artigos e perguntem a si mesmos, como homens experientes e vividos, se eles, no conjunto, os impressionam como mero poema e uma discussão histórica sem propósito desleal, ou como ataques contra o governo britânico sob o disfarce de um poema e de uma discussão histórica. Talvez não seja fácil exprimir a diferença por meio de palavras, mas a diferença de tom, de espírito e de impulso geral entre um escritor que está tentando provocar a hostilidade e outro que não está é, geralmente, inconfundível.[114]

Quando tinha intenção de suprimir a sedição, o Raj não permitia que seus tribunais ficassem empacados diante da sintaxe do sânscrito e da mitologia védica. O bom e sólido senso comum serviria — o senso comum britânico, embora não fosse absolutamente comum para os indianos. Os juízes, portanto, descartaram os argumentos dos "nativos" acerca do significado das palavras numa série de casos sobre publicações sediciosas. Num caso típico, que ocorreu quatro meses após a condenação de Mukunda e também envolvia "A canção do rato branco", o juiz rejeitou um argumento sobre etimologia apresentado por um defensor sagaz e proferiu um pronunciamento hermenêutico de autoria própria:

> Não devemos retornar à origem etimológica para encontrar o sentido das palavras. Fazer isso acabaria, muito provavelmente, por adulterar o significado de todas as canções. Só uma pessoa em cem pode compreender o sânscrito ou pensa no equivalente em sânscrito quando determina o sentido a ser dado a qualquer palavra particular no idioma bengalês [...]. O bengalês da canção [do rato branco] é ridiculamente simples e não pode haver discussão sobre o significado que o homem comum atribuiria a ele [...]. Sustento que o significado se resume na acusação de que os governantes ingleses roubaram o país de tudo e esmagaram até os deputados babus debaixo dos pés. Isso é sedição, pura e simples.[115]

Mas o caso de Mukunda envolvia muito mais do que a intuição britânica acerca de questões linguísticas bengalesas. O Serviço Social da Índia trabalhou no assunto durante meses, acumulou informações que mostravam como as canções se fundiam com outras práticas culturais, que abarcavam um vasto espectro da sociedade indiana. Um relatório retrospectivo sobre o caso revelou que Mukunda e seus atores, uma trupe de dezesseis homens, tinham viajado durante pelo menos dois anos, percorrendo o complexo sistema fluvial do delta do Ganges. Viajavam de aldeia em aldeia, seguidos por policiais distritais munidos de mandados para proibir as apresentações. Quando chegava um policial, eles se amontoavam em seu barco e levavam o espetáculo para outra localidade, do outro lado da fronteira distrital, onde estavam imunes à autoridade dele. O Serviço Social da Índia pôde mapear seu percurso através de uma vasta região de Bengala Oriental.

Graças a espiões locais, os agentes do Raj também tinham

uma ideia bastante boa do que ocorria nos *jatras* ou nos dramas musicais de Mukunda. "Um dos espetáculos prediletos apresenta um juiz provisório contrário à *swadeshi* e sua esposa", relatou um policial distrital. Nele, Mukunda "se referia de maneira ofensiva a Lord Cuzzon e a Sir Bampfylde Fuller" (o vice-governador de Bengala). As alusões eram transparentes em si mesmas e também foram identificadas no julgamento do gráfico que publicou a versão impressa de *Matri Puja* — ou seja, a peça que Mukunda havia transformado num *jatra*. O autor da peça, Kunka Behari Ganguli, tinha fugido, portanto a corte teve de se contentar em multar o gráfico em duzentas rupias e obrigá-lo a assistir a uma palestra sobre mitologia e alegoria, apresentada por Manmatha Natha Rudra, o bibliotecário bengalês responsável pelo catálogo. Ele atestou que a peça era "nitidamente uma alegoria sediciosa sobre a presente situação política do país".[116] De modo ostensivo, o enredo dizia respeito a nada mais do que um mito antigo, porém Rudra garantiu para a corte que a peça poderia facilmente ser entendida como um comentário sobre fatos do momento:

> A peça se baseia em Chandi e no Markandeya Purana. Os *daityas* [gigantes que habitavam o mundo subterrâneo, mas agora entendidos, em geral, como demônios], comandados por seus líderes, Sumbha e Nisumbha, tomaram dos *devas* [deuses] o reino do céu, por meio da força, e estão governando despoticamente. Os *devas*, em número de 330 milhões, embora geralmente divididos entre si e sempre invejosos uns dos outros, pelo menos foram levados por força da opressão de seus soberanos a se unir e recebem a ajuda da deusa Chandi [a mãe do mundo], que, tendo sido insultada pelo rei dos *daityas*, aparece ela mesma em batalha, conquista uma vitória sobre os *daityas* e recupera o reino do céu.

Os incidentes políticos usados na peça são:

1. A suposta tentativa do governo de sufocar o clamor de *Bande Mataram* e do que é chamado de culto ao país-mãe
2. A recusa do povo de Bengala Oriental de apresentar um voto de boas-vindas a Sir Bampfylde Fuller
3. O desejo da nobreza de agradar ao governo, que é ridicularizado
4. A eclosão da fome
5. O boicote dos produtos de Manchester
6. O processo na Justiça contra estudantes e seu chicoteamento, apresentado como uma perseguição injustificável
7. A insistência dos estudantes na atual agitação
8. A visita de Sua Alteza Real o príncipe de Gales à Índia e seu desejo, manifestado quando de seu retorno à Inglaterra, de que o povo fosse governado de maneira mais compreensiva. O rei dos *daityas* na peça, representado como um monarca de bom coração, com um sincero desejo de governar bem seus súditos, se arrepende de ter feito pouco-caso do conselho de seu filho, com os argumentos formulados por seus conselheiros, um grupo de *pisaches* (demônios) que estão fazendo os fracos e os mansos derramarem lágrimas, a fim de poder ampliar seu próprio poder
9. O ultraje contra as mulheres em Bengala Oriental

O advogado-geral de Bengala ampliou essa interpretação citando resenhas de jornal que associavam a peça à política da época. Ele mostrou como os nomes dos líderes dos *devas* eram acrônimos de políticos nacionalistas eminentes, ao passo que o nome do vilão supremo, Crurjan, nitidamente se referia ao vice-rei, Lord Curzon. Quase dois anos depois, os britânicos finalmente conseguiram pôr as mãos em Ganguli, o autor da peça, que recebeu uma sentença relativamente branda, de um ano de prisão, porque se declarou culpado. Ele disse também que recebera quatrocentas rupias de Mukunda em troca do direito de encenar a peça.[117]

As apresentações de Mukunda davam vida ao texto para as plateias relativamente sem sofisticação do interior. O juiz que o condenou reconheceu, de modo condescendente, que ele era dotado de certa habilidade com as palavras: "O acusado, apesar de ser uma pessoa de classe inferior, possui talentos literários mais elevados do que normalmente encontramos em homens de sua classe. Sabe pelo menos assinar o nome em inglês e é o compilador de um livro de canções".[118] Policiais distritais, apesar de sua hostilidade, deram testemunho de sua capacidade para fazer vibrar uma corda sensível entre os "nativos": "A quantidade de danos que ele foi capaz de causar pode ser avaliada pela popularidade das apresentações, que é indiscutível". De fato, Mukunda parecia ter um considerável talento como ator e diretor de *jatra*, o que requeria capacidade de improvisar, representar, cantar e fazer mímicas. Quando ele retrabalhou a peça, o texto de Ganguli transformou-se numa espécie de vaudevile. Mukunda converteu o juiz provisório colaboracionista indiano — o "deputado babu" de "A canção do rato branco" — num palerma e despejou uma enxurrada de referências mordazes contra os britânicos — desde o vice-rei até os policiais distritais locais —, ao sabor de seu espírito. Enquanto ele improvisava, os demais atores seguiam sua liderança, pondo-se a cantar com regularidade. "Certa ocasião", relatou um policial distrital, "sua apresentação incluiu a personificação de Sua Majestade o Rei-Imperador, que foi escarnecido e insultado de maneira indecente por um membro da companhia que representava o povo indiano."

Embora a trupe normalmente se apresentasse em aldeias camponesas, também o fazia diante de indianos eminentes e adaptava seu repertório-padrão para ocasiões especiais. Em Manakhar, os atores montaram um espetáculo numa casa de brâmanes, diante de uma imagem da deusa Kali. Noutra residência privada, cantaram canções da *swadeshi* diante de um grupo de nacionalistas eminentes, inclusive Ashwini Kumar Dutta, que "o abraçou [Mukunda] com lágrimas descendo pelas faces, e a plateia inteira cantou *Bande Mataram*". Algumas apresentações pareciam, antes de tudo, concertos; outras serviam de entretenimento em comícios nacionalistas. Em toda parte, Mukunda atiçava a plateia com "A canção do rato branco" — "seu número mais conhecido e mais reprovável", segundo os agentes do Serviço Social da Índia. Por toda a região, era saudado como "o *swadeshi jatrawalla*".

Quando chegou ao fim de sua turnê, em novembro de 1908, Mukunda se retirou para a sua Bakarganj natal, onde a polícia enfim o prendeu. Deram uma busca na residência e no barco, apoderando-se de uma boa quantidade de provas incriminadoras: o "libreto" de *Matri Puja*; livros de canções; um livro de contabilidade que mostrava que ele havia ganhado uma pequena fortuna, 3 mil rupias, com as 168 apresentações; e a correspondência com Ashwini Kumar Dutta, que indicava que os *jatras* faziam parte de uma vasta campanha desencadeada pelo baluarte nacionalista de Ashwini, a Instituição Braja Mohan, em Barisal.

A Instituição Braja Mohan era tanto uma escola quanto uma espécie de *samiti*, ou base de agitação nacionalista. Para o Serviço Social da Índia, que acompanhava com toda a atenção suas atividades, tratava-se de "uma organização revolucionária orientada e treinada para um eventual levante contra o governo britânico".[119] Possuía 159 filiais em Bengala Oriental, e Ashwini Kumar Dutta, seu proprietário, tinha ligações com os líderes nacionalistas mais famosos, em especial com Tilak. Ao mesmo tempo que fornecia rapazes munidos de instrução básica, os instruía no "jogo do *lathi*" (um exercício militar que envolvia um cassetete tradicional com ponta de metal) e os treinava para difundir a mensagem da *swadeshi*. Eles acompanhavam publicistas condenados à cadeia e os escoltavam para casa quando eram soltos, cantando *Bande Mataram*. Promoviam o boicote dos produtos ingleses queimando roupas importadas. Em festivais religiosos (*melas*), faziam proselitismo com os peregrinos. Durante as manifestações, amarravam *rakhis* (fitas vermelhas) no braço das pessoas para simbolizar o sangue a ser derramado na luta pela independência. Persuadiam brâmanes a recusar os ritos religiosos para os dignitários locais que colaboravam com os britânicos. E tentavam impor obediência à *swadeshi*, levando barbeiros, lavadeiras, criados e até prostitutas a recusar seus serviços àqueles que se portavam de maneira dúbia. E, todo o tempo, cantavam músicas nacionalistas. Especialmente aquelas de Mukunda.[120]

Os relatórios sobre tais atividades feitos por policiais distritais nervosos não deveriam ser aceitos de forma literal. Eles não provam que a Índia estava à beira de explodir numa revolução, mas sugerem o contexto das apresentações de Mukunda e as formas como suas canções ressoavam na cultura circundante. As canções provinham diretamente da Instituição Braja Mohan, que fornecia uma base para Mukunda. Um dos professores da escola, Bhabaranjan Mazumdar, incluiu "A canção do rato branco" e mais várias outras num livro de canções, *Deser Gan*, que imprimiu em Barisal. O livro teve três edições, a última com tiragem de mil exemplares; ele mandou os alunos venderem o livro de porta em porta, junto com panfletos nacionalistas, que também mandara imprimir. A polícia rastreou as publicações até sua origem e Mazumdar foi condenado a dezoito meses de prisão, após um julgamento que incluiu os debates costumeiros sobre língua e mitologia purânica.[121] Mukunda montou seu próprio livro de canções, *Matri Puja Gan*, ao mesmo tempo e com a mesma gráfica. Era formado por 53 canções, muitas delas, inclusive "A canção do rato branco", oriundas do libreto que ele havia composto para a versão *jatra* da peça de Ganguli. O promotor transformou o livro de canções na peça central do primeiro dos dois julgamentos sob a acusação de sedição contra Mukunda. Mandou traduzir todas as 53 canções e concentrou-se em quatro, a fim de provar, com o auxílio do método de *explication de texte*, que Mukunda havia fomentado a sedição por meio da publicação de uma obra revolucionária. Depois de bastante discussão sobre *daityas* e *devas*, o juiz proferiu o veredicto inevitável: culpado segundo a seção 124A. Condenou Mukunda a um ano de prisão e depois acrescentou dois anos, no julgamento subsequente, que dizia respeito à turnê de *jatra*.

Mukunda recebeu uma pena de prisão duas vezes mais longa por cantar do que por ter publicado as canções — testemunho da importância da comunicação oral numa sociedade com baixo índice de alfabetização. Mas o processo de comunicação envolvia muito mais do que a adaptação de textos impressos para difusão por meio da palavra falada. Para a plateia de Mukunda, a cultura era algo encenado. Para que sua mensagem pegasse, tinha de ser encenada e embelezada com comentários, em gestos e em cantos. Portanto os *jatras*, que ele foi aprimorando, transmitiam a mensagem da *swadeshi* muito além do alcance da palavra impressa. Sua eficácia foi reconhecida pelo juiz, quando ele declarou que Mukunda era culpado: "Não pode haver nenhuma dúvida de que o dano causado pelo acusado ao penetrar em aldeias remotas com sua propaganda malévola foi infinitamente maior do que o dano causado por ele ao publicar um livro impresso". Sem dúvida, *jatras* eram uma especialidade de Bengala, mas o teatro popular representava a mesma ameaça ao Raj, em toda parte. No outro extremo do subcontinente, o secretário do governo de Mumbai preveniu o governo da Índia:

> Tem havido um grande aumento no número de peças de teatro de cunho sedicioso, que são encenadas diante de vastas plateias em

todos os maiores centros populacionais [...]. O efeito de tais peças é ainda mais pernicioso do que o da imprensa sediciosa, pois elas exercem apelo para pessoas que não são alcançadas pelos jornais e as paixões são mais fáceis de excitar mediante aquilo que é representado em ação, no palco, do que pelo que é meramente lido.[122]

A palavra impressa era poderosa, todavia, porque era adaptada para outras formas. É o caso da história de "A canção do rato branco": ela se disseminou pela população por meio tanto de encenações quanto de livros de canções, e transmitia uma mensagem que combinava literatura sânscrita e política contemporânea. Em face de uma cultura de tamanha complexidade, o Serviço Civil da Índia sentia-se ameaçado e os tribunais se confundiam. Mas os britânicos detinham o monopólio do poder. Quando o exerciam, pegavam seu homem e o condenavam no seu tribunal.

A CONTRADIÇÃO BÁSICA

Afinal, o que se passava nos tribunais do Raj? Censura, sem dúvida, pois os britânicos utilizavam os processos na Justiça como meio de coagir e reprimir. Mas poderiam ter despachado os autores e os editores para a prisão sem submetê-los a complicados rituais jurídicos. Em vez disso, tentavam provar que tinham razão — ou seja, demonstrar a justiça de seu governo para os "nativos" e, mais importante, para si mesmos. Se o Raj não pudesse ser identificado como o governo da lei, poderia ser encarado como um governo da força. Se seus juízes não defendessem a liberdade de imprensa, poderiam ser tidos como agentes da tirania. No entanto, eles não podiam permitir que os indianos usassem as palavras com a mesma liberdade com que os ingleses o faziam em seu país. Portanto transformavam "sentimentos de inimizade", como a "desafeição" e a "insatisfação", em "sedição", traduzindo com liberdade de um idioma para outro, conforme a necessidade. O fato de os indianos, por vezes, vencerem os ingleses seguindo as regras do jogo dos próprios ingleses não faz nenhuma diferença, pois os britânicos tinham a última palavra: a força. Não que reprimissem ou aprisionassem em larga escala. Na maior parte, continuaram fiéis às formalidades, apegando-se ao senso comum e avançando aos trancos e barrancos entre contradições. O imperialismo liberal foi a maior contradição de todas; e assim os agentes do Raj empregaram o máximo de cerimônia que podiam, a fim de evitar que essa contradição fosse vista.

PARTE 3
ALEMANHA ORIENTAL COMUNISTA:
Planejamento e perseguição

Clara-Zetkin-Strasse, 90, Berlim Oriental, 8 de junho de 1990 — sete meses depois da queda do Muro de Berlim, quatro meses antes da reunificação das duas Alemanhas. Atravessar a entrada da esquerda, passar pela mesa do porteiro, subir dois lances de escada, seguir por um corredor escuro e cruzar uma porta sem tabuleta: o setor de ficção da RDA. Eu tinha chegado ao ponto nodal central do controle da literatura na República Democrática Alemã: o escritório da censura. Mal podia acreditar. Depois de anos estudando a censura em tempos e lugares remotos, estava prestes a encontrar dois censores de verdade, e eles estavam dispostos a falar.

INFORMANTES NATIVOS

No início, a conversa foi tateante. Hans-Jürgen Wesener e Christina Horn nunca tinham estado com um norte-americano. Até algumas semanas antes, nunca haviam posto os pés em Berlim Ocidental, que ficava a apenas cem metros de seu escritório, do outro lado do Muro. Eram membros fiéis do Partido Comunista da Alemanha Oriental e veteranos da máquina estatal de fazer livros segundo a linha do partido. Aceitaram conversar a respeito de seu trabalho, porque um amigo comum lhes garantiu que eu não era um caçador de bruxas. Apenas queria saber como faziam seu trabalho. Como membro do Instituto de Estudos Avançados em Berlim, eu passara o ano testemunhando o colapso da República Democrática Alemã e entrevistando alemães orientais que participavam desse processo. Em junho de 1990, aprendera a ser diplomático ao fazer perguntas e cético ao receber respostas; pois todo mundo tinha sido cúmplice do regime, de alguma forma, e ninguém queria ser visto como stalinista.[1]

Sentei-me na sala insípida e superaquecida mobiliada à maneira da RDA: mesas de fórmica, cadeiras de plástico, chão de linóleo, guirlandas de frutas artificiais penduradas na parede, uma variedade de objetos dispersos feitos de substâncias indefiníveis, porém inconfundíveis, conhecidas pelos alemães orientais como *Plaste und Elaste*.[2] Herr Wesener serviu o café. Depois de uma breve conversa introdutória, começamos a rodear a questão da censura, um tema sensível, porque censura era algo que diziam não existir na RDA. Era proibida pela Constituição, que garantia a liberdade de expressão. Frau Horn disse que eles não gostavam da palavra. Soava muito negativa. Seu departamento era chamado de Administração Central da Publicação e do Comércio de Livros (Hauptverwaltung Verlage und Buchhandel, abreviado daqui em diante como HV), e sua principal preocupação, como eles a definiram, era fazer a literatura existir — ou seja, supervisionar o processo por meio do qual as ideias se tornavam livros e os livros chegavam aos leitores. No início da década de 1960, Frau Horn e Herr Wesener se formaram na Universidade Humboldt de Berlim, em literatura alemã. Empregaram-se no Ministério da Cultura e logo depois foram designados para a

HV, onde galgaram posições na hierarquia nos setores da RDA de literatura estrangeira.

Levei certo tempo para formar uma imagem clara da organização da burocracia, porque, de início, eu só via corredores e portas fechadas, todas iguais — marrons e lisas, sem nada além de um número no lado de fora. A ficção na Alemanha Oriental era a porta número 215, quarenta portas adiante, seguindo por um corredor mostarda que parecia não ter fim enquanto fazia curvas e contornava um pátio central. De fato, a burocracia era ordenada em segmentos hierárquicos: setores, divisões, administrações e ministérios situados abaixo do Conselho de Ministros, no topo do governo. E toda a estrutura estava subordinada ao Partido Comunista (formalmente, o Partido da Unidade Socialista da Alemanha — Sozialistische Einheitspartei Deutschlands, ou SED — pois era resultado da fusão dos partidos Comunista e Social-Democrático, em 1946), que, em conformidade com o modelo soviético, era uma organização separada, com uma hierarquia própria: divisões levavam a secretariados do Comitê Central e, por fim, ao Politburo, sob Erich Honecker, o poder supremo na RDA.

Explicaram-me de modo sucinto como tudo isso funcionava. Quando cheguei, Frau Horn e Herr Wesener pareciam ansiosos para mostrar que eram da academia, como eu, e não burocratas sem rosto ou stalinistas. O pessoal mais graduado do departamento às vezes era oriundo de fora da burocracia, disseram. Um chefe de divisão podia ter sido diretor de uma editora, editor de um jornal ou líder do Sindicato dos Autores. A literatura era um sistema integrado que abarcava muitas instituições, e as pessoas nos círculos literários muitas vezes se entrecruzavam. Eles mesmos esperavam conseguir uma transferência para jornais ou editoras, porque todos eram controlados pelo Partido Comunista, do qual eles sempre foram membros fiéis.

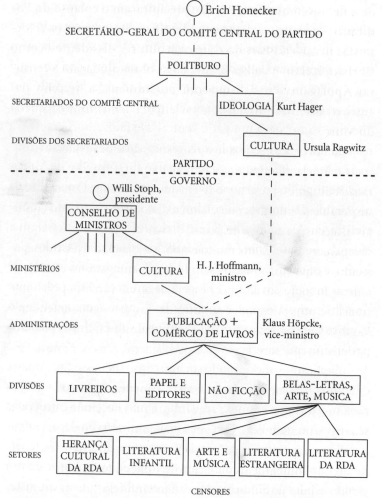

Diagrama organizacional que mostra o alinhamento das autoridades que controlavam a literatura na Alemanha Oriental, tanto no governo quanto no SED. Os censores operavam na Hauptverwaltung Verlage und Buchhandel (ou HV, para simplificar).

Claro, a fidelidade tinha limites. Tanto Herr Wesener quanto Frau Horn participaram das manifestações de massa de 4 de novembro de 1989, que precipitaram o colapso do Politburo e a abertura do Muro. Identificavam-se com os reformistas dentro do Partido e até com autores dissidentes, como Christoph Hein e Volker Braun, cujas obras ajudaram a censurar. Apoiavam o "socialismo com face humana", a "terceira via" entre os sistemas americano e soviético. E *lamentavam* a queda do Muro.

Eu me dei conta de que uma grande dose de justificativa entrava naquela autodescrição. Ninguém queria parecer um *apparatchik* durante o breve período em que a Alemanha Oriental ficou suspensa entre dois regimes. Com a dissolução do Estado comunista, a censura deixara de existir, mas os censores continuaram a comparecer ao trabalho, muito embora o trabalho tivesse desaparecido. Como funcionários sem função, sentavam no escritório, refletindo sobre seu destino, à espera de serem varridos pela burocracia de uma Alemanha reunificada. Eu conseguia entender o incômodo de sua posição e sua necessidade de explicá-la para um estrangeiro que parecia vir do espaço sideral. Mas por que defendiam o Muro?

Herr Wesener me surpreendeu com sua resposta: o Muro ajudara a tornar a RDA um *Leseland*, um país de leitores, explicou. Mantivera à distância a corrupção da cultura de consumo. Uma vez aberta uma brecha, não se poderia resistir ao lixo — os livros de sexo, os bombardeios publicitários e os romances baratos. Sem dúvida, aquilo inundaria a RDA. O lixo vinha do lado oeste. Era o principal produto do sistema literário do outro lado do Muro, pois nós também tínhamos uma censura: era exercida por meio da pressão do mercado.

Tendo lido várias versões marxistas do argumento anteriormente, não o contestei. Em troca, pedi a Herr Wesener que explicasse como entendia seu emprego. Ele admitiu que era um censor, embora não gostasse do termo. Então o que era a censura tal como ele a havia praticado? Respondeu com uma única palavra: "Planejamento". Num sistema socialista, explicou, a literatura era planejada, como tudo o mais, e para demonstrar sua tese abriu uma gaveta e me entregou um documento notável intitulado "Plano de assunto de 1990: Literatura da RDA" (Themenplan 1990. Literatur der DDR).

Era um panorama de 78 páginas sobre a ficção programada para publicação em 1990, um ano literário que jamais aconteceu. Como Herr Wesener me deixou ficar com aquele exemplar do Plano, mais tarde eu o estudei em detalhes. Para minha surpresa, achei seu tom positivo e prático. Listava todos os livros projetados, em ordem alfabética, segundo o sobrenome dos autores. Cada entrada continha o título da obra, a editora, a tiragem proposta, o gênero ou a série em que apareceria e uma breve descrição de seu conteúdo.

Depois de ler as descrições, me perguntei se a literatura da Alemanha Oriental não conteria mais lixo do que Herr Wesener admitia. A produção de 202 obras do ano (de ficção e belas-letras, sem contar as edições de livros publicados anteriormente) incluiria muitas histórias de amor, livros policiais e de ação, romances históricos, romances de guerra, histórias de faroeste e ficção científica. É claro, não se pode avaliar sua qualidade literária sem ler; e isso era impossível, porque a maioria fora jogada no lixo, junto com a censura, assim que o ano começou. Mas as sinopses de um parágrafo que acompanhavam cada título no Plano sugeriam algo como um kitsch literário. É o caso de *Last der Nähe* [O peso da proximidade], de Erika Paschke:

> Enquanto Ina Scheidt viaja de um país a outro, dando curso à sua exigente carreira de tradutora, sua mãe e sua filha de dezessete anos, Marja, ficam cada vez mais aflitas por terem de cuidar da casa sozi-

Themenplan 1990

Literatur der DDR

I. **Neue Werke**

Irmgard A b e   Eulenspiegel Verlag
Oben links, wo die Schürze winkt   15 000
                                                           Geschichten / cell.Papp.
In diesem neuen Geschichtenbuch der Autorin begegnet der Leser
alten Bekannten wieder wie Herrn und Frau Weise, Walter und allen
jenen, deren Lebensglück durch Mißverständnisse verhindert oder
gefördert wird.

Sonja A n d e r s   Buchverlag Der Morgen
Zwischen Himmel und Hölle (AT)   15 000
                                                           Lebensbericht
Sonja Anders, 32 Jahre alt, verheiratet, Mutter von zwei Kindern,
wird mit schweren Entzugserscheinungen in eine psychiatrische Klinik
eingeliefert. Doch die diagnostizierte Alkohol- und Tablettenab-
hängigkeit ist nur ein Symptom, ist Ausdruck einer Beziehungsstö-
rung zu sich selbst, zu ihrer Mutter, zu anderen Menschen, zum
Leben.

Gunter A n t r a k   Das Neue Berlin
Zwei Mörder (AT)   100 000
                                                           Krimi / DIE-Reihe
Ein Mord ist geschehen. Die Fahndung der K hat schnell Erfolg. Der
Mörder gesteht. Da meldet sich ein alter Mann und behauptet, er sei
der Mörder. Oberleutnant Dirksen und seinem Team scheint es unmög-
lich, nur einem der beiden die Tat zu beweisen. Neben der Ermitt-
lungshandlung werden Hintergründe für Fehlverhalten deutlich gemacht.

Ingeborg A r l t   Aufbau-Verlag
Um der Liebe willen   15 000
In dem sorgfältig recherchierten zweiten Buch der Autorin, dessen
Handlung im Dreißigjährigen Krieg spielt, ist die Historie nicht
Zierrat, sondern Fundament, um das Wesentliche - wie Menschen mit-
einander umgehen - zu begreifen.

Edmund A u e   Militärverlag
Reise zum Dalmatinischen Archipel   10 000
                                                           Tagebuch-Erz.
Ein Mann reist an die Adriaküste, um das Grab seines Vaters zu suchen.
Unvermutet wird er mit der Vergangenheit konfrontiert, hat Begegnun-
gen mit Menschen, die seinen Vater gekannt haben, erfährt, daß dieser
als Partisan an der Seite jugoslawischer Genossen gekämpft hat.

O Plano para toda a literatura da Alemanha Oriental que seria publicada em 1990.

nhas. Certo dia, Ina leva um homem para casa e as complicações entre os três vêm à tona. O homem reconhece a preocupação excessiva de Ina com valores exteriores e a abandona. Nesta, como em suas outras novelas, a autora trata de questões éticas relacionadas com a necessidade de dividir a vida com outras pessoas. Destaca ideias de valor humano e respeito mútuo contra a falta de compreensão dos outros.

Isso soa surpreendentemente parecido com uma novela de tevê e, sem dúvida, muito distante do realismo socialista ou dos assuntos austeros que seriam de esperar da "terra dos trabalhadores e camponeses". Mas a Alemanha Oriental também era conhecida como uma *Nischengesellschaft*, uma sociedade de nichos em que as pessoas se retiravam na vida privada e em setores de atividade resguardados; assim, romances que moralizavam sobre relacionamentos pessoais podiam parecer adequados para os planejadores literários, sobretudo se eles advertissem os leitores contra a viagem — ou seja, contra se expor às lisonjas do lado oeste. Enquanto o Plano estava sendo preparado, milhares de alemães orientais fugiam para a Alemanha Ocidental e toda a RDA passava a maior parte das noites assistindo à televisão da Alemanha Ocidental. Então talvez não tenha sido coincidência o fato de vários romances projetados tratarem de dramas familiares no contexto das relações entre os dois Estados alemães. *Irgendwo in Europa* [Em algum lugar da Europa], de Wolfgang Kroeber, pretendia enfrentar "um problema atual: por que as pessoas deixam seu país?". *Trennungszeichen* [Sinais de separação], de Kurt Novak, traçaria uma história familiar dos dois lados da fronteira alemã-alemã, demonstrando as vantagens da vida no lado leste. E *Späte Post* [O correio tardio], de Lothar Guenther, mostraria como um jovem trabalhador fazia uma opção heroica entre uma convocação de alistamento e um convite para se unir ao pai no lado oeste, que chegaram juntas, na mesma remessa de correio.

Embora não contenha muita propaganda gritante, o Plano adere de modo inflexível à correção política, no estilo da Alemanha Oriental. Quando amantes se beijam e fazem as pazes, eles pagam tributo à virtude mais profunda dos relacionamentos pessoais num sistema livre das superficialidades alimentadas pelo consumismo. Quando os índios combatem e expulsam os invasores nas Dakotas ou na Amazônia, lançam golpes contra o imperialismo. A luta em si mesma continua resolutamente antifascista, mesmo na ficção científica. *Die Bedrohung* [A ameaça], de Arne Sjoeberg, reconta a derrubada de um "Führer" que havia tomado o poder no planeta Palmyra, produzindo o alarme falso de uma catástrofe iminente. E histórias de detetive serviam de veículo para expor a patologia das sociedades capitalistas. Assim *Das Flüstern eines Kleides* [O sussurrar de um vestido], de Wolfgang Kohrt, explorava todo o alcance da criminalidade nos Estados Unidos a fim de pôr a nu "o vazio das relações entre os sexos, as afrontas da vida cotidiana, o desejo de vingança, a ganância por dinheiro, a especulação com as heranças e os desejos insatisfeitos".

Todas essas histórias têm também um subtexto, ou melhor, outro texto totalmente distinto, um *Themenplaneinschätzung*, ou relatório ideológico no Plano, que seguia junto com o Plano para o Comitê Central do Partido Comunista para a aprovação das pessoas no topo do sistema de poder. Esse documento era, em si mesmo, um plano notável; portanto fiquei especialmente agradecido quando Herr Wesener abriu outra gaveta e me deu uma cópia do documento, assinalado "confidencial".

O relatório tinha sido aprovado pelo Comitê Central em meados de 1988 e abarcava o Plano para 1989, o último ano literário do antigo regime da Alemanha Oriental. Nele, podemos ver os censores defendendo sua posição com respeito à próxima safra de livros para os chefes do Partido Comunista e podemos ouvir o inconfundível sotaque da burocracia de Estado. O socialismo está avançando em toda parte; tudo aponta para a frente e para cima; a produção está se expandindo: 625 títulos estavam programados para publicação e a produção total alcançaria 11 508 950 exemplares, o que representava um avanço significativo em relação ao Plano anterior (559 títulos, totalizando 10,444 milhões de exemplares).

O ano de 1989 seria de celebração dos gloriosos quarenta anos de governo socialista na Alemanha Oriental. Portanto a literatura de 1989 seria dedicada, acima de tudo, ao passado e ao presente da RDA, tais como eram definidos pelo camarada Erich Honecker: "Nosso partido e nosso povo se situam numa tradição revolucionária e humanista de séculos de luta pelo progresso social, pela liberdade e pelos direitos e valores da humanidade". Em seguida, numa linguagem impregnada do mesmo tipo de palavras piedosas da fala típica da RDA, o relatório analisava os principais temas do Plano. Por exemplo, sublinhava que a produção do ano de romances históricos exprimiria "um antifascismo vigoroso", ao passo que romances passados no presente se conformariam ao princípio do realismo socialista e promoveriam a "missão histórica da classe trabalhadora na luta pelo progresso social". Os autores do Plano confessavam que não tinham conseguido produzir um suprimento adequado de histórias sobre operários fabris e tratoristas, mas compensariam essa deficiência publicando antologias de literatura proletária mais antiga. O relatório não mencionava a menor indicação de dissidência. Ao contrário, indicava que os autores, editores e funcionários estavam trabalhando ombro a ombro, impulsionando a literatura para novas alturas, no exato momento em que todo o sistema estava prestes a desmoronar.

Parece estranho ler esse testemunho sobre pureza ideológica e saúde institucional dos mecanismos internos de um regime que se encontrava à beira do colapso. Será que todo aquele trabalho

Abt. Belletristik, Kunst-
und Musikliteratur

Berlin, den 30. Mai 1988
V e r t r a u l i c h

Themenplaneinschätzung 1989

Literatur der DDR

Auf der Grundlage der Orientierungen des XI. Parteitages sowie in Auswertung der Beratungsergebnisse des X. Schriftstellerkongresses der DDR ist die Zusammenarbeit von Autoren und Verlagen auf neue literarische Werke gerichtet, die zur Verständigung über Hauptfragen gegenwärtigen Lebens beitragen, die für die Stärkung des Sozialismus und die Sicherung des Friedens wirken.

Mit einem Planangebot von 625 Titeln in 11.508.950 Expl. (255 EA / 4.991.100 Expl.; 370 NA / 6.617.850 Expl.) werden von den Verlagen alle Möglichkeiten für die Herausgabe von DDR-Literatur wahrgenommen.

Plan 1988: 559 Titel in 10.444.000 Expl.
203 EA / 4.460.000 Expl.
356 NA / 5.984.000 Expl.

Das Planangebot für 1989 wird bestimmt durch Titel, die anläßlich des 40. Jahrestages der Gründung der DDR Geschichte und Gegenwart des ersten sozialistischen deutschen Staates in vielfältigen literarischen Formen widerspiegeln. Daran sind eine Reihe namhafter Autoren beteiligt. Zugleich ist wie bereits im Vorjahr festzustellen, daß immer mehr Autoren der mittleren und jüngeren Schriftstellergeneration das Planangebot bestimmen und einen wesentlichen Beitrag zur Literatur der DDR leisten.
Unter thematischen und literarischen Gesichtspunkten werden Erwartungen gesetzt insbesondere in folgende Vorhaben:

O relatório ideológico sobre o Plano para 1989, que os censores na HV produziram para explicar a tendência principal para a aprovação da Divisão de Cultura do Comitê Central do Partido.

burocrático era mera fantasia do *apparatchik*, algo para encher as caixas de "entrada" e "saída" da burocracia, mas que tinha pouca relação com a experiência real da literatura entre os alemães orientais comuns?

Herr Wesener e Frau Horn me garantiram que o Plano, de fato, determinava a produção e o consumo de livros na RDA. Em seguida descreveram todas as etapas do sistema, um processo longo e complexo, que envolvia constantes negociações e culminava nas decisões tomadas no escritório deles — com a aprovação do Comitê Central do Partido Comunista. Até que ponto o relato deles era montado em causa própria? Eu não tinha como julgar, porque naquela época ainda não tivera acesso a outras fontes. Portanto fiz o melhor que pude para escutar, dando um desconto por conta da perspectiva de onde encaravam o regime — ou seja, da visão de cima, da HV.

A política geral seguia a linha do Partido estabelecida pelos congressos quinquenais do SED e por Erich Honecker, o secretário-geral do Partido, que trabalhava próximo de Kurt Hager, o membro do Politburo responsável pela ideologia. Passava pelos líderes do Partido e descia pelas linhas de comando no interior do governo. Honecker e Hager às vezes intervinham pessoalmente em assuntos literários, mas a maior parte das diretrizes provinha da "Kultur", como os censores a chamavam — a Divisão Cultural do Comitê Central do Partido — e chegavam à HV, onde ficavam os censores, através do Ministério da Cultura. A HV consistia de quatro divisões. Uma administrava os aspectos econômicos da literatura: a distribuição do papel, as instalações gráficas, os subsídios e os preços. Outra dizia respeito à supervisão geral de editores e livreiros. A censura, estritamente falando (como veremos, ela assumia muitas formas além do corte de textos), ocorria nas outras duas divisões, uma para não ficção e outra para ficção. A divisão de ficção era desmembrada em cinco setores, um dos quais cuidava da literatura alemã oriental contemporânea. Frau Horn era a diretora e trabalhava com mais cinco especialistas (*Mitarbeiter*). Herr Wesener dirigia uma equipe semelhante no setor de literatura estrangeira.

Os livros tinham origens diversas. Alguns podiam muito bem começar com um momento de inspiração de um autor, mas a maior parte era montada mediante negociações entre autores e editores. A RDA tinha 77 editoras na década de 1980.[3] Em princípio, eram organizações independentes que se autossustentavam. Na prática, editavam seus textos e montavam suas listas em conformidade com a linha do Partido, deixando o máximo de *Spielraum* — espaço para manobra dentro de um sistema flexível de relações humanas, que contrabalançava as restrições impostas pela estrutura institucional. Os diretores e os principais leitores das editoras eram indicados pelo Partido e muitas vezes figuravam na *nomenklatura*, ou elite do Partido. Mas os autores geralmente criavam vínculos com determinadas editoras e amizades com certos editores. Quando um autor e seu editor apareciam com uma ideia para um livro, trabalhavam juntos nela e a enviavam como uma proposta do editor para a HV na Clara-Zetkin-Strasse, onde um empregado a reduzia a uma anotação numa ficha de arquivo.

Herr Wesener tinha milhares de fichas em seus arquivos. Puxou uma delas, um formulário impresso em papel barato, cinzento, com 21 rubricas impressas: editor, autor, título, tiragem proposta etc. Um de seus subalternos havia preenchido as informações e, nas costas, tinha escrito um breve parágrafo sobre a natureza geral do livro — a tradução de um volume de poemas do poeta tcheco Lubomír Feldek, proposta para publicação em 1990:

> Graças a seus versos irônicos e lacônicos, o autor ganhou fama fora das fronteiras da língua tcheca. É um observador sensível dos pro-

cessos sociais, que ele é capaz de avaliar de um ponto de vista comprometido. Esta seria sua primeira publicação na RDA.

Depois de acumular dossiês e fichas por um ano, o departamento começava a preparar o Plano. O chefe de cada setor na HV reunia representantes do Sindicato dos Autores (Schriftstellerverband), editoras, livrarias, bibliotecas, universidades e do Ministério da Cultura num comitê conhecido no setor de ficção como Grupo de Trabalho Literário, ou LAG (Literaturarbeitsgemeinschaft). O LAG aprovava todas as propostas de livro, algo semelhante ao que faz uma comissão editorial nas editoras do lado oeste, exceto pelo fato de que ele falava por todos os segmentos da indústria literária e dedicava muita atenção a questões ideológicas. De volta a seu gabinete, Frau Horn e Herr Wesener incorporavam as decisões do LAG e suas observações gerais às minutas do Plano. O Plano em si era um documento secreto e importante (fiquei surpreso ao saber que nenhum de meus amigos alemães orientais jamais soubera nada a respeito disso), que exigia aprovação formal do Partido antes que qualquer um dos livros fosse publicado. Ele tinha de ser preparado com cuidado, por meio de consultas e críticas recíprocas entre os especialistas em todos os setores da HV. No fim, era responsabilidade do chefe da HV, Klaus Höpcke, que tinha o título de vice-ministro da Cultura. Höpcke tinha de defender o Plano diante dos *apparatchiks* da Kultur e de qualquer potentado do Partido, desde Honecker até os de escalão inferior, que pudessem sentir-se ofendidos por algum livro.

A Kultur, tal como Herr Wesener e Frau Horn a descreveram, consistia de quinze ideólogos durões, dirigidos por uma matrona implacável chamada Ursula Ragwitz. Uma vez por ano, Höpcke pegava o Plano de cada um de seus cinco setores, marchava para a Kultur e travava batalha com Frau Ragwitz. Os censores não puderam me dizer quanto sangue era derramado naquelas reuniões.

Tudo o que sabiam era que Höpcke voltava com as decisões, sempre orais e nunca acompanhadas de qualquer explicação: Stefan Heym está de fora no ano que vem; Volker Braun está dentro, mas só com uma edição de 10 mil exemplares; Christa Wolf fica, mas apenas com a reimpressão de uma obra que apareceu com a aprovação da RDA na Alemanha Ocidental no ano passado.

Então Herr Wesener e Frau Horn tinham de transmitir as decisões para os editores. "Essa era a parte mais difícil", explicou Herr Wesener, "porque nunca podíamos dar nenhuma razão, quando havia problema com alguém. Tudo o que podíamos dizer era: '*Das ist so*', 'É assim que eles decidiram.'" Porém havia maneiras de contornar isso. Quando os incultos da Kultur rejeitaram uma edição de *Doutor Jivago*, a equipe da Clara-Zetkin-Strasse enviou um relatório informando que uma edição das obras completas de Pasternak estava prestes a ser publicada na Alemanha Ocidental. A fim de proteger o mercado da RDA de importações clandestinas, eles persuadiram o grupo de Frau Ragwitz a permitir a publicação de *Jivago* de imediato. Quarenta vagas sempre eram deixadas abertas no Plano para ficção da RDA; assim podiam enfiar propostas tardias e reservavam certo *Spielraum*. Se soubessem que um livro ia ser "quente" ("quente" era uma senha usada no escritório para obras controversas, em oposição àquelas tidas como "sossegadas"), deixavam-no fora do Plano e o introduziam sorrateiramente mais tarde. É claro, sempre tinham de obter autorização de alguém na Kultur. Mas isso era conseguido de maneira mais fácil quando era um pedido *ad hoc* do que numa reunião formal, em que os membros do grupo de Frau Ragwitz tentavam superar uns aos outros, rejeitando livros para dar provas de sua militância. E por acaso eu não havia notado que o Plano continha mais entradas para reimpressões (315) do que para títulos novos (202)? Era justamente aí que eles colocavam os itens mais "quentes" — livros de autores da Alemanha Oriental que tinham sido publicados na Alemanha Ocidental (em geral com a cumplicidade dos autores, apesar das tentativas da RDA de impedir qualquer acordo privado desse tipo) causavam certa agitação (mas não para o departamento dos censores) e podiam ser publicados (com o menor destaque possível e, em geral, com tiragens pequenas) na RDA assim que as coisas se acalmavam.

Nesse ponto da conversa, os censores começaram a dar a impressão de que passavam a maior parte do tempo combatendo a censura, a qual atribuíam basicamente a seus oponentes na Kultur. Eles explicaram que tinham aprendido a identificar algumas manias de Frau Ragwitz e seus colegas. Portanto redigiam o Plano de modo a agradar às preferências de certos indivíduos, ao mesmo tempo que evitavam suas "alergias", como qualquer menção a Stálin ou poluição. Em geral, escondiam livros difíceis no meio de uma massa de livros que nada tinham de problemático e disfarçavam as dificuldades com a ajuda de um vocabulário neutro. Embora os ideólogos na Kultur estivessem alertas para tais truques, não era fácil localizar desvios da ortodoxia num documento que continha centenas de sinopses de enredos e de resumos de temas.

Quando uma proposta especialmente difícil chegava ao seu departamento, Frau Horn redigia pessoalmente a entrada correspondente no Plano, depois de consultar alguns colaboradores veteranos. Ela disse que eles começavam com uma pergunta: "Quanto calor podemos permitir no Plano?". Se um livro parecesse quente demais para o clima de opinião do momento, eles o adiavam por um ou dois anos. "Deixe queimar um pouco de mato antes", diziam uns para os outros. Mas, depois de discutirem a questão em conjunto e demoradamente, em geral inventavam uma fórmula com boa probabilidade de passar por Frau Ragwitz, que, no final das contas, não desejava, ela mesma, nada mais senão "sossego". Não se podia confiar a novatos a delicada tarefa de medir a temperatura. Normalmente, os censores levavam dois anos para aprender os segredos do ofício, pois aquele era um trabalho difícil e espinhoso. Exigia habilidade, tato e compreensão dos caminhos internos da burocracia em ambos os sistemas — o aparato do Partido e a máquina do governo.

Nem de longe eu estava pronto para ver censores como heróis numa cultura de guerra, por isso perguntei se Herr Wesener e Frau Horn alguma vez se envolveram no veto efetivo de textos. Não muitas vezes, eles me asseguraram. A maior parte da censura se passava no coração dos escritores, e aquilo que não conseguiam cortar em geral acabava sendo filtrado pelos editores. Quando os textos chegavam aos censores na Clara-Zetkin-Strasse, sobrava pouco para eliminar. Em média, rejeitavam apenas meia dúzia dos duzentos e tantos manuscritos de ficção na Alemanha Oriental que examinavam todo ano. Formalmente, nunca censuraram nada. Apenas recusavam dar aos livros uma autorização oficial para serem impressos (*Druckgenehmigung*). Herr Wesener me ofereceu uma autorização, um pequeno formulário impresso, com sua assinatura embaixo. Não parecia ter nada de impressionante, até que me explicou que bastava aquilo para abrir as portas da máquina da indústria editorial. Pois nenhuma gráfica podia aceitar uma obra se não estivesse acompanhada de uma autorização para impressão, e quase todas as gráficas eram propriedade do Partido Comunista.

É claro, muita coisa acontecia antes de um original chegar a esse ponto. Depois que o projeto de um livro era incorporado ao Plano e o Plano era aprovado pela Divisão de Cultura do Comitê Central do Partido, Frau Horn disse que ela comunicava ao editor, o qual comunicava ao autor, o qual completava o texto — a menos que já tivesse sido escrito e precisasse apenas de alguns ajustes ideológicos. Então o editor mandava o texto para outro escritor ou estudioso de literatura, para produzir uma resenha crítica e redigir um relatório próprio. Em resposta à resenha, o autor talvez tivesse de fazer algumas mudanças importantes, as quais podiam redundar em outra rodada de relatórios. Feito isso, os relatórios seguiam para a HV com o resumo final do livro. Frau Horn examinava esse material cuidadosamente e arquivava tudo, porque, caso surgisse algum problema, algum membro bem situado do Partido poderia pedir para ver a documentação do caso e haveria problemas para todos os envolvidos no processo. Então ela começava a exercer a censura, no sentido estrito da palavra — selecionar o que cortar, linha por linha, na obra terminada.

Perguntei como Frau Horn examinava um romance ou uma coletânea de ensaios. Verificava os itens de um questionário ou texto-padrão, seguindo um protocolo estabelecido? Não, respondeu ela, mas ficava atenta para determinados "pontos sensíveis" — por exemplo, termos inaceitáveis como "ecologia" (um termo tabu: estava associado à poluição pesada, da produção estatal, na RDA) e "crítico" (um adjetivo tabu: evocava dissidentes, que deviam ficar sepultados no silêncio). Referências ao stalinismo eram tão malvistas que Frau Horn modificava "oponente do stalinismo" para "adversário de seu tempo"; e ela chegou a substituir "a década de 1930" por uma expressão mais vaga e mais segura: "a primeira metade do século XX". Prestava especial atenção a temas como defesa, movimentos de protesto, dissidentes da Igreja e qualquer coisa relacionada à União Soviética. Nunca permitia estatísticas sobre condições ambientais nem referências provocativas ao Muro de Berlim. No entanto já não se preocupava mais com temas como crime ou alcoolismo, que antes eram problemáticos e tinham de ser confiados a livros sobre países como os Estados Unidos. Uma década antes, tudo relacionado com os Estados Unidos era problemático. Tiveram grande dificuldade para que uma tradução de *O apanhador no campo de centeio* passasse por Kurt Hager, porque ele achou que Holden Caufield era "um mau exemplo para a juventude da RDA". Mas depois do advento de Gorbatchov, em 1985, a União Soviética tornou-se o tema mais problemático no departamento deles e os censores tinham de ser especialmente cautelosos com tudo o que fosse identificado com a "su Lit", como a literatura soviética era conhecida, em seu jargão profissional.

Vencido esse último obstáculo, um livro recebia a autorização impressa e, finalmente, estava pronto para entrar em produção. Porém, mesmo aí, as coisas podiam dar errado. Meus conhecidos entre os editores da Alemanha Oriental tinham todo um repertório de histórias sobre alterações feitas por preparadores de originais superzelosos e por tipógrafos travessos. O mais conhecido de todos era um suposto erro tipográfico num manual de anatomia, que os preparadores misteriosamente conseguiram não perceber, durante sucessivas edições, por muitos anos. Tinha relação com um músculo das nádegas chamado "Glutäus maximus", que saiu impresso como "Glutäus marxismus". Outro apareceu num poema sobre a natureza que continha um verso sobre um grupo de jovens pássaros:

As cabeças viradas para o ninho
(*Die Köpfe nestwärts gewandt*)

Por engano ou de propósito, o tipógrafo alterou "viradas para o ninho" para "viradas para o oeste", e o preparador, farejando uma heresia, se protegeu mudando para "viradas para o leste".

A censura, tal como os censores a descreviam, parecia ter possibilidades infinitas para que as coisas dessem errado. Como eles conseguiam lidar com o risco? Se, como diziam, permitiam livros relativamente "quentes", não poderiam acabar queimados? Herr Wesener explicou que seus procedimentos tinham salvaguardas implícitas. Quando questionados, eles podiam justificar suas decisões com os relatórios que receberam dos editores; eles diluíam a responsabilidade espalhando-a entre seus colegas; e tinham sempre a cobertura de seu chefe, Klaus Höpcke, ao mesmo tempo que lhe davam cobertura. Como seu departamento servia como um funil para todos os livros produzidos a cada ano na RDA, era vulnerável à pressão e a sanções. Se o Comitê Central estava descontente com o que se passava no departamento, não precisava puni-lo pessoalmente, embora estivesse sempre vulnerável a punições, na forma de uma repreensão do Partido (*Verweis*), o que podia prejudicar sua carreira. O Partido podia cortar os recursos que punha à disposição dele, sobretudo nas cotas de papel. O papel era escasso na Alemanha Oriental e Höpcke precisava encontrar o suficiente para suprir toda a produção de livros, apesar dos apelos dos ramos competidores, como jornais, revistas e outras indústrias. Como eram solidários com a luta interminável de Höpcke para obter papel, os censores tentavam ajudar, mantendo as coisas sossegadas e afastando os problemas para longe dele. Em algumas poucas ocasiões, até aprovaram textos difíceis sem informá-lo, para que pudesse alegar desconhecimento do assunto caso fosse convocado a prestar esclarecimentos ao Comitê Central. Herr Wesener assinou a autorização para imprimir o sincero romance de Christopher Hen intitulado *Der Tangospieler* [O tocador de tango] e manteve segredo de sua decisão, a fim de fornecer ao chefe aquilo que ficou conhecido na Washington do Watergate pelo nome de negabilidade.

Höpcke parece ter sido um herói para seus subalternos. Eles o descreveram como um jornalista inflexível e linha-dura que assumiu o cargo na HV em 1973 com as piores ideias possíveis sobre impor a ordem na vida intelectual. Porém, quanto mais tempo passava lutando com a burocracia do Partido, mais simpatia criava por autores de espírito independente. Na década de 1980, ele se tornara um especialista em abrir caminho sorrateiramente para livros não ortodoxos no Comitê Central. Dois deles quase lhe custaram o emprego. O romance *Neue Herrlichkeit* [Novo esplendor], de Günter de Bruyn, provocou tamanha injúria no topo do Partido que o livro teve de ser retirado das livrarias e destruído — só para ser reimpresso com a bênção de Höpcke, depois que as coisas sossegaram. *Hinze-Kunze-Roman*, de Volker Braun, produziu um escândalo maior ainda, porque tratava do relacionamento entre um repugnante membro da elite do Partido e seu motorista. Depois que sua publicação foi autorizada, Höpcke tentou abrandar o caminho do livro telefonando para amigos na imprensa e pedindo para atenuar os comentários sobre o ataque que o livro fazia contra os privilégios do *apparatchik*. Chegou a escrever ele mesmo uma resenha. Mas o livro foi denunciado dentro do Comitê Central como uma "bomba intelectual". Höpcke foi chamado a prestar esclarecimentos e recebeu uma repreensão formal. Todavia conseguiu sustentar sua posição, assumindo a culpa e dançando conforme a música. Poucos anos depois, numa reunião da organização PEN da Alemanha Oriental, em março de 1989, ele defendeu uma resolução condenando a prisão de Václav Havel, na Tchecoslováquia.

Quando saí do escritório na Clara-Zetkin-Strasse, eu não tinha ilusões quanto à parcialidade inerente ao que tinha ouvido. Longe de soar pesarosos a respeito de seu trabalho, Frau Horn e Herr Wesener o descreveram em termos inteiramente favoráveis. A censura, como eles a entendiam, era algo positivo. Em certos aspectos, era francamente heroica — uma luta contra adversários pesados a fim de manter o alto nível da cultura enquanto se construía o socialismo. Embora eu não pudesse enxergar o funcionamento interno de sua mente, não detectei nenhuma hipocrisia em sua forma de retratar a si mesmos. Deixaram-me a impressão de serem crentes. Até que ponto sua fé correspondia ao funcionamento efetivo do sistema era outra questão, que eu não podia resolver — a menos que tivesse acesso aos arquivos.

DENTRO DOS ARQUIVOS

Fragmentos dos arquivos começaram a aparecer logo depois que as duas Alemanhas se uniram formalmente, no dia 3 de outubro de 1990. Em maio de 1991, uma exposição chamada "Censura na RDA" foi inaugurada em Berlim Ocidental. Apesar de conter apenas uma pequena seleção de documentos da HV, mostrava que as atividades na Clara-Zetkin-Strasse envolviam muito mais do que combater a vulgaridade no Partido Comunista. O nome de Höpcke aparecia em muitos memorandos que documentavam a supressão de livros e a perseguição de autores da Alemanha Oriental bem conhecidos — Christa Wolf, Stefan Heym, Erwin Strittmatter, Erich Loest, Franz Fühmann, Gert Neumann e Richard Pietrass. Sua atitude geral em relação à literatura se revela em uma carta que ele mandou para o diretor da editora Hinstorff, em 1978, se opondo à proposta de fazer uma edição de Kierkegaard:

> Se Kierkegaard pertence à nossa herança literária, então o mesmo vale para Nietzsche, Schopenhauer, Klages, Freud [...]. Além do mais, ao decidir o que pode ser publicado da filosofia burguesa tardia, queremos antes de tudo levar em conta a situação na luta de classes ideológica. Já tivemos uma dose suficiente de atitudes individualistas em relação à vida e aos estilos de vida.[4]

A exposição também continha alguns documentos perturbadores relacionados aos censores que eu havia entrevistado. Por exemplo, revelavam que Christine Horn lançara um ataque contra Gerhard Dahne, um autor e colega censor que dirigia a divisão de belas-letras na HV. Ele havia causado mal-estar entre seus colegas graças a uma série de indiscrições. Em 1967, escreveu um ensaio sobre o romancista Heinrich Böll, da Alemanha Ocidental, que os outros censores consideraram tão ideologicamente inaceitável que o suprimiram. Em 1975, publicou um livro que incluía um trecho que indicava a existência de censura na RDA. Aquilo foi demais para os censores, que o censuraram com uma resolução aprovada na célula do Partido e assinada por Frau Horn. E em 1978 ele escreveu um conto que Höpcke achou condenável. Quando recomendou que não o publicasse, Dahne não aceitou. Um ano depois, foi demitido. Segundo uma carta de Hans-Joachim Hoffmann, ministro da Cultura, também assinada por Höpcke e endereçada a Ursula Ragwitz, na Kultur, a demissão de Dahne representou uma tentativa de reforçar "a direção política do desenvolvimento da literatura". Frau Ragwitz, em sua resposta, fez eco a tal sentimento: Dahne seria substituído por um membro do Partido que "garantiria uma direção política efetiva para o desenvolvimento da literatura".[5]

Para formar uma imagem mais clara de como o sistema funcionava, eu precisava entrar nos arquivos. Em setembro de 1992, quando retornei de mais um ano em Berlim, resolvi fazer uma tentativa. A exemplo de muitos países, a Alemanha tem uma regra que proíbe por trinta anos o acesso a documentos do passado recente, mas havia ainda muita confusão sobre como lidar com a massa de material bruto que se acumulara nas gavetas e nos arquivos de uma burocracia estranha e extinta. Os arquivos do Partido Comunista, herdados em dezembro de 1989 por seu sucessor, o Partido do Socialismo Democrático, tinham sido deixados intactos num prédio no coração de Berlim Oriental, em Torstrasse nº 1 — antes chamada Wilhelm-Pieck-Strasse, em homenagem ao primeiro presidente da RDA. O próprio prédio trazia as marcas da história alemã. Construído como uma loja de departamentos de uma empresa de judeus em 1927-9, foi tomado pelos nazistas para servir de quartel-general para a Hitlerjugend, depois foi apropriado pelo Partido Comunista em 1946 para abrigar os escritórios do Comitê Central e foi usado de 1959 até 1989 para alojar o Instituto de Marxismo-Leninismo. Eu entrei, sentei numa cadeira numa sala de leitura provida da mesma mobília que eu tinha visto no escritório dos censores e comecei a preencher formulários. Para minha surpresa, em pouco tempo tinha na minha frente dossiês de poucos anos antes. Vários eram memorandos enviados por Kurt Hager para Erich Honecker com o "E. H." de Honecker nas margens, assinalando seu recebimento.

Hager e Honecker trocavam bilhetes sobre tudo o que tivesse alguma relevância. Devem ter discutido questões relativas à censura, me dei conta, mas onde deixaram traços de suas discussões nos arquivos? O fluxo de memorandos internos tinha sido tão grande que preenchia milhares de dossiês, que ocupavam muitos quilômetros de prateleiras nos fundos do prédio, e o único inventário disponível listava pouco mais do que "*bureaus*" do Comitê Central, que guardavam suas pastas em ordem cronológica. Escolhi o *bureau* de Hager e solicitei dossiês separados por intervalos de seis meses, na esperança de que algo pudesse aparecer. Após alguns dias passando pente-fino nos destroços e refugos burocráticos, comecei a perder a esperança de encontrar algo importante. Mas finalmente recebi um comunicado de recusa a um pedido, com a informação de que aquele dossiê tinha sido removido por razões que seriam explicadas se eu indagasse ao supervisor da sala de leitura. O supervisor não pôde me dar nenhuma resposta, mas me encaminhou para uma pessoa que havia trabalhado com os arquivos quando estavam sendo formados e eram consultados pelo Comitê Central do Partido Comunista. Tomando coragem — aquilo tinha sido um santuário stalinista poucos anos antes, mas o que poderiam fazer com um visitante americano agora que a Guerra Fria parecia estar chegando ao fim? —, desci dois andares de escada e segui por um corredor comprido e escuro até chegar ao número indicado. Bati na porta, pronto para um confronto com um hostil escudeiro do Partido. Quando ela abriu, para minha surpresa, fui saudado com um sorriso amistoso por uma jovem, muito atraente, à maneira da Alemanha Oriental: cabelo louro puxado para trás, pouca ou nenhuma maquiagem, roupas simples, maneiras diretas e agradáveis. Apresentou-se como Solveig Nestler, ofereceu-me uma cadeira perto das fotografias de seus dois filhos louros e me perguntou o que eu estava procurando. Expliquei que queria estudar como funcionava a censura na RDA e, por algum motivo, me foi negado o acesso a um dossiê em particular. Provavelmente continha informações sobre a vida privada de alguém, disse ela. Mas, se eu queria de fato entender como funcionava o sistema e não revelar escândalos pessoais, ela poderia me ajudar. Ela sabia onde estava localizado todo o material relevante e mandaria para mim, removendo tudo o que fosse comprometedor do ponto de vista pessoal. Durante muitas semanas, daí em diante, consegui examinar lotes de documentos que revelavam como a literatura era manejada nos níveis mais elevados da RDA.

Claro, não tenho pretensão de ser um especialista em RDA ou em literatura alemã moderna. Depois de fazer minha investida nos arquivos, alguns consumados pesquisadores alemães localizaram materiais que nunca vi e publicaram estudos que superaram minha capacidade de pesquisa de longo prazo.[6] Mas pude investigar uma gama limitada de questões relacionadas à minha discussão sobre os censores. Eu queria saber o que acontecia depois que Klaus Höpcke submetia o Plano anual à Divisão de Cultura do Comitê Central do Partido Comunista; o que acontecia com as outras propostas de controlar a literatura quando passavam pela HV e seguiam para os escalões superiores do Partido; como os líderes do Partido lidavam com os dossiês "quentes" que dificultavam a vida de Herr Wesener e Frau Horn; e se Ursula Ragwitz era realmente a matrona implacável que haviam descrito para mim.

Em seus relatórios sobre os Planos para Kurt Hager, seu superior no Politburo, Frau Ragwitz observou que Klaus Höpcke às vezes tinha uma recepção dura quando defendia o trabalho de seus colegas na HV para os colegas dela, na Kultur, os oito militantes do Partido incluídos posteriormente, todos eles com responsabilidades especiais e prontos a fazer perguntas difíceis para Höpcke quando ele apresentava o Plano anual. Em 1984, por exemplo, Arno Lange, cão de guarda da Kultur encarregado das editoras, detectou uma falha grave no Plano de 1985: excesso de permissividade no tratamento de autores por editores. A negligência da HV permitira que aquela tendência ganhasse força, escapando ao controle que o Partido exerce por meio dos editores. No fim, a Kultur acabou aprovando o Plano, mas só depois de uma extensa discussão e com a condição de que as propostas de livros não deviam ser deixadas com frequência por conta da iniciativa dos autores; em vez disso, os editores deviam criar uma "estratégia ofensiva" que reforçaria a "potência ideológica" dos autores.[7]

Em seu relatório sobre o Plano de 1982, Ragwitz alertou Hager para uma tendência geral entre os editores de propor originais inaceitáveis, "por razões ideológicas e artísticas". A Reclam Verlag de fato tencionava publicar algumas obras de Nietzsche e Frederico II, e a Kultur, numa longa sessão com Höpcke, deixou claro que nada do tipo seria permitido. Felizmente, garantiu Ragwitz para Hager, a Kultur tinha conseguido modificar o Plano de modo que se conformasse com a linha do Partido traçada pelo X Congresso do Partido em 1981. Por isso, a safra seguinte de livros de ficção e de belas-letras enfatizaria temas proletários. Em vinte romances novos, figuravam heróis operários que se lançavam na "luta de classes internacional". Histórias de detetive e literatura "utópica" (ou seja, ficção científica), que tinha apelo especialmente para leitores jovens, "poriam a nu o caráter desumano do imperialismo"; e os romances históricos enfatizariam o poder progressivo da tradição revolucionária. Mas havia um problema que Ragwitz teve de enfrentar numa carta-lembrete endereçada ao próprio

Honecker. Numa reunião no Politburo, Honecker mencionara sua afeição pelos romances de faroeste de Karl May (1842-1912), que tinha lido na juventude. Será que a RDA não poderia adaptá-los para o cinema? Infelizmente, respondeu Ragwitz, o Partido tinha rejeitado a proposta de reimprimir May, logo depois da guerra, e a Karl May Verlag da Alemanha Oriental tinha emigrado para o lado oeste, levando consigo seus direitos autorais.[8]

O relatório de Ragwitz sobre o Plano de 1984 mencionou intensas discussões com Höpcke e o longo processo por meio do qual a HV destilava recomendações para os editores, os livreiros e membros do Sindicato de Autores (todos representados no LAG), no interior das propostas a ser verificadas pela Kultur. O Plano incorporava seis temas ideológicos: 1. A história da RDA e as lutas de classe do proletariado alemão; 2. O perigo contínuo do fascismo e sua relação com a corrida armamentista perpetrada pela Otan; 3. As qualidades morais superiores inerentes ao desenvolvimento da ordem socialista; 4. O compromisso crescente da classe trabalhadora para a defesa do socialismo; 5. A felicidade e a dignidade humana como valores promovidos pelo socialismo; 6. Argumentos contra o imperialismo e o modo de vida que ele fomentava. Ragwitz aplaudiu o surgimento de poetas novos com talento para a "lírica política" e autores novos comprometidos com o *Parteilichkeit*, um superlativo da RDA que indicava adesão à linha do Partido. Porém detectou sintomas de fraqueza ideológica: tentativas frustradas de exprimir os princípios socialistas na ficção científica e uma modalidade de realismo socialista que tornava o homem comum da Alemanha Oriental desoladoramente semelhante à sua contraparte da Alemanha Ocidental. Ela também se mostrou preocupada com outro tipo de fraqueza: não havia papel suficiente. A escassez de matéria-prima estava causando um declínio na produção. Em 1978, o Plano previa 3,7 milhões de exemplares de 170 obras novas de ficção na RDA; em 1984, 2,3 milhões de exemplares de 123 obras novas. "Outra redução não será defensável, em termos de política cultural."[9]

Os sinais de alerta e de crítica nos relatórios formais da Kultur não questionavam, de modo fundamental, o trabalho dos censores. Talvez tivessem a intenção, pelo menos em parte, de impressionar os líderes do Partido com a vigilância ideológica do grupo de Ragwitz, mas sua agudeza era prejudicada por um estilo pesado e retórico, sobrecarregado de jargão burocrático.[10] As comunicações pessoais de Ragwitz com Hager fazem vibrar uma nota diferente. Os dois se conheciam havia muitos anos. Ragwitz tinha se incorporado à Divisão Cultural do Comitê Central em 1969 e tornou-se seu líder em 1976. Hager, membro do Comitê Central desde 1954 e do Politburo desde 1963, era considerado a segunda personalidade mais poderosa na RDA, depois de Honecker. Como "Ideólogo-Chefe", tinha a responsabilidade suprema de dirigir a vida cultural e, portanto, estava em contato constante com Ragwitz. Aparentemente, se davam muito bem, a despeito da diferença de idade — ou talvez por causa disso (Hager tinha 68 anos em 1980 e Ragwitz, 52).[11]

Numa carta confidencial, endereçada a "Caro Kurt" (na correspondência oficial, todos eram tratados por "camarada", seguido pelo sobrenome; em bilhetes pessoais de Hager, Ragwitz era "Cara Ursel"), no dia 1º de março de 1982, Ragwitz discutia a política cultural de uma forma que revela o funcionamento não oficial do sistema. Na ocasião, Hager encontrava-se fora, em viagem, e Ragwitz estava prestes a partir para um "tratamento de saúde". Como ela não o veria por algum tempo, disse que queria colocá-lo em dia com desdobramentos recentes. Estavam organizando um festival de canções políticas, e a situação política no país no setor musical era boa, ela garantiu, porém tinham surgido problemas sérios no Deutsches Theater. Ragwitz supunha que ele já havia conversado sobre o assunto com Honecker e ela havia pedido para Hoffmann

(Hans Joachim Hoffmann, ministro da Cultura) dar seu parecer sobre a situação. Em vez disso, Hoffmann escreveu diretamente para Honecker, que ficou descontente por receber aquela comunicação e o convocou para discutir o assunto numa reunião particular. Quando se encontraram, Honecker repreendeu Hoffmann com severidade por deixar que o comportamento no Deutsches Theater saísse do controle: a trupe havia planejado se apresentar na Alemanha Ocidental e na França, sem a autorização do Partido, e havia começado a ensaiar uma peça que ainda não tinha sido aprovada. Aquela situação levou a "críticas muito sérias acerca do estilo de conduta [...] do ministro da Cultura". A própria Ragwitz havia discutido o problema com Honecker, que disse achar que deviam expurgar a liderança do Deutsches Theater, mas deviam manter o plano em segredo a fim de evitar problemas entre os simpatizantes da trupe no Berliner Ensemble. Enquanto isso, Konrad Wolf (importante diretor de cinema e pessoa forte no Partido) ficara gravemente enfermo, portanto teriam de encontrar um substituto para o cargo de diretor da Academia de Artes.[12]

Esse tipo de correspondência confidencial, trocada pelas costas de personalidades poderosas, indica que assuntos importantes eram encaminhados por meio de uma rede informal de laços pessoais, que operava em paralelo às estruturas rígidas do aparato do Partido e dos ministérios do governo.[13] Os arquivos não fornecem provas suficientes para mostrar até que ponto o sistema informal determinava o funcionamento dos corpos oficiais, no entanto eles contêm alguns documentos sugestivos. Por exemplo, depois de alertar Hager para o comportamento não confiável de Hoffmann, Ragwitz entrou em ação no terreno institucional. Numa reunião no dia 8 de março de 1984, ela e seus colegas resolveram assumir o controle do conflito entre as duas "culturas" — o grupo deles na Kultur e sua contraparte no Ministério da Cultura, onde o retrocesso ideológico era mais grave.[14]

Depois de examinar a tendência da produção literária de se desviar da linha do Partido, decidiram reafirmar sua "influência político-ideológica" colocando mais militantes do Partido em posições estratégicas em todo o sistema.[15] Essa ofensiva ideológica não levou ao expurgo de Hoffmann, mas numa reunião com Hager, no dia 16 de abril, a Kultur foi autorizada a corrigir "o entendimento inadequado do agravamento da situação da luta de classes" entre todos os "produtores culturais", a começar pelos editores de revistas literárias como *Sinn und Form*, que seriam convocados para uma reunião e repreendidos por sua frouxidão ideológica.[16] A luta entre as duas burocracias, a do Partido e a do Estado, nunca levou a um conflito aberto, mas as relações continuaram tensas até o colapso da RDA.

RELAÇÕES COM OS AUTORES

Os autores eram "produtores culturais" especialmente importantes. No auge do stalinismo, na década de 1950 e 1960, eles podiam ser despachados para a prisão ou condenados a campos de trabalho do tipo *gulag*. Mas, nas décadas de 1970 e 1980, o Partido confiava em medidas mais brandas, uma estratégia que alternava recompensas e punições para mantê-los na linha. A autorização para viajar para o exterior, ou a recusa dessa autorização, era a estratégia predileta. Segundo um relatório de uma reunião típica no nível da cúpula, no dia 24 de novembro de 1982, Hager, Hoffmann e Ragwitz discutiram uma ampla variedade de questões culturais: turnês, o estado dos teatros, a necessidade de aprimorar a disciplina partidária nas belas-artes, o perpétuo problema da escassez de papel e assuntos menos prementes, como a proposta para construir uma estátua de Karl Marx na Etiópia. Porém o mais relevante entre os dezoito itens da agenda dizia respeito a viagens.

Primeiro veio o constrangedor problema da *R-Fucht*, a fuga da república, ou seja, como impedir que autores que receberam autorização para viajar para o exterior permanecessem lá. Uma medida, apoiada por Ragwitz, era proibir que eles fossem acompanhados pelo cônjuge. Mas nenhuma política geral parecia viável e, assim, resolveram lidar com o assunto caso a caso — uma tática cuja própria irregularidade poderia torná-la mais eficaz.[17]

No caso de Uwe Kolbe, um jovem poeta revoltado que desejavam atrair para que largasse a vida boêmia na região de Prenzlauer Berg da Berlim Oriental e se integrasse ao campo dos escritores estabelecidos, decidiram permitir que viajasse, depois de ser devidamente advertido numa conversa particular com Höpcke.[18] Lutz Rathenow, um dissidente mais difícil de Prenzlauer Berg, era um caso complicado. Ele publicara seu primeiro livro, uma coletânea de contos satíricos, em 1980 na Alemanha Ocidental, sem pedir permissão (autores que quisessem publicar no lado oeste tinham de obter autorização do Escritório de Direitos Autorais da RDA, que exercia sua forma própria de censura e arrecadava 75% dos direitos autorais). Em consequência, foi preso e mantido sob custódia durante um mês, o que acarretou protestos e publicidade negativa no lado oeste. Dois anos depois, quando Hager e Höpcke discutiram seu dossiê, o rejeitaram como "persona non grata", "um autor que não para de jogar lama sobre nós", indigno de qualquer tratamento favorável. Na verdade, queriam deixar que ele saísse da RDA para mantê-lo longe; mas Rathenow não se deixou seduzir, porque não queria ser obrigado a partir para o exílio, a exemplo de seu herói, Wolf Biermann, o poeta e cantor folclórico dissidente que não obteve permissão para voltar para a RDA depois que partiu para uma turnê na Alemanha Ocidental, em 1976.[19]

Outros autores desejavam muito ver como era a vida no outro lado do Muro e isso os tornava vulneráveis à manipulação do regime. Monika Maron pediu permissão para viajar para fora do bloco comunista e recebeu-a, embora os censores tenham recusado autorização para publicar seu romance *Flugasche* [Voo de cinzas].[20] Adolf Endler recebeu autorização para dar uma série de palestras sobre poesia lírica na Universidade de Amsterdam em 1983, mas, ao dar a autorização, Höpcke recomendou que aproveitasse a ocasião para denunciar a recente decisão do governo dos Estados Unidos de instalar mísseis de médio alcance na Europa Ocidental. O militarismo americano não era um assunto que, por si só, levasse a uma discussão sobre poesia lírica, objetou Endler, mas ele encontraria um modo de dizer, em sua conclusão, que tudo o que havia mencionado nas palestras anteriores estava ameaçado de extinção se os americanos conseguissem o que queriam.[21]

Höpcke achou mais difícil resolver um caso paralelo, o de Wolfgang Hilbig, um poeta que também atraiu convites da Europa Ocidental em 1983. Seus poemas não só refletiam de modo negativo a vida na Alemanha Oriental como ele os publicara na Alemanha Ocidental, sem permissão. Fizeram tanto sucesso que seus admiradores em Hanau, na RFA, lhe deram o prêmio Irmãos Grimm e o convidaram para recebê-lo pessoalmente. Hilbig mandou um telegrama aceitando o convite — também sem pedir a autorização de praxe das autoridades da RDA, o que deixou Höpcke num dilema, porque recusar a autorização para Hilbig viajar seria confirmar a visão que a Alemanha Ocidental difundia sobre a repressão na Alemanha Oriental. A primeira reação de Höpcke foi um firme *niet*, ainda mais porque, depois de Hanau, Hilbig queria ir a Berlim Ocidental, para a qual também tinha sido convidado. Mas, depois de discutir o problema com Hager por telefone, Höpcke abrandou sua posição. Chamou Hilbig para uma reunião e fez uma preleção sobre sua desobediência aos regulamentos vigentes na RDA relativos aos autores. Entretanto, concluiu, permitiria que recebesse o prêmio, contanto que se abstivesse de qualquer crítica à RDA. Além disso, devia condenar os mísseis americanos no discurso de agradecimento, e um leitor da editora Reclam examinaria o texto antes e o ajudaria a encontrar as palavras para exprimir "a luta desumana para dominar o mundo, travada pelo maior poder imperial".[22]

É claro, o regime dispunha de muitos outros meios para induzir os autores a manter-se fiéis à linha do Partido. Um deles era simplesmente permitir que lessem a imprensa da Alemanha Ocidental. Volker Braun pediu uma permissão especial para assinar *Die Zeit* e Höpcke o apoiou, num memorando para Hager, argumentando que a assinatura do periódico forneceria para Braun o material para um futuro romance em que satirizaria o capitalismo — um livro, como se revelou depois, que nunca foi escrito.[23] As vantagens mais importantes provinham do ingresso no Sindicato de Autores oficial, cujos líderes eram membros fiéis do Partido e cujas fileiras estavam fechadas para qualquer um que não conseguisse obter a aprovação do Partido. Era extremamente difícil fazer uma carreira literária sem se unir ao sindicato, que recebia do Estado um subsídio anual de 2 milhões de marcos e oferecia muitos patrocínios — comissões para redigir catálogos de exposições e fazer traduções, cargos nos teatros como dramaturgos (gerentes literários), postos em revistas literárias e trabalho assalariado em academias e instituições educacionais. A exemplo de todo mundo na RDA, os escritores não podiam mudar de uma cidade para outra sem permissão do Estado e precisavam ter a ajuda dos chefes do Partido a fim de furar as imensas filas de pessoas que desejavam alugar um apartamento ou comprar um carro. O escritório de Hager fazia longas listas de escritores que mandavam pedidos de vistos, de carros, de melhores condições de vida e intervenção para que seus filhos entrassem na universidade.[24]

Até que ponto um escritor heterodoxo podia ficar banido de tais benefícios é algo que pode ser avaliado pelo dossiê de Rainer Kirsch, escritor freelance que foi expulso do Partido em

1973 por inserir comentários desrespeitosos sobre o socialismo em sua peça *Heinrich Schlaghands Höllenfahrt* [A viagem de Heinrich Schlaghands para o inferno]. A peça foi publicada numa revista semioficial, *Theater der Zeit* — por engano, segundo o editor da revista, que tentou se proteger com uma explicação endereçada ao primeiro-secretário do Sindicato dos Dramaturgos da RDA. O editor explicou que estava viajando e um subeditor havia aceitado o texto no último minuto, sem examiná-lo adequadamente. Para seu horror, o editor localizou as heresias do texto assim que leu a revista. Ia publicar uma refutação, sublinhando sua incompatibilidade com a política cultural do Partido, e prometeu que, no futuro, nada seria publicado sem sua aprovação. Essa defesa, acompanhada de uma carta de desculpas do primeiro-secretário, seguiu para o diretor da Divisão Cultural do Comitê Central, Walter Vogt, o antecessor de Ragwitz. Em seguida, Kirsch foi expulso do Partido.[25]

Em face de tal calamidade, Kirsch tentou apelar para Hager. Conseguiu chegar a uma assistente dele, Erika Hinkel, que escutou sua defesa numa reunião em Berlim. Embora aceitasse a decisão do Partido, disse Kirsch, sua peça nada continha de desrespeitoso com o socialismo e ele nunca tivera nenhuma intenção hostil nem pensamentos negativos. Ao contrário, queria viver em harmonia com o Partido e com o Estado e demonstraria esse compromisso em suas futuras obras. Tudo o que pedia era que recebesse permissão para mudar-se de Halle para Berlim, que fosse alojado num apartamento (três cômodos e meio bastariam para sua família de três pessoas), e que recebesse o posto de dramaturgo num teatro.[26]

O Partido ignorou o pedido e os apelos subsequentes, que indicavam que Kirsch estava afundando cada vez mais na miséria em Halle. As relações com os colegas e funcionários locais tinham se degradado a tal ponto que "a vida em Halle é quase insuportável, pois me sinto quase completamente isolado", escreveu numa carta endereçada ao *Oberbürgermeister*, o prefeito de Berlim Oriental, bem como a Frau Hinkel.[27] Ele vivia com a esposa e uma filha de sete anos num apartamento apertado de três cômodos, situado num pátio interno e insalubre. (Em 1968, ele se separara da primeira esposa, a poeta Sarah Kirsch, que emigrou para a Alemanha Ocidental com o filho de ambos em 1977, depois de protestar contra a expatriação de Wolf Biermann.) Sua esposa, uma russa, era professora, mas sofria terrivelmente com o ar poluído de Halle. Na verdade, ficara com bronquite crônica e laringite, que degenerariam num caso perigoso de asma se ela não pudesse escapar para um ambiente mais saudável. Por isso Kirsch renovou seu pedido para mudar-se para Berlim, continuando a pedir uma sinecura. Um cargo de professor semelhante ao que tinha sido dado a três colegas escritores seria perfeito, escreveu ele numa carta para Hager. Hager passou a carta para Ragwitz, que respondeu com um memorando que recomendava enfaticamente a rejeição de qualquer apoio. Ela havia consultado membros do Partido no Sindicato dos Autores e eles haviam condenado o "comportamento político-ideológico" de Kirsch.[28]

Ragwitz muitas vezes empregava expressões desse tipo em seus memorandos e em suas cartas. Ela usava a língua do poder. A censura, tal como a exercia, quer por meio de manipulação, quer por meio da repressão direta, fazia parte do monopólio de poder do Partido Comunista. No entanto pode ser inadequado ler as mensagens trocadas no interior da *nomenklatura* meramente como tentativas de impor a linha do Partido. Ragwitz tinha convicções "político-ideológicas" próprias, assim como seus colegas, como podemos ver quando examinamos mais de perto o dossiê de Wolfgang Hilbig.

À diferença da maioria dos escritores da Alemanha Oriental, mesmo dissidentes famosos como Christa Wolf e Volker Braun,

Hilbig não se encaixava no sistema. Vivia como um solitário. Longe de tentar subir na hierarquia como membro do Sindicato dos Autores, ele ganhava a vida como operário numa sala de caldeiras.[29] O emprego deixava muito tempo livre para estudar literatura e escrever poesia, e ele não submetia seus poemas às revistas literárias estabelecidas da RDA. Ele os publicava na Alemanha Ocidental — sem pedir permissão. Depois da publicação de seu primeiro volume, *Abwesenheit* [Ausência] (Frankfurt am Main: Fischer Verlag, 1979), ele foi punido com uma multa de 2 mil marcos. (Seu dossiê nos arquivos do Partido menciona também um breve período na prisão, mas ao que parece tratava-se de uma condenação por comportamento violento, *Rowdytum*, em outra ocasião.)[30] Em 1982, quando Fischer publicou um volume de contos, *Unterm Neomond* [Sob a lua nova], ele alcançou notoriedade suficiente para ser celebrado no lado oeste como um poeta operário que era perseguido no lado leste, e a RDA tentou reparar a reputação de Hilbig como campeão da classe trabalhadora, autorizando uma edição na Alemanha Oriental. Porém seu livro seguinte, *Stimme Stimme* [Voz, voz], apresentado à mesma editora da Alemanha Oriental, Reclam, trouxe um problema maior para os censores. O Partido havia decretado que a literatura devia aderir ao realismo socialista e em duas conferências na cidade industrial de Bitterfeld, em 1959 e 1964, escritores haviam se comprometido com o Bitterfeld Weg, um programa de colaboração com os operários num esforço comum para criar uma cultura caracteristicamente socialista na RDA. Infelizmente os versos do poeta operário Hilbig não se coadunavam com aquela fórmula. Longe disso, explicou Ragwitz, ao apresentar um dossiê para Hager, no dia 14 de dezembro de 1982.

Falando em nome da Kultur, ela recomendou que não se permitisse a publicação de *Stimme Stimme*. Na verdade, o livro recebeu três pareceres favoráveis de leitores e não havia como contestar o talento de Hilbig como poeta. Mas, se permitissem que o livro circulasse, ele acabaria se tornando um autor reconhecido; e, uma vez que a presença de Hilbig estivesse estabelecida no cenário cultural da RDA, ele exerceria uma influência negativa sobre os escritores jovens que queriam recrutar a fim de perpetuar uma variedade de literatura saudável, positiva, progressista, socialmente responsável, enraizada na classe trabalhadora. A formação proletária de Hilbig o tornava ainda mais perigoso, porque, muito embora jamais tivesse atacado o socialismo na RDA, sua obra, no fundo, transmitia uma visão de mundo inaceitável:

> Sua visão de mundo e sua posição artística estão distantes de nossa ideologia. Ao adotar tradições reacionárias e burguesas tardias [...] Hilbig usa cores escuras e tonalidades pessimistas para difundir uma visão niilista e melancólica sobre o mundo e a vida [...]. Como dá voz a resignação, solidão, tristeza, sofrimento e desejo de morrer, o compromisso de Hilbig com o humanismo só pode ser questionado. Embora muitas vezes exponha suas origens proletárias, nada o associa à consciência política cotidiana de um cidadão da RDA.[31]

"Burguês tardio" era o jargão na RDA para o modernismo — no caso de Hilbig, a poesia que podia ser associada a Rimbaud ou Rilke; em outros casos, romances que buscavam inspiração em Proust ou Joyce. Ragwitz na Kultur e os censores na HV não impunham a conformidade com o Bitterfelder Weg, que, por volta de 1980, havia deixado de determinar um padrão estrito para o estilo literário, mas continuavam comprometidos com as convenções estilísticas conhecidas genericamente como "realismo socialista" e desconfiavam de textos que não falassem das condições de vida no "socialismo real", como o chamavam — ou seja, o mundo concreto experimentado pelas pessoas comuns na RDA.[32] Nas décadas de

1960 e 1970, o regime não admitia autorizar literatura desse tipo. Na década de 1980, entretanto, o regime se tornou menos repressivo, em parte porque estava preocupado com escândalos que pudessem ser explorados pela mídia da Alemanha Ocidental, cujas transmissões de rádio e televisão alcançavam um público cada vez maior na RDA. Se não permitissem a publicação de *Stimme Stimme* na Alemanha Oriental, o livro seguramente seria publicado no lado oeste, acompanhado por muita publicidade prejudicial.

No fim, portanto, Hager permitiu a publicação de *Stimme Stimme*. Ele havia recebido uma carta em defesa de Hilbig, escrita por Stephan Hermlin, um escritor influente que tivera seus próprios problemas com a censura. (Hermlin ajudara a organizar o protesto contra o exílio de Wolf Biermann em 1976, mas mantinha boas relações com os líderes do Partido.)[33] Os poemas de Hilbig não respiravam otimismo, admitiu Hermlin, porém não exprimiam nenhuma oposição ao socialismo; e se os poetas tivessem de passar por um teste de alegria, restaria muito pouco da literatura alemã.[34] No final, Ragwitz acabou admitindo que o livro podia ser publicado sem causar muitos danos, mas apenas sob certas condições: Hilbig teria de eliminar determinados poemas e atenuar outros; seus editores na Reclam teriam de checar o texto final com todo o cuidado; a tiragem teria de se limitar a um número pequeno de exemplares; e eles teriam de controlar sua recepção, preparando resenhas que exporiam a inadequação de sua "visão de mundo e posição ideológica".[35] Alguns meses depois, como já foi mencionado, Hager autorizou que Hilbig, cuidadosamente protegido pelo editor da Reclam, Hans Marquand, fosse receber um prêmio em Hanau, na Alemanha Ocidental.

Desse ponto em diante, Hilbig se tornou o objeto de um debate contínuo no interior da burocracia acerca dos limites da permissividade. Em 1984, colaborou com um programa de rádio em Hesse, na Alemanha Ocidental, que fez dele a imagem de uma vítima da perseguição na Alemanha Oriental. Em 1985, conferiram-lhe o prêmio da Academia de Artes de Berlim Ocidental e pediram que obtivesse permissão para recebê-lo pessoalmente. Marquand e Höpcke se opuseram à concessão de autorização para que ele saísse do país;[36] e, enquanto seus memorandos circulavam no âmbito do Ministério da Cultura, Hilbig pediu um visto para uma bolsa de estudos de um ano em Darmstadt. Isso foi demais para Hager, que se manifestou contrário a qualquer outra concessão, num memorando irritado dirigido a Hans-Joachim Hoffmann, o ministro da Cultura.[37] No entanto, a essa altura, Hilbig havia adquirido uma reputação tremenda. Stephan Harmlin e Christa Wolf fizeram um apelo diretamente a Honecker, alegando que Hilbig era o maior talento surgido na RDA em vinte anos.[38] O próprio Hilbig escreveu para Honecker no dia 26 de agosto de 1985 — um poeta proletário se dirigindo a um chefe de Estado. Ele apresentou suas razões de modo respeitoso, porém enérgico. Os escritores na Alemanha Oriental deviam receber autorização para viajar a fim de expandir seus horizontes, disse. Deviam ser livres para publicar na RDA e no exterior. Deviam poder exprimir-se abertamente, sem se submeter a restrições ideológicas. E seu compromisso com o socialismo também devia ser livre, pois "literatura sem uma profissão de fé verdadeira e plenamente desenvolvida é inútil".[39] Não existe registro da reação de Honecker; porém, três semanas depois, num memorando que se referia à carta de Hilbig, Hager declarava que havia voltado atrás em sua posição e não se oporia mais a que lhe fornecessem um visto. Hilbig deixou a RDA no fim de 1985 e não voltou.[40]

O caso Hilbig e todos os outros que constam dos arquivos não envolviam nenhuma oposição aos princípios socialistas, à política do governo ou aos líderes do Partido. Assim como todos os autores rotulados no lado oeste como dissidentes, Hilbig tentava trabalhar no interior do sistema, até alcançar um ponto de ruptura; e, mesmo quando publicava suas obras na Alemanha Ocidental, ele não rejeitava os ideais fundamentais da RDA. A correspondência a seu respeito no interior da elite do Partido nunca questionava sua lealdade fundamental ao Estado. Focalizava questões aparentemente sem caráter sedicioso, como o "sentimento de si" (*Selbstgefühl*) e a visão de mundo emocional (*Pessimismus*). Para quem vê de fora, o estilo dos memorandos trocados entre funcionários de alto escalão parece surpreendentemente abstrato e pomposo. Em grande parte, isso pode ser explicado pelas convenções da retórica burocrática, pois os líderes do Partido muitas vezes enfileiravam adjetivos carregados, como político-ideológico (*politisch-ideologisch*) e burguês tardio (*spätbürgerlich*), antes de substantivos graves, como visão de mundo (*Weltanschauung*) e partidarismo (*Parteilichkeit*).[41] Mas os censores no Comitê Central e no Ministério da Cultura levavam a linguagem a sério e eram tremendamente sérios quando discutiam a linguagem dos autores que reprimiam. As palavras na fala da RDA tinham uma ressonância particular, mesmo quando soavam ridículas para ouvidos de fora — como no caso da referência-padrão ao Muro de Berlim como um muro de proteção antifascista (*antifaschistischer Schutzwall*).[42] Os censores ficavam especialmente preocupados quando descobriam que a nova geração de autores usava as palavras do modo errado.

Em 1981, um grupo de escritores jovens submeteu um volume de poemas e ensaios para publicação pela Academia de Artes. A HV rejeitou a autorização; porém, em vez de se submeterem a essa decisão, os autores mandaram uma carta de protesto para o ministro da Cultura. Explicaram que haviam montado a antologia, como a denominavam (aparentemente o livro não tinha um título completo), sob a instigação de um membro da Academia, Franz Fühmann, que era um mentor de autores desafetos, pertencentes à nova geração. A antologia representava a obra de 33 autores que desejavam que sua voz fosse ouvida e que estavam indignados porque as autoridades se recusavam a dialogar com eles. O protesto acabou chegando a Ursula Ragwitz, que, num memorando para Hager, recomendou que sepultassem a questão no silêncio. Os autores deviam ser orientados a levar sua queixa à Academia, e a Academia seria orientada a ignorá-la. Nesse meio-tempo, entretanto, o Partido devia responder com certas medidas que chegariam à raiz do problema, porque o caso da antologia era um sintoma de descontentamento que merecia uma atenção séria.[43]

Com a ajuda da polícia secreta, a Kultur acumulou uma enorme quantidade de informações sobre o grupo da Antologia. Ragwitz resumiu a investigação num relatório de 35 páginas, que incluía biografias dos colaboradores, descrições de seu ambiente social e análises de seus poemas. Da perspectiva da Kultur, a poesia era desconcertante — uma barafunda com um jargão ininteligível, formatos bizarros, vulgaridades, gírias e alusões cifradas a temas como poluição, tédio, rock, Wittgenstein e John Lennon. Descrita nos termos do idioma mais familiar do Partido, a antologia tinha um estilo suspeitamente burguês tardio e um conteúdo niilista.

> Várias contribuições se caracterizam pelo pessimismo, cansaço de viver [*Lebensüberdruss*] e desespero [...]. Numerosas contribuições empregam técnicas expressivas da literatura burguesa tardia, como sintaxe partida, disposição de versos para formar padrões figurativos e trocadilhos orais e visuais. Alguns textos empregam jargão, fala coloquial e vulgarismos, o que indica um tipo diferente de influência burguesa.

Além disso, Ragwitz admitia, o livro tinha um forte apelo para os jovens.[44]

Está claro que os entusiastas não conseguiam encontrar esse tipo de escrita nas livrarias, porque, como Ragwitz frisava em outro memorando, aquilo nunca seria permitido.[45] Mas os jovens poetas indignados fizeram circular cópias manuscritas da sua obra e faziam leituras privadas em seu território predileto, a região de Prenzlauer Berg de Berlim Oriental. Espiões identificaram lugares como o Alte Kaffee na Friedrichstrasse e um apartamento na Raumerstrasse nº 23, onde estudantes e jovens que haviam largado a universidade se congregavam.[46] No relato sobre uma leitura de poemas, um espião informou que 44 pessoas ouviram com entusiasmo, num apartamento, os dois poetas que haviam organizado a antologia, Uwe Kolbe e Alexander ("Sascha") Anderson. Apesar da grande dificuldade para compreender o sentido dos poemas, a plateia travou um debate animado sobre "autorrealização", "criatividade" e "integridade".[47]

O cenário artístico de Prenzlauer Berg, como mais tarde passou a ser conhecido, talvez pareça marginal demais para merecer tanta atenção. Os próprios poetas eram personalidades marginais. Sascha Anderson, por exemplo, apareceu num relatório como "Anderson, Alexander (28) — (poeta lírico). Dresden. Sem emprego fixo. Autor, pintor e compositor independente".[48] Além disso, quando os arquivos da Stasi (polícia secreta) se tornaram acessíveis após a queda do Muro, revelou-se que Anderson era um de seus espiões.[49] Mas a mídia da Alemanha Ocidental estava tão interessada quanto os agentes da Alemanha Oriental no que se passava em Prenzlauer Berg, e a publicidade do lado oeste podia causar prejuízos ao lado leste, sobretudo se enfatizasse a alienação da geração mais jovem.

O próprio Honecker prestava grande atenção à cobertura da literatura da RDA na RFA. Em abril de 1981, ele recebeu um informe de Ragwitz sobre um programa de rádio do lado oeste que difundia a ideia do desencanto dos jovens escritores na Alemanha

Oriental e, como prova, citava um artigo em *Neue Deutsche Literatur*, a revista literária do Sindicato dos Autores da Alemanha Oriental. O artigo foi escrito por Inge von Wangenheim, uma escritora respeitada de 68 anos, com credenciais impecáveis como apoiadora do regime. Ela advertiu que a literatura da RDA poderia deixar de existir por volta do ano 2000, porque os escritores que na época estavam completando trinta anos estavam tão descontentes que não dariam continuidade à tradição socialista estabelecida por seus avós. O programa foi distorcido, garantiu Ragwitz a seu chefe, e o artigo nunca deveria ter sido publicado. Ela havia repreendido o editor da revista por cometer um "erro político". Ele retrucou que o artigo recebera a autorização para publicação da HV e que Wangenheim pretendia incluí-lo numa futura coletânea de ensaios. Excluí-lo numa etapa tão avançada do processo poderia causar um escândalo, Ragwitz advertiu Hager. Apesar disso, eles podiam exigir que ela fizesse alterações e plantar resenhas críticas ao livro em número suficiente para abafar seu impacto.[50] Porém, nesse meio-tempo, a mídia ocidental continuava a causar problemas. Um programa de rádio defendeu a ideia de que os únicos representantes verdadeiros da literatura da RDA eram os autores que escaparam da censura e da "síndrome da prisão" fugindo para a RFA.[51] E um artigo do crítico alemão ocidental Manfred Jaeger afirmava que uma jovem geração de "homens ferozes" e revoltados havia se voltado contra toda a literatura oficial e repudiara a obra de uma geração de meia-idade como desprovida de interesse, exceto no caso de seu mentor, Franz Fühmann, que havia inspirado a antologia e que eles reverenciavam por permanecer fiel ao espírito crítico de Bertolt Brecht.[52] Ainda que mal orientados, os ataques expunham um problema que não podia ser ignorado. O que se ia fazer?

Ragwitz propôs dois tipos de medidas. Primeiro, o regime devia se manifestar energicamente em favor dos princípios literários estabelecidos como a linha do Partido no x Congresso do Partido em 1981. Após conduzir um estudo abrangente da literatura na RDA na década de 1970, os especialistas na Kultur haviam formulado recomendações que foram adotadas no Congresso — e suas descobertas confirmaram estudos feitos pela Academia de Ciências Sociais e pelo Instituto Central de História Literária na Academia de Ciências. Toda essa pesquisa respaldava a posição fundamental adotada pelo Partido: o estilo e o tema deviam ser entendidos como elementos cruciais na construção do socialismo. Como o IX Congresso do Partido havia determinado em 1976, a literatura devia concentrar-se "na vida cotidiana das pessoas sob o socialismo real". Socialismo real — a ordem que de fato existia na RDA — evocava o realismo socialista na escrita, não a maneira esotérica, individualista dos autores burgueses tardios, incompreensível para o povo em geral. O homem da rua procurava a literatura em busca de ajuda para entender suas próprias experiências, e a ajuda devia provir do "desenvolvimento da consciência socialista". A escrita recente da variedade burguesa tardia fazia o oposto. Ao fazer concessões ao subjetivismo e repisar as disparidades entre a experiência cotidiana e os ideais socialistas, ela se havia degenerado num tipo destrutivo de criticismo social.[53]

O Partido poderia erradicar esse tipo de literatura desencadeando uma ofensiva cultural direcionada, em primeiro lugar, aos escritores jovens da antologia. Os mais talentosos entre eles deviam ser cooptados, com uma vaga como membros do Sindicato dos Autores. (Os escritores não podiam simplesmente aderir ao sindicato; precisavam passar por um período probatório, normalmente sob a guarda de um padrinho.) Eles deviam ser nomeados membros do sindicato e receber missões que envolveriam atraentes possibilidades de viajar. Uwe Kolbe podia ser enviado para Angola e Katja Lange, para a Mongólia. Os colaboradores da antologia que haviam expressado hostilidade contra o

Partido deviam ser congelados fora do mundo literário, mas tratados com moderação. Não receberiam nenhuma autorização para publicar e seriam colocados em empregos que não tivessem nenhuma relação com a literatura. Aqueles que fossem francamente "associais e inimigos do Estado" deviam ser punidos como criminosos — ou seja, supostamente, ser mandados para a prisão ou para o trabalho na indústria de linhito, embora Ragwitz não especificasse que medidas tinha em mente.[54] Ao mesmo tempo que suprimia as atividades de Prenzlauer Berg, o Ministério da Cultura devia criar centros literários destinados a incentivar escritores jovens e o tipo correto de escrita em todas as regiões do país.[55] Nas editoras, os editores deviam ser orientados para cultivar a juventude talentosa; a HV devia desenvolver medidas adicionais; e a Kultur devia supervisionar o programa, atenta à necessidade de fomentar uma nova geração de "fornecedores de cultura" e orientá-la na direção correta.[56]

NEGOCIAÇÕES ENTRE AUTORES E EDITORES

Os memorandos que circulavam nos mais altos escalões da RDA mostravam que a censura não se limitava às atividades dos censores. Penetrava em todos os aspectos da literatura, alcançava os pensamentos íntimos dos autores e seu primeiro contato com os editores. Volker Braun definiu seu caráter numa anotação que rabiscou para si mesmo enquanto lutava para obter de um editor da Mitteldeutscher Verlag (MDV) a aprovação de um original do seu *Hinze-Kunze-Roman*, em 1983: "O sistema realiza tudo por si mesmo. O sistema censura".[57] A penetração sistêmica era mais profunda no nível mais baixo, onde autores e editores negociavam acerca do planejamento e da produção de manuscritos. Apesar de as práticas variarem, normalmente passavam pelos mesmos estágios.

Como descrito acima, a ideia para um livro devia germinar na mente de um autor, mas frequentemente se originava entre os editores das 78 editoras da RDA ou mesmo entre os censores e outros funcionários em Berlim. Como o diretor (*Verlagsleiter*) e o editor-chefe (*Cheflektor*) das editoras eram membros importantes do Partido — *apparatchiks* ou *nomenklaturas* poderosos —, exerciam grande controle ideológico. Todavia, editores situados em escalões inferiores desenvolviam relações de amizade com os autores, que em geral trabalhavam com a mesma editora — de forma especial, no caso da ficção contemporânea, a Mitteldeutscher Verlag (MDV) em Halle e Leipzig, e a Aufbau Verlag, em Berlim e Weimar.[58] Em vez de escrever por conta própria até alcançar um original acabado, os autores geralmente mandavam para os editores esboços prematuros e pequenos trechos. Os editores reagiam com sugestões de alterações e tinha início um processo de negociação, até que ambas as partes chegassem a um acordo sobre o original final. Nessa altura, o editor enviava o original datilografado para um ou mais leitores externos, que costumavam ser conselheiros de confiança, muitas vezes críticos literários ou professores universitários. Os relatórios dos leitores podiam desencadear novas rodadas de negociações e alterações. Quando um texto retrabalhado estava terminado, o editor preparava um dossiê, que incluía os relatórios dos leitores e um relatório da editora, em geral de quatro ou cinco páginas datilografadas, feito pelo editor-chefe, juntamente com informações sobre o autor, o formato, a quantidade de papel necessária, a tiragem proposta e o preço.

Então o dossiê e o texto eram encaminhados ao escritório da HV, na Clara-Zetkin-Strasse, para serem aprovados pela equipe profissional, na maneira descrita por Hans-Jürgen Wesener e Christina Horn. O processo de censura podia continuar mesmo depois da publicação do livro, porque, caso provocasse escândalo, poderia ser retirado das livrarias e destruído. Certos trechos podiam ser removidos de edições posteriores, mas também podiam ser acrescentados; pois a HV, às vezes, permitia uma edição na Alemanha Ocidental, obtendo uma autorização por meio do Departamento de Direitos Autorais (Büro für Urheberrechte). Está claro que a edição ocidental podia suscitar controvérsias; porém, quando a poeira baixava, os trechos controversos podiam ser discretamente reimpressos numa nova edição na RDA.

A censura ocorria por meio de todo um processo — e até além dele, pois autores e editores continuavam vulneráveis a sanções pós-publicação. Entretanto, a parte mais importante do processo é a mais difícil de identificar, porque acontecia no interior da cabeça do autor. A autocensura deixou poucos vestígios nos arquivos, mas os alemães orientais a mencionaram muitas vezes, sobretudo quando se sentiram livres para falar, depois da queda do Muro. Em *Der Zorn des Schafes* [A ira da ovelha], de 1990, por exemplo, Erich Loest explicou que, em 1950, quando começava sua carreira de escritor e tinha uma fé acrítica na legitimidade do regime, não teve nenhuma dificuldade para aceitar a censura, porque não conseguia imaginar que pudesse tratar qualquer assunto de alguma forma que provocasse danos à causa do socialismo. Mas depois de três décadas adaptando sua prosa segundo as exigências de editores, editoras e da HV, ele emigrou para a Alemanha Ocidental; quando retomou a atividade de escritor na RFA, deu-se conta de que uma voz interior havia sussurrado para ele durante todo aquele tempo, a cada linha que escrevia: "Cuidado, isso pode lhe trazer problemas!".[59] Ele a chamava de "aquele homenzinho verde dentro do meu ouvido".[60] Outros usavam a expressão comum "tesouras dentro da cabeça".[61] Ela existia em toda parte e levava os autores a ser cúmplices da censura, mesmo quando tentavam resistir a ela. Depois de conseguir convencer um editor a aceitar uma ou duas passagens contestadas, os escritores podiam exultar de alegria, mas ao fazê-lo, muitas vezes, com a ajuda da voz no interior de sua cabeça, eles passavam a ignorar o fato de que estavam submetendo o texto inteiro à sanção do Estado.[62] Esse processo de cumplicidade semiconsciente às vezes os levava a enganar o censor por meio de truques, mas os truques também podiam levar ao autoengano. Joachim Seyppel, romancista e crítico literário que emigrou da RDA em 1979, escreveu que os autores às vezes plantavam num original uma passagem obviamente provocadora a fim de atrair a atenção do censor, desviando-o de heresias mais sutis disseminadas em outros trechos do livro. Assim, os autores fingiam lutar com ardor para manter aquele trecho, perdiam a luta simulada e salvavam os comentários que, na verdade, desejavam que fossem publicados. Ao jogar esse jogo, no entanto, aceitavam suas regras e tornavam-se cúmplices do sistema. O homenzinho verde tinha vencido.[63]

O estágio seguinte do processo pode ser compreendido consultando os documentos da editora mais importante de ficção da RDA, a MDV, que também tive a oportunidade de estudar nos arquivos do Partido, no início da década de 1990.[64] A maior parte das informações dizia respeito a procedimentos ocorridos na década de 1980 e não deve ser usada para caracterizar a censura durante períodos anteriores e mais repressivos. Porém, na última década de existência da RDA, os arquivos das editoras mostram como o regime controlava a literatura no nível dos autores e editores. O caráter geral de todas as suas operações pode ser resumido numa única palavra: negociação. O toma lá dá cá, as exigências e as concessões, o escrever e o reescrever começavam tão logo a ideia de um livro se delineava. Nos raros casos em que um autor apresentava um original supostamente acabado, os editores se mostravam perplexos — e um pouco ofendidos. Depois que Karl-Heinz Jacobs apresentou um original "final" de seu romance *Die Stille* [Silêncio], os editores se queixaram de que ele era um dos poucos autores "que não deixavam a editora influenciar o processo de desenvolvimento de um original e, em vez disso, apresentava um original 'acabado'".[65]

A negociação era especialmente eficaz no caso de gêneros populares como romances policiais, românticos e de ficção científica. Um editor persuadiu Waltraud Ahrndt a transformar o final de *Flugversuche* [Voos experimentais], um romance do tipo rapaz namora mocinha, de modo que o casal não vivesse feliz. A moça teve de rejeitar o rapaz, porque se deu conta de que ele havia aderido ao Partido só para conquistá-la, e não por convicções comunistas autênticas.[66] Horst Czerny alterou a trama de sua história de detetive *Reporter des Glanzes* [Repórter de sociedade] segundo as recomendações de seu editor, de modo a ressaltar os aspectos negativos da vida em Bonn, na Alemanha Ocidental, onde a trama se passava — a saber, "anticomunismo, antissovietismo, neonazismo, ideologia de guerra, mentiras ameaçadoras e agitação em favor da reunificação alemã". Um dos raros livros policiais e de suspense passados na RDA, *Der Sog* [A corrente], de Jan Flieger, teve de ser reescrito várias vezes, porque um de seus personagens principais, um gerente de fábrica, era desagradavelmente estúpido. A administração num sistema socialista não poderia aparecer sob esse ângulo.[67] O mesmo problema se aplicava à ficção científica, que os editores chamavam de literatura utópica, porque descrições de sociedades futuras tinham de celebrar o inevitável triunfo do comunismo, apesar de os editores temerem que seus elementos positivos pudessem ser entendidos como criticismo "político-ideológico" implícito à ordem socialista daquele momento. Portanto persuadiram Gerhard Branstner a reformular seu *Der negative Erfolg* [O sucesso negativo], de modo que sua fantasia do futuro expressasse adequadas "considerações teóricas de um modo marxista de pensar".[68]

Seria enganoso, no entanto, reduzir a função dos editores a guardiões ideológicos. Eles dedicavam muita atenção aos atributos estéticos dos originais, trabalhavam muito próximos dos autores a fim de aprimorar o texto e dar consistência às narrativas. Até onde se pode ver pela leitura de seus relatórios, eram críticos inteligentes e cultos, que tinham muita coisa em comum com os editores em Berlim Ocidental ou em Nova York. Procuravam o talento, trabalhavam com afinco nos originais, selecionavam os leitores externos mais apropriados e acompanhavam os livros de perto, ao longo de um complexo cronograma de produção. O aspecto principal de seu dossiê, que lhes dá um aspecto diferente dos pareceres de seus colegas no lado oeste, é a ausência de qualquer referência à demanda literária. Só encontrei um comentário sobre aquilo que os leitores queriam comprar. Ao discutir *Der Holzwurm und der König* [O caruncho e o rei], Helga Duty, editora-chefe na MDV, recomendou a publicação, muito embora o livro fosse satisfazer o lamentável gosto do público por contos de fadas para adultos.[69]

Em vez de compor seu catálogo conforme os ventos do mercado, os editores tentavam combater o kitsch e muitas vezes perdiam. Duty e seus subeditores fizeram todo o possível para eliminar o "elemento pseudorromântico, patético e kitsch" dos poemas coligidos em *Luftschaukel* [Balanço no ar], mas a autora, Marianna Bruns, tinha 87 anos e estava ligada à MDV havia muitos anos. Ela admitiu retrabalhar o original — mas só até certo ponto. No fim, os editores fizeram a maior parte das concessões e, com relutância, recomendaram que o livro recebesse uma autorização para publicação.[70] Recusaram-se a se mostrar igualmente flexíveis ao tratar com Hans Cibulka, embora ele tivesse 65 anos e publicasse seus livros na MDV havia trinta anos. Seu volume de poemas, *Seid ein Gespräch wir sind* [Nós somos uma discussão], era pessimista e "adialético" demais, porém, acima de tudo, misturava metáforas e fazia mau uso da imagística. Após demoradas negociações, rejeitaram o original, comentando que "é impossível 'trabalhar' com ele como ocorre com um autor debutante".[71]

"Trabalhar" com os autores podia ser algo tão intenso que beirava a colaboração. Joachim Rähmer era um "debutante" cujo primeiro romance, *Bekentnisse eines Einfältigen* [Confissão de um simplório], teve de ser completamente reescrito. "O trabalho com esse romance, sobretudo no processo dos rascunhos, foi muito árduo", queixou-se seu editor.[72] Werner Reinowski provocou mais dores de cabeça ainda. Durante dez anos após a publicação de um de seus romances, não parou de apresentar propostas para livros novos, que a MDV sempre rejeitava. Os editores, finalmente, aceitaram seu plano para um romance intitulado *Hoch-Zeit am Honigsee* [Casamento no mar de mel], que tinha um tema devidamente proletário, mas carecia de uma linha narrativa vigorosa. Após seis anos de debates e seis versões completas do livro, os editores receberam um original difícil de aceitar. Ele não apresentava problemas ideológicos. Ao contrário, era dogmático em demasia. Reinowski negligenciava o aspecto estético da escrita de maneira tão clamorosa que tratava a literatura como nada mais do que um meio para propagar o programa social do Partido. Em seu relatório, os editores disseram que já estavam fartos. Haviam trabalhado com o máximo empenho no livro, assim como o autor, e não queriam publicar mais nada dele.[73]

A maioria dos autores se mostrava maleável e as negociações com eles envolviam um genuíno toma lá dá cá. Os editores às vezes acatavam a recusa de um autor em aceitar sugestões, mesmo quando um original parecia insuficientemente marxista.[74] Com mais frequência, eles insistiam nas alterações, mas diplomaticamente e acompanhadas de concessões suficientes para torná-las palatáveis. *Wir Flüchtlingskinder* [Nós, filhos dos refugiados], um romance autobiográfico de Ursula Höntsch-Harendt, tratava do tema explosivo da expulsão dos alemães sudetos da Silésia, depois que ela se tornou território da Polônia, como foi determinado pelo Tratado de Potsdam, de 26 de julho de 1945. Os editores exigiram alterações que reforçariam a versão da RDA sobre os fatos e contra-atacariam a história "revanchista" da RFA. Além das alusões históricas, o personagem principal do romance deveria ser transformado e Höntsch-Harendt teve até de modificar a versão fictícia de seu pai, que ela retratara como um social-democrata de maneira simpática demais. Ela também teve de cortar uma cena de estupro, que lançava um reflexo ruim sobre o Exército Vermelho, e atenuar sua demonização de Hitler, que dava peso demais à influência de uma única pessoa no mal do fascismo. Graças ao trabalho árduo dos editores e à cooperação da autora, sancionaram um texto que correspondia à "verdade histórica" e, assim acreditavam, ajudaria a determinar sua compreensão pela geração mais jovem.[75]

Dossiê após dossiê, podemos ver como os editores moldaram a ficção da Alemanha Oriental, cortando trechos, reordenando narrativas, alterando a natureza dos personagens e corrigindo alusões a questões históricas e sociais. Fosse pesada, fosse leve, a editoração envolvia considerações estéticas bem como ideológicas e era aceita tanto por autores como por editores como um aspecto essencial do jogo da negociação acerca de um original. Ocorriam conflitos, mas os relatórios dos editores transmitem uma atmosfera antes de respeito mútuo do que de luta e repressão. Claro que devemos levar em conta seu viés, e eles não dizem nada sobre os autores que rangiam os dentes e maldiziam o sistema por podar sua prosa ou excluí-los por completo. Todavia, como um balanço da rotina do dia a dia, os dossiês sugerem um processo de negociação constante e viável. Helga Duty exprimiu o tom dominante dos editores quando observou, na conclusão de seu relatório sobre *Buna: Roman eines Kunstoffes* [Buna: Romance de tema sintético], de Manfred Künne, um romance de aventura sobre a competição americana-alemã para produzir a borracha sintética durante a Segunda Guerra Mundial: "A colaboração entre o autor e a editora foi frutífera e cheia de confiança, em todas as etapas".[76]

O processo de checagem não parava aí, porque, depois que o original era aprovado por um editor, tinha de satisfazer as exigências de leitores externos e, por fim, dos censores na HV. Os editores solicitavam relatórios de leitores externos de modo bem semelhante ao que fazem no mundo não comunista. Eles tinham contatos pessoais entre professores universitários e especialistas em muitos campos do conhecimento e tinham condições de guiar um dossiê para uma conclusão favorável, conforme sua seleção de leitores. De sua parte, os leitores preparavam relatórios com bastante cuidado. Em geral, produziam três ou cinco páginas de comentários sobre a substância, o estilo e, se necessário, a correção ideológica; e ganhavam um honorário de quarenta a sessenta marcos alemães orientais por seu trabalho. Até histórias policiais recebiam uma verificação crítica. Os editores mandavam os livros para funcionários especiais nas forças policiais (*Volkspolizei*) quando precisavam de uma avaliação sobre as minúcias da coleta de provas e da realização de autópsias.[77]

Considerações políticas pesavam bastante nos relatórios sobre obras de ciências sociais e história. *So war es: Lebensgeschichten zwischen 1900-1980* [Foi assim: Histórias de vida entre 1900 e 1980], um estudo sociológico sobre uma fábrica de lâmpadas, de Wolfgang Herzberg, exigiu uma boa quantidade de intervenções dos editores, porque se baseava em entrevistas com operários que exprimiam memórias "politicamente despreparadas" e "adialéticas" de sua experiência sob o Terceiro Reich. Depois de persuadir Herzberg a reescrever várias vezes o original, os editores julgaram o texto pronto para publicação; mas os leitores discordaram. Um deles objetou que o texto não conseguia ressaltar o respaldo capitalista e monopolista do hitlerismo, e outro insistia em afirmar que citações de entrevistas orais deviam ser reescritas para que o proletariado parecesse mais revolucionário. Os editores acataram e o autor reescreveu mais uma vez o livro, antes que ele pudesse ser enviado, com os relatórios, para a aprovação final da HV.⁷⁸

Quando os dossiês chegavam aos escritórios da Clara-Zetkin-Strasse, recebiam uma censura mais profissional. À diferença dos editores e dos leitores, os censores na HV avaliavam o texto segundo seu lugar no âmbito da produção geral de livros — ou seja, tudo aquilo abrangido pelo Plano anual — e, ao mesmo tempo que adotavam uma visão ampla da literatura, mantinham-se atentos não só a expressões inaceitáveis como a problemas que pudessem ser levantados por seus colegas na Kultur. Marion Fuckas, uma funcionária da HV que se concentrava em poesia e ficção, exemplifica como ocorria esse tipo de checagem. Ela sublinhava trechos nos relatórios que lhe pareciam importantes; caso correspondessem à sua própria leitura do original, escrevia "De acordo com os relatórios dos editores", na primeira página do dossiê.⁷⁹ *Errinerung an eine Milchglasschleibe* [Recordações de uma vidraça de janela congelada], um volume de poemas de Steffen Mensching, serve como exemplo de como ela tratava um dossiê problemático. Os trechos sublinhados chamavam atenção para a tendência de Mensching desenvolver uma "ênfase crítica" quando tratava de temas sensíveis como militarismo. Mas um longo relatório de Sylvia e Dieter Schlenstedt, os leitores externos de maior confiança da MDV, apaziguou tal preocupação. Eles explicaram que travaram contato pessoal com Mensching, o qual exercia um apelo especial sobre as jovens gerações, e o haviam persuadido a retirar alguns poemas e alterar outros. Portanto ele podia ser promovido como um poeta que combinava "talento artístico e uma posição estética basicamente marxista", expressão que Fuckas sublinhou no relatório da editora Helgar Duty. Eberhard Günther, diretor da MDV que antes havia trabalhado como censor na HV, ratificou esse julgamento numa carta que enfatizava a boa vontade de Mensching para fazer alterações no texto. A exemplo dos Schlenstedt, Günther havia conversado com ele e o persuadira a inserir dois poemas, que nada tinham de polêmico, em lugar de "Nachtgedanken", que havia causado problemas. Tranquilizada por esses itens do dossiê, Fuckas deu sua aprovação, comentando que o "problema especificamente político" tinha sido resolvido.[80]

Ela hesitou em aprovar um romance de Claus Nowak, *Das Leben Gudrun* [A vida de Gudrun]. Apesar de o editor ter recomendado o livro, o relatório de um leitor advertiu que o emprego de técnicas literárias burguesas tardias por Nowak tornava difícil acompanhar a narrativa. Fuckas marcou essa passagem do relatório e expandiu o comentário num memorando de sua autoria. Ela não conseguiu encontrar na narrativa nenhum "fio de Ariadne" que lhe permitisse captar o que o autor estava tentando dizer. Será que a estética burguesa tardia transmitia uma mensagem ideológica?, perguntava. Ela evitou declarar isso abertamente, mas está claro que acreditava que sim; contudo sentiu-se impelida a se manifestar contrária à crescente tendência dos autores de escrever de um modo que os manteria alijados do público de massa. A obscuridade estilística no romance de Nowak não podia ser corrigida com cortes e acréscimos, porque perpassava todo o texto. Mas pelo menos ele não transgredia a correção do Partido e por isso ela não se opunha à sua publicação.[81]

Fuckas tratava os originais mais convencionais conforme os procedimentos consagrados da HV. Um livro sobre Moçambique e a experiência dos africanos na Europa teve de ser purgado de sugestões de que podia haver racismo na RDA. Ela conferiu uma lista de alterações sugeridas por um leitor para verificar se tinham sido incorporadas no texto final e, em seguida, encaminhou o livro para o Ministério do Exterior, para obter sua sanção.[82] Quando uma colega da HV criticou a debilidade do final de um romance, Fuckas concordou, rejeitando a recomendação de

Helga Duty, que havia enfatizado o fato de os editores terem trabalhado em estreita colaboração com o autor em quatro versões do original, copiosamente reescritas. O texto voltou para a editora, que então teve de produzir uma quinta versão do livro, antes de ele receber, enfim, a autorização para publicação.[83] Fuckas também rejeitou a recomendação da MDV para autorizar um livro de memórias sobre a infância de um escritor em Königsberg. Embora o texto permanecesse fiel à linha do Partido no seu tratamento do "realismo social", era demasiado sentimental ao retratar a mãe do autor e indulgente em excesso ao relatar a acomodação do pai em relação aos nazistas. Os editores enfatizaram que haviam trabalhado arduamente em colaboração com o autor a fim de corrigir essas tendências, mas Fuckas devolveu o texto, ordenando que trabalhassem ainda mais.[84]

Apesar de tais episódios, os censores em Berlim não tratavam os editores como se fossem subalternos numa cadeia de comando. Às vezes, os editores passavam por cima de recomendações que chegavam da HV,[85] e as trocas de ideias se passavam numa atmosfera de respeito mútuo e profissionalismo compartilhado. Não era necessário lembrar a ninguém que o Partido tinha o monopólio do poder e seus membros ocupavam todas as posições importantes nas editoras, bem como na administração. Mas eles exerciam o poder de várias maneiras, em vários pontos no interior do sistema, e em todos havia espaço para algum grau de negociação. Ela envolvia uma variedade de papéis e de relações — entre autores e editores, editores e leitores externos, a editora e a HV, a HV e a Divisão de Cultura do Comitê Central do Partido, até mesmo entre indivíduos que ocupavam os postos mais elevados do regime — Höpcke, Hoffmann, Ragwitz, Hager e Honecker. E, o mais importante de tudo, se passava no interior da cabeça dos autores. Portanto, longe de ser algo restrito aos profissionais da HV, a censura perpassava todo o sistema. Era aceita por todos

— autores e editores, além de burocratas e *apparatchiks* — como um aspecto essencial do processo de transformar um original num livro.

FORTES BATIDAS NA PORTA

No entanto, a noção de negociação dificilmente faz justiça ao processo. Concentrar-se no lado trivial e rotineiro da censura é correr o risco de tornar tudo gentil demais. O regime governava por meio da violência, como foi demonstrado na repressão do levante de Berlim em 17 de junho de 1953, e como todo mundo podia ver pelas tropas soviéticas de 500 mil soldados estacionadas por todo o país, até o colapso da RDA. Menos visíveis, porém mais disseminadas, eram as atividades da polícia secreta (Stasi). Autores e editores sabiam que eram vigiados e registrados, mas não tinham a menor ideia da extensão da vigilância até que os arquivos da Stasi se tornaram acessíveis, após a queda do Muro. Kutz Rathenow descobriu que sua pasta na Stasi continha 15 mil páginas.[86] A de Erich Loest abrangia 31 dossiês, cada um com trezentas páginas, apenas entre os anos de 1975 e 1981. Primeiro ele percebeu que alguém havia grampeado seu telefone, em 1976. Depois que leu sua pasta, em 1990, soube que a Stasi havia gravado todas as suas conversas telefônicas, feito um mapeamento completo de seu apartamento e criado dossiês tão minuciosos sobre seus amigos e parentes que os arquivos poderiam ser lidos como uma biografia dele em vários volumes, mais abrangente do que qualquer coisa reconstituída a partir de sua memória e de seus próprios documentos.[87] À medida que os dossiês foram vindo à luz, os alemães orientais ficaram espantados ao ver que as informações tinham constituído a espinha dorsal do poder no Estado policial, graças a uma colaboração irrestrita — amigos que davam informações sobre amigos, maridos e esposas que se traíam mutuamente, até dissidentes que faziam relatórios sobre as atividades literárias, entre eles Christa Wolf, que, por breve tempo, colaborou com a Stasi como uma "IM" (*Inoffizieller Mitarbeiter*, ou informante), sob o codinome de Margarete.[88]

Embora a densidade da coleta de informações tenha aumentado no decorrer da última década do regime, a repressão reduziu gradualmente. A RDA era considerada um bastião do stalinismo ainda muito depois de 1956, quando Nikita Khruschov iniciou o irregular processo de desestalinização, no XX Congresso do Partido na União Soviética. Mas o rigor das sanções contra os intelectuais variava conforme a temperatura da época. O pior período ocorreu após a repressão do levante em Berlim de 1953 e na Polônia e na Hungria em 1956. Seus efeitos na edição de livros podem ser avaliados pelas memórias de Walter Janka, que foi purgado como diretor da Aufbau-Verlag em 1956 e contou toda a história de sua perseguição, com a ajuda dos arquivos da Stasi, depois da queda do Muro.

Seria difícil imaginar um comunista mais inveterado do que Janka.[89] De origem na classe trabalhadora, fez parte de um grupo da juventude comunista até ser preso pela Gestapo em 1933, aos dezenove anos. Após dezoito meses na prisão, foi exilado para a Tchecoslováquia; voltou para a Alemanha como militante clandestino; uniu-se às forças contrárias a Franco na Guerra Civil Espanhola; subiu posições e se tornou comandante da Divisão Karl Marx; distinguiu-se em muitas batalhas e foi ferido três vezes; no fim da guerra, ficou preso com suas tropas durante três anos. Em 1941, fugiu da prisão e partiu para o México, via Marselha, Casablanca e Havana. Passou os anos da guerra na Cidade do México como diretor (e tipógrafo) de uma pequena editora que publicava obras de exilados alemães, como sua amiga Anna Seghers e Heinrich Mann, dois romancistas proeminentes. De volta a Berlim em

1947, Janka trabalhou em tempo integral para o Partido, até ser nomeado diretor da Aufbau-Verlag, que ele transformou na mais importante editora da Alemanha Oriental no ramo da ficção e das belas-letras no período pós-guerra. Na época do levante húngaro, ele ocupava uma posição importante, para a qual política e cultura convergiam, na RDA. Portanto estava bem situado para intervir quando recebeu um telefonema de Anna Seghers, que disse que toda a comunicação com Budapeste tinha sido cortada e que George Lukács, o filósofo e crítico literário que era um dos autores mais importantes da editora Aufbau, parecia estar em perigo — supostamente por ser vítima das forças "contrarrevolucionárias" que haviam derrubado o regime comunista. Seghers pôs Janka em contato com seu amigo e colega escritor Johannes R. Becher, que na época era o ministro da Cultura, e Becher tomou providências para que Janka se incumbisse de uma missão secreta, com um carro e um motorista fornecido pelo ministério, a fim de negociar a libertação de Lukács de qualquer confinamento a que porventura estivesse submetido.

Como Janka recontou o episódio em suas memórias, *Schwierigkeiten mit der Wahrheit* [Problemas com a verdade], a missão de resgate foi cancelada no último minuto por Becher, que fora informado pelo chefe do Partido, Walter Ulbricht, de que os soviéticos iam resolver a situação. Na verdade, Lukács não tinha sido capturado pelos revolucionários húngaros. Tinha se aliado a eles e servira como ministro no governo antissoviético de Imre Nagy, até que os soviéticos o suprimiram. Embora Nagy e outros tenham sido processados e executados em segredo, Lukács acabou recebendo autorização para se retratar e retomar seu trabalho de filósofo. Enquanto isso, a Stasi levou Janka, algemado, para a prisão. Recebeu ordem de ficar diante de um quadro enorme de Stálin e depois, quando as algemas foram retiradas, despir-se para se submeter a uma revista, que incluiu todos os seus orifícios. Recebeu permissão de vestir-se e foi levado para uma cela subterrânea, fétida e sem janela, onde permaneceu separado do resto do mundo por oito meses. Foi interrogado, insultado e intimidado, mas não foi torturado. Seu crime, como veio a saber depois, era uma conspiração que ele supostamente planejava com um grupo de intelectuais inspirados por Lukács, para derrubar o Partido e instalar o capitalismo. Quando, afinal, foi levado a julgamento, viu Anna Seghers, a viúva de Brecht, Helene Weigel, e outras figuras literárias proeminentes, que eram seus amigos, sentados na primeira fila. Mantinham-se em silêncio, olhando reto, para a frente. O regime havia exigido que testemunhassem a humilhação de Janka, como uma forma de indicar o início de um novo ciclo de stalinização e de chamar os intelectuais à obediência. Janka pretendia convocar Johannes Becher para testemunhar em sua defesa, pois Becher havia não só planejado a missão abortada de resgatar Lukács como tinha até proposto liberalizar a vida intelectual na RDA, desmontando o departamento de censura. Porém Becher não estava acessível. Dera uma guinada de 180 graus, seguindo a linha do Partido, e os trâmites no tribunal prosseguiram conforme o modelo clássico stalinista de julgamento-espetáculo. Janka não foi fuzilado, mas foi condenado a cinco anos de confinamento na solitária (nenhum contato com o mundo exterior, exceto as visitas da esposa, limitadas a duas horas por ano) em Bautzen, a prisão que os comunistas haviam tomado do campo de concentração nazista.[90]

Janka recontou sua prisão e seu julgamento sem um pingo de autopiedade ou dramatização. De fato, ele observou que os períodos anteriores do stalinismo na RDA haviam sido piores. Intelectuais e políticos tinham sido sequestrados, torturados e condenados em julgamentos secretos. Alguns haviam desaparecido na Sibéria. Outros enlouqueceram e cometeram suicídio.[91] Ainda que não se equipare a outros episódios de brutalidade, contudo, o julgamento e a prisão de Janka deram início a uma nova onda de repressão cujo intuito era exterminar qualquer infecção ideológica que pudesse alcançar a RDA, a partir da Hungria e da Polônia, ou que pudesse se propagar, a partir dos intelectuais no interior da Alemanha Oriental. A ligação de Janka com Lukács serviu de pretexto para uma campanha cujo fim era sufocar uma suposta conspiração contrarrevolucionária que se teria formado nos escritórios da Aufbau-Verlag e do *Sonntag*, um semanário cultural dirigido por editores ligados à Aufbau. Suas equipes foram purgadas; muitos editores foram presos e substituídos por *apparatchiks*, que cuidaram para que nada que fugisse da linha do Partido fosse publicado. A Stasi espalhou terror entre os intelectuais, prendendo estudantes, professores, jornalistas, escritores e diversas "pessoas que pensavam diferente" (*Andersdenkender*) — 87, durante 1957.[92] Após um leve degelo, portanto, o stalinismo voltou com força total na RDA naquele ano. Ele funcionou como a ponta de lança da censura, sobretudo depois da construção do Muro de Berlim, em 1961, e continuou a inibir o trabalho de edição durante as duas décadas seguintes.

A carreira de Erich Loest, um autor especializado em diversos gêneros de literatura ligeira, ilustra a recorrência da repressão após a década de 1950. A exemplo de Janka, Loest recontou sua experiência num livro de memórias, suplementado por um volume de documentos extraídos dos arquivos da Stasi.[93] Ele pertencia a uma nova geração de escritores do Instituto Literário Johannes R. Becher da Universidade de Leipzig, onde absorviam o marxismo de espírito aberto advogado pelo filósofo Ernst Bloch e pelo pesquisador literário Hans Mayer — dois professores universitários mantidos sob estrita vigilância da Stasi. (Bloch emigrou para a Alemanha Ocidental na esteira do caso Janka e Mayer ficou até 1963, quando foi para o exílio.) Loest se destacava entre os estudantes, na visão da Stasi, porque participava de discussões desinibidas sobre a desestalinização. Em novembro de 1957, foi processado e sentenciado a sete anos e meio de prisão rigorosa — também em Bautzen. Após sua libertação, acreditou que não poderia mais fazer parte do mundo fechado da literatura da RDA. Mas certo dia topou com seu editor na MDV, que sugeriu que escrevesse contos policiais, contanto que usasse um pseudônimo e situasse a ação das narrativas em países capitalistas, onde ele podia fazer alusões aos males sociais.

Loest produziu em sequência tantas histórias de suspense que, em pouco tempo, foi capaz de ganhar a vida como autor independente. Mantinha uma presença discreta, vivia modestamente em Leipzig e evitava contato com o Sindicato dos Autores, do qual tinha sido expulso. Apesar de suas precauções, acabou tendo problemas com a censura. Toda a tiragem de um romance de espionagem teve de ser destruída porque continha uma referência a um agente secreto da União Soviética; e ele precisou fazer muitos cortes num *Krimi* passado na Grécia, porque os censores acharam que trechos descritivos poderiam ser tomados como alusões veladas a problemas na RDA. Mas em 1970 Loest havia se firmado como um autor de sucesso e seus amigos o instigaram a escrever livros mais sérios.

A MDV pensava de outra forma. Seu diretor, Heinz Sachs, que havia incentivado Loest tanto antes como depois de sua prisão, se atrevera a publicar duas obras controversas, *Nachdenken über Christa T* [A busca de Christa T], de Christa Wolf, e *Buridans Esel* [O asno de Buridan], de Günter de Bruyn; e fez isso em 1968, quando a Primavera de Praga e a invasão soviética da Tchecoslováquia suscitaram novos temores de agitação na RDA. Embora os autores tenham superado o escândalo, Sachs foi obrigado a publicar uma confissão a respeito da sua inadequação ideológica em *Neues Deutschland*, o jornal oficial do SED, e depois foi demitido. Loest disse que ele se tornou professor do ensino fundamental, sucumbiu ao alcoolismo e morreu na obscuridade, como um homem destruído. O novo diretor da MDV, Eberhard Günther, e a editora-chefe, Helga Duty, eram *apparatchiks* que seguiam estritamente a linha do Partido, conforme o relato de Loest acerca de suas relações com eles. Recusaram, de modo cabal, a publicação de *Schattenboxen* [Luta de boxe com a sombra], um romance passado na RDA, cujo herói não conseguia retomar a vida normal depois de passar um tempo na prisão em Bautzen. Outra editora, Neues Leben, achou o manuscrito aceitável — exceto por um problema: os censores da HV não permitiriam o uso da palavra Bautzen, que evocava um paralelo infeliz entre a tirania nazista e a RDA. Loest aceitou que a editora retirasse a palavra; quando o livro foi publicado, ele se deu conta de que a editora, uma jovem simpática que mais tarde desertou para Berlim Ocidental, havia se esquecido, sem dúvida deliberadamente, de apagar "Bautzen" em duas passagens do texto.

Em 1974, Loest começou a negociar com a MDV a publicação de outro romance, *Es geht seinen Gang* [Ele segue seu caminho], que tratava de um problema social não admitido na RDA — a saber, a dificuldade para jovens com formação técnica de avançar na carreira. Günther gostou da ideia o suficiente para oferecer um contrato preliminar, mas Duty e um subeditor julgaram as sucessivas versões apresentadas passíveis de objeção, assim como os leitores externos que escolheram para apresentar pareceres. Em 1976, Loest estava numa posição de barganha relativamente fortalecida, porque seus editores haviam vendido 185 mil exemplares de seus livros, que já tinham muitas edições. Mas ele queria muito viajar para o lado oeste e, portanto, estava disposto a se mostrar flexível. Por fim, em abril de 1977, ele e Günther sentaram-se a uma mesa e negociaram em torno de uma versão final do livro. Günther, que tinha sido censor na HV, encontrara 26 páginas politicamente inaceitáveis. O capítulo "mais quente", que continha comentários provocadores em torno de uma manifestação em favor da paz em que um cão da polícia cravava as presas nas nádegas do herói, tinha de ser drasticamente cortado, insistiu Günther. De outro modo, ele não admitiria mandar o original para a HV. Loest protestou, mas então pegou uma caneta esferográfica e riscou todas as frases ofensivas que Günther foi indicando. Continuaram nesse trabalho durante horas, Günther insistindo e Loest resistindo:

> Então a questão era de uma palavra ali, de uma linha aqui e da falta de clareza em determinado conceito. Após a nona objeção, falei: "Vamos lá, Eberhard, deixe-me ganhar um pouco. É necessário para meu respeito próprio". "Não a próxima", disse ele. "A seguinte." Após três horas, a tensão havia diminuído e perguntei se ele não podia fazer uma pausa para tomarmos uma bebida amigavelmente. "Primeiro, só mais algumas coisinhas", disse ele. No fim, Günther já não sabia mais qual tinha sido sua objeção a determinadas maneiras de dizer. "Aquilo ali... não é tão importante. Este aqui... Bem, vamos deixar assim mesmo. E esse..." E eu admitia: "Eberhard, nesse caso você tem razão".
>
> Então relaxamos um pouco, comovidos com a ideia daquilo que tínhamos deixado para trás [...]. Sentimos respeito um pelo outro, como lutadores de boxe que se esmurraram até o último assalto.[94]

Devidamente atenuado, *Es geht seinen Gang* foi publicado em 1978, tanto na RDA como na RFA, com a autorização do Departamento de Direitos Autorais. Foi um grande sucesso. Como recompensa por sua cooperação, Loest teve permissão para dar palestras na Alemanha Ocidental, onde foi saudado por plateias que o admiravam e editoras desejosas de grandes vendas. Depois, as coisas esfriaram. O *Frankfurter Allgemeine Zeitung*, influente jornal diário da Alemanha Ocidental, publicou um artigo que tratava *Es geht seinen Gang* como um sinal da presença de um profundo descontentamento na RDA. Os líderes do Partido, sempre sensíveis a qualquer publicidade embaraçosa no lado oeste, mandaram repreensões formais para Günther e Duty, por não terem conseguido manter um controle adequado sobre as publicações da MDV. Enquanto isso, Loest escrevia um livro autobiográfico de memórias em que recontava suas dificuldades com o Partido. Günther não tomou o livro em consideração. A obra não poderia ser publicada na Alemanha Oriental, advertiu ele; e, caso fosse publicada no lado oeste, a carreira de Loest na RDA estaria encerrada. Pouco depois, ele trouxe mais notícias ruins: a HV havia recusado a autorização para uma segunda edição de *Es geht seinen Gang*. A interdição poderia ser revogada, sugeriu ele, caso Loest aceitasse fazer mais cortes; mas o autor recusou. Como a primeira edição continuava a circular, a HV tentou mitigar seu efeito na opinião pública patrocinando resenhas hostis ao livro nos periódicos mais importantes da RDA. Também ordenou ao Departamento de Direitos Autorais que rejeitasse o pedido de Loest para autorizar uma edição de seus contos na Alemanha Ocidental. Anos mais tarde, quando examinou seus 31 parrudos dossiês nos arquivos da Stasi, Loest descobriu que aquelas medidas representavam uma grande campanha promovida pela Stasi e pela HV para incriminá-lo como um agente do inimigo. Em março de 1981, ele estava farto. Loest se deu conta de que não poderia continuar a ser escritor na RDA; e, quando partiu em sua viagem seguinte para a RFA, ficou por lá.

Naquela época, a Alemanha Ocidental havia acumulado uma grande população de expatriados da Alemanha Oriental. O mais famoso deles era Wolf Biermann, o poeta e cantor contestador, de uma sagacidade cortante. Ele havia recebido autorização para partir para a RFA numa turnê, em novembro de 1976. Mais tarde, depois de uma apresentação em Colônia, o Politburo do Partido, dramaticamente, destituiu-o de sua cidadania e se recusou a permitir seu regresso. Vinte escritores de destaque da Alemanha Oriental — inclusive Christa Wolf, Stefan Heym, Franz Fühmann e Volker Braun — assinaram uma carta de protesto, difundida pela agência France-Presse e mais tarde assinada por mais cem intelectuais. Uma onda de inquietação varreu a RDA, seguida por uma onda de repressão. Estudantes foram presos, escritores entraram numa lista negra, dissidentes foram silenciados. Sarah Kirsch, Jurek Becker, Günter Kunert e outros autores de destaque foram para o exílio. Jürgen Fuchs foi preso por nove meses e depois partiu para a RFA. Robert Havemann foi posto em prisão domiciliar e assim permaneceu por dois anos e meio. Stefan Heym foi expulso do Sindicato dos Autores e excluído das editoras da Alemanha Oriental. Christa Wolf pediu exoneração do Comitê Central do Sindicato dos Autores, e seu marido, Gerhard Wolf, foi expulso do SED, assim como Becker, Ulrich Plenzendorf e Karl-Heinz Jakobs. Rudolf Bahro, autor de *Die Alternative*, uma crítica marxista da sociedade da RDA, publicada de modo sub-reptício na Alemanha Ocidental, foi preso, condenado a oito anos de prisão e, por fim, banido do país. Outros escritores ficaram num "exílio interno". Em vez de aceitar negociar com as editoras, eles escreviam "para a gaveta", segundo uma expressão corrente, e perderam a esperança nas promessas de liberalização. Erich Honecker pareceu fazer essa promessa seis meses depois de assumir o poder, quando declarou, no VIII Congresso do Partido, em dezembro de 1971, que não existiriam mais "tabus na arte e na literatura".[95] O caso Biermann pôs a nu a vacuidade daquela afirmação e sugeria que os escritores teriam de enfrentar uma rigorosa modalidade de censura enquanto permanecessem na RDA.[96]

 No entanto os escritores que ficaram nunca abandonaram suas convicções socialistas. Apesar dos recorrentes episódios de repressão, em geral eles se mantinham firmes em sua determinação de trabalhar dentro do sistema. É claro, a maioria não tinha opção e, portanto, continuava a tocar sua carreira, fazendo concessões quando necessário. Mas descrevê-los como carreiristas seria ignorar as coerções intrínsecas a seu mundo. Eles aceitavam a realidade do que conheciam como "socialismo real" — termo que, muitas vezes, usavam para definir o caráter imperfeito, mas superior, da sociedade da Alemanha Oriental — e, até onde se pode ver, conservaram a crença em sua legitimidade fundamental. Christa Wolf, que nunca se desviou dos compromissos com os ideais socialistas da RDA, exprimiu essa posição quando foi entrevistada durante uma viagem à Itália. Segundo uma transcrição de seus comentários que ficou registrada nos arquivos do Partido, ela havia aceitado os cortes dos censores em sessenta páginas de *Kassandra* porque entendia que a literatura cumpria um papel particular no socialismo real:

> A literatura na RDA tem uma função especial, muito maior do que nos países ocidentais. Por isso ela deve cumprir tarefas que no lado oeste são preenchidas pelo jornalismo, pela crítica social e pelo debate ideológico. As pessoas esperam dos escritores respostas sobre uma ampla gama de questões que, nos países ocidentais, são objeto da preocupação de instituições.

Portanto, ela esposava uma ideia relativista da censura propriamente dita:

> Não conheço nenhum país no mundo em que não exista censura ideológica ou censura do mercado. Não me considero uma vítima. Eu seria uma vítima se a censura se tornasse autocensura. Eu me considero uma combatente que procura expandir o alcance daquilo que é permitido dizer.[97]

[...] Die Einsicht, daß unser aller physische Existenz von den Verschiebungen im Wahndenken sehr kleiner Gruppen von Menschen abhängt, also vom Zufall, hebt natürlich die klassische Ästhetik endgültig aus ihren Angeln, ihren Halterungen, welche, letzten Endes, an den Gesetzen der Vernunft befestigt sind. An dem Glauben, daß es solche Gesetze gebe, weil es sie geben müsse. Eine tapfere, wenn auch boden-lose Anstrengung, zugleich der frei schwebenden Vernunft und sich selbst ein Obdach zu schaffen: in der Literatur. Weil das Setzen von Worten an Voraus-setzungen gebunden ist, die außerhalb der Literatur zu liegen scheinen. Auch an ein Maß, denn die Ästhetik hat doch ihren Ursprung auch in der Frage, was dem Menschen zumutbar ist.

Die Homeriden mögen die ihnen zuhörende Menschenmenge durch ihre Berichte von lange vergangenen Heldentaten vereinigt und strukturiert haben, sogar über die sozial gegebenen Strukturen hinaus. Der Dramatiker des klassischen Griechenland hat mit Hilfe der Ästhetik die politisch-ethische Haltung der freien, erwachsenen, männlichen Bürger der Polis mitgeschaffen. Auch die Gesänge, Mysterienspiele, Heiligenlegenden des christlichen mittelalterlichen Dichters dienten einer Bindung, deren beide Glieder ansprechbar waren: Gott und Mensch. Das höfische Epos hat seinen festen Personenkreis, auf den es sich, ihn rühmend, bezieht. Der frühbürgerliche Dichter spricht in flammendem Protest seinen Fürsten an und zugleich, sie aufrührend, dessen Untertanen. Das Proletariat, die sozialistischen Bewegungen mit ihren revolutionären, klassenkämpferischen Zielen inspirieren die mit ihnen gehende Literatur zu konkreter Parteinahme. — Aber es wächst das Bewußtsein der Unangemessenheit von Worten vor den Erscheinungen, mit denen wir es jetzt zu tun haben. Was die anonymen nuklearen Planungsstäbe mit uns vorhaben, ist unsäglich; die Sprache, die sie erreichen würde, scheint es nicht zu geben. Doch schreiben wir weiter in den Formen, an die wir gewöhnt sind. Das .heißt: Wir können, was

110

Duas páginas da edição da Alemanha Oriental de Kassandra, *de Christa Wolf, com uma passagem da edição sem censura da Alemanha Ocidental, que circulava em segredo na RDA. A passagem devia ser inserida no alto da página 110 no espaço indicado*

Die Oberkommandos der Nato und des Warschauer Pakts beraten über neue Rüstungsanstrengungen, um der angenommenen waffentechnischen Überlegenheit des jeweiligen "Gegners" etwas Gleichwertiges entgegensetzen zu können.

— Seite 110 —

pelas reticências entre colchetes. Wolf aceitou os cortes feitos pelos censores, mas tinha credenciais suficientes para exigir que eles fossem indicados por reticências.

Estando comprometidos dessa forma com o sistema, os mais famosos escritores da RDA recebiam um tratamento especial.[98] Em geral, publicavam suas obras simultaneamente nas duas Alemanhas, sempre com permissão que as autoridades na Alemanha Oriental concediam com muita alegria, porque a RDA precisava desesperadamente dos marcos da Alemanha Ocidental e ficava com a maior parte dos direitos autorais. É claro, as edições ocidentais muitas vezes continham trechos que os censores cortavam nos exemplares que eles deixavam circular na Alemanha Oriental. Mas o material cortado alcançava os leitores na RDA por meio de exemplares contrabandeados e reproduções datilografadas ou fotocopiadas das páginas relevantes — ou seja, na prática, circulação *samizdat*.

Christa Wolf exercia tanta influência sobre as autoridades que exigiu que a HV pusesse reticências para assinalar sete trechos cortados em *Kassandra* (1983).[99] Elas indicavam para os leitores na RDA que havia ocorrido censura, isso numa época em que países do bloco soviético protestavam contra a instalação de mísseis americanos de médio alcance na Europa Ocidental. Então as versões completas das passagens ofensivas, em cópias datilografadas da edição da Alemanha Ocidental, circulavam em pedaços de papel que podiam ser inseridos nos locais corretos. Eu recebi uma série de acréscimos. Depois de incluí-los num exemplar de *Kassandra* publicado na Alemanha Oriental, descobri que o texto ganhava vida de formas inesperadas. Por exemplo, aqui está uma frase que foi cortada do alto da página 110: "O comando supremo da Otan e o Pacto de Varsóvia estão discutindo uma nova expansão de armamentos a fim de poder se contrapor à suposta superioridade de seu 'oponente' no campo da tecnologia bélica com alguma coisa de força equivalente".[100]

Aos olhos ocidentais, essa frase parece surpreendentemente isenta de provocações. Mesmo um alemão oriental poderia passar batido sem notar nada de suspeito. Mas o acréscimo datilografado a enfatiza de uma forma que ressalta uma mensagem implícita: os poderes de destruição de ambos os lados da Guerra Fria estão perseguindo a mesma política; ambos tendem a destruir o "oponente" — ou seja, são moralmente iguais, ou igualmente imorais. Klaus Höpcke tinha perfeita consciência dessa interpretação. De fato, ele discutiu o assunto com Wolf em 1983. Ela defendeu sua posição. Ele a achou incompreensível, mas permitiu a inclusão das reticências.[101]

Portanto, em seus últimos anos, o regime se afastou bastante de seu stalinismo anterior. Abriu espaço para uma série de negociações, assim como os autores, do lado oposto, de modo que se abria um terreno intermediário no qual a literatura da RDA desenvolvia uma identidade própria. Mas sempre existiam limites. O que acontecia quando autores pressionavam as fronteiras do permissível até o ponto de ruptura? Um estudo de caso mostra o sistema prestes a ser tensionado até cessar de ser eficiente. Em 1987 — ou seja, antes da queda do Muro — a censura foi abolida, pelo menos em princípio.

UMA PEÇA: O ESPETÁCULO NÃO DEVE CONTINUAR

Volker Braun se destacava como um dos escritores mais talentosos e provocativos da geração que chegou à maturidade na década de 1970.[102] Nascido em 1939, ele se tornou um associado literário (dramaturgo) no Berliner Ensemble na década de 1960, onde assimilou a tradição brechtiana, com o incentivo da viúva de Brecht, Helene Wiegel. Em 1976, quando assinou a carta de protesto contra a expatriação de Wolf Biermann, já havia publicado poesia e ficção suficientes para contar com muitos admiradores entre os leitores alemães, ser atentamente vigiado pela Stasi e ter conflitos constantes com a censura em todos os níveis, dos editores e das editoras até a HV e, por fim, com o comando do Estado.

Acompanhar a carreira de Braun nos arquivos do Partido é observar o processo de negociação entre um autor e as autoridades no que ele tem de mais tortuoso. O documento mais antigo, de 1969, mostra Braun numa posição indignada, ultraesquerdista, atacando a burocracia do Partido por não ter conseguido autorização para a montagem de sua peça *Hans Faust* em Jena, depois de sua estreia em Weimar:

> E, a propósito, que tipo de covardes fracotes são esses que temem suas próprias ideias [comunistas], quando já não se encontram na forma de documentos, mas se tornam encenação e até mesmo vida? Não passam de trabalhadores de gabinete da revolução, que tremem assustados diante disso, como um funcionário diante de sua própria burocracia.[103]

Um ano depois, os editores de Braun na MDV e os censores na HV insistiram para que ele reescrevesse muitas passagens num livro de poemas, *Wir und nicht sie* [Nós e não eles], e abandonasse por completo alguns poemas, inclusive um intitulado "Die Mauer" [O Muro]. Ele havia conseguido mandar uma cópia do original para a editora Suhrkamp, na Alemanha Ocidental, que o publicou na íntegra, e por esse gesto de insubordinação a HV recusou a autorização para viajar para Paris que ele havia pedido. Recusou também a proposta da Academia de Artes de lhe dar o prêmio Johannes R. Becher em 1971.[104] Nessa altura, Braun havia se firmado como um dramaturgo promissor, mas suas peças levantavam questões ideológicas de maneira provocativa, que causavam dificuldades crescentes com o Partido. Durante a década de 1970, três delas, *Lenins Tod* [Morte de Lênin], *Tinka* e *Guevara, oder Der Sonnenstaat* [Guevara, ou o Estado do sol], foram suprimidas de várias maneiras — montagens proibidas, textos cortados e publicação recusada. Braun continuou a protestar e a pressionar para obter concessões, ao mesmo tempo que proclamava sua lealdade à linha do Partido; os líderes do Partido continuaram a rechaçar seus golpes, ao mesmo tempo que tentavam manipulá-lo para seus próprios fins. Hager explicou sua tática numa carta para Ragwitz, ordenando que ela impedisse as apresentações de uma quarta peça, *Dmitri*, em 1983:

> Minha posição é que, nas circunstâncias atuais, a peça *Dmitri* não pode ser apresentada em nenhum de nossos teatros, pois, sem dúvida nenhuma, poderia ser entendida erradamente, por parte de nossos camaradas soviéticos bem como por parte dos poloneses [...]. Dito isso, a peça também mostra que Volker Braun é um grande talento e que é necessário que os camaradas no Berliner Ensemble bem como no ministério e quem mais puder mantenham estreito contato com Braun e tomem conta dele.[105]

A relação do Partido com Braun alcançou o clímax no período 1976-7, os anos do caso Biermann e do fracasso de Braun para montar *Guevara* e publicar uma versão ampliada de "Unvollendete Geschichte" [História incompleta], um conto que ele havia publicado em *Sinn und Form*, a revista literária da Academia de Artes da RDA. O texto tinha causado sensação ao recontar um caso de amor infeliz — uma narrativa que evocava *Os sofrimentos do jovem Werther* bem como um incidente real do momento, ocorrido em Magdeburg — de uma forma que expunha a estreiteza mental dos *apparatchiks* e a desilusão com as promessas não cumpridas do socialismo, tal como existia na vida cotidiana dos alemães orientais. No dia 7 de janeiro de 1976, Ragwitz, Höpcke, Hoffmann e outros cinco líderes do Partido tiveram uma reunião — na verdade, um conselho de guerra — sobre como tratar Braun e sufocar a crescente insubordinação dos autores na RDA, exemplificada por "Unvollendete Geschichte" e uma versão inicial de *Guevara*. Num relatório sobre suas deliberações, eles enfatizaram o perigo das ideias de Braun sobre literatura. Afirmavam que ele a encarava como um substituto para a imprensa controlada pelo Estado e uma força capaz de inspirar a classe trabalhadora a tomar o poder. Do ponto de vista dele, os trabalhadores haviam feito a revolução socialista na Alemanha Oriental após a guerra, mas o poder continuara nas mãos dos *apparatchiks*. Portanto, ao tornar mais aguda a consciência dos leitores acerca das realidades do "socialismo real", a literatura poderia completar o processo de revolução. Eles poderiam facilmente silenciar Braun, observaram. Mas não queriam transformá-lo num dissidente. Em vez disso, iam "amarrá-lo a nós" mediante uma estratégia cuidadosamente orquestrada: banir da imprensa todo debate a respeito dele; pressioná-lo para declarar sua posição sobre questões cruciais; conceder-lhe comissões tentadoras com uma editora; publicar uma edição de suas peças reunidas; prometer uma montagem de *Guevara*; e mandá-lo a Cuba, acompanhado por um membro de confiança do Partido, para que coletasse material para a versão final de sua peça.[106]

Com a aprovação de Hager, Ragwitz começou a pôr em prática essa estratégia, dois dias depois. Segundo um relatório que preparou para Hager, ela teve um confronto com Braun no escritório de um colega, Manfred Weckwerth. Sentindo-se inseguro e temeroso de pôr em risco sua posição no Partido, explicou Ragwitz, Braun pedira para encontrá-la. Eles o receberam seguindo um roteiro traçado de antemão. Weckwerth partiu para cima de Braun assim que ele chegou e fez logo uma ameaça — era melhor pensar bem se deveria mesmo continuar sendo um membro do Partido —, depois saiu da sala. Em seguida, durante uma hora, Ragwitz repreendeu Braun severamente. Seus últimos textos eram um ataque contra o Partido e o Estado, ela advertiu, e forneciam munição para os inimigos anticomunistas da RDA. Se ele não queria ser rotulado como dissidente, era melhor declarar sua lealdade ao Partido e reparar os prejuízos em suas publicações futuras. Braun pareceu ficar abalado. Contou que estava horrorizado com a maneira como os inimigos do Estado haviam explorado "Unvollendete Geschichte". Ofereceu-se para reescrever o conto, mas não podia renunciar à sua convicção de que o dever de um escritor sob o socialismo era criticar a ordem social. Ragwitz retrucou que, para ele, não ia adiantar nada retocar seu texto. Ele teria de mudar sua atitude e seu comportamento de alto a baixo. Em seguida, confessou ter medo de ser considerado maoísta e de ser comparado a Biermann. Ouvira dizer que Hager tinha dúvidas a respeito de sua correção ideológica e isso o perturbou profundamente, pois Hager era "uma espécie de ídolo" para ele. Encerraram a conversa nesse ponto, depois de concordarem em mantê-la em segredo e lhe dar continuidade em reuniões futuras, porque Braun pediu que tivesse contatos regulares com a Kultur e, em especial, com Ragwitz. Ao avaliar a reação de Braun no final do relatório, Ragwitz frisou que ele parecia ingênuo e inseguro, mas que se manteria aferrado obstinadamente a seu ponto de vista errôneo sobre o socialismo. Embora não devessem contar com alguma mudança repentina de comportamento, poderiam mantê-lo sob rédea curta, mediante a ameaça de expulsá-lo do Partido e a perspectiva da viagem a Cuba.[107]

Braun foi para Cuba em fevereiro de 1976, mas sua experiência lá não levou a uma produção de *Guevara* isenta de problemas. Assim como sua obra anterior, ela podia ser interpretada como um ataque contra a ossificação do espírito revolucionário, pois fazia de Guevara um herói que continuou a fomentar a revolução, como guerrilheiro na Bolívia, ao passo que Castro prosseguia em seu país, encarregado da burocracia. Reorganizar a história como literatura e apresentar no palco uma figura sacrossanta era uma tarefa delicada, como Braun havia aprendido em sua fracassada tentativa de dramatizar a morte de Lênin em *Lenins Tod* — uma empresa audaciosa, que atraiu sobre ele a ira do Sindicato dos Autores em 1971.[108] Como forma de assinalar seu afastamento de uma narrativa estritamente histórica, Braun abria *Guevara* com a morte do herói na Bolívia, depois voltava no tempo, para sua carreira ao lado de Castro, e terminava a peça com uma cena em que ele dava as costas para o Estado cubano estabelecido, empunhava um fuzil e partia para combater em novas fronteiras revolucionárias. Uma montagem experimental na Universidade de Leipzig, em julho de 1976, não correu bem. Alguns estudantes de Cuba e da Bolívia ficaram horrorizados com o retrato de Castro e denunciaram a peça à embaixada cubana. Também não apreciaram a trama secundária, inteiramente fictícia, em que Guevara se tornava amante de Tamara Bunke, popularmente conhecida como Tania, filha de pai alemão oriental e mãe polonesa que havia nascido na Argentina e lutou com Guevara como guerrilheira na Bolívia em 1966-7. Pouco depois, Hager recebeu um memorando recomendando que a peça fosse proibida, a menos que Braun fizesse alterações substanciais.[109]

Braun passou os nove meses seguintes negociando com as autoridades, enquanto tentava reescrever a peça. Numa reunião em julho, Hager advertiu-o sobre a necessidade de alterar os personagens e o enredo, a fim de resolver "uma grande quantidade de problemas ideológicos".[110] Por fim, Braun reformulou o papel de Castro, atenuou a história de amor, eliminou passagens que davam uma feição ruim ao Partido Comunista e transformou Guevara num Dom Quixote que morreu de asma, e não numa batalha.[111] Com o beneplácito dos líderes do Partido, Ragwitz e a Kultur deram permissão para a peça ser montada no Deutsches Theater na temporada da primavera de 1977 e para o texto ser publicado em forma de livro.[112] Os ensaios começaram a todo vapor. Porém, treze dias antes da noite de estreia, o embaixador cubano protestou de forma veemente, queixando-se de que, entre muitas inexatidões históricas, a peça transformava Guevara num opositor de Castro e "no Trótski da Revolução Cubana".[113] Enquanto isso, Nadia Bunke, a mãe polonesa de Tamara, que na época morava na Alemanha Oriental (como Guevara, Tamara morrera na Bolívia), irrompeu no Deutsches Theater protestando que a peça manchava a memória de sua filha; e uma instrução do Ministério do Exterior advertia que aquilo contradizia "a linha internacional do Partido".[114] Naquela altura, a pressão institucional e política havia alcançado tal ponto que Honecker teve de intervir. Ele recebeu um relatório completo da Divisão de Cultura do Comitê Central do Partido, sublinhando pontos-chave no dossiê com sua caneta marca-texto verde (que ele usava para registrar sua leitura de documentos pondo suas iniciais no canto superior direito) e, no dia 23 de março, decretou que a apresentação devia ser suspensa por tempo indeterminado.[115]

Braun disparou uma carta para Honecker no mesmo dia:

Prezado camarada Honecker,
  Dirijo-me a você num momento em que pode ocorrer uma grande guinada na minha vida. E falo isso a sério.
  O cancelamento dos ensaios de *Guevara* no Deutsches Theater e no Staatstheater Dresden é um ato arbitrário, que põe em questão meu trabalho para o Partido.
  [...]
  Mantive silêncio sobre a interdição de minha obra para o teatro que ocorreu por muitos anos (uma dúzia dos melhores diretores de teatro pode confirmar isso). Mantive silêncio sobre a proibição de *Lenins Tod* (e sobre o conflito de consciência travado em meu coração). Eu não poderia aceitar a proibição de *Guevara* sem me sentir extirpado da sociedade em que escrevo. Considero meu dever informar o Partido sobre isso. Se não sentimos o chão sob os pés, como

podemos nos sustentar? Mesmo se eu tivesse força para abrir mão do efeito positivo da minha obra aqui e no movimento comunista em todo o mundo, não sou capaz de dividir a responsabilidade pelo efeito negativo da sua supressão (nas companhias teatrais, no público).[116]

Honecker passou o problema para Hager, que se reuniu com Braun no dia seguinte e depois apresentou um relatório sobre a condição da psique do dramaturgo. Era ruim. Braun lamentou o caráter impulsivo, "rude e indelicado", de sua carta (Honecker sublinhou essas palavras no relatório), mas aquilo exprimia seu desespero. Se a política externa podia determinar quais as peças que seriam encenadas, então a cultura perderia seus fundamentos, a arte se divorciaria do Partido, a literatura sacrificaria sua missão de desenvolver um diálogo crítico com o poder e Braun teria de renunciar à literatura por completo. "Ele teme que sua obra se torne sem sentido" (uma expressão sublinhada por Honecker). Ao abandoná-la, ele seria forçado a adotar outro modo de viver, o de uma "não pessoa".[117]

Mais reuniões e memorandos se seguiram. Hager e sua assistente, Erika Hinkel, ouviram os lamentos incessantes de Braun.[118] O embaixador cubano, que não foi capaz de apreciar a explanação sobre a dramaturgia brechtiana feita por Hager, manteve sua enxurrada de protestos contra a distorção da história no palco. Os atores do Berliner Ensemble, brechtianos até o tutano, lamentavam a perda de tempo e dinheiro, e a imprensa ocidental, muito bem informada, revelava o debate político-cultural-diplomático. Mas o espetáculo não continuou. *Guevara* tomou o mesmo caminho de *Lenins Tod* e Braun, quando se recuperou do desastre, voltou sua atenção para outras obras, em especial um romance, *Hinze-Kunze-Roman*, que se revelou, mais tarde, ainda mais contencioso do que *Guevara*.[119]

UM ROMANCE: PUBLICAR E DESTRUIR

A história da publicação de *Hinze-Kinze-Roman*, mais ainda do que a luta em torno de *Guevara*, mostra como a censura operava em todos os níveis, durante os anos finais da RDA.[120] O texto se desdobrava em muitas etapas e muitos formatos e retomava a peça *Hans Faust*, que tinha sido encenada em Weimar, em 1968.[121] Quando o romance ganhou uma forma final em 1981, exprimiu a culminância de um tema que perpassa a maior parte da obra de Braun. Ao contrastar Kunze, um *apparatchik* de alto escalão, com Hinze, seu motorista, o livro frisava a distância que separava a elite privilegiada do Partido da soturna vida cotidiana das pessoas comuns. Kunze mora numa casa suntuosamente mobiliada (tem até um abrigo nuclear) e passa seu tempo em reuniões a portas fechadas e representando o Partido em cerimônias oficiais, embora sua paixão dominante sejam as mulheres. Hinze mora num apartamento precário e ajuda Kunze em suas aventuras, perseguindo as mulheres num Tatra oficial, enquanto Kunze o orienta, sentado no banco de trás. É a luxúria predatória, e não o ardor revolucionário, que impulsiona Kunze nas rondas. Como seu criado fiel, Hinze compartilha o abuso de poder e chega a ponto de compartilhar a esposa, Lisa. Ela se deixar usar, mas no final triunfa sobre os dois homens, graças à proteção do Partido, fornecida por Kunze, e graças à determinação dela de tomar o controle da própria vida.

À primeira vista, a trama poderia ser encarada como um ataque frontal contra o SED e seu monopólio do poder. Mas Braun afasta o leitor de uma conclusão tão direta, empregando recursos estilísticos complexos — pontuação e estrutura sintática heterodoxas, mudanças da voz narrativa e intervenção do próprio narrador, que se torna um ator na história e se dirige ao leitor de modo a se isentar de responsabilidade daquilo que ocorre no livro. "Eu não entendo, eu descrevo", insiste ele ao longo do texto, repetindo com malícia que tudo está acontecendo "no interesse da sociedade". Para complicar as coisas, Braun encobre a ação com alusões literárias. A relação mestre-senhor ecoa temas de *Don Quixote*, *Don Giovanni* e especialmente de *Jacques le fataliste*, de Diderot, modelo evocado explicitamente em vários pontos. Acompanhando Diderot, Braun apresenta sua obra como um *Galantroman*, uma fantasia erótico-filosófica. Além disso, Hinze e Kunze podem ser entendidos como aspectos diferentes do mesmo homem, bem semelhantes a Moi e Lui, em *Neveu de Rameau*, de Diderot. O termo "Galantroman" significa "homem comum" em alemão; e o caráter permutável do par de nomes solapa a ideia de reduzir seu relacionamento àquele de um senhor e um servo.

Portanto, Braun poderia argumentar, nada seria mais equivocado do que interpretar o livro como uma sátira política cujo alvo é o regime da Alemanha Oriental. Ele havia composto o livro no espírito do "socialismo real", um tipo progressista de literatura, dedicado a retratar a vida tal como era vivida pelas pessoas comuns, e capaz de observações críticas, embora sempre, está claro, "no interesse da sociedade". A técnica literária modernista também era progressista. Punha a literatura da RDA em diálogo com a escrita avançada em toda parte. Permanecer confinado nas convenções desatualizadas do realismo socialista seria condenar a cultura da RDA à obsolescência. Esse argumento poderia proteger (e protegeu, de fato) Braun de ataques de conservadores da linha dura dentro do Partido. Mas não conseguia explicar três episódios que rompiam o verniz retórico que disfarçava o golpe sedicioso da narrativa. O primeiro retratava Kunze numa missão em uma cidade na Alemanha Ocidental (Hamburgo, numa primeira versão do original). Dando continuidade à sua obsessão, ele foi direto para um bordel, onde se deu conta de que o capitalismo tinha certas vantagens, porque oferecia sexo diretamente, em troca de dinheiro.[122] O segundo descrevia uma fantasia de Kunze, enquanto estava sentado atrás do Politburo, num palanque para assistir a uma parada numa homenagem do SED a Rosa Luxemburgo e Karl Liebknecht. Ele imaginou um levante espontâneo das massas, inspirado pelos fantasmas de "Karl e Rosa" e todos os revolucionários do passado heroico, cujo alvo seriam os velhos *apparatchiks* no palanque, que representavam a fossilização do espírito revolucionário.[123] O terceiro era um diálogo entre Hinze e Kunze sobre a corrida armamentista e o movimento pela paz, que contestava as políticas militar e exterior da RDA. Quando Kunze defendeu o investimento em armamentos como forma de barrar a agressão dos Estados Unidos, que recentemente haviam instalado mísseis de médio alcance na Europa Ocidental, Hinze retrucou que aquela maneira de garantir a "paz" desviando recursos para armas era ruinosamente dispendiosa: "Devora o progresso e emporcalha a prosperidade".[124] Eram essas as três partes do livro que pareciam mais repreensíveis aos censores e que Braun se recusava, com extrema tenacidade, a cortar, enquanto o original seguia seu curso pelos meandros do sistema, desde a editora até o Politburo.

O texto passou por todas as instituições que constituíam a literatura na RDA e entrou em contato com todos os papéis distribuídos no interior delas — autor, editor, leitores externos, censores na HV, guardiões ideológicos no Comitê Central do Partido, membros do Sindicato dos Autores, autores de resenhas de revistas literárias e, por fim, o chefe do Estado. O processo em seu todo demorou quatro anos. Passou por três fases de negociação: na editora, na HV e nos escalões superiores do Partido. Volker Braun foi levado para o interior de todos eles, mas boa parte das manobras ocorreu nas suas costas, entre pessoas que estavam mais empenhadas em defender a si mesmas do que em depurar o texto.

Braun submeteu seu original à MDV em Halle em 16 de julho de 1981. Durante um ano, o diretor, Eberhard Günther, e vários editores negociaram alguns cortes com o autor, e ele continuou a fazer revisões, pedindo críticas de amigos de confiança, em especial dois estudiosos de literatura, Dieter e Silvia Schlenstedt, e dois escritores de destaque, Franz Fühmann e Christa Wolf. Em julho de 1982, os editores produziram dois relatórios internos sobre uma versão reescrita. Expressaram bastante respeito por Braun, que àquela altura havia adquirido a reputação de ser um dos maiores talentos literários da RDA, mas acharam o original problemático. Mesmo depois de fazer concessões à sua técnica narrativa sofisticada, que encobria sua sátira em ambiguidade, eles frisaram que não podiam aceitar sua forma de expor a "realidade da RDA".[125] Eles o persuadiram, no entanto, a eliminar alguns trechos "politicamente e ideologicamente... inaceitáveis",[126] e em dezembro receberam um original que consideraram depurado o bastante para garantir sua inclusão no Plano de 1984, muito embora ainda não estivesse suficientemente expurgado para ser encaminhado à HV a fim de obter a autorização para publicação. O principal editor de Braun, Hinnerk Einhorn, sintetizou a situação num relatório editorial que era cautelosamente positivo, mas prevenia que o livro era "demasiado fraco em partidarismo".[127]

Se o original pretendia vencer a barreira dos censores na HV, essa deficiência tinha de ser reparada. Portanto, Einhorn tentou arrancar mais concessões de Braun, numa série de reuniões que se estenderam de janeiro a outubro de 1983. Braun concordou em fazer algumas mudanças textuais, mas não admitiu ceder em nada que fosse substancial, em particular nos três episódios cruciais que Einhorn considerava inaceitáveis. Parecia não haver nenhuma forma de resolver o desacordo, até que dois amigos de Braun, Dieter Schlenstedt e Hans Kaufmann, intervieram. Eram estudiosos literários de destaque que admiravam a primeira versão do romance e compreendiam os apuros da editora. No dia 10 de outubro, eles negociaram um acordo numa reunião no apartamento de Braun. Ele aceitou atenuar a cena do bordel e reformular algumas outras passagens; a MDV, representada por seu diretor, Eberhard Günther, sua editora-chefe, Helga Duty, e Einhorn, deixou que os outros dois episódios ficassem como Braun queria. Eles se comprometeram a aceitar o texto revisto para publicação; e, para torná-lo mais aceitável para a HV — e, ao mesmo tempo, para se protegerem contra críticas de dentro do Partido —, pediram a Schlenstedt e a Kaufmann que escrevessem mais dois pareceres.

Os amigos de Braun forneceram exatamente aquilo de que a editora precisava. Após coordenarem sua estratégia de antemão, defenderam a publicação do livro de uma forma que reforçava os argumentos dos editores e que previa potenciais objeções dos censores na HV. Eles também produziram interpretações magistrais de *Hinze-Kunze-Roman* como uma obra de literatura, prestaram tributo ao virtuosismo de Braun como escritor e sugeriram apenas alguns cortes — do tipo que ele podia tolerar — para que o autor alcançasse o romance que desejava. Schlenstedt desempenhou tão bem essa tarefa que ele e Braun concordaram em incluir uma versão reformulada do seu parecer como um posfácio do livro. Serviria para orientar sua recepção na direção desejável, porque funcionaria como um "auxílio de leitura", facilitando a compreensão de que a arte sofisticada de Braun tinha o intuito de fortalecer a causa do socialismo ao satirizar aberrações e abusos.[128]

A censura, tal como praticada na Alemanha Oriental, demandava essa espécie de manobra quando deparava com casos difíceis. Envolvia antes negociar acordos por trás de portas fechadas do que seguir procedimentos protocolares no interior de escritórios. Na verdade, *Hinze-Kunze-Roman* alcançou esse estágio avançado nas negociações apenas em virtude de um acordo confidencial que fora negociado entre Höpcke e Braun um ano antes. Numa reunião no apartamento de Schlenstedt, Höpcker concordara em apoiar a publicação do livro; em troca, Braun prometera atenuar algumas expressões mais contundentes, embora nos meses seguintes não tenha executado a autocensura com rigor suficiente para satisfazer Einhorn e os outros guardiões ideológicos da MDV.[129] O acordo selado em 10 de outubro solucionou essa última dificuldade e, em janeiro de 1984, Helga Duty completou as formalidades exigidas à editora e encaminhou *Hinze-Kunze-Roman* para a etapa seguinte do processo: a aprovação pelos censores da HV.

O dossiê que ela havia preparado para os censores se enquadrava no procedimento-padrão. Além do texto reformulado, incluía os quatro pareceres de leitores externos e um relatório de abertura da editora, que ela redigiu como forma de enfatizar a "luta longa e árdua dos editores com o autor".[130] Embora tivessem persuadido Braun a fazer muitos cortes, explicou, não conseguiram levá-lo a expurgar passagens importantes, que ela citava em detalhe. Portanto, sua intransigência deixara-os diante de uma decisão difícil. Braun era um dos autores mais importantes da RDA, cuja obra era acompanhada de perto fora do país, e não tinham conseguido arrancar dele mais nenhuma concessão. Apesar disso, respaldados pelos argumentos convincentes de Schlenstedt e Kaufmann, e "apesar das objeções que ainda existiam", eles, com relutância, recomendavam a publicação.[131] O caráter defensivo do relatório deixava clara sua mensagem: os profissionais da editora tinham feito seu trabalho com profissionalismo exemplar e, a partir desse ponto, *Hinze-Kunze-Roman* era um problema da HV.

A pessoa encarregada do dossiê na HV foi Klaus Selbig, chefe da seção de belas-letras. Ele recebera uma carta de Günther avisando que a MDV não podia assumir a responsabilidade pelos problemas que o livro causaria;[132] e depois de submeter o original a vários colegas censores, Selbig escreveu uma carta semelhante para Höpcke. À medida que liam o texto — e à medida que liam as apreciações do texto apresentadas por seus antecessores —, eles se davam conta de que a obra punha a HV diante de uma difícil decisão "política e político-cultural".¹³³ De fato, a decisão era difícil demais para censores comuns de belas-letras. Höpcke teria de cuidar do caso.

Àquela altura, como ele havia prometido para Braun, Höpcke já havia decidido publicar o livro. O argumento em favor da publicação parecia forte, porque os observadores da RDA no lado oeste estavam a postos para atacar a qualquer sinal de repressão no lado leste, e a editora Suhrkamp estava preparada para publicar uma edição sem trechos expurgados na RFA, o que só serviria para inflamar o escândalo mais ainda, caso a edição na Alemanha Oriental fosse suprimida. Além disso, uma humilhação de Braun, depois de tantos conflitos anteriores, ia alijá-lo, bem como os escritores jovens e talentosos que o veneravam. Porém, enquanto um Braun cada vez mais impaciente pressionava Höpcke para fornecer a autorização para publicação, o Comitê Central do Partido dera ordem para impedir a publicação de tudo o que fosse controverso em 1984, um ano de jubileu, quando os alemães orientais comemoravam os 35 anos do socialismo triunfante desde a fundação da RDA, em 1949, e que devia ser mantido livre de dissidentes. *Hinze-Kunze-Roman*, de modo hesitante, fora programado para o Plano daquele ano. Portanto, Höpcke protelou sua aprovação na HV, solicitando mais um parecer de um leitor externo, dessa vez de um membro da linha dura do Partido, Werner Neubert, um especialista em literatura na Academia de Estudos do Estado e do Direito. Embora Höpcke possa ter desejado se proteger ao consultar a ala conservadora do Partido, provavelmente ele calculou mal, porque Neubert apresentou uma condenação tão acachapante do texto que seu destino pareceu mais problemático do que nunca. Apesar das exegeses sofisticadas de Schlenstedt e Kaufmann, argumentou ele, não havia meio de contornar a deficiência fundamental do livro: sua falta de compromisso com o "partidarismo socialista".¹³⁴

Quando o parecer de Neubert chegou à HV, Selbig o considerou tão danoso que, como avisou Höpcke, o livro não poderia ser publicado. Mas Höpcke decidiu usar o parecer como uma forma de extrair mais concessões de Braun, operando por intermédio de Günther e Einhorn, na MDV. O original voltou para sofrer mais alterações; outra vez, Braun e Einhorn digladiaram em torno dos episódios contestados; outra vez, Braun não aceitou fazer mais cortes; no fim, outro acordo foi selado numa reunião privada entre Braun e Höpcke. Em consequência, Braun aceitou fazer mais algumas mudanças e Höpcke garantiu a autorização para publicação, que foi fornecida, por fim, no dia 4 de janeiro de 1985, abrindo caminho para a publicação no verão. Os editores e os censores tomaram o cuidado de documentar cada uma das etapas, e todos os documentos transmitiam as mesmas mensagens: Braun não deve ser alijado; é preciso evitar um escândalo; e, acima de tudo, ninguém no interior do sistema devia ser acusado de se desviar da linha do Partido, porque, como Helga Duty enfatizou em mais um relatório da editora, "apesar da luta longa e árdua, não conseguimos convencer o autor a fazer outras alterações que nos pareciam essenciais".[135]

Faltava ver se essa defesa conseguiria convencer as figuras mais poderosas do Partido, porque nessa altura a história de *Hinze-Kunze-Roman* entrou numa fase nova e brutalmente política. Os primeiros exemplares do livro chegaram no dia 22 de julho ao centro de distribuição atacadista para todas as editoras da RDA (o Leipzig Kommissions und Grossbuchhandels), localizado perto de Leipzig, e começaram a chegar às livrarias algumas semanas depois. Höpcke tentou atenuar o choque publicando uma resenha-ensaio em duas partes no *Die Weltbühne*, um semanário cultural, nos dias 13 e 20 de agosto. Como no "auxílio de leitura" de Schlenstedt, ele tentou orientar a recepção do livro, enfatizando suas virtudes literárias e minimizando sua crítica social.[136] Os membros da linha dura do Partido não se deixaram impressionar. Alguns deles mandaram denúncias do livro a Günter Mittag, o poderoso secretário de Economia do Comitê Central. Um ataque, datado de 21 de agosto, veio de Kurt Tiedke, reitor da Academia do Partido (Parteihoschschule Karl Marx), um bastião da ortodoxia comunista. Ele definia o romance como uma desfiguração desavergonhada e vulgar das políticas do Partido e deplorava a decisão de permitir sua publicação.[137] Três diatribes em forma de memorandos também chegaram a Mittag e protestos semelhantes provavelmente foram enviados para outros membros do Politburo.[138] Talvez fizessem parte de uma campanha orquestrada, porque continham os mesmos argumentos formulados quase da mesma forma.

Os memorandos esquadrinhavam o texto do livro em detalhes, citavam as passagens mais passíveis de objeção e acrescentavam análises do ponto de vista do Partido. Como o romance devia ser lido?, perguntavam. Não como uma sátira jovial inspirada em Diderot, mas como um ataque frontal contra o Partido e suas diretrizes. Braun empregava artifícios literários sofisticados a fim de disfarçar sua mensagem fundamental; porém, ao retratar Kunze como um *apparatchik* imoral, ele deixava claro seu significado: "São pessoas assim que nos governam".[139] Tudo no romance — seu relato sobre as condições de vida sórdidas, as vidas vazias e o pessimismo disseminado — redundava numa condenação do socialismo tal como praticado na RDA. Os apartes satíricos de Braun não podiam ser desconsiderados como meros gracejos. Por exemplo, o que o leitor entenderia da seguinte piada sobre a mentalidade e os privilégios da elite do Partido: "Eles pensavam por todos os demais, então também tinham de pensar por si mesmos. Eram pessoalmente os melhores; podiam ter o melhor"?[140] Isso não era engraçado. Era caluniador. Comentários semelhantes, disseminados pelo texto, construíam uma imagem da RDA como uma sociedade de classes: os membros do Partido no topo exploravam as massas trabalhadoras abaixo deles. Lidos da forma correta, os comentários compunham a tese de que a RDA havia traído suas origens revolucionárias: "No geral, Braun transmite a impressão de que a Revolução socialista consumiu a si mesma e agora não tem mais sentido".[141] Uma leitura correta contradizia a defesa que Schlenstedt e Höpcke fizeram de Braun. Ela também podia se voltar contra outros escritores, como Franz Fühmann, Günter de Bruyn e Christa Wolf, que tiraram proveito da permissividade inerente à literatura burguesa tardia para contestar a ortodoxia do Partido, da mesma forma que Braun.[142] Portanto, longe de se limitar às peculiaridades de um romance, *Hinze-Kunze-Roman* devia ser tomado como um sintoma de um problema geral, uma luta em torno do sentido, que alcançava o âmago do fundamento ideológico da RDA. Os memorandos que circulavam no interior do Comitê Central advertiam os líderes do Partido de que essa luta era, em última instância, uma questão de poder. Para resolver essa questão, teriam de mudar o terreno do debate da hermenêutica para a política, e teriam de partir para a ação política.

Em face da tempestade que estava se armando, os censores fizeram o melhor possível para se proteger. A MDV produziu um extenso memorando para justificar sua conduta, descrevendo os quatro anos de luta de seus editores para depurar o texto de Braun. Graças a seus esforços, argumentavam, a crítica social em *Hinze--Kunze-Roman* era essencialmente construtiva — ou seja, em termos marxistas, limitada a "contradições não antagônicas" e, portanto, em última instância, *parteilich*, ou fiel aos princípios do Partido.[143] Klaus Selbig redigiu um memorando semelhante (continha até alguns trechos iguais) para defender seus colegas na HV. Eles haviam purgado o livro de muitos elementos "político--ideológicos discutíveis e inaceitáveis",[144] mas Braun se recusou a aceitar todas as suas exigências. Depois de muita hesitação, decidiram que seria melhor publicar o livro em sua forma imperfeita do que recusá-lo, porque uma rejeição provavelmente minaria a futura criatividade de Braun e produziria publicidade nociva sobre a política cultural da RDA. Esse memorando chegou a Hager via Hoffmann. Porém, ao mesmo tempo, Hager recebeu um memorando de outra fonte, provavelmente Mittag, que expunha o argumento contrário: "Esse é o caso de uma obra sórdida e vulgar em que toda a política de nosso Partido e de nosso Estado é desfigurada da pior maneira e atacada em muitos setores".[145] Todos os memorandos convergiram para o gabinete de Hager durante a primeira semana de setembro, quando ele teve de tomar uma decisão. Havia muito que considerava Braun "um grande talento" que devia ser incentivado e amparado por protetores de dentro do Partido.[146] Entretanto, os conflitos constantes em torno das passagens inadmissíveis em sua obra levaram Hager a se dar conta de que Braun muitas vezes ultrapassava os limites aceitáveis da sátira.[147] *Hinze-Kunze-Roman* excedia em muito aqueles limites e deixara enfurecidos alguns membros poderosos do Comitê Central do Partido. O que fazer?

No dia 9 de setembro, Hager ordenou suspender a distribuição do livro. Todos os exemplares (4295) que permaneciam no centro de distribuição em Leipzig foram bloqueados e todos os que estavam nas livrarias (6670) foram retirados das prateleiras.[148] Cerca de 3700 tinham sido vendidos, entre eles 250 separados para uma venda num "lançamento" no dia 26 de setembro, em que Braun teve autorização para fazer alguns comentários cuidadosamente autocensurados para um público formado, sobretudo, de "jovens intelectuais".[149] As autoridades permitiram que esse evento ocorresse e alegaram que a tiragem do livro estava esgotada, para não ter de admitir que o haviam reprimido. Provavelmente, destruíram todos os exemplares confiscados, como costumava acontecer quando baniam um livro que já havia sido impresso; mas a edição da Suhrkamp apareceu na Alemanha Ocidental, conforme havia sido tratado anteriormente, com a autorização da HV. Portanto, era impossível negar ou disfarçar a repressão, apesar da evidente ficção de que a edição tinha se esgotado; e, depois que as vendas foram interrompidas, os líderes do Partido tiveram de decidir quais medidas adicionais deveriam tomar.

No dia 9 de setembro, quando foi dada a ordem para interromper as vendas, Ursula Ragwitz mandou outro memorando para Hager. Ela e seus colegas na Kultur haviam examinado o texto cuidadosamente, explicou. Não tinham se deixado levar pelo sofisticado jogo de palavras. Braun se recusava a aceitar o papel de liderança do Partido, as políticas progressistas do Estado e a legitimidade do próprio socialismo, tal como praticado na RDA. Certos episódios — sobretudo a fantasia sobre o levante popular no espírito de Rosa Luxemburgo e Karl Liebknecht, e o diálogo sobre armamentos e o movimento pacifista — ficariam entalados na garganta dos fiéis ao Partido. Ragwitz, que já havia debatido com Braun, tempos antes, sobre sua tendência desviante, reconhecia *Hinze-Kunze-Roman* como o ápice dos temas contra o *apparatchik* que perpassam toda a sua obra. Ele devia ser repreendido severamente e obrigado a se defender diante do conselho executivo do Sindicato dos Autores e da seção de Berlim do SED. Eles podiam recomendar que fosse expulso do Partido e outras medidas disciplinares deveriam ser tomadas por Hans-Joachim Hoffmann, o ministro da Cultura. Enquanto isso, todas as resenhas sobre o romance deviam ser proibidas na imprensa diária, e ataques em grande escala contra o livro deviam ser publicados em duas revistas influentes: *Neue Deutsche Literatur* e *Weimarer Beiträge*.[150]

Segundo o memorando, o comportamento de Höpcke foi ainda mais imperdoável do que o de Braun, porque ele era responsável por garantir que a literatura correta chegasse às massas. Em discussões com a Kultur sobre o Plano de 1985, ele fora advertido sobre as objeções ao livro. Mas o retirou do Plano e deu a autorização para publicação com base em sua própria autoridade, sem consultar a Kultur nem o Ministério da Cultura. Como respaldo para esse comportamento irregular, Höpcke citava os pareceres de leitores externos, feitos por Schlenstedt e Kaufmann, mas ignorou o parecer condenatório de Neubert e em seguida partiu em defesa de Braun (na verdade, de si mesmo) por meio de seu artigo em *Die Weltbühne*, que não recebeu a autorização da Kultur. Todas essas ações redundavam num "grave erro político", que "difamava o socialismo real e dava munição a nossos inimigos para seus ataques contra nós".[151] Tal comportamento não poderia ser ignorado. Cabia ao Partido decidir como puni-lo.

No dia 16 de setembro, Hager convocou Höpcke para se defender numa reunião que incluiu Hoffmann e Franz Hentschel, suplente de Ragwitz na Kultur. Hager perguntou como Höpcke podia justificar a autorização para publicar uma obra tão difamatória, sobretudo no momento em que preparavam o XI Congresso do Partido. Höpcke respondeu com um extenso relato das tentativas de fazer Braun alterar o texto. Depois da última rodada de negociações, que levou a cortes importantes, ele disse que, enfim, teve de tomar uma decisão crítica: ou romper com Braun e aceitar todas as consequências negativas ou publicar o livro e encarar a crítica. Hager rejeitou o argumento, citando vários trechos do livro que demonstravam a hostilidade de Braun ao socialismo tal como existia na RDA. O tema dominante do romance, insistiu ele, era um ataque contra a elite do Partido, de que Braun escarnecia por desfrutar privilégios no topo da sociedade, enquanto uma população impotente sofria nas camadas inferiores. Não era uma sátira social aceitável; era uma grosseira difamação do Estado. O relatório sobre a reunião terminava com uma série de resoluções, que cobrava uma campanha na imprensa destinada a desacreditar *Hinze-Kunze-Roman* e medidas para reforçar a vigilância na HV e impor a disciplina do Partido em questões de cultura.[152] Hager mandou o relatório para Honecker, que sublinhou os trechos capitais e arquivou-o, supostamente para usá-lo numa futura reunião do Politburo.[153] Nos dias seguintes, Höpcke recebeu uma severa reprimenda do Partido (um empecilho que podia prejudicar gravemente a carreira de um *apparatchik*); Selbig foi demitido de seu cargo na HV; e Braun foi chamado para enfrentar seus críticos no Sindicato dos Autores. Porém *Hinze-Kunze--Roman* não foi formalmente proibido e Braun foi poupado de uma punição pública, supostamente porque o regime queria evitar qualquer outro escândalo.

O confronto entre Braun e o Sindicato dos Autores ocorreu em duas reuniões do conselho executivo do sindicato, das quais participaram muitos membros militantes. No dia 26 de setembro, o próprio Hager se apresentou diante de oitenta membros e expôs um relatório geral sobre a situação crítica da literatura na RDA. Ele se referiu a *Hinze-Kunze-Roman* como exemplo das questões que precisavam ser resolvidas, sobretudo relações entre autores e o Partido, à luz da política cultural correta. A maioria dos presentes ainda não tinha lido o romance, mas alguns falaram sobre a importância de reforçar o realismo socialista e rejeitar um tom de "resignação e pessimismo" que havia se infiltrado em publicações recentes. Como alvo daquelas objeções, Braun retrucou que havia consultado as autoridades em todas as etapas e que repudiava a tese de alguns de seus críticos de que sua obra redundava numa rejeição do socialismo. Hager sintetizou o debate num memorando encaminhado a Honecker, que terminava com a recomendação de que fizessem mais esforço para minimizar o impacto de *Hinze--Kunze-Roman*, expondo suas "deficiências políticas".[154] No dia 12 de dezembro, Braun encarou uma reunião ainda mais hostil, com 54 membros do sindicato. Vinte oradores, liderados por Klaus Jarmatz, um membro da linha dura do Partido, atacaram *Hinze--Kunze-Roman*; mas dessa vez Braun ficou calado, deixando que as injúrias se derramassem sobre ele. Quando Hermann Kant, outro membro da linha dura e presidente do conselho, o desafiou a reagir, ele não quis responder às críticas e se limitou a dizer, em sua defesa, que havia cooperado com a editora e com o Ministério da Cultura. Obviamente, estava decidido a evitar polêmicas e esquivar-se dos ataques, que continuaram incessantes, na imprensa da RDA.[155] Uma vez restabelecida a calma, havia a possibilidade de a HV permitir uma nova edição. Já haviam feito isso no caso de escândalos literários anteriores: era o que os censores queriam dizer quando me contaram que, após a publicação de obras "quentes", esperavam o tempo passar — "deixavam a grama crescer um pouco" — até que uma nova edição pudesse ser autorizada em segurança.

Enquanto a polêmica ia morrendo, Braun tratava de não dizer nada que fosse provocativo. Fez uma palestra na Academia de Artes em Berlim sem despertar nenhuma confusão e, com a permissão das autoridades da RDA, fez algumas apresentações na Alemanha Ocidental, onde a imprensa tentava enfatizar o *Hinze-Kunze-Roman* como uma "bomba alemã-alemã" (*eine deutsch-deutsch Bombe*).[156] Braun manteve a imprensa à distância, enquanto dava palestras na Feira do Livro de Frankfurt e em Colônia. O gabinete de Hager — e, sem dúvida, a polícia secreta — recebia relatórios sobre todas as suas aparições em público.[157] Tudo indica que as autoridades da Alemanha Oriental haviam minimizado com sucesso os danos causados pela "bomba". Ao se abster de punir Braun e permitir que ele viajasse para a Alemanha Ocidental, pareciam demonstrar sua boa vontade para superar a controvérsia. Afinal de contas, nunca haviam proibido *Hinze-Kunze-Roman*; haviam meramente tentado asfixiá-lo. Fizeram isso em segredo e, como obtiveram sucesso, chegaram a ponto de abrir a possibilidade de tolerar uma nova edição.

COMO A CENSURA TERMINOU

Enquanto a sobrevida de *Hinze-Kunze-Roman* pairava na incerteza, o mundo começou a mudar. Em março de 1985, Mikhail Gorbatchov assumiu a liderança do Partido Comunista da União Soviética e começou a implementar a política da glasnost (transparência) e da perestroika (reconstrução). Em 1986, após o XXVII Congresso do Partido e o acidente nuclear de Tchernobil, a glasnost — termo ambíguo que, no início, conotava apenas o debate aberto na gestão de questões públicas — transformou-se num movimento em favor da liberdade de informação. Em junho de 1988, o Partido havia deixado de dominar a vida política na União Soviética. O Solidariedade havia transformado a estrutura de poder na Polônia; publicações *samizdat* se espalhavam por toda parte; e o império soviético começava a se desmanchar, embora a RDA continuasse ossificada numa ditadura do Partido, derivada do sistema de Stálin.

Tanta coisa havia ocorrido que, quando a autorização para publicação da segunda edição de *Hinze-Kunze-Roman* foi concedida, no dia 27 de janeiro de 1988 (para uma tiragem relativamente pequena, de 10 mil exemplares), o fato chamou muito pouca atenção.[158] Hager deu a permissão depois de receber uma recomendação de Höpcke, que por sua vez tinha recebido uma solicitação da MDV. Quando o livro, finalmente, foi publicado e apareceu nas prateleiras das livrarias, nenhum tremor sacudiu o aparato do Partido e ninguém deu grande atenção a ele.[159] Enquanto isso, outros livros — em especial *Horns Ende* [Ponta de chifre], de Christoph Hein, e *Neue Herrlichkeit*, de Günter de Bruyn — produziam escândalos semelhantes. As histórias de sua publicação seguiram o mesmo percurso, uma luta com censores em todos os estágios de produção e distribuição.[160] No fim de 1987, a luta se deslocou para a própria censura.

Durante três dias, de 24 a 26 de novembro, uma grande assembleia de autores discutiu todos os aspectos de sua profissão num congresso do Sindicato de Autores em Berlim. Foi uma ocasião importante. Honecker, seis membros do Politburo e delegados de trinta países assistiram à sessão de abertura. A despeito da presença de Hager, Höpcke, Ragwitz e numerosos observadores da Stasi, as coisas não correram conforme o planejado. No dia 25 de novembro, De Bruyn usou seu horário na programação para ler uma carta de Christa Wolf, que havia permanecido em seu retiro em Mecklenburg. A carta recordava aos membros do sindicato o caso Biermann, a exclusão dos dissidentes, a emigração de autores talentosos e as restrições que inibiam aqueles que ficaram na RDA. Falando por si, De Bruyn denunciou a maior de todas as restrições: a censura. Como a RDA não admitia reconhecer que ela existia, De Bruyn disse que evitaria uma inútil disputa em torno de terminologia e ia se referir a ela como "a prática de conceder autorizações para publicação" (*Druckgenehmigungspraxis*).[161] Ele pediu sua abolição, se não imediatamente, pelo menos dentro de alguns anos. O destino dos livros não seria mais decidido atrás de portas fechadas. A responsabilidade por eles devia recair inteiramente sobre os autores e as editoras. A literatura deveria ocorrer abertamente.

Numa sessão à parte, mais cedo, naquele mesmo dia, Christoph Hein fez um discurso ainda mais ousado:

> O procedimento da autorização para publicação, a supervisão pelo Estado ou, para dizer de forma sucinta e não menos clara, a censura das editoras e dos livros, dos editores e dos autores, é ultrapassada, inútil, paradoxal, hostil à humanidade, hostil ao povo, ilegal e punível.[162]

Hein pediu a abolição imediata da censura — e, em seu lugar, a criação de um conjunto de instituições: editoras autônomas, resenhas de livros honestas, teatros independentes, imprensa diária livre e liberdade para viajar ao exterior. Ele não advogava o tipo de publicação que prevalecia no lado oeste, porque o considerava dominado por forças de mercado monopolistas, que favoreciam best-sellers baratos e vulgaridades. Estimava a RDA como uma "terra de leitura" (*Leseland*), sobretudo de "leitura de livros" (*Buchleseland*), onde a literatura servia a propósitos culturais mais elevados.[163] A RDA devia permanecer fiel a seus princípios socialistas e apoiar suas instituições culturais, mas devia ser livre do controle estatal.

Nunca antes os intelectuais da RDA haviam se manifestado de forma tão corajosa. Claro, uma coisa era fazer discursos; outra, transformar as instituições. A estrutura institucional da literatura da RDA continuou em seu lugar depois que o congresso se dispersou. O Muro de Berlim — ainda chamado de Muro de Proteção Antifascista (*antifaschistischer Schutzwall*) nos documentos oficiais[164] — persistia firme, assinalando a linha divisória entre campos hostis numa Guerra Fria que dava a impressão de que perduraria indefinidamente. No entanto a atmosfera de opinião circundante havia mudado, em parte por causa dos ventos novos que sopravam de Moscou, e os líderes do Partido se deram conta de que precisavam fazer ajustes.

Höpcke e Hager se reuniram em 18 de fevereiro de 1988 para decidir que medidas tomar. Concordaram em que a responsabilidade principal de checar os originais devia passar da HV para as editoras, mas isso podia trazer problemas. A produção total ainda teria de ser coordenada num Plano anual, que incluiria os planos anuais apresentados por todas as editoras. A HV dirigiria essa operação e continuaria a controlar a disponibilidade de papel e de gráficas. Tudo deveria ocorrer de modo a evitar "medidas burocráticas incômodas". Mas como? Höpcke e Hager só estavam de acordo em que as coisas deviam correr de maneira fluida, porque, segundo sua estimativa, 99% das publicações propostas não representariam nenhuma dificuldade. Casos problemáticos podiam, normalmente, ser resolvidos no nível das editoras, afirmaram, e as editoras deviam ser orientadas para trabalhar em estreita parceria com certos autores, evitando muito palavrório sobre "censura". É claro, alguns autores teriam de ser excluídos do sistema. Por exemplo, nada de Lutz Rathenow e Monika Maron deveria ter permissão para ser publicado. E, apesar da relativa autonomia das editoras, as decisões finais sobre as autorizações para publicação deveriam permanecer nas mãos da HV.[165]

As minutas dessa reunião davam a impressão de que os homens encarregados do sistema admitiam a necessidade de mudança ao mesmo tempo que a rejeitavam. Continuavam a negar a existência da censura, em princípio, e a impunham, na prática. Acima de tudo, não podiam afrouxar seu controle do poder. Sua incapacidade para resolver tais contradições também transparecia nas minutas de uma reunião ocorrida nove meses depois. Hager disse para Höpcke que nenhuma "liberalização" devia ser permitida.

> O Estado não deve abrir mão de seus direitos e o diretor de uma editora é responsável perante o Estado. Cabe a ele levar à HV os problemas relevantes, assim como [a HV] pode requisitar os originais das editoras. A linha político-cultural [do Partido] é assegurada por meio de Planos de longo prazo e da responsabilidade da editora e dos editores. Toda editora deve ter consciência de que será alvo de grandes exigências e de que sua responsabilidade aumentará. Mediante essa abordagem, um método democrático será aplicado e a centralização excessiva será evitada.[166]

Höpcke interpretou essas diretrizes da melhor maneira que pôde. Numa reunião com o Sindicato dos Autores no dia 28 de junho de 1988, apresentou um relatório sobre o Plano para 1989, frisando os novos procedimentos para a obtenção da autorização para publicação. A decisão final continuaria nas mãos da HV, mas ele agiria com rapidez e não exigiria mais das editoras a apresentação de um dossiê completo sobre o original nem pareceres de leitores externos. Bastaria uma solicitação cuidadosamente justificada. Alguns membros do sindicato expressaram dúvidas sobre destinar tanto para os editores, mas Volker Braun, que estava presente na reunião, deu boas-vindas à nova orientação como "um caso exemplar da distribuição do poder... de democracia social em ação".[167]

Nessa altura, Braun estava tendo êxito nas negociações com as autoridades, embora os conflitos sobre originais e montagens de peças não tivessem terminado com a crise de *Hinze-Kunze-Roman*. Eles chegaram ao ápice em 1987, quando Braun insistiu em publicar uma edição relativamente sem expurgos de *Langsamer knirschender Morgen* [Lento, triturante amanhã], um volume de poemas que continha material controverso suficiente para manter ocupados durante quatro anos os editores da MDV e os censores da HV. Foi concedida uma autorização para publicação que depois foi suspensa, devido ao "aspecto político" do livro, como Braun definiu numa carta de protesto dirigida a Hager. Quando ele ameaçou publicar a versão sem censura na Suhrkamp, na Alemanha Ocidental, Hager finalmente cedeu.[168] Braun também protestou quando as autoridades não permitiram uma apresentação de sua peça *Nibelungen*, montada por uma companhia teatral da Alemanha Oriental na Alemanha Ocidental, em maio de 1987. Nesse caso, Hager não opôs nenhuma resistência, mas a montagem teve de ser cancelada, porque os atores do Teatro Nacional de Weimar não eram *Reisekader* — ou seja, pessoas autorizadas a viajar para fora da RDA — e o Estado fazia todo o possível para impedir que os cidadãos fugissem para o lado oeste.[169] Em fevereiro de 1988, tudo havia mudado. Braun estava descontente com as primeiras apresentações de outra peça, *Transit Europa*, e queria cancelar sua montagem. Daquela vez Hager não aceitou a proposta de cancelamento. Por quê? Num memorando para um colega, membro do Politburo, Günter Schabowski, ele explicou que queria evitar que seus inimigos no lado oeste aproveitassem o cancelamento para interpretá-lo como mais um caso de repressão cultural. Apelou num telefonema para Braun, que admitiu permitir mais algumas apresentações da peça.[170]

Episódios como esses, embora triviais em si mesmos, indicavam que um tom novo havia se infiltrado nas relações entre autores e autoridades, muito embora a censura continuasse e o sistema de poder permanecesse o mesmo. As cartas de Braun continuaram sempre respeitosas, mas se tornaram bastante informais, e ele mudou sua forma de tratamento do formal *Sie* para um íntimo *du* — bem distante do estilo respeitoso que havia adotado em 1971, quando pela primeira vez pediu um tratamento favorável ao "Prezadíssimo camarada professor Hager".[171] Em 1988, no entanto, cartas de outros escritores às vezes soavam quase insolentes. Rainer Kerndl, um membro da direção do Sindicato dos Autores, negociou demorada e arduamente com sua editora e com a HV a respeito de *Einer gemischte Gesellschaft* [Um bando mal-afamado], um romance de aventura passado no Oriente Médio. Acabaram recusando a autorização para publicação porque o texto não correspondia à linha do Partido no tocante às questões internacionais; então Kerndl mandou uma carta insolente para Hager: "Seria mais importante, para mim, saber se devo jogar fora um trabalho de muitos meses apenas porque um empregado em certo departamento tomou para si a responsabilidade de decidir o que as pessoas neste país podem ou não podem ler".[172] Hans Schneider, um especialista em romances militares, protestou da mesma forma quando alguém no Ministério da Defesa barrou uma segunda edição de *Der Fall Tessnow* [O caso Tessnow] porque continha um episódio envolvendo um guarda de fronteira da RDA que era inaceitável, segundo critérios "político-ideológicos". Como um burocrata podia impedir a publicação de um livro que lhe havia custado dois anos de trabalho?, indagava numa carta para Hager. "Essa injustiça insensível" deixou-o furioso, e ele desejava ter a chance de enfrentar seu oponente, que havia assumido o papel de "censor".[173] Uma década antes, seria inimaginável que um autor protestasse contra a censura, que supostamente não existia, numa carta para um membro do Politburo. As coisas haviam mudado na RDA no fim da década de 1980. A mudança se passou de maneira invisível, no sistema informal de relações humanas que determinava a maneira como as coisas eram feitas, enquanto a antiga estrutura institucional continuava em seu lugar. A censura não fora abolida, mas autores e censores esperavam, igualmente, que novas liberdades prevalecessem.

Numa reunião no dia 1º de março de 1989, a organização PEN na RDA aprovou uma resolução protestando contra a prisão de Václav Havel na Tchecoslováquia. Klaus Höpcke compareceu à reunião e assinou a resolução. Cinco dias depois, foi repreendido por seus antigos oponentes na Divisão de Cultura do Comitê Central do Partido. Segundo um relatório sobre a discussão que Ursula Ragwitz apresentou a Hager, Höpcke defendeu seu gesto e se ofereceu para explicar suas razões ao embaixador tcheco. Porém, insistiu Ragwitz, não havia como negar que ele havia interferido em assuntos internos de um país socialista irmão e que seu apoio ao protesto da PEN seria explorado pela propaganda de seus inimigos comuns.[174] Höpcke já devia contar com algum tipo de punição. Na verdade, mais tarde, ele disse que tinha um informante entre os colegas de Ragwitz na Kultur.[175] Mas as sanções contra ele foram relativamente leves, talvez porque tenha assumido toda a responsabilidade por seu comportamento numa carta franca enviada a Erich Honecker. O protesto contra o tratamento injusto de Havel era amplamente justificado, argumentou Höpcke, e ao dar apoio à resolução ele não deixava subentendido que havia algo de incorreto na forma como os escritores eram tratados na RDA. No fim, Höpcke foi meramente suspenso de seu cargo por algumas semanas, enquanto o Politburo divulgava a história inventada de que ele estava doente.[176]

Será que a nova atmosfera de permissividade significava que a censura havia deixado de existir de fato na RDA? Não: as autoridades continuavam a impedir a publicação de livros segundo "critérios político-ideológicos", como diziam com frequência em cartas e memorandos.[177] Em abril de 1987, Hager e Honecker barraram a publicação de *Mir fehlte Spanien* [Saudades da Espanha], as memórias de Dolores Ibárruri, conhecida como La Pasionaria, porque disseram a eles que o livro estava maculado pelo eurocomunismo de direita.[178] Em maio, Hager e Höpcke barraram a distribuição de 4100 exemplares de *Widerstand 1939 bis 1945* [A resistência de 1939 a 1945], de Klaus Mammach, porque os censores na HV não haviam detectado as heresias que o livro continha sobre a resistência comunista ao nazismo durante a Segunda Guerra Mundial.[179] Em julho de 1989, a HV recusou a autorização para publicação de *Schreibt die Menschheit ihr letztes Kapitel?* [A humanidade está escrevendo seu último capítulo?], de Erich Hanke, não porque fosse inadequadamente marxista, e sim porque seu marxismo dogmático exagerava a natureza imperialista e militarista dos poderes da Otan a tal ponto que contradizia a linha do Partido sobre a coexistência pacífica.[180] *Sie nannten ihn Ur*, publicado em inglês como *The Bison* [O bisão], de Daniil Granin, circulou livremente na União Soviética depois de sua publicação em 1987, embora recontasse a carreira do geneticista Nikolai Timoféiev-Ressóvski de uma forma que projetava uma imagem ruim sobre as relações entre ciência e política no sistema soviético. Mas o que podia ser tolerado na União Soviética era excessivo para as autoridades da RDA. O livro recebeu a autorização para publicação da HV e foi feita uma tiragem de 15 mil exemplares. Depois, em junho de 1988, sua distribuição foi interrompida. Os livros ficaram bloqueados no depósito de Leipzig até o fim de 1989, quando foram, enfim, liberados.[181]

Não, a censura nunca cessou, nem mesmo durante os anos finais da RDA, relativamente tolerantes. Autores continuaram a se queixar de originais rejeitados por razões "político-ideológicas". Editoras ainda não admitiam correr riscos com obras "quentes". A HV rejeitava autorizações para publicação e os líderes do Partido intervinham para barrar a publicação de livros que não se adequavam à linha do Partido, mesmo quando começava a perder o poder. O processo de negociação, de acomodação, de resistência e concessão prosseguiu em todos os níveis, como já havia ocorrido em anos anteriores e como se pudesse prosseguir por tempo indefinido. Então o que foi que, finalmente, pôs um termo à censura na Alemanha Oriental? A queda do Muro. Pouco depois disso, no dia 9 de novembro de 1989, o governo se desfez, o Partido se estilhaçou, o Estado desmoronou e nada restou do sistema de censura, exceto os próprios censores, que continuaram em sua mesa de trabalho, sem nada para fazer, tentando entender tudo o que estava acontecendo e explicar sua experiência para um ingênuo observador externo, quando apareci em seu escritório na Clara-Zetkin--Strasse 90.

Conclusão

Depois de conhecer a censura em três regimes autoritários, agora parece oportuno rever uma questão que deixamos no ar no início deste livro: o que é a censura? A pergunta é legítima, mas pertence a uma categoria de armadilhas conceituais que os franceses chamam de *mal posées* — questões mal formuladas, que podem conduzir a busca de uma resposta para uma direção errada. Se a censura for definida de modo rígido demais, ela pode ser entendida como um fenômeno autônomo, que opera em toda parte da mesma forma, a despeito do contexto. Nesse caso, o historiador seria tentado a tratá-la como uma coisa em si e a tentar segui-la através de um corpo político, como se fosse algo análogo a uma substância radioativa rastreada ao longo da corrente sanguínea. Uma abordagem etnográfica evita esse perigo e serve como forma de evitar a banalização do conceito de censura, ao associá-lo com coerções de todo tipo.

A banalização da censura como um conceito contrasta com a experiência da censura entre aqueles que a sofreram. Autores, gráficos, livreiros e intermediários tiveram o nariz retalhado, orelhas cortadas e mãos amputadas; foram expostos acorrentados em troncos e marcados com ferro quente; foram condenados a remar nas galés por muitos anos; foram fuzilados, enforcados, decapitados e queimados enquanto amarrados em postes.[1] A maioria dessas atrocidades foi infligida a pessoas envolvidas com livros durante o início do período moderno. Nada comparável se verifica nas fontes consultadas para este estudo. No entanto, exemplos das páginas precedentes mostram que punições mais brandas podiam causar sofrimentos graves: Mademoiselle Bonafon, treze anos de prisão num convento por escrever um conto de fadas político (*Tanastès*); Mukunda Lal Das, três anos de "prisão rigorosa" por cantar músicas sugestivas ("A canção do rato branco"); Walter Janka, cinco anos de solitária por publicar um autor que caiu em descrédito (Lukács). Essas punições podem ser consideradas coerções e misturadas com todas as outras interdições e inibições que impuseram limites à expressão. Mas a coerção pela prisão opera de modo diferente das forças do mercado. Ela é infligida pelo Estado, que detém o monopólio do poder. Se uma editora rejeita um original, posso tentar vendê-lo a outra. Posso não conseguir e me sentir oprimido pelo mero peso do capitalismo, mas os Estados autocráticos barram essas alternativas. Não havia como apelar da Bastilha, das prisões sufocantes em Mandalay ou do gulag.

Não que todos os Estados tenham imposto sanções da mesma forma. Suas ações podem ser arbitrárias, mas eles as revestiram de procedimentos que têm um verniz de legalidade. Um dos aspectos chocantes dos dossiês da Bastilha é o esforço da polícia para desencavar provas e estabelecer a culpa mediante interrogatórios rigorosos, embora os prisioneiros não tivessem nenhuma defesa legal. Sob a pressão das circunstâncias, os julgamentos no Raj britânico davam os veredictos esperados, porém adotavam cerimoniais minuciosos a fim de encenar o governo da lei britânica e afirmar a ficção da liberdade de imprensa. A condenação de Janka em Berlim foi uma cerimônia de tipo diferente: um julgamento-espetáculo, orquestrado à maneira stalinista para desencadear um expurgo e assinalar uma mudança na linha do Partido. A linha determinava a legitimidade num sistema que não tinha espaço para direitos civis. Os censores da Alemanha Oriental tinham de se conformar a isso quando examinavam os originais. Nesse processo, no entanto, precisavam fazer interpretações — da linha do Partido, do texto e da compatibilidade entre a linha do Partido e as linhas do texto. Quando eles discutiam com os autores e entre si acerca de passagens específicas, eram levados a travar batalhas hermenêuticas. A censura em todos os três sistemas era uma luta em torno do sentido. Podia envolver a decodificação das referências num *roman à clef* ou disputas em torno da gramática da língua sânscrita ou ler as entrelinhas de um romance picaresco; mas sempre envolvia debates interpretativos.

Os debates exigiam levar em conta a reação do leitor — um dos temas prediletos entre os teóricos da literatura hoje e um problema prático para os censores de todos os tempos.[2] A leitura era um aspecto essencial da censura, não só no ato de checar os textos, que muitas vezes levava a uma disputa de exegeses, mas também como um aspecto do funcionamento interno do Estado, porque leituras contestadas podiam levar a lutas pelo poder, que às vezes levavam a escândalos públicos, como no caso de *De l'Esprit*, *Nil Darpan* e *Hinze-Kunze-Roman*. Escândalos ocorriam com frequência suficiente para que as pessoas que estavam no poder calculassem constantemente os efeitos que um livro poderia causar quando chegasse ao público; fossem pessoas sofisticadas em *le monde* ou lavradores no *mofussil* ou estudantes em Prenzlauer Berg. Os arquivos contêm registros sobre tais efeitos e sobre as maneiras como os leitores reagiam, discutindo, declamando e representando os textos. Alguns documentos revelam como as leituras eram refratadas no interior dos diversos setores do Estado e como elas se sobrepunham umas às outras — por exemplo, quando Kurt Hager leu o parecer de Ursula Ragwitz sobre sua leitura da leitura que Klaus Höpcke fez da leitura que Dieter Schlenstedt fez do livro *Hinze-Kunze-Roman*.

Num dos estudos mais influentes sobre a censura, Leo Strauss, refugiado da Alemanha nazista, filósofo de destaque e estudioso da literatura, afirmou que os censores são burros por natureza, porque não têm a capacidade de detectar o sentido oculto entre as linhas de textos que não sejam ortodoxos.[3] Os estudos neste livro provam o contrário. Os censores não só percebiam as nuances do sentido oculto como entendiam a forma como textos publicados repercutiam no público. A sofisticação dos censores não devia ser surpreendente no caso da RDA, porque entre eles figuravam autores, estudiosos e críticos. Mas autores eminentes também funcionavam como censores na França do século XVIII, e a vigilância sobre as literaturas vernáculas na Índia era executada por bibliotecários cultos e por funcionários regionais dotados de uma aguda percepção dos costumes tradicionais dos "nativos". Desdenhar da censura como uma repressão grosseira feita por burocratas ignorantes é entendê-la de maneira errada. Embora variasse enormemente, a censura era, em geral, um processo complexo que demandava talento e treinamento e que irradiava bem fundo na ordem social.

Ela também podia ser positiva. As aprovações dos censores franceses atestavam a excelência dos livros considerados dignos de um privilégio real. Muitas vezes, as aprovações parecem sinopses promocionais na quarta capa dos livros de hoje. A coluna 16 nos "catálogos" secretos do Serviço Civil da Índia às vezes se assemelhava às modernas resenhas de livros e, frequentemente, louvava aqueles que eram mantidos sob vigilância. Ao mesmo tempo que agiam como censores, os editores da Alemanha Oriental trabalhavam arduamente para melhorar a qualidade dos textos que checavam. Assim faziam os especialistas que redigiam os pareceres de leitores externos e os censores que trabalhavam em horário integral na HV, que defendiam os Planos anuais contra os *apparatchiks* na Divisão de Cultura do Comitê Central do Partido, desprezados por eles como pessoas incultas. A despeito de sua função ideológica, a reformulação de textos tinha semelhanças com a editoração feita por profissionais em sociedades abertas.

Isso também levava à colaboração entre censores e autores, muitas vezes mais estreita do que as relações editor-autor que se verificam hoje nas editoras de Paris, Londres e Nova York. Alguns censores franceses trabalhavam tão próximos dos escritores que eram levados quase a uma coautoria. Seus textos de aprovação, impressos nos próprios livros, não podem ser divorciados do corpo dos textos que recomendavam. Aprovações, privilégios e dedicatórias recebiam uma cuidadosa verificação da administração encarregada dos livros, e tudo aparecia dentro dos livros, como parte de um só todo. Ao mesmo tempo que encaravam com olhar crítico a literatura vernácula, os funcionários do Serviço Civil da Índia às vezes intervinham para incentivá-la, davam subsídios e prêmios para escritores que, acreditavam, poderiam algum dia produzir algo semelhante ao romance europeu.[4] Do início ao fim, os romances da RDA traziam as marcas da intervenção dos censores. Eles eram resultado de um processo colaborativo de escrita e reescrita — a tal ponto que alguns censores se queixavam de que haviam feito a maior parte do trabalho.

A colaboração se dava por meio de negociação. Em sistemas autoritários, os escritores entendiam que trabalhavam num mundo real, onde agentes do Estado detinham o poder de controlar e reprimir todas as publicações. A maior parte do controle estava direcionada para os jornais e outros meios noticiosos, não para os livros, que constituem o objeto deste estudo. Mas os livros muitas vezes ameaçavam incomodar o monopólio do poder e eram levados a sério pelas autoridades, mesmo por quem estava no topo do sistema, inclusive os ministros em Versalhes, Londres e Berlim. A negociação se dava no nível cotidiano, mas sobretudo nos estágios iniciais, quando um texto começava a tomar forma. Isso não acontecia no Raj, onde a censura era restrita à repressão pós-publicação, nem afetava a literatura que circulava fora do sistema na França do século XVIII. Mas até Voltaire, quando publicava obras legais ou semilegais, negociava com os censores, seus superiores, intermediários influentes e a polícia. Ele sabia como manobrar todas as engrenagens e alavancas do aparelho do poder e era um especialista em usá-las em benefício próprio.[5] Para os autores da Alemanha Oriental como Erich Loest e Volker Braun, a negociação era tão importante que mal se podia distingui-la do processo de publicação. Às vezes, levavam mais tempo regateando a respeito de trechos de um livro do que escrevendo aquelas mesmas passagens. Ambas as partes compreendiam a natureza do toma lá dá cá. Compartilhavam a ideia de participar do mesmo jogo, aceitando suas regras e respeitando sua contraparte.

Longe de serem vítimas indefesas, os autores às vezes conseguiam se impor com firmeza. Na França do século XVIII, usavam protetores para pressionar o *directeur de la librairie*. Caso não conseguissem obter pelo menos uma permissão tácita, podiam mandar seus originais para gráficas na Holanda ou na Suíça, para grande desgosto das autoridades francesas, que deploravam os prejuízos causados na economia doméstica pela competição externa. Os escritores indianos não tinham nenhuma escapatória equivalente, porém às vezes recorriam ao apoio de parlamentares de menor expressão ou da Secretaria de Estado para a Índia, em Londres, que não raro travava embates com o vice-rei em Calcutá. Os autores da Alemanha Oriental empregavam táticas semelhantes, sobretudo se atraíssem atenção o bastante para serem identificados como dissidentes. Podiam ameaçar publicar seus livros na Alemanha Ocidental e podiam provocar controvérsia suficiente para questionar a pretensão da RDA de favorecer uma variedade progressista de cultura, livre de repressão e de censura. No entanto, a natureza conflituosa da relação autor-censor não deve ser exagerada. Não raro, os oponentes ficavam amigos. No decorrer de suas negociações, eles eram absorvidos numa rede de agentes e num sistema de relações que operavam nas fronteiras das instituições oficiais. Era um sistema humano, que mitigava a rigidez da censura como expressão direta da razão do Estado. As brechas legais na França, o apoio de cúmplices como James Long na Índia, o *Spielraum*, ou sala para manobras, na Alemanha Oriental (inclusive os espaços deixados em branco nos Planos anuais) se combinavam de maneiras diversas para fazer a censura funcionar.

Como a cumplicidade, a colaboração e a negociação permeavam o caminho onde autores e censores operavam, pelo menos nos três sistemas aqui estudados, seria enganoso caracterizar a censura simplesmente como um combate entre criação e opressão. Vista de dentro, e sobretudo do ponto de vista do censor, a censura pode dar a impressão de que abrange a mesma área que a literatura. Os censores acreditavam que faziam a literatura existir. Em vez de pôr em dúvida sua boa-fé, seria mais eficaz tratar isso como um ingrediente do sistema. Nenhum sistema pode operar com base na mera coerção, nem mesmo a Coreia do Norte de hoje, ou a União Soviética da década de 1930, ou a Inglaterra no auge da tirania de Henrique VIII. Todos precisam de crentes verdadeiros. À medida que corroem a fé, os regimes autoritários prejudicam seu próprio funcionamento: isso também é um processo histórico, que no caso do império soviético pode ser medido pelo crescente ceticismo da intelligentsia. Fiquei surpreso ao descobrir que os censores da RDA continuaram comprometidos com seus princípios mesmo depois do colapso do regime. Os censores no Antigo Regime, na França, certamente acatavam seus valores, sobretudo o princípio do privilégio, mesmo quando se desviavam deles, como no caso de Crébillon *fils*, que escrevia romances de um tipo que ele jamais aprovaria, em sua condição de orgulhoso *censeur royal*. Para os juízes do Raj britânico e os bibliotecários indianos que preparavam seus catálogos, o liberalismo era perfeitamente compatível com o imperialismo. Perceber compatibilidade entre elementos contraditórios de um sistema cultural é, creio, atestar o poder do domínio de tal sistema sobre os "nativos". É possível argumentar que as religiões extraem força de sua capacidade de enfrentar contradições e mediá-las — por exemplo, ajudando seus adeptos a conciliar a crença num criador benevolente com a experiência do sofrimento e da maldade.

Sem minimizar a desafeição e a descrença que também se desenvolveram em sistemas autoritários, creio que é importante reconhecer que censores e autores muitas vezes compartilhavam um compromisso com o tipo de literatura que produziam juntos. Nos três casos estudados aqui, a literatura não estava confinada à criação de obras imaginativas de ficção. Envolvia todo tipo de texto e todo tipo de papel no processo de produção, distribuição e consumo de livros. Os autores representavam apenas uma parte do início do processo (autores escreviam textos; editores, diagramadores e gráficos faziam os livros); e os leitores, não raro, determinavam o resultado, na outra ponta. No meio do processo, todos os tipos de intermediários interferiam, cada um deles com ligações fora do sistema — com cocheiros, por exemplo (*Tanastès* chegou aos leitores em Paris contrabandeado em coches que partiam de Versalhes), ou funcionários regionais (eles forneciam as informações que entravam nos "relatórios" sobre livros na Índia), ou editores de periódicos (eles publicaram as resenhas destinadas a manipular a recepção de *Hinze-Kunze-Roman*). Para além de todos eles, a literatura ocorria no contexto mais amplo: o cosmopolitismo do

Iluminismo e da cultura francesa no século XVIII, a competição de poderes imperiais e a resistência a eles pelos movimentos nacionalistas no século XIX, e as lutas pelo poder em ambos os lados da Guerra Fria na segunda metade do século XX. Em todos os casos, a natureza da literatura em si era culturalmente específica. A literatura era parte integrante de sistemas culturais com configurações próprias e princípios nucleares em torno dos quais eles se cristalizaram: privilégio, no caso da França dos Bourbon; vigilância, na Índia britânica; e planejamento, na Alemanha Oriental comunista.

Essas descrições sucintas não conseguem fazer justiça aos abusos de poder que se verificavam nos três sistemas. Em cada um deles, o poder assumiu muitas formas, permeou todos os aspectos da vida literária e constituiu a literatura como um subsistema dentro da ordem social. Portanto, será que devemos chegar a ponto de, como fazem alguns teóricos pós-estruturalistas, ver censura em todas as expressões de poder e em coerções de todo tipo, inclusive do mercado tal como entendido por marxistas e do subconsciente tal como estudado pelos freudianos? Acho que não. Se o conceito de censura for estendido a tudo, não significa nada. Ele não deveria ser banalizado. Embora eu possa admitir que o poder é exercido de muitas maneiras, creio que é crucial distinguir entre o tipo de poder que é monopolizado pelo Estado (ou outras autoridades constituídas, como organizações religiosas, em certos casos) e o poder que existe em toda parte na sociedade. A censura como a compreendo é essencialmente política: é exercida pelo Estado.[6]

Portanto, tendo me aventurado perigosamente no rumo do relativismo, eu me afasto dele — como fazem os etnógrafos no campo, quando encontram práticas "nativas" que violam seus próprios princípios. Será que uma abordagem antropológica da censura pode se conciliar com o compromisso com categorias culturalmente distintas, como o direito à liberdade de expressão, consagrado na Primeira Emenda da Constituição dos Estados Unidos? Os antropólogos muitas vezes se sentem puxados para direções opostas, como os dois cachorros que se cruzaram na fronteira tcheco-polonesa, numa piada contada pelos poloneses na década de 1970. "Por que você está indo para a Tchecoslováquia?", pergunta o cachorro tcheco. "Quero comer", responde o cachorro polonês. "E por que você está indo para a Polônia?" "Quero latir", responde o cachorro da Tchecoslováquia. A liberdade de expressão precisa acomodar premências opostas, inclusive a necessidade de superar os obstáculos num mundo cruel e de protestar contra as crueldades.

Para ajudar a resolver esse problema, podemos consultar o testemunho de escritores que vivenciaram a censura num tempo bem recente sob regimes autocráticos. Evidências mais antigas, como o famoso *Diário de um censor russo*, de meados do século XIX, e documentos vazados de países comunistas, como *O livro negro da censura polonesa*, fornecem informações suplementares;[7] mas as memórias de autores abalizados dão acesso à visão de pessoas que conheceram, na intimidade, a maneira como a censura as afetava, sobretudo no reino psicológico, que é o mais difícil de penetrar: a autocensura.

Vejamos o relato de Aleksandr Soljenítisin sobre sua experiência em *O carvalho e o bezerro*, publicado em 1975, um ano depois de sua expulsão da União Soviética. Quando abrimos o livro, esperamos encontrar a voz de um profeta pregando no deserto; e não vamos nos decepcionar, pois Soljenítsin se imagina um Jeremias. No entanto, reconta boa parte de sua história num registro surpreendente: observações argutas, precisas, irônicas e sociologicamente ricas sobre como a literatura funcionava como um sistema de poder numa sociedade stalinista. Nós o encontramos, primeiro, no gulag. Durante oito anos de trabalho nos campos de prisioneiros, ele escreve e sofre as desgraças à sua volta; continua a escrever depois que é solto, vivendo miseravelmente como professor. Escreve em isolamento e com total liberdade, porque sabe que não pode publicar nada. Suas palavras não serão lidas senão muito depois de sua morte. Mas ele precisa mantê-las em segredo. Ele as memoriza, escreve-as em letras minúsculas em tiras finas de papel que são enroladas e espremidas dentro de uma garrafa, a qual enterra. Enquanto os manuscritos se sucedem, ele continua a escondê-los nos lugares mais seguros e implausíveis. Então, para sua surpresa, Khruschov denuncia os excessos de Stálin, no XXII Congresso do Partido, em 1961, e Aleksandr Tvardóvski, editor da *Nóvi Mir*, a revista mais importante da União Soviética, declara a disposição de publicar textos mais audaciosos. Soljenítsin resolve arriscar. Reescreve, em forma atenuada, a obra que romperá o muro de silêncio sobre as atrocidades do gulag, sob o título: *Um dia na vida de Ivan Deníssovitch*; e apresenta o texto à *Nóvi Mir*.

Nessa altura, a narrativa de Soljenítsin se desloca para uma espécie de sociologia. Ele descreve todos os editores da revista, suas rivalidades, as manobras autoprotetoras e as lutas para abafar a bomba que havia plantado no meio deles. Aleksandr Deméntiev, o sagaz e dúbio agente do Comitê Central do Partido, montava armadilhas e erguia barreiras durante as reuniões editoriais, mas Tvardóvski estava dividido. Como um poeta genuíno, com raízes no campesinato, "sua primeira lealdade era com a literatura russa, com sua crença devota no dever moral do escritor". No entanto, também se sentia compelido pela "verdade do Partido".[8] No fim, ele prevalece sobre suas próprias dúvidas e sobre os membros da equipe que duvidam e revê o original, linha por linha, com Soljenítsin, negociando alterações. Soljenítsin está disposto a fazê-las até certo ponto, porque entende que o texto precisa ser modificado o suficiente para vencer a pista de obstáculos que constitui a realidade literária. A pista propriamente dita é descrita — cópias vazadas, debates acirrados nos corredores do poder, uma leitura para Khruschov em sua datcha e a aprovação do Presidium (Politburo). Os censores oficiais, mantidos nas sombras, ficam horrorizados quando veem as provas. Mas elogiam o livro quando vai para o prelo, depois de serem informados, no último minuto, que havia recebido o aval do Comitê Central. A obra causa sensação e poderia ser seguida pelos outros livros que Soljenítsin preparava; mas ele os segura, por não estar disposto a fazer as alterações necessárias — um erro estratégico, ele vê em retrospecto, porque a janela de oportunidade vai fechar quando Brejnev suceder a Khruschov, em 1964, e uma nova onda de stalinização vai bloquear a literatura autêntica, levando Soljenítsin, agora famoso, para o exílio. Apesar de todos os detalhes muito vivos, respaldados por grande quantidade de documentação, a história não tem o efeito de uma exposição jornalística. Tampouco evoca uma visão ocidental da liberdade de expressão. Num idioma especificamente russo, proclama uma visão profética da literatura como veículo da verdade.[9]

Milan Kundera escreve num idioma diferente — irônico, sofisticado, conscientemente calcado em séculos de literatura europeia. Ele também enfrentou a censura num momento em que o stalinismo se abriu por tempo suficiente para expor suas falhas geológicas. Depois o regime se fechou novamente, o que acabou levando Kundera ao exílio. A literatura e outras artes, em especial o cinema, reviveram na Tchecoslováquia durante a década de 1960, a despeito da mão pesada do regime comunista. O Partido em si sucumbiu aos reformadores determinados a instalar um "socialismo com face humana" em janeiro de 1968, quando Alexander Dubcek se tornou o primeiro-secretário. A censura foi abolida durante a onda de reformas conhecida como a Primavera de Praga e foi restaurada logo depois da invasão soviética, em agosto. Um ano antes, em junho de 1967, o Sindicato dos Autores promoveu um congresso que, em retrospecto, pareceu um prelúdio da Primavera de Praga. Kundera e outros escritores o usaram como um fórum para pedir mais liberdade. Em seu discurso no congresso, ele invocou a literatura como uma força vital por trás "da própria existência da nação", e denunciou a censura, depois de citar Voltaire, no idioma dos direitos naturais:

> Pois a verdade só pode ser alcançada por meio do diálogo de opiniões livres que desfrutam de direitos iguais. Qualquer interferência na liberdade de pensamento e de palavra, por mais discretos que sejam os mecanismos e a terminologia de tal censura, é um escândalo neste século, uma cadeia que tolhe os membros de nossa literatura nacional quando ela tenta avançar.[10]

Poderia tal declaração ser publicada? *Literární noviny*, o equivalente tcheco da *Nóvi Mir*, pretendia publicá-lo junto com as atas do congresso, inclusive uma resolução para abolir a censura. Isso foi demais para os censores na Comissão Editorial Central, que parecia a HV da Alemanha Oriental. Eles não permitiram que o número da revista fosse impresso e convocaram o editor de *Literární noviny*, Dusan Hamsík, e membros de sua comissão editorial para reunir-se com eles e com Frantizek Havlícek, chefe do Departamento Ideológico do Comitê Central, o correspondente tcheco da Kultur na RDA. Segundo o relato de Hamsík, a reunião se transformou numa luta renhida em torno de cada artigo da revista, sobretudo o texto do discurso de Kundera. O próprio Kundera estava presente e lutou com Havlícek, a cada linha, frase e vírgula. Ele não podia simplesmente se negar a negociar, porque os escritores queriam que seu manifesto fosse publicado e reforçasse a resistência do público ao stalinismo. Kundera venceu em alguns pontos e perdeu em outros, enquanto insistia o tempo todo no "absurdo de censurar um texto que protestava contra a censura".[11]

No fim, conseguiu salvar quase tudo o que havia escrito, mas, quando saiu da reunião, sentiu-se péssimo. "Por que cedi?", queixou-se com Hamsík. "Deixei que fizessem de mim um completo idiota [...]. Toda concessão é uma concessão suja."[12] Pouco depois, o Comitê Central do Partido telefonou para dizer que não aceitaria o acordo, no final. As atas nunca foram publicadas. Kundera ficou imensamente aliviado.

Na descrição que Hamsík faz do episódio, Kundera aparece como um "cliente difícil",[13] um escritor com um compromisso tão inflexível com sua arte que se sentia enjoado com qualquer grau de cumplicidade com as autoridades políticas. Quando veio a crise, porém, ele estava disposto, como Soljenítsin, a adaptar sua prosa a fim de romper o domínio do Partido sobre a literatura. Kundera também entendia a literatura como uma força que forjava a identidade nacional, embora a associasse de maneira mais ampla com a ascensão da civilização europeia.[14] Para Kundera, a literatura tinha uma importância tão transcendente que ele não conseguia digerir a negociação e as concessões que determinavam a vida literária em todos os regimes stalinistas. Ao torná-lo cúmplice de sua tirania, mesmo quando Kundera resistia, ela violava seu sentido de ser ele mesmo.

O sentimento íntimo de integridade ferida também vem no relato de Norman Manea sobre suas relações com os censores na Romênia comunista durante a década de 1980, quando Nicolai Ceausescu instituiu um regime totalitário fora da esfera da União Soviética. Manea insiste na "realidade humana"[15] em ambos os lados da fronteira do poder — funcionários corruptos e astutos que perseguem seus próprios objetivos dentro do Estado e autores ambiciosos que tentam impulsionar sua carreira num sistema completamente dominado por um partido. Como um dos autores, Manea tinha esperança de romper a barreira com seu romance *O envelope preto*, que continha alguma dose enviesada de crítica ao totalitarismo à sua volta. Devido à ficção de que a censura tinha sido abolida, ele não recebeu o parecer do censor acerca do seu livro, apenas uma cópia do texto que o censor havia checado. Mais ou menos 80% do texto tinha sido marcado para ser apagado ou reformulado, sem nenhuma explicação adicional. Manea lutou para decifrar as objeções e reescreveu grande parte do texto, em seguida o submeteu por meio de seu editor, como antes. A versão reescrita foi rejeitada, mais uma vez sem nenhuma explicação. Parecia não haver saída para o impasse, até que o editor resolveu arriscar. Mandou o texto para um leitor "externo", um veterano aposentado do sistema de censura que ele conhecia por meio de seus contatos na rede humana que fazia as coisas andarem por trás da fachada das instituições oficiais. Vindo de um não censor, aquele parecer de censor podia ser mostrado para Manea. O parecer apresentava uma leitura inteligente e penetrante do livro e propunha importantes alterações. Por mais dolorosas que fossem, Manea adotou as recomendações de seu "sagaz professor-censor",[16] pois elas representavam sua única esperança de continuar a existir no mundo da literatura. A estratégia deu certo, a edição esgotou e, na esteira de seu sucesso, Manea foi obrigado a se exilar. Em 1988, emigrou para os Estados Unidos, onde descobriu a "liberdade" — não uma ordem isenta de coerções, mas um sistema complexo que exigia concessões próprias, inclusive algumas impostas pelas "leis brutas do mercado".[17] Embora reconhecendo a dura realidade do exercício da liberdade numa democracia, Manea insistia nas distinções que tornavam isso fundamentalmente diferente da situação que ele havia experimentado na Romênia. Quando recordava os cortes que aceitara fazer em *O envelope preto*, arrependia-se menos da supressão de trechos críticos do que de todo o processo de concessão e cumplicidade, e do preço que teve de pagar. No fim, concluiu, "a função do censor venceu".[18]

Danilo Kiš passou por uma experiência semelhante na Iugoslávia comunista, embora o stalinismo tenha assumido lá uma forma mais branda do que na Alemanha Oriental, na Tchecoslováquia ou na Romênia. Quando refletiu sobre suas tentativas de enfrentar a censura, ele enfatizou seu caráter invisível — as pressões informais exercidas por editoras e editores, que agiam como censores, ao mesmo tempo que cumpriam suas funções profissionais e, acima de tudo, o poder difuso da autocensura. O censor interno, autonomeado, escreveu ele, é o duplo do autor,

> um duplo que se debruça por trás do seu ombro e interfere no texto *in statu nascendi*, impedindo que o autor dê um passo ideológico em falso. É impossível vencer esse duplo censor; ele é como Deus, sabe tudo e vê tudo, porque deriva do seu próprio cérebro, dos seus próprios temores, dos seus próprios pesadelos.[19]

Czeslaw Milosz levou essa argumentação mais longe, ao descrever como os intelectuais na Polônia se sujeitavam à censura como um "controle subjetivo involuntário"[20] — ou seja, uma assimilação internalizada da doutrina comunista infligida não à força, mas pela necessidade de encontrar um sentido no rescaldo da Segunda Guerra Mundial e com a conquista de seu país por seu antigo inimigo, a Rússia, com uma arma nova, a dialética stalinista. Eles haviam experimentado os horrores da história tão de perto que isso anulou seu sentido de realidade. Como alguém que vira seus amigos serem massacrados e Varsóvia ser arrasada pode conservar a crença na relevância das brigas da vanguarda literária anteriores à guerra ou acreditar na visão alegre do mundo do pós--guerra que existia em partes do Ocidente — o tipo, por exemplo, que era então retratado por Norman Rockwell para as capas da *Saturday Evening Post*? O materialismo dialético, no estilo soviético, explicava como a história estava transformando a realidade em grandes ondas, que haviam arrebatado a Europa Central e em breve inundariam Paris e Londres, e no fim acabariam afogando os filisteus nos Estados Unidos. Autores como "Alpha", o companheiro de viagem de Milosz nos círculos literários nas décadas de 1930 e 1940, encontravam alívio psicológico e respaldo material ao adotar as certezas oficiais. Milosz descreveu a trajetória de sua vida interior e exterior, empregando nomes artificiais, a fim de explicar sua submissão ao controle total do Estado. Para eles e para ele, o ponto crítico chegou com a imposição do "realismo socialista", que ele entendeu não apenas como uma diretriz estética, mas como uma doutrina totalizadora,

> preocupada com as crenças assentadas nos fundamentos da existência humana. No campo da literatura, ela proíbe aquilo que em todos os tempos foi a tarefa essencial do escritor — olhar para o mundo do seu ponto de vista independente, dizer a verdade tal como a vê e, assim, vigiar e proteger o interesse da sociedade como um todo.[21]

Milosz comprometeu-se com essa missão da literatura em 1951, no auge do stalinismo, quando foi para o exílio. Sua decisão de abandonar seu país e sua cultura foi, como ele a define, mais visceral do que filosófica, "uma revolta do estômago". Contudo, manifestava uma determinação de "manter viva a liberdade de pensamento".[22]

Quando os exilados do sistema soviético invocavam "liberdade" e "verdade", não estavam apelando pela proteção da Primeira Emenda nem falando como filósofos. Usavam palavras para descrever sua experiência da censura como uma força que age em circunstâncias específicas, uma força que determinava a natureza da literatura num sistema político opressivo. "Liberdade de expressão" servia como um padrão para medir a opressão. Não se aplicava a coerções de todos os tipos, embora muitos tenham pesado na vida dos escritores. Para eles, a liberdade era um princípio que se tornou irrelevante por força da experiência de sua violação. As experiências variavam, é claro, e as variações tornam inútil procurar uma proposição geral capaz de abarcar todas elas, inclusive algumas estudadas detidamente, como a censura na África do Sul sob o regime do apartheid.[23] Mesmo no âmbito do sistema soviético, alguns escritores escreviam, reescreviam, cortavam e remendavam relatos de sua experiência, inclusive o trabalho forçado em campos de prisioneiros na Sibéria, segundo as orientações minuciosas dos censores, e o faziam de bom grado, convencidos de que a capacidade do Partido para guiá-los era a verdade.[24]

Termos como "verdade" e "liberdade" podem parecer deslocados numa discussão sobre a complexidade que constituía a censura no império soviético. Ao usar tais abstrações, os exilados do sistema não minimizavam as contingências históricas em que se encontravam. Ao contrário, enfatizavam a constante necessidade de negociar e transigir, à medida que a linha do Partido mudava e os autores tomavam um novo rumo, na tentativa de abrir caminho em meio às duras realidades do mundo que conheciam como a literatura. Também compreendiam que a literatura naquilo que os ocidentais chamavam de "mundo livre" sofria restrições. A experiência deles valeria como um argumento em favor de uma noção relativista de liberdade?

A despeito de Hegel, duvido que o absoluto exista na história. Todos os fatos ocorrem em contextos e todas as ações são cercadas de restrições. No entanto, levar a sério o testemunho de escritores que foram silenciados ou que silenciaram a si mesmos sob os regimes stalinistas não significa equiparar sua experiência com a de qualquer pessoa que ache difícil publicar um livro. Tampouco significa confundir os modos de silenciar do século XX com as maneiras de abafar as vozes em outros lugares e outros tempos. Os historiadores não estão aparelhados para quantificar graus de iniquidade em períodos diferentes do passado. Mas não podemos deixar de fazer juízos de valor e temos de ser capazes de reconhecer a maneira como nossos valores fazem sombra na nossa compreensão, assim como reconhecemos o arcabouço conceitual que lhe dá forma. Ao descrever as abordagens da história da censura, podemos unir os opostos — o normativo versus o relativo, o empírico versus o teórico, o liberal versus o pós-estrutural —, mas eles não conseguem fazer justiça às complexidades da experiência. Em vez de encarar alternativas do tipo ou isso ou aquilo, prefiro mudar o terreno do debate.

Uma visão etnográfica da censura a trata de maneira holística, como um sistema de controle que permeia as instituições, colore as relações humanas e alcança as engrenagens ocultas da alma. Ao adotar essa visão abrangente, a história etnográfica consegue fazer justiça às maneiras diferentes como opera a censura em diferentes sociedades. Posso evitar a reificação da censura e sua redução a qualquer fórmula, inclusive a de violações da declaração de direitos. Longe de contestar a validade de tais declarações, ela as leva a sério como elementos de sistemas culturais. Todavia, não nivela todas as distinções, numa tentativa de criar um campo de jogo uniforme para a investigação científica.

Os antropólogos aprenderam há muito tempo que, para compreender um ponto de vista alheio, precisam dialogar com os "nativos" de uma forma que reforce a consciência deles de seu próprio ponto de vista.[25] O trabalho de campo nos arquivos leva o historiador a deparar com exemplos estarrecedores de opressão. Ao descrever alguns deles, este livro tem o intuito de explicar como os censores cumpriam seu ofício, como a censura agia de fato e como funcionava no interior de sistemas autoritários. Ao estudar seu funcionamento, aprendi a ter um respeito maior pelos princípios que compartilho com outros cidadãos em nossa parte peculiar do mundo e em nosso momento da história. Compreendo que a Primeira Emenda não se estende além das fronteiras jurídicas da Constituição dos Estados Unidos, mas acredito no direito à liberdade de expressão com todo o fervor de meus conterrâneos, apesar do desdém daqueles que escarnecem das "crendices da Primeira Emenda".[26] Ao mesmo tempo que tentamos compreender, precisamos marcar uma posição, sobretudo hoje, quando o Estado pode estar vigiando cada um de nossos movimentos.

Agradecimentos

Este livro é uma versão muito ampliada do que apresentei na Panizzi Lectures na British Library em janeiro de 2014, dedicado à memória do primeiro palestrante das Panizzi Lectures, D. F. McKenzie. Gostaria de agradecer à Fundação Panizzi e a meus anfitriões na British Library por seu gentil convite. Também gostaria de expressar minha gratidão aos bibliotecários e à equipe da Bibliothèque de l'Arsenal e da Bibliothèque Nationale de France, que me ajudaram a rastrear censores, autores e agentes policiais em suas coleções de manuscritos desde a década de 1960. O Wissenschaftkolleg zu Berlin me forneceu uma bolsa de estudos em 1989-90 e de novo em 1992-3. Serei sempre grato a WiKo, seu reitor, Wolf Lepenies e sua equipe. Solveig Nester ajudou-me a encontrar meu caminho nas complexidades labirínticas dos documentos do Comitê Central do Partido Comunista ou Sozialistische Einheitpartei Deutschlands em Berlim Oriental. Graham Swift me ofereceu sua orientação especializada nos arquivos do Serviço Social da Índia na British Library em Londres. Meu agradecimento a eles; a Seven Forman, meu excelente e simpático editor na W. W. Norton; e a Jean-François Sené, que aprimorou meu texto ao traduzi-lo para o francês para as Edições Gallimard. A edição francesa inclui uma discussão sobre algumas questões teóricas, que foi eliminada na edição inglesa. Ela pode ser consultada para o texto original em francês nas citações das fontes manuscritas, e a edição alemã contém as citações alemãs originais. Todas as traduções para o inglês são minhas.

Notas

INTRODUÇÃO [pp. 7-16]

1. John Palfrey, "For Phases of Internet Regulation", *Social Research*, n. 77, pp. 981-96, outono 2010. Como exemplo da visão do ciberespaço de espírito livre, ver John Perry Barlow, "A Declaration of the Independence of Cyberspace". Disponível em: <www.eff.org/cyberspace-independence>. Acesso em: 4 jan. 2016.

2. Ver Marc Bloch, "Pour une histoire comparée des sociétés européennes". In: _____, *Mélanges historiques*. Paris: 1963. v. 1, pp. 16-40.

3. Aleksandr Soljenítsin, *The Oak and the Calf: Sketches of Literary Life in the Soviet Union*. Nova York: 1980 (1975). p. 33. [Ed. bras.: *O carvalho e o bezerro*. São Paulo: Difel, 1976.]

4. Para um apanhado da literatura, ver *Censorship: A World Encyclopedia*. Org. de Derek Jones. Londres: 2001. 4 v.

5. Ver Reinhold Niebuhr, *The Children of Light and the Children of Darkness: a Vindication of Democracy and a Critique of Its Traditional Defence*. Nova York: 1944.

6. A Primeira Emenda diz: "O Congresso não deve fazer leis a respeito de se estabelecer uma religião ou proibir o livre exercício dessa; ou diminuir a liberdade de expressão ou da imprensa; ou o direito das pessoas de se reunir pacificamente e de apresentar ao governo petições para que sejam feitas reparações a ofensas".

7. Stanley Fish, *There's No Such Thing as Free Speech, and It's a Good Thing, Too*. Nova York: 1994. p. 111.

8. Robert Bellah, *The Broken Covenant: American Civil Religion in Time of Trial*. Chicago: 1992.

9. *The Correspondence of John Locke. Electronic Edition*. Intelex Past Masters. v. 5, p. 78.

10. John Milton, *Areopagitica*. Rockville, Md.: 2008. pp. 57, 61.

11. Como livre-pensador, Diderot certamente era a favor da liberdade de expressão, mas como autor que se via tolhido entre o perigo da prisão por *lettre de cachet* (uma ordem arbitrária do rei) e as pressões de um mercado literário controlado pela guilda de livreiros e tipógrafos de Paris, ele exprimia uma visão desiludida da indústria gráfica de seu tempo, na qual havia muito em comum com aquilo que Milton tinha falado um século antes, exceto pelo fato de Diderot depender mais fortemente de editores poderosos. Ver Denis Diderot, *Lettre sur le commerce de la librairie*. Org. de Jacques Proust. Paris: 1962.

12. A interpretação whig da história, tal como foi caracterizada por Herbert Butterfield, sublinha o avanço inevitável do progresso sobre a reação, rumo a um presente que parece o triunfo do liberalismo: Herbert Butterfield, *The Whig Interpretation of History* (Londres: 1931). Por causa de seu aparente viés político e cultural tendencioso, a "história whig" tornou-se uma expressão pejorativa, mas num artigo recente William Cronin defende que vale a pena reconsiderar a questão: "Two Cheers for the Whig Interpretation of History", *Perspectives on History*, v. 50, n. 6, edição on-line, ISSN 1556-8563, set. 2012. Claro, uma visão da história que opõe a censura à contínua busca da verdade não precisa ser whig ou limitada a liberais. Um dos estudos sobre a censura mais conhecidos foi escrito pelo historiador das ideias conservador Leo Strauss: *Persecution and the Art of Writing* (Glencoe, Ill.: 1952). Ele rejeita explicitamente o tipo de "historicismo" que preconizo neste livro.

13. Fish, *There's No Such Thing as Free Speech, and It's a Good Thing, Too*, pp. 102-19. Pesquisadores do direito às vezes enfatizam os usos distintos do adjetivo "free" como exemplificado na distinção entre "free speech" [liberdade de expressão] e "free beer" [cerveja grátis]. O primeiro se refere a uma ação protegida pela lei e limitada por coerções legais; o segundo, a um produto que envolve custo. Advogar a liberdade de expressão — ou o livre acesso a informações na internet — não é, portanto, ignorar as realidades econômicas e sociais ou retroceder para um idealismo desinformado do tipo que Fish ridiculariza. Ver Lawrence Lessig, *Free Culture: How Big Media Use Technology and the Law to Lock Down Culture and Control Creativity* (Nova York: 2004).

14. Entre os estudos sobre a censura que remetem às teorias pós-modernas, ver: Michael Holquist, "Corrupt Originals: The Paradox of Censorship", *Publications of the Modern Languages Association*, n. 109, pp. 14-25, 1994; os ensaios co-

ligidos em *Censorship and Silencing: Practices of Cultural Regulation.* Org. de Robert C. Post. Los Angeles: 1998; os ensaios de *Censorship and Cultural Regulation in the Modern Age.* Org. de Beate Müller. Nova York: 2004; os ensaios de *The Administration of Aesthetics: Censorship, Political Criticism, and the Public Sphere.* Org. de Richard Burt. Minneapolis: 1994; e Sophia Rosenfeld, "Writing the History of Censorship in the Age of Enlightenment". In: Daniel Gordon (Org.), *Postmodernism and the Enlightenment: New Perspectives in Eighteenth-Century French Intellectual History.* Nova York: 2001.

15. Sobre descrição densa, ver Clifford Geertz, *The Interpretation of Cultures: Selected Essays.* Nova York: 1973. pp. 3-30.

PARTE 1 — A FRANÇA DOS BOURBON: PRIVILÉGIO E
REPRESSÃO [pp. 17-98]

1. Como exemplos dessa tendência entre as obras mais conhecidas sobre o Iluminismo na Inglaterra, ver: Kingsley Martin, *French Liberal Thought in the Eighteenth Century.* Londres: 1962. pp. 95-102; George R. Havens, *The Age of Ideas: From Reaction to Revolution in Eighteenth-Century France.* Nova York: 1955. pp. 9, 27-8; Peter Gay, "Voltaire against the Censors". In: _____, *Voltaire's Politics: The Poet as Realist.* New Haven: 1959; e Peter Gay, *The Enlightenment: An Interpretation.* Nova York: 1969. v. 2, pp. 69-79.

2. Essas questões são especialmente pertinentes para a história dos livros, um campo de estudo que está apenas começando a influenciar a compreensão da história em geral. Para uma visão ampla da história do livro, ver a primeira Panizzi Lecture: D. F. McKenzie, *Bibliography and Sociology of Texts.* Cambridge: 1999.

3. Bibliothèque Nationale de France, ms. fr. 22137-52. Os três primeiros desses vastos registros contêm "julgamentos" submetidos a Malesherbes pelos censores e estão agrupados segundo os nomes dos censores. Os outros doze têm uma mistura de diferentes tipos de documentos, inclusive muitos "julgamentos". Ricos como são, os documentos pertencem apenas ao período entre 1750 e 1763, quando Malesherbes foi *directeur de la librairie.* Amigo ou protetor de vários *philosophes,* ele chamou atenção por sua administração flexível e tolerante; porém sustentava de modo coerente a autoridade do Estado contra as tentativas do clero, da universidade e dos parlamentos de interferir na vigilância sobre o comércio de livros. O sucessor de Malesherbes, Antoine de Sartine (1763-74), no geral deu seguimento à sua conduta liberal, mas houve períodos de repressão sob *directeurs* posteriores, em especial Le Camus de Néville (1776-84). A discussão seguinte se restringe aos anos de Malesherbes, embora eu tenha tomado amos-

tras de todo o material na coleção geral Anisson-Duperron e tenha tentado ler tudo relativo aos anos 1769-89. Para uma explanação completa acerca dessa coleção, ver Ernest Coyecque, *Inventaire de la Collection Anisson sur l'histoire de l'imprimerie et la librairie, principalement à Paris (manuscrits français 22061--22193)*. Paris: 1900. 2 v. Entre os estudos sobre a censura na França do século XVIII, o melhor, na minha opinião, é o de Raymond Birne, *Royal Censorship in Eighteenth-Century France* (Stanford: 2012). Nicole Hermann-Mascard, *La Censure des livres à Paris à la fin de l'Ancien Régime, 1750-1789* (Paris: 1968), é em grande parte derivado da obra pioneira de J.-P. Belin, *Le Commerce des livres prohibés à Paris de 1750 a 1789* (Paris: 1913). Mas há muita coisa de valor em obras mais recentes, em especial William Hanley, "The Policing of Thought in Eighteenth-Century France", *Studies on Voltaire and the Eighteenth Century* 183 (1980, pp. 265-93); Barbara Negroni, *Lectures interdites: Le travail des censeurs au XVIIIe siècle, 1723-1774* (Paris: 1995); Georges Minois, *Censure et culture sous l'Ancien Régime* (Paris: 1995); e Edoardo Tortarola, *Invenzione della libertà di stampa: Censura e scrittori nel Settecento* (Roma: 2011). Duas publicações ligadas à minha própria pesquisa nos documentos da Direction de la Librairie são: "Reading, Writing and Publishing in Eighteenth-Century France: A Case Study in the Sociology of Literature", *Daedalus*, pp. 214-56, inverno 1971; e "Censorship, a Comparative View: France, 1789-East Germany, 1989", *Historical Change and Human Rights: The Oxford Amnesty Lectures 1994* (Nova York: 1994), pp. 101-30.

4. Abade Genois, 24 nov. 1750, Bibliothèque Nationale de France, ms. fr. 22137, doc. n. 103.

5. Lagrange de Chécieux, 6 set. 1759, ms. fr. 22138, n. 2.

6. Simon, 2 maio 1752, ms. fr. 22139, n. 113. "Este manuscrito, precedido por um discurso preliminar, carece do estilo elevado e floreado que seu tema justificava. Mas, embora simples, é escrito de modo sensato e pode tornar conhecidas as vantagens e as melhorias a ser fornecidas a todos os homens em geral pelas virtudes analisadas em seu interior. No todo, é repleto de toques históricos interessantes que são relevantes para as virtudes em análise e de anedotas que podem divertir o leitor, ao mesmo tempo que o instruem com máximas edificantes. Não tendo encontrado neste manuscrito nada que possa representar obstáculo para sua impressão, creio que devo aprová-lo."

7. Por exemplo, De Mareille, 4 maio 1752, ms. fr. 22138, n. 111, em *Vie de Grotius*.

8. Lagrange de Chécieux, 6 nov. 1757, ms. fr. 22152, n. 190.

9. Relatório sem data do abade Foucher, ms. fr. 22137, n. 90.

10. Relatório sem data de Déguignez, ms. fr. 22137, n. 135.

11. Le Blond, 2 out. 1752, ms. fr. 22138, n. 38. Num relatório semelhante,

sem data, De Parcieux recusou uma obra matemática por ser "uma barafunda confusa de pródiga quantidade de problemas aritméticos em que não se pode encontrar nenhuma ordem ou método [...]. O autor resolve seus problemas da maneira como um operário de Limousin mistura argamassa [...]. Não se consegue aprender nada, de uma ponta [do manuscrito] até a outra; ou, se conseguir aprender algo, será muito mal. Já temos em demasia livros dessa ordem, que ensinam de maneira pobre". Ms. fr. 22139, n. 3.

12. Conforme um relatório sem assinatura e sem data, ms. fr. 22140, n. 12.

13. Devaville, 23 nov. 1757, ms. fr. 22138, n. 19. "É uma compilação feita sem gosto e sem discernimento [...]. Acho essa obra detestável em conteúdo e forma."

14. Foucher, 17 jan. 1754, ms. fr. 22137, n. 94.

15. Rémond de St. Albine, 29 abr. 1751, ms. fr. 22138, n. 78, recusando sua aprovação a uma peça. "O conteúdo desta peça é trivial demais e tal falha não é contrabalançada por nenhum encanto nos diálogos. No geral, a obra é falha no estilo e o autor é até culpado de diversos erros gramaticais. O grande número de rimas falsas, que estão em toda parte na peça, ofenderão especialmente a todos providos de alguma sensibilidade. Não vejo nenhum outro motivo para proibir a impressão desta peça, senão o dano que está sendo causado à honra da literatura francesa pela profusão excessiva de obras que não são dignas da atenção dos leitores."

16. Guiroy, 24 jul. 1753, ms. fr. 22137, n. 136. Uma rejeição sem assinatura e sem data de uma obra antijansenista se mostrou igualmente dura. Seu conteúdo era perfeitamente ortodoxo, mas "no decorrer da obra há grande quantidade de tagarelice, bons argumentos expostos de maneira muito débil, verbosidade, inúmeras frases numa língua que nem chega a ser o francês". Ms. fr. 22140, n. 17.

17. Relatório sem data de Simon, ms. fr. 22139, n. 107. "Este romance é escrito de maneira pobre, ruim no estilo, a maioria dos termos é incorreta e seu francês não é adequado. Esta historiazinha não tem nenhuma verossimilhança e as aventuras pueris que o livro conta não são interessantes o suficiente para divertir o leitor. Não tendo encontrado a mais ínfima utilidade ou instrução para o público, concluo que não devo aprová-lo."

18. De Bougainville, 26 ago. 1751, ms. fr. 22137, n. 33.

19. Ibid.

20. C. G. de Lamoignon de Malesherbes, *Mémoires sur la librairie et sur la liberté de la presse*, 1809, p. 300. O livro foi escrito em 1788 e reimpresso em Genebra em 1969.

21. Os regulamentos que regiam o comércio de livros estabelecidos em 30 de agosto de 1777 criaram uma categoria nova, a *permission simple*, que permitia o direito não exclusivo de republicar um texto cujo privilégio havia expirado. Ela

explicitava o direito de um autor obter um privilégio, que ele e seus herdeiros podiam possuir para sempre. Mas normalmente os autores transferiam seus privilégios para os livreiros que publicavam seus livros. Em tais casos, os éditos de 1777 limitavam a duração de um privilégio ao tempo de vida do autor e a um mínimo de dez anos. Ver *Arrêt du Conseil d'Etat du Roi, portant réglement sur la durée des privilèges en librairie. Du 30 août 1777*, republicado em Antoine Perrin, *Almanach de la librairie* (Paris: 1781), também está disponível numa reedição com prefácio de Jeroom Vercruysse: *Almanach de la librairie* (Aubel, Bélgica: 1984).

22. A correspondência e os relatórios relativos a esse caso se encontram espalhados nos ms. fr. 22138, n. 151, 160-1, 168, e ms. fr. 22149, n. 18-24.

23. Marquês de Marigny para Poncet de la Grave, 17 abr. 1775, ms. fr. 22149, n. 65. "Aceitar a dedicatória de uma obra significaria dar a ela uma aprovação pública." Os documentos relativos a esse caso se encontram em ms. fr. 22149, n. 59-74.

24. Moncrif para Poncet, 13 out. 1775, ms. fr. 22149, n. 67. "Só posso repetir o que tive a honra de lhe dizer a respeito de meu costume de não aprovar nenhuma obra sobre as belas-artes sem o consentimento de pessoas que o rei incumbiu de sua administração. Não apelo nem me oponho a elas, quando apresentam suas opiniões acerca de tais obras."

25. Poncet para Malesherbes, 21 out. 1775, ms. fr. 22149, n. 69, relatando a conversa em que Moncrif lhe disse: "Sei que é meu dever como censor. Mas eu desagradaria a M. de Maringny, que me fez saber que não deseja que esse livro seja publicado".

26. Ibid.

27. Em vista da natureza incompleta e desigual das fontes, pode ser quase tão difícil fazer um estudo sociológico abrangente dos censores quanto é escrever uma história social da profissão de escritor na França do século XVIII. Mas os censores são listados nos volumes anuais do *Almanach royal* e deixaram muitos traços de suas carreiras na Collection Anisson-Duperron da Bibliothèque Nationale de France. Usando esses e outros documentos, William Hanley está preparando um rigoroso dicionário biográfico, que tornará possível desenvolver uma prosopografia ou um perfil coletivo de todos os censores durante as cinco últimas décadas do Antigo Regime. Ver William Hanley, *A Biographical Dictionary of French Censors, 1742-1789*. Ferney-Voltaire: 2005. v. I (A-B).

28. Sobre o caráter social e profissional dos colaboradores da *Encyclopédie* de Diderot e sua sucessora imediata, a *Encyclopédie méthodique*, ver Robert Darnton, *The Business of Enlightenment: A Publishing History of the Encyclopédie. 1775--1800* (Cambridge, Mass.: 1979), pp. 437-47. [Ed. bras.: Robert Darnton. *O Iluminismo como negócio*. São Paulo: Companhia das Letras, 1996.]

29. "Mémoire sur l'état ancien et actuel de la librairie, présenté à M. de Sartine, directeur general de la librairie et imprimerie, par les syndic et adjoints en charge au mois de mars 1764", Bilbliothèque Nationale de France, coleção Anisson-Duperron, ms. fr. 22063, f. 136, verso.

30. Terrasson para Malesherbes, 5 mar. 1758, ms. fr. 22146, n. 61. "Além do mais, Monsieur, no presente não tenho nenhuma pressa para examinar livros. O chanceler d'Aguesseau, por sua própria iniciativa e em função de seu intuito de me favorecer, me pôs na lista [de censores] devido a várias razões, uma das quais é o fato de meu pai ter sido censor por muito tempo. Como esse [intuito] não foi satisfeito, agora me vejo numa situação em que posso me dedicar a outro trabalho."

31. Essas cifras se baseiam nos nomes listados no *Almanach royal* anual, mas os censores continuavam a ser listados depois que deixavam sua função; assim, os números são aproximados. O estudo mais acurado dos censores como grupo é a tese de Catherine Blangonnet, "Recherche sur les censeurs royaux et leur place dans la société au temps de M. de Malesherbes" (École des Chartres: 1975). Como não tive acesso ao original datilografado, confiei nos sumários das descobertas de Blangonnet em: Daniel Roche, "La Censure", em *Histoire de l'édition française. Le livre triomphant, 1660-1830*, org. de Roger Chartier e Henri-Jean Martin (Paris: 1984), p. 91; e Raymond Birn, *La Censure royale des livres dans la France des Lumières* (Paris: 2007), pp. 101-31, que contém grande quantidade de dados adicionais. Minha própria pesquisa nas mesmas fontes confirma muitas conclusões de Birn. Para estatísticas ligeiramente diferentes sobre o número de censores, ver Robert Estivals, *La Statistique bibliographique de la France sous la monarchie au XVIIIème siècle* (Paris: 1965), p. 50.

32. Estivals, *La Statistique bibliographique de la France sous la monarchie*. Diferentes registros de solicitações de tipos diferentes de permissão para publicar levam inevitavelmente a conclusões estatísticas diferentes. Para uma discussão desse problema e mais análises quantitativas, ver os ensaios coligidos em *Livre et société dans la France du XVIIIème siècle*, org. de François Furet (Paris: 1965). Para um sumário de solicitações de privilégios e de permissões tácitas que dão conta de tais complexidades, ver Henri-Jean Martin, "Une croissance séculaire", em *Histoire de l'édition française*, org. de Roger Chartier e Henri-Jean Martin (Paris: 1994), v. 2, *Le livre triomphant 1660-1830*, pp. 94-100.

33. Ato 5, cena 3: "Como em minha obra não discuto nem a autoridade nem a religião nem a política nem a moralidade nem os homens no poder nem organizações influentes nem a ópera nem quaisquer outras produções teatrais nem ninguém de alguma importância, posso imprimir tudo livremente, sob a inspeção de dois ou três censores".

34. Max Weber, "The Development of Bureaucracy and Its Relation to

Law", em *Max Weber: Selections in translation*, org. de W. G. Runciman (Cambridge: 1978), pp. 341-56. Segundo *Le Grand Robert de la langue française* (Paris: 2001), v. 1, p. 1775, a palavra *bureaucratie* foi cunhada pelo economista J.-C.-M. -V. de Gournay, que morreu em 1759. Ver também Ferdinand Brunot, *Histoire de la langue française des origines à nos jours* (Paris: 1966), v. 6, pt. 1, pp. 445-7. Louis-Sébastien Mercier em seu *Tableau de Paris* (Amsterdam, 1783, reimpresso e organizado por Jean-Claude Bonnet, Paris, 1994), v. 2, p. 572, incluiu um capítulo intitulado "Bureaucratie", que enfatizava o poder arbitrário exercido por empregados do Estado ocultos da visão pública: "Burocracia. Palavra criada recentemente para designar de maneira concisa e rigorosa o poder vasto de funcionários comuns que, nas diversas repartições do ministério, promovem uma infinidade de projetos que inventam e muitas vezes encontram embaixo da poeira de seu gabinete, ou promovem por causa de seu gosto pessoal ou mania".

35. Para análises dos aspectos disfuncionais da administração na França do século XVIII, ver Marcel Marion, *Les Impôts directs sous l'Ancien Régime: Principalement au XVIIIème siècle* (Paris: 1910); Herbert Lüthy, *La Banque protestante en France, de la Révocation de l'Édit de Nantes à la Révolution* (Paris: 1959); e J. F. Bosher, *French Finances, 1770-1795, from Business to Bureaucracy* (Cambridge: 1970).

36. Pierre Grosclaude, *Malesherbes: Témoin et interprète de son temps*. Paris: 1961. Segundo referências na correspondência de Malesherbes, as audiências de quinta-feira eram sessões muito concorridas, que envolviam toda sorte de negócios relacionados ao comércio de livros. Ver, por exemplo: Malesherbes para o arcebispo de Toulouse, 17 ago. 1763, ms. fr. 22150, n. 62; e Malesherbes para Semonville, 14 fev. 1760, ms. fr. 22146, n. 87.

37. Nesses termos, ver Brunot, *Histoire de la langue française*, v. 6, pt. 1, p. 445.

38. Moncrif para Malesherbes, 4 nov. 1775, ms. fr. 22138, n. 159.

39. Esse *billet de censure* com o *jugement* em resposta está em Boze para Malesherbes, 28 fev. 1751, ms. fr. 22137, n. 38. Ver também documentos semelhantes em Secousset para Malesherbes, 2 jan. 1752, ms. fr. 22139, n.98.

40. Essa descrição do processo da censura se baseia em comentários dispersos em toda a correspondência de Malesherbes e dos censores. Ver em especial: Millet para Malesherbes, 28 fev./26 maio 1755; Millet para o arcebispo de Paris, 9 dez. 1775, ms. fr. 22138, n. 137-9; carta sem assinatura para Malesherbes, 24 mar. 1753, ms. fr. 22137, n. 91; Rassicod para Malesherbes, 24 dez. 1750, ms. fr. 22139. n. 18; Simon para Malesherbes, 1 out. 1755, ms. fr. 22139, n. 135; Le Blond para Malesherbes, 21 fev. 1761, ms. fr. 22146, n. 43; Maesherbes para Buret, 22 jun. 1762, ms. fr. 22150, n. 103; e a série de "Rapports et décisions" em ms. fr. 22140, n. 80-109. Existe também uma descrição do processo formal para obtenção de um privilégio em 1781 em Perrin, *Almanach de la librairie*.

41. Buret para Malesherbes, 9 jul. 1762, ms. fr. 22150, n. 115.
42. Abade De La Ville para Malesherbes, 8 ago. 1756, ms. fr. 22138, n. 12. "Uma quantidade tão grande de memórias políticas e históricas baixa à minha mesa — e a maioria delas é tão indigna no conteúdo e também na forma que não admira que eu preste apenas uma atenção rápida e superficial nelas."
43. Fouchet, 25 ago. 1754, ms. fr. 22137, n. 97. "Estou ocupado com o exame de uma obra bastante extensa sobre a alma e a origem de seu conhecimento dirigida contra M. Locke [...]. O conteúdo me parece bastante bom... não obstante estou requerendo muitos cortes e correções, o que me exige um trabalho bastante cansativo e muita redação. Vida longa aos livros de história e às antologias."
44. Simon, 30 ago. 1752, ms. fr. 22139, n. 134.
45. La Palme, sem data, ms. fr. 22138, n. 11; Tercier, 1 fev. 1751, ms. fr. 22139, n. 144; Barthélemy, sem data, ms. fr. 22137, n. 8; Cahusac, sem data, ms. fr. 22137, n. 45.
46. Cotteret, 9 set. 1756, ms. fr. 22137, n. 57.
47. Para exemplos de como Voltaire manipulava os sistemas legais e ilegais de publicação, ver René Pomeau, *Voltaire en son temps* (Oxford: 1995), v. 1, pp. 799-800, 810-1.
48. Malesherbes para D'Aubert, 18 mar. 1759, ms. fr. 22142, n. 17. Um caso similar dizia respeito à escolha de um censor de uma *Chronologie historique militaire* escrita por um funcionário do Ministério da Guerra. A pedido do marechal de Belle-Isle, Malesherbes emitiu um *billet de censure* para um funcionário do Ministério de Assuntos Estrangeiros: Malesherbes para Belle-Isle, sem data, ms. 22143, n. 87. Um professor da Universidade de Strasbourg que havia escrito um livro sobre a Alsácia pediu a Malesherbes que mandasse o manuscrito para um alsaciano, capaz de entender os termos regionais. Malesherbes respondeu com uma lista de alsacianos e a proposta de emitir um *billet de censure* para quem o autor preferisse: Malesherbes para Schoepflin, 6 abr. 1761, ms. fr. 22142, n.1.
49. Fontenelle, 2 out. 1750, ms. fr. 22137, n. 85.
50. Nota sobre uma decisão no *bureau de librairie* intitulada "Travail du 30 septembre 1754", ms. fr. 22140.
51. Picardet, cônego de Saint-Jean-de-Dijon, 2 ago. 1763, ms. fr. 22148, n. 51. Uma nota no alto dessa carta diz: "Mande o *billet de censure* para M. Michault".
52. Moncrif, sem data, ms. fr. 22138, n. 167.
53. Moncrif, sem data, ms. fr. 22143, n. 81, queixando-se de que o abade De La Baume tinha sabido que Moncrif estava censurando *La Christiade*: "Os censores não podem mais se sentir livres em seus julgamentos quando sua identidade é conhecida pelos autores. M. o abade La Baume me escreveu dizendo que seu destino está em minhas mãos".

54. Déparcieux, 29 nov. 1753, ms. fr. 22152, n. 109.
55. Millet, 16 jul. 1756, ms. fr. 22138, n. 144.
56. Malesherbes explicou seu princípio de tolerância e neutralidade numa extensa carta para D'Alembert na qual se recusava a agir contra a obra de Elie--Catherine Fréron, o arqui-inimigo dos *philosophes*, porque queria restringir o debate ao nível das ideias. Ela vem citada na íntegra em De Negroni, *Lectures interdites*, pp. 60-1.
57. Em suas *Mémoires sur la librairie*, Malesherbes explicou que, ao administrar a censura, ele se pautava pelo compromisso com a livre troca de ideias, contanto que não atacassem a Igreja, a Coroa, a moral ou os indivíduos. Ver sua "Second mémoire" em *Mémoires sur la librairie*, em especial pp. 83-90.
58. Sénac para Malesherbes, sem data, ms. fr. 22143, n. 36; Naron para Malesherbes, 31 dez. 1755, ms. fr. 22143, n. 35.
59. Marcilly, 7 nov. 1755, ms. fr. 22138, n. 111-2.
60. Tanevot, 12 out. 1752, ms. fr. 22139, n. 141.
61. Relatório sem data e sem assinatura em *Histoire de la Rochelle*, por M. Arcere, ms. fr. 22140, n. 16. "Esta obra é dominada, no geral, por um estilo oratório que às vezes é muito empolado, precioso e repleto de neologismos — algo que não corresponde à maneira simples e nobre em que a história deve ser escrita. Embora não caiba ao censor reformular o estilo de um livro que ele examina, há no entanto alguns trechos em que as expressões me pareceram tão extraordinárias que marquei as principais a lápis e o autor prometeu prestar atenção nelas."
62. Ao rejeitar *Histoire de l'Opéra*, Moncrif explicou para Malesherbes num bilhete de 18 ago. 1751, ms. fr. 22138, n. 150: "Não posso aprová-lo e imploro que o senhor indique outro examinador. Propus várias alterações ao autor e ele não as aceitou".
63. Moncrif, 4 nov. 1755, ms. fr. 22138, n. 159. Moncrif achou o elogio a Luís XV no prólogo do libreto de uma ópera, *Picus et Canente*, insatisfatório. Informou ao autor, Rivoire de Terralbe, que "ia cortar o prólogo e ele aceitou de bom grado essa crítica inocente da minha parte".
64. Malesherbes interveio a fim de obter um censor simpático para aprovar um almanaque, "para ser útil a um pobre-diabo": carta sem data, ms. fr. 22142, n. 151. Ver também um bilhete de Moncrif para Malesherbes de 1 abr. 1751, ms. fr. 22138, n. 149, aprovando o manuscrito de *Dialogue et fables allégoriques*. "Esta obra, graças a alguns cortes que fiz, nada contém de ofensivo à moral. Isso é o máximo que posso dizer a seu favor. No entanto, o autor se encontra sem recursos. Está ganhando trezentos *livres* por suas fábulas. Tenha a bondade de lhe assegurar uma permissão tácita para vê-las impressas. Os poemas, no geral, são tão ruins e os temas das fábulas são, no mais das vezes, tão rasos que seria ridículo

assinar uma aprovação para o manuscrito. Porém o livro desaparecerá, a exemplo de tantos outros que são ruins e apesar disso ainda têm seus leitores." Claude-Prosper Jolyot de Crébillon, conhecido como Crébillon *fils*, romancista importante, bem como censor, se mostrou particularmente solidário no tratamento que dispensava aos autores, mas normalmente só entregava *permissions de police* para obras curtas e efêmeras. Ver o relato um tanto retocado das *audiences* de Crébillon, feito por Louis-Sébastien Mercier, em *Tableau de Paris*, v. 1, pp. 804-8.

65. Foucher, 24 ago. 1762, ms. fr. 22148, n. 110.

66. Foucher, 20 dez. 1755, ms. fr. 22137, n. 98. Fouchet explicou para Malesherbes que o manuscrito tinha vindo em duas partes. Quanto à primeira, "eu a iniciei com prazer. Mas a segunda me decepcionou. Nela, encontrei várias passagens que não pude aprovar; e, como o autor resolveu que não estava inclinado a aceitar o que eu pedia, devolvi a ele o manuscrito, dizendo que não ia aprová-lo e que não podia mais me incumbir de intervir com o senhor para obter a permissão que deseja".

67. Cotteret, 9 set. 1756, ms. fr. 22137, n. 57; Malesherbes para Salmon, 23 maio 1760, ms. fr. 22148, n. 23.

68. *Chevalier* Du Plessis para Malesherbes, 10 jul. 1763, ms. fr. 22150, n. 131, reclamando do seu censor: "Propus apagar o verso que ofendeu meu enérgico censor a fim de obter sua aprovação, satisfazendo assim a condição para isso, conforme havia estabelecido. Mas o cavalheiro em seguida continuou a me amolar, dizendo que não queria aprovar as supressões e que eu devia suavizar mais [passagens que o ofenderam]. Não vou suavizar mais nada [...]. Eu me sinto atormentado por esse opressor". Ver também Du Plessis para Malesherbes, sem data, ms. fr. 22150, n. 132.

69. Autor de um *Traité démonstratif de la quadrature du cercle* para Malesherbes, sem data, ms. fr. 22138, n. 71.

70. Daniel Roche, "La Censure". In: *Histoire de l'édition française: Le livre triomphant, 1660-1830*. Paris: 1984. v. 2, p. 83.

71. Ver J.-P. Belin, *Le Commerce des livres prohibés à Paris de 1750 à 1789* (Paris: 1913); Robert Darnton, *The Forbidden Best-Sellers of Pre-Revolutionary France* (Nova York: 1995). [Ed. bras.: *Os best-sellers proibidos da França pré-revolucionária*. São Paulo: Companhia das Letras, 1998.]

72. Essa preocupação, que se manifesta em toda parte nos arquivos da Direction de la Librairie e da *chambre syndicale* da Communauté des Libraires et des Imprimeurs de Paris, foi explicitada por Malesherbes em suas *Mémoires sur la librairie*, pp. 86, 117. A título de exemplo de opiniões semelhantes advogadas pelos próprios censores, ver Sallier para Malesherbes, 28 dez. 1750, ms. fr. 22139,

n. 80. O censor argumentou que uma obra protestante moderada devia receber uma *tolérance* informal, por razões econômicas: "Todos os dias, somas consideráveis de dinheiro são enviadas para a aquisição de livros impressos na Holanda. Se tolerássemos obras que não ataquem abertamente a moralidade ou a religião, creio que prestaríamos um enorme serviço ao Estado".

73. Muitas dessas comunicações estão numa série denominada Rapports e Décisions, em ms. fr. 22140, n. 80-109. Ver também conde d'Argenson para Malesherbes, 11 fev. 1755, ms. fr. 22140, n. 72; Machault para Malesherbes, 19 jul. 1756, ms. fr. 22143, n. 138; Malesherbes para o duque De Praslin, 3 jan. 1763, ms. fr. 22144, n. 142; e Malesherbes para conde d'Argenson, sem data, ms. fr. 22147, n. 54.

74. Ver a série de documentos classificada como "Acceptations et refus d'éloges et de dédicaces" em ms. fr. 22140, n. 18-54.

75. Relatório sem data e sem assinatura sobre *Mélanges philosophiques par M. Formey*, ms. fr. 22140, n.3.

76. Bilhete sem data de Millet, ms. fr. 22140, em Rapports et Décisions.

77. Em *Lectures interdites*, p. 195, Barbara Negroni estima que, entre todos os livros condenados por diferentes tipos de censura pós-publicação, 64% tinham relação com o jansenismo e 8% eram obras filosóficas.

78. Ladvocat, 16 nov. 1757, ms. fr. 22138, n. 33. Uma refutação protestante do deísmo foi aceitável para um censor: Millet, 6 de nov. 1758, ms. fr. 22138, n. 141. Mas outro impunha limites para obras protestantes que defendiam a tolerância religiosa: rejeição sem data e sem assinatura de *Questions sur la tolérance*, ms. fr. 22149, n. 121.

79. Depasse, 19 out. 1757, ms. fr. 22139, n. 12, sobre *Les Principes du droit naturel*, de Jean-Henri-Samuel Formey: "Existem certos princípios acerca do casamento que terão de ser modificados, mas o autor se exprime de acordo com a doutrina recebida em sua fé e não creio que aquilo que diz a esse respeito torne perigosa a leitura de seu livro".

80. De Lorme, 13 abr. 1752, ms. fr. 22138, n. 61. Um bilhete sem data sobre um texto a respeito do pedido de um jesuíta para republicar *Réfutation d'un livre publié par feu M. l'évêque de Mirepoix sous le titre de Défense de la grâce efficace par ele-même* dizia que ele tinha sido recusado porque "monsenhor [isto é, o chanceler] não considera prudente permitir a publicação de livros novos sobre esse tema": ms. fr. 22140, n. 80-109, Rapports et Décisions. É difícil especificar a localização de documentos nessa pasta desordenada.

81. Memorando sem data e sem assinatura de Rousselet, ms. fr. 22139, n. 70. Num bilhete sobre uma reunião dos censores datado de 17 ago. 1745 (Rapports et Décisions, páginas não numeradas), a rejeição de um manuscrito relati-

vo ao jansenismo foi explicada da seguinte maneira: "Esses livros só servem para esquentar os ânimos".

82. Tamponnet, rejeição sem data de *Exposition des vérités chrétiennes et des moeurs de ce siècle*, ms. fr. 22139, n. 150. "A intenção do autor é louvável, mas infelizmente sua execução não é satisfatória. Ele pretende travar batalha contra os deístas. Mas o faz sem nenhuma ordem, sem princípios, sem estilo. Considero sua obra inútil, até mesmo danosa, pois apresentar uma defesa fraca da religião é, inadvertidamente, deixá-la exposta."

83. Cotteret, 26 maio 1751, ms. fr. 22137, n. 54. Ao recusar a aprovação de um manuscrito intitulado *Théologie curieuse, ou questions recherchées extraites des Saintes Ecritures*, Cotteret comentou: "Nela, o autor trata de questões relativas à religião de maneira fraca. Seus argumentos são frágeis e não são apresentados de modo capaz de esclarecer a mente. Acima de tudo, a obra é mal escrita. Não creio que possa trazer nenhum bem". O abade Le Rouge rejeitou *Exortations sur l'Eucharistie* pela mesma razão, num relatório de 4 mar. 1751, ms. fr. 22138, n. 45: "Ele não tem nenhuma divisão em seções de conteúdo, nenhuma ordenação, nenhuma ligação. Seus [capítulos] são recheados de passagens repetitivas, irrelevantes para o tema, e de expressões triviais, que estão muito abaixo da grandeza do mistério [religioso] [...]. Não devemos sobrecarregar o público com obras inúteis, que poderiam ser nocivas para a religião".

84. Moncrif, 4 nov. 1755, ms. fr. 22138, n. 159. Num relatório sem data, ms. fr. 22138, n. 162, Moncrif insistiu em cortar trechos de um livro sobre vitórias militares francesas porque usava linguagem inaceitável para elogiar o rei.

85. Tercier, 25 mar. 1758, ms. fr. 22141, n. 2.

86. Salley, 11 abr. 1759, ms. fr. 22139, n. 94.

87. Malesherbes para o duque De Praslin, 3 jan. 1763, ms. fr. 22144, n. 142.

88. Marechal de Belle-Isle para Malesherbes, 25 ago. 1760, ms. fr. 22147, n. 188.

89. Jean-Baptiste Machault d'Arnouville para Malesherbes, 5 maio 1753, ms. fr. 22149, n. 110. Em agosto de 1750, Machault tentou impor um imposto de "vigésimo" que recairia sobre a nobreza e o clero, além dos plebeus. Essa tentativa crucial de reformar o sistema fiscal suscitou enorme controvérsia e acabou sendo derrotada, antes de tudo, em razão da oposição do clero.

90. Um caso excepcional foi uma permissão tácita para uma *Vie de Clément XI* que Rousselet recomendou para Malesherbes, 23 dez. 1751, ms. fr. 22139, n. 67. "Nela, o autor evitou cuidadosamente qualquer coisa que pudesse ofender o Parlamento [...]. Só encontrei três pequenas seções para serem reescritas."

91. Bonamy, 18 dez. 1755, ms. fr. 22137, n. 23.

92. Num bilhete sem data para Malesherbes, ms. fr. 22141, n. 96, um censor chamado Lavaur rejeitou um volume em uma *Bibliothèque amusante* "por causa

de algumas anedotas que considero contrárias à boa moral". Malesherbes transferiu o livro para outro censor, que em seguida o aprovou.

93. De Passe, 16 jul. 1753, ms. fr. 22139, n. 9. "Algumas partes do manuscrito são indecentes e brutalmente obscenas, sem o mais leve disfarce. O restante, uma ridícula obra de ficção, é repleto de reflexões carentes de todo encanto e utilidade. Deve ser por zombaria que o autor submeteu à censura uma obra que, quero crer, é tão ofensiva à moralidade quanto pessimamente escrita e destituída de qualquer interesse intrínseco."

94. De La Haye, sem data, ms. fr. 22138, n. 11.

95. Abade Boudot, 10 set. 1754, ms. fr. 22137, n. 27.

96. Tercier, sem data, ms. fr. 22144, n. 203.

97. Delagarde, 2 jan. 1758, ms. fr. 22144, n. 93.

98. De Silhouette, 5 maio 1753, ms. fr. 22140, n. 26.

99. Abade Guiroy, aparentemente para o secretário de Malesherbes, 25 out. 1751, ms. fr. 22137, n. 135.

100. Simon, 23 fev. 1752, ms. fr. 22139, n. 128.

101. Malesherbes, *Mémoires sur la librairie*, pp. 58, 101-2, 206.

102. Por exemplo, em 30 out. 1751, ms. fr. 22139, n. 69, Rousselet aprovou um romance, *Le Mot et la chose*, da seguinte maneira: "Tudo nele é sensato e comedido e me parece não haver nenhum uso a ser feito com relação a personagens apresentados na trama e que possam dar ensejo a certas queixas. Ademais, cabe ao autor responder a tais queixas, pois eu mesmo não conheço ninguém que possa ter vivido as aventuras, sejam falsas ou verdadeiras, narradas no manuscrito". Para uma discussão sobre a obsessão pelas "aplicações" entre os policiais, ver "Vies privées et affaires publiques sous l'Ancien Régime" em meu *Bohème littéraire et Révolution* (Paris: 2010), pp. 113-34.

103. Para uma análise de todos os aspectos relativos à produção e ao controle de livros durante o início da era moderna, ver *Histoire de l'édition française*, org. de Roger Chartier e Henri-Jean Martin (Paris: 1882-4), 2 v.

104. Entre os muitos relatos sobre o caso *L'Esprit*, ver em especial: Didier Ozanam, "La Disgrâce d'un premier commis: Tercier et l'affaire de *De L'Esprit* (*1758-1759*)", *Bibliothèque de l'École des Chartres*, n. 113, 1955, pp. 140-70; e David W. Smith, *Helvétius: A Study in Persecution* (Oxford: 1965). Malesherbes expressou suas opiniões, enfatizando as tentativas do Parlamento de usurpar a autoridade do Estado, em *Mémoires sur la librairie*, pp. 58-74.

105. Sobre o contexto geral da época, ver Dale Van Kley, *The Damiens Affair and the Unraveling of the Ancien Régime, 1750-1770* (Princeton: 1984).

106. Isambert, Jourdan e Decrusy, *Recueil général des anciennes lois françaises* (Paris: 1821-33), v. 22, pp. 272-4.

107. Discuti os aspectos econômicos das sucessivas edições da *Encyclopédie* em *The Business of Enlightenment*, especialmente caps. 2 e 7. [Ed. bras.: *O Iluminismo como negócio*. São Paulo: Companhia das Letras, 1996.]

108. Ver, por exemplo, suas *Mémoires sur la librairie*, pp. 85-6.

109. Malesherbes esboçou sua visão geral sobre a crise em torno de *L'Esprit* e da *Encyclopédie* em suas *Mémoires sur la librairie*, "Premier mémoire", pp. 57-4.

110. O caso mais famoso ocorrido após 1759 foi a publicação de um tratado voltairiano, *De la Philosophie de la nature*, por J.-B.-C. Isoard, conhecido como Delisle de Sales, em 1770. Na esperança de obter um privilégio, Delisle submeteu o texto a um censor simpático, o abade Chrétien, mas os dois se desentenderam por causa das tentativas de Delisle de difundir às escondidas uma versão não expurgada do livro. Delisle conseguiu obter e ludibriar um segundo censor, enquanto escrevia volumes suplementares. No fim, o escândalo acarretou uma polêmica de muita repercussão, na qual Chrétien justificava seu papel de censor e denunciava as manobras enganosas de Delisle. O livro foi condenado pela Assembleia Geral do Clero e pela corte de Châtelet, e foi queimado pelo carrasco oficial em 1775. Ver Pierre Malandain, *Delisle de Sales philosophe de la nature (1741-1816)* (Oxford: 1982).

111. Todas essas cidadezinhas tinham livreiros que se correspondiam com uma editora e firma atacadista suíça, a Société Typographique de Neuchâtel, embora nenhum deles conste do *Almanach de la librairie* (Paris: 1781), que supostamente listava todos os livreiros da França. Para uma discussão sobre a STN e sua rede de correspondentes, ver meu *The Forbidden Best-Sellers of Pre-Revolutionary France* e seu volume complementar *The Corpus of Clandestine Literature in France, 1769-1789* (Nova York: 1995). [Ed. bras.: *Os best-sellers proibidos da França pré-revolucionária*. São Paulo: Companhia das Letras, 1998.]

112. A informação nesse parágrafo é extraída da excelente obra de Thierry Rigogne, *Between State and Market: Printing and Bookselling in Eighteenth-Century France* (Oxford: 2007) e de minha pesquisa nos documentos da Société Typographique de Neuchâtel, na Bibliothèque Publique et Universitaire de Neuchâtel, Suíça.

113. Para informações sobre batidas policiais, ver *The Forbidden Best-Sellers of Pre-Revolutionary France* [Ed. bras.: *Os best-sellers proibidos da França pré-revolucionária*. São Paulo: Companhia das Letras, 1998] e meu *Edition et sédition: L'Univers de la litérature clandestine au XVIIIe siècle* (Paris: 1991), que contém muitas informações que não publiquei em inglês. Discuti o trabalho da polícia literária de D'Hémery em "A Police Inspector Sorts His Files: The Anatomy of the Republic of Letters", em *The Great Cat Massacre and Other Episodes in French Cultural History* (Nova York: 1984).

114. Entre os estudos contemporâneos sobre a polícia parisiense, ver Jean-Baptiste-Charles Le Maire, *La Police de Paris em 1770: Mémoire inédit composé par ordre de G. de Sartine sur la demande de Marie-Thérèse d'Autriche*, org. de Antoine Gazier (Paris: 1879); Nicolas de La Mare, *Traité de police, où l'on trouvera l'histoire de son établissement, les fonctions, et les prérogatives de ses magistrats...* (Amsterdam: 1729); e Jacques Peuchet, *Encyclopédie méthodique: Jurisprudence tome neuvième: Contenant la police et les municipalités* (Paris: 1789).

115. O relato a seguir se baseia num rico dossiê nos arquivos da Bastilha: Bibliothèque de l'Arsenal, Archives de la Bastille, ms. 11582.

116. As citações seguintes provêm de minhas transcrições dos três interrogatórios de Mademoiselle Bonafon: Archives de la Bastille, ms. 11582, f. 55-7, 79-80, 115-6. Como indicado, resumi trechos do diálogo (aqueles que não estão entre aspas), mas segui bem de perto o original, que, como todos os interrogatórios, está escrito no tempo passado: "Perguntou"; "Respondeu que" etc.

117. Archives de la Bastille, ms. 11582, f. 20. Consultei o exemplar do livro na Bibliothèque de l'Arsenal: *Tanastès: Conte allégorique par Mlle de xxx* (Haia: 1745), 8 B.L. 19489, que inclui uma chave manuscrita para os nomes das pessoas reais ocultas por trás dos personagens.

118. Pierre-August Goupil, inspetor do comércio de livros, para Jean-Charles-Pierre Lenoir, comandante-geral da polícia, 14 dez. 1774, Archives de la Bastille, ms. 12446. O relato seguinte se baseia nesse dossiê, excepcionalmente volumoso.

119. Ibid.

120. Goupil para Lenoir, 18 jan. 1775, Archives de la Bastille, ms. 12446.

121. Ibid.

122. "Interrogatoire de la nommée Manichel dite la Marche à la Bastille", 27 jan. 1775, Archives de la Bastille, ms. 12446.

123. La Marche, da Bastilha, para Lenoir, 28 jan. 1775, Archives de la Bastille, ms. 12446.

124. Goupil para Lenoir, 25 jan. 1775, Archives de la Bastille, ms. 12446.

125. *Chevalier*, diretor da Bastilha, para Lenoir, 2 fev. 1775, Archives de la Bastille, ms. 12446.

126. Para uma explanação detalhada das batidas feitas em Caen, Rouen, Alençon e Saint Malo pelo antecessor de Goupil, Joseph d'Hémery, em abril e maio de 1771, ver Bibliothèque Nationale de France, ms. fr. 22101.

127. *Procès verbal* da batida feita por Goupil e Chénon, 20 fev. 1775, Archives de la Bastille, ms. 12446.

128. *Procès verbal* da batida feita por Goupil e Chénon, 23 fev. 1775, Archives de la Bastille, ms. 12446.

129. La Londe para Lenoir, 26 fev. 1775, Archives de la Bastille, ms. 12446.

130. Ver cartas de Desauges para Walle, que o abastecia de livros proibidos, 22 abr., 24 jun., 24 jul. e 6 ago. 1773. Numa carta para Desauges de 20 de julho de 1773, Walle disse que havia mandado uma carga para Desauges pegar num depósito secreto no *royal château* de Saint-Germain-en-Laye. Continha dezesseis exemplares de *Histoire de dom B...*, *portier des Chartreux*, 148 exemplares de *La Putain errante* e 148 exemplares de *L'École des filles*, no valor total de 448 *livres*. Todos esses documentos estão nos Archives de la Bastille, ms. 12446.

131. "Description des livres saisis sur le sieur Manoury", 25 fev. 1775, Archives de la Bastille, ms. 12446. (Esse documento está repleto de furos e falta a parte de baixo, possivelmente por ter sido pisoteado na invasão da Bastilha.) As três últimas obras da lista seguinte aludem aos conselhos superiores (*conseils supérieurs*) que Maupeou instalou no sistema jurídico, com o intuito de destruir o poder político dos parlamentos tradicionais. Luís XVI restabeleceu os parlamentos após sua ascensão ao trono, em 1774.

132. Bilhete sem data de Joseph d'Hémery, Bibliothèque Nationale de France, ms. fr. 22100, f. 244.

133. A missão de D'Hémery de 1771, que merece um estudo à parte, está amplamente documentada na Bibliothèque Nationale de France, ms. fr. 22101. Manoury referiu-se a ela e aos prejuízos que lhe causou em várias cartas dirigidas à Société Typographique de Neuchâtel, em especial as de 16 dez. 1771, 27 set. 1778 e 26 nov. 1781. A cada vez, no entanto, mencionou um valor diferente e provavelmente exagerou a dimensão de seus prejuízos a fim de demonstrar a solidez subjacente de seu empreendimento. Em sua carta de 26 nov. 1781, escreveu: "Em 1771, mostrei que eu havia perdido mais de 40 mil *livres*, por causa das aflições impingidas pelo nosso governo Maupeou". Essas cartas, que contêm grande quantidade de informações sobre seus negócios, podem ser encontradas no dossiê de Manoury nos arquivos da Société Typographique de Neuchâtel, Bibliothèque Publique et Universitaire de Neuchâtel.

134. Circular em Manoury para Madame l'Ecorché, 20 jan. 1775, Archives de la Bastille, ms. 12446.

135. Gabriel Regnault para Manoury, 7 fev. 1775, Archives de la Bastille, ms. 12446.

136. As cartas de Manoury para a Société Typographique de Neuchâtel estão cheias de referências a seus negócios com livreiros na França e no exterior. Discuti esse aspecto de seu negócio no meu *Edition et sédition*, pp. 98-104. [Ed. bras.: *Edição e sedição: O universo da literatura clandestina no século XVIII*. São Paulo: Companhia das Letras, 1992.]

137. Le Baron para Manoury, 22 mar. e 6 jun. 1774, Archives de la Bastille,

ms. 12446. Le Baron era um amigo de Manoury, de Caen. Depois de emigrar para Londres, arranjou emprego numa gráfica que produzia parte das memórias de Beumarchais, em seu célebre caso judicial com Louis-Valentin Goesman, sob o título de *Mémoires pour servir à l'histoire du Parlement de Paris* e também o violento libelo contra Madame du Barry, de Charles Théveau de Morande, *Mémoires secrets d'une femme publique*. Morande, mais tarde, destruiu a edição em troca de um pagamento recebido do governo francês, que foi negociado por Beaumarchais.

138. Gabriel Regnault para Manoury, 7 fev. 1775, Archives de la Bastille, ms. 12446. Os livros que Regnault mencionou foram: *Traité des trois imposteurs*, uma obra antirreligiosa escandalosa, que difamava Moisés, Jesus e Maomé como os "três impostores"; *Histoire de dom B..., portier des Chartreux*, o best-seller pornográfico e anticlerical; *Pensées théologiques relatives aux erreurs du temps*, uma obra antirreligiosa; *La Gazette de Cythère*, um libelo escandaloso contra Madame du Barry, que Regnault reimprimiu sob o título de *Précis historique de la vie de Madame la comtesse du Barry*; *Maupeouana, ou correspondence secrète et familière de M. de Maupeou...*, uma antologia de ensaios contra o ministério de Mapeou; e *La Fille de joie*, uma tradução de *Memoirs of a Woman of Pleasure*, de John Cleland.

139. Manoury para a Société Typographique de Neuchâtel, 4 out. 1775, documentos da Société Typographique de Neuchâtel, Bibliothèque Publique et Universitaire de Neuchâtel.

140. Batilliot l'Aîné para a Société Typographique de Neuchâtel, 7 nov. 1777, documentos da Société Typographique de Neuchâtel, Bibliothèque Publique et Universitaire de Neuchâtel.

141. Desauges para Manoury, 11 jan. 1775, Archives de la Bastille, ms. 12446. Mesmo após a ascensão de Luís XVI, os ataques ao ministério de Maupeou, dissolvido após a morte de Luís XV, em 10 de maio de 1774, continuaram a vender bem e a ser reprimidos com fúria pela polícia.

142. Desauges para Manoury, 15 jan. 1775, Archives de la Bastille, ms. 12446.

143. La Marche para o pai, 5 mar. 1775, Archives de la Bastille, ms. 12446. As cartas em seu dossiê e nos dos demais prisioneiros nunca foram entregues a seus destinatários.

144. Goupil para Lenoir, 24 jan. 1775, Archives de la Bastille, ms. 12446.

145. Lenoir para Vrillière, carta sem data, Archives de la Bastille, ms. 12446. La Vrillière despachou-a para a Bastilha com um bilhete na margem: "Concordo com isso". Um funcionário acrescentou: "Bom, segundo a ordem de 26 de março de 1775". Embora esse caso dissesse respeito a uma humilde *bouquiniste*, foi acompanhado pelo rei em pessoa. No dia 26 de janeiro de 1775, o

duque de La Vrillière, que era o chefe da Casa do Rei (*Maison du Roi*) e responsável pela Bastilha, escreveu para o comandante-geral da polícia, Lenoir: "Relatei ao rei que a mulher La Marche foi presa. Sua Majestade aprovou enfaticamente e deseja que esse caso seja levado à frente [com empenho] e que, se possível, possa servir de exemplo".

146. *Chevalier*, diretor da Bastilha, para Lenoir, 30 mar. 1775, Archives de la Bastille, ms. 12446.

147. Lenoir recontou a prisão e a morte de Goupil no rascunho de um livro que pretendia publicar como suas memórias e que se encontra entre seus documentos na Bibliothèque Municipale d'Orléans, ms. 1422. Discuti demoradamente a carreira de Goupil em *The Devil in the Holy Water, or the Art of Slander from Louis XIV to Napoleon* (Filadélfia: 2010), cap. 9. [Ed. bras.: *O diabo na água benta, ou a arte da calúnia e da difamação de Luís XIV a Napoleão*. São Paulo: Companhia das Letras, 2012.]

PARTE 2 — ÍNDIA BRITÂNICA: LIBERALISMO E IMPERIALISMO [pp. 99-168]

1. Para um exemplo da maneira como o liberalismo e o imperialismo são descritos como "ismos" distintos e quase incomparáveis, ver o influente manual de R. R. Palmer e Joel Colton, *A History of the Modern World*, 2. ed. (Nova York: 1965), pp. 431-3 e 615-22. No caso do Raj britânico, quero defender a tese de que eram aspectos inseparáveis do mesmo fenômeno. Esse ensaio se baseia em longas temporadas de pesquisa nas Coleções da Seção Oriental e Indiana da British Library em 1994 e 1995. Gostaria de agradecer a Graham Shaw pela hospitalidade e ajuda durante o período. Versões anteriores do ensaio foram publicadas como "Literary Surveillance em the British Raj: The Contradictions of Liberal Imperialism", *Book History*, n. 4, 2001, pp. 133-76, e "Book Production in British India, 1850-1900", *Book History*, n. 5, 2002, pp. 239-62. Entre as pessoas que ofereceram críticas úteis aos rascunhos, gostaria de agradecer a Gyan Prakash, Priya Joshi, Michael Katten e Anindita Ghosh. Aprendi muito com o excelenete *Power in Print: Popular Publishing and the Politics of Language and Culture in a Colonial Society, 1778-1905* (Nova Delhi: 2006), de Anindita Ghosh, que cobre muitos temas discutidos aqui. Para uma discussão magistral sobre as pesquisas relevantes no campo da história do livro, ver Graham Shaw, "The History of Printing in South Asia: A Survey of Research since 1970", *Leipziger Jahrbuch zur Buchgeschichte*, n. 7, 1997, pp. 305-23.

2. Ver o artigo clássico de Ranajit Guha, "The Prose of Counter-insurgency", em *Subaltern Studies*, org. de Ranajit Guha (Nova Delhi: 1983).

3. James Long, "Returns Relating to the Publications in the Bengali Language in 1857, to Which Is Added a List of the Native Presses, with the Books Printed at Each, Their Price and Character, with a Notice of the Past Condition and Future Prospects of the Vernacular Press of Bengal, and the Statistics of the Bombay and Madras Vernacular Presses" (Calcutá: 1859), nas Coleções da Seção Oriental e Indiana da British Library, V/23/97. Todas as referências subsequentes são a esses documentos, exceto quando indicado de modo diferente. Para informações sobre Long, ver o artigo sobre ele em *Dictionary of National Biography* (Calcutá: 1973), v. 2, pp. 416-7, e Geoffrey A. Oddie, *Missionaries, Rebellion and Protonationalism: James Long de Bengalam 1814-1887* (Londres: 1999). Sua investigação sobre a literatura bengalesa é discutida em Tapti Roy, "Disciplining the Printed Text: Colonial and Nationalist Surveillance of Bengali Literature", em *Texts of Power: Emerging Disciplines in Colonial Bengal*, org. de Partha Chetterjee (Minneapolis: 1995), pp. 30-62.

4. Long, "Returns", vi.

5. Ibid., xii, xiv.

6. Ibid., xx-xxi.

7. Ibid., xlviii.

8. Ibid., xlix.

9. Ibid., xxvi.

10. Ibid., p. 31.

11. Ibid., xv.

12. Ibid., xiv.

13. Ibid., xv.

14. Donald Serrel Thomas, *A Long Time Burning: The History of Literary Censorship in English* (Londres: 1969), e *The Cambridge History of the Book in Britain*, v. 5: 1695-1830, org. de Michael F. Suarez, S.J. e Michael L. Turner (Cambridge: 2009), pp. 128-9, 834-6. Após a aprovação da Lei da Calúnia de 1792, as autoridades britânicas reprimiram uma grande quantidade de literatura, que consideravam perigosa e simpática aos jacobitas, mas a Lei dos Atos de Traição e Sedição de 1795 justificava a repressão de publicações extremistas com base antes na traição do que na calúnia sediciosa.

15. Sobre John Wilkes e a agitação radical da década de 1760, ver John Brewer, *Party Ideology and Popular Politics at the Ascension of George III* (Cambridge: 1976).

16. *Trial of the Ver. James Long, for the Publication of the Nil Darpan, with Documents Connected with Its Official Circulation* (Londres: 1861), India Office,

W 977. Sobre o caso *Nil Darpan*, ver também "Tracts. Indigo, 143" e documentos correlatos espalhados em V/23/95, nos arquivos do India Office, bem como *The History of the Nil Darpan, with the State Trial of J. Long...* (Calcutá: 1861), British Library, 5318 c.4. O título do drama é às vezes traduzido como *Nil Durpan*.

17. *Nil Darpan, or the Indigo Planting Mirror by Dinabandhu Mitra. Translated from Bengali by a Native* (Calcutá: 1972), introd., p. xxxiv. Por razões de conveniência, todas as citações são dessa edição, que inclui vasta reprodução de documentos do processo contra John Long. Os originais estão nos arquivos do India Office citados na nota anterior. Para uma interpretação persuasiva da peça em relação ao levante camponês de 1859-60, ver Rnajit Guha, "Neel-Darpan: The Image of a Peasant Revolt in a Liberal Mirror", *Journal of Peasant Studies*, n. 2, out. 1974, pp. 1-46.

18. Como exemplo do desdém dos ingleses pelos babus, estreitamente ligado ao racismo, ver o ensaio de *Vanity Fair* de 1880, reimpresso como "H. E. The Bengali Baboo" em George R. Aberigh-Mackay, *Twenty-One Days in India* (Londres: 1914), pp. 34-45.

19. *Nil Darpan*, p. 101.

20. Ibid., p. 106.

21. O relato seguinte se baseia nas atas do processo "Rainha contra Long", na Suprema Corte de Calcutá, impresso em *Nil Darpan*, pp. 103-86.

22. *Nil Darpan*, p. 107.

23. Ibid., p. 113.

24. Ibid., p. 155.

25. Ibid., p. 167.

26. Michel Foucault, *Power/Knowledge: Selected Interviews and Other Writings, 1972-1977*. Org. de Colin Gordon. Nova York: 1980. Michel Foucault, *Surveiller et punir: Naissance de la prison*. Paris: 1975. [Ed. bras.: Michel Foucault. *Vigiar e punir: Nascimento da prisão*. Petrópolis:Vozes, 2013.]

27. O relato seguinte não pode fazer justiça às complexidades do Raj britânico e à enorme literatura a seu respeito. Para uma visão geral do assunto, ver Stanley Wolpert, *A New History of India* (Nova York: 1993), e o mais antigo porém mais minucioso livro de Percival Spear, *The Oxford History of Modern India, 1740-1975* (Nova Delhi: 1989). Para abordagens mais interpretativas e conceituais, ver Ranajit Guha, *Elementary Aspects os Peasant Insurgency in Colonial India* (Nova Delhi: 1994), e *Selected Subaltern Studies*, org. de Ranajit Guha e Gayatri Chakravorty Spivak (Nova York: 1988).

28. C. A. Bayly, "Knowing the Country: Empire and Information in India", *Modern Asian Studies*, n. 27, pp. 3-43, 1993; C. A. Bayly, *An Empire of Information:*

Political Intelligence and Social Communication in North India, c. 1780-1880. Nova York: 1997.

29. Embora alguns historiadores discutam o papel dos cartuchos do fuzil Enfield como causadores da Revolta dos Cipaios, parece haver um consenso de que esse foi um fator importante, pelo menos como boato. Ver Woolpert, *A New History of India*, pp. 233-4, e Guha, *Elementary Aspects of Peasant Insurgency in Colonial India*, pp. 262-3.

30. Claro que muitos agentes do Raj, especialmente entre os funcionários locais, faziam um grande esforço para compreender o povo sob sua autoridade e tinham compaixão pela sina dos mais pobres. Para um relato vivo das frustrações de um funcionário local dotado de um conhecimento impressionante das línguas indianas, ver John Beames, *Memoirs of a Bengal Civilian* (Londres: 1984).

31. Bernard S. Cohn, "The Census, Social Structure and Objectification in South Asia". In: _____, *An Anthropologist among the Historians and Other Essays.* Oxford: 1987.

32. "Lei para a regulamentação dos prelos e dos jornais, para a preservação dos exemplares de livros impressos na Índia britânica e para o registro de tais livros", Lei n. xxv de 1867 no India Office, V/8/40. A lei é citada muitas vezes nos documentos do ICS como Lei de Imprensa e de Registro de Livros.

33. *Bengali Library Catalogue of Books* (doravante citado como *BLCB*), impresso como apêndice da *Calcutta Gazette*, 2/4, Z Y CH, 1879.

34. Todas as citações provêm do *BLCB* de 1879, no qual podem ser localizadas pelo título dos livros.

35. "Testimony of John Stuart Mill before the Select Committee of the House of Lords, 21 June 1852", *Parliamentary Papers, 1852-53*, v. 30. Sobre os ingredientes liberais e utilitaristas do imperialismo britânico na Índia, ver Ronald B. Inden, *Imagining India* (Oxford: 1990), e Eric Stokes, *The English Utilitarians and India* (Oxford: 1959).

36. Para uma visão mais completa desses temas complexos, ver as histórias-padrão, como aquelas citadas na n. 26; para mais informação sobre temas específicos, ver monografias como a de David Kopf, *Brittish Orientalism and the Bengal Renaissance* (Berkeley: 1969); Sudhir Chandra, *The Oppressive Present: Literature and Social Consciousness in Colonial India* (Nova Delhi: 1994); e Homi Bhabha, *The Literature of Culture* (Londres: 1994).

37. As citações, mencionadas na ordem em que aparecem no texto, provêm do *BLCB* de 1871, preparado por John Robinson, bibliotecário na época. Dizem respeito às seguintes obras, cujos títulos são dados aqui tais como transliterados e traduzidos no catálogo: *Brujeshwuree Kabuy*, ou *Poema intitulado Brujeshwuree*; *Rujuneekantu*, ou *A lua*; *Kabyukoosoom*, ou *A poesia da flor*.

38. Os catálogos bengaleses, de longe os mais volumosos entre os catálogos de todas as superintendências, eram publicados a cada trimestre e assinados pelos bibliotecários em sua condição de "Bibliotecário da Biblioteca de Bengala e Guardião do Catálogo de Livros": John Robinson, de 1867 a out. 1878 (exceto nos breves períodos em que foi substituído por R. J. Ellis e Robert Robinson), William Lawler de out. 1878 a jun. 1879, Chunder Nath Bose de jun. 1879 a out. 1887, Haraprasas Shastri de out. 1887 a jan. 1895, e Rajendra Chandra Sastri de jan. 1895 a mar. 1907. A coluna de comentários foi suprimida em 1901 e o formato foi bastante simplificado em 1902 e em 1905, quando os títulos apareceram em caracteres nativos, em vez de numa transliteração.

39. *BLCB*, 1880. Devido à falta de numeração contínua das páginas nos catálogos, as citações devem ser localizadas segundo o título da obra no volume do ano apropriado, nesse caso *Suendra-Binodini Nátak*. Em certos casos, as referências têm "n. pro." ou números progressivos, que também são dados.

40. Filho de um funcionário do governo em Raipur, nas Províncias Centrais, Harinath De estudou na Raipur High School, no Presidency College, em Calcutá, e no Christ's College, em Cambridge, onde obteve a nota de primeira classe na prova do *tripos* clássico e de segunda classe na prova do *tripos* de línguas medievais e modernas. Como bibliotecário da Biblioteca Imperial em Calcutá, suas responsabilidades abarcavam toda a extensão do Raj e, portanto, à diferença do bibliotecário de Bengala, ele não preparava o catálogo de uma superintendência específica. Ver as Coleções da Seção Oriental e Indiana, British Library, P/7587, n. pro. 201, 237-43.

41. *BLCB*, 1874.

42. *BLCB*, 1879; *Hita-shiksha*, ou *Instrução útil*.

43. *BLCB*, 1878. Pode ser, é claro, que o livro fosse de fato incoerente. Os bibliotecários indianos podiam ser tão desinibidos quanto seus antecessores britânicos quando se tratava de exprimir seu desdém pelos escritos incompreensíveis. Isso explica os comentários de Rajendra Chandra Sastri no *BLCB* de 1900 sobre *Astray Siddhanta Chandrodaya Va Svarup Damodar Gosvanir Karcha*: "Um discurso metrificado sobre algumas das doutrinas mais abstrusas e esotéricas do vaishnavismo. A obra é repleta de termos técnicos e misticismos incompreensíveis".

44. Comentários simpáticos acerca da medicina nativa podem remontar ao *BLCB* de 1878, em que John Robinson só teve elogios a fazer a *Deshiya prakriti o chikitsa*, ou *A constituição do sistema médico do interior*. "O sistema europeu da medicina e do tratamento não é adaptado à constituição dos nativos do interior. Faz-se referência ao fato de eles terem o baço muito delicado". Sobre a poligamia, ver os comentários em *Buhoobibahu Rahityarahityu Neernuyu*, ou *Uma determinação sobre se a poligamia deve ser abolida ou não*, no *BCLB* de 1871. Sobre

religião, ver a resenha favorável de *Krishna Bhakti Sar*, ou *As verdades da devoção a Krishna*, em contraste com a condenação da devoção hindu "idólatra" em *Assamya Larar Ditya Shikhya*, ou *O segundo livro escolar para crianças assamesas*, no *BLCB* de 1874.

45. Comentários sobre *Luar do culto da deusa Kali*, *BLCB*, 1879.

46. *BLCB*, 1878. Para comentários sobre o *Ramayana* e o *Vedanta*, ver as resenhas de *Nirbasita Seeta*, ou *O seeta banido*, no *BLCB* de 1871, e *Sriyukta Babu Srigopal Basu Malliker Phelosiper Lekchar*, ou *As palestras de Sriyukta Babu Mallick*, e *Nigurha Atma-darsan*, ou *Autopercepção esotérica*, ambos no *BLCB* de 1900.

47. Como exemplo, ver *Bhubudeb Puddhuti*, ou *Os institutos de Bhubudeb*, no *BLCB* de 1871. Existe uma grande quantidade de informações sobre livretos de literatura popular nos catálogos. À diferença de seus correspondentes europeus, até onde sei, eles não foram estudados, exceto em Anindita Ghosh, *Power in Print*.

48. *BLCB*, 1875.

49. Ibid.

50. *Rama-vanavas-natak*, ou *A morada de Rama na floresta*, *BLCB*, 1879.

51. Por exemplo, os seguintes comentários extraídos do *BLCB* de 1900: "*Thakur-Jhi*, ou *Filha do sogro* [...] é uma história da vida cotidiana que narra como um jovem de boa educação e de bom caráter chamado Hiralal foi quase arruinado por causa de seu vício de beber, e como seu resgate e sua reabilitação se deveram aos esforços abnegados da irmã [...]. A sincera devoção ao irmão é o traço principal do personagem e foi essa devoção que sustentou Hiralal em seus dias de provação e adversidade e, por fim, fez renascer sua natureza moral adormecida".

52. Vários desses livros de mistério e crime publicados pelos fabricantes de óleo de cabelo Kuntalin e Mohiya aparecem no *BLCB* de 1908.

53. *Ranga Bau Va Sikshita Malila*, ou *A linda nora ou a educação de uma senhora*, *BLCB*, 1900.

54. Ver, por exemplo, *Galpa-guchchha*, ou *Um punhado de contos*, em *BLCB*, 1900.

55. *Swarnalata* (nome próprio), em *BLCB*, 1881.

56. *Paramartha Prasanga*, ou *Discurso sobre a verdade suprema*, em *BLCB*, 1900.

57. O catálogo incluía uma seção separada para periódicos. Em 1873, saudou o aparecimento de uma nova revista literária, *Bangadarshan*, ou *O espelho de Bengala*, da seguinte maneira: "Uma revista literária muito superior, tanto editores como colaboradores estão entre os escritores mais capacitados de Bengala".

58. *Vina*, ou *Lira*, em *BLCB*, 1900.

59. Os comentários sobre *Sankhya Darsan*, ou *Filosofia de Sankhya*, de Vidyasagar, no *BLCB* de 1900, indicam reservas sobre a tentativa de misturar ideias

ocidentais com filosofia indiana tradicional: "É uma exposição extremamente interessante e original dos princípios da filosofia de Sankhya, baseada sobretudo nos aforismos de Kapila, e difere fundamentalmente da visão de autores tradicionais sobre o tema. Essa tentativa de enxergar além da interpretação tradicional e pôr em seu lugar opiniões e ideias possivelmente sugeridas por obras de autores europeus deve sempre ser encarada com certa desconfiança [...]. Não há como negar que o livro contém provas de pensamento claro, raciocínio coerente e honesta e destemida devoção à verdade, o que raramente se encontra em grau semelhante nos textos de qualquer outro autor bengalês de hoje. A morte prematura do autor foi uma grande perda para a literatura bengalesa".

60. *BLCB*, 1900.

61. Ibid.

62. Ibid. Ver também os comentários nesse catálogo sobre *Sachrita Gris Turaska-Yuddha*, ou *A guerra greco-turca com ilustrações*, e *Tetavatar Ramachandra*, ou *Ramachandram, a encarnação da Era Treta*. Comentários semelhantes podem ser encontrados nos catálogos anteriores, especialmente o de 1878.

63. Sobre o aspecto político geral das literaturas vernáculas na Índia do século XIX, ver Sudhir Chandra, *The Oppressive Present: Literature and Social Consciousness in Colonial India* (Nova Delhi: 1994).

64. *Kavitavali*, ou *Coletânea de poemas*, em *BLCB*, 1879.

65. Ver, por exemplo, os comentários sobre *Jel Darpan Natak*, ou *Espelho que retrata o cárcere*, em *BLCB*, 1976: "A obra começa com um diálogo entre dois dos principais atores no caso de Guikwar de Baroda, em que há comentários desfavoráveis sobre as medidas tomadas pelo governo a esse respeito. Um pouco adiante, e formando a parte principal do livro, as imunidades permitidas na prisão civil são contrastadas com o tratamento aflitivo que as autoridades da prisão aplicam aos presos na prisão criminal. O médico nativo é retratado como gentil e solidário, ao passo que os médicos civis e os juízes são representados como desalmados e cruéis, sobretudo na hora de chicotear os prisioneiros. O drama contém cenas nas prisões de Ailpore, Jessore, Burdwan, Narail e Bankoora. A prisão de Jessore se destaca de modo proeminente no tratamento cruel de seus detentos, um dos quais é representado como tendo morrido por causa dos efeitos das chicotadas aplicadas a ele, durante seu tempo de prisão". Outros exemplos incluem *Baranabater Lukochuri*, ou *Esconde-esconde em Baranabat*, em *BLCB*, 1874; *Surensdra-Binodini Natak* (nomes próprios), em *BLCB*, 1875; e *Sharat Sarojini, Natak* (nomes próprios), em *BLCB*, 1876.

66. *Cha-kar Darpan Natak*, ou *O espelho do plantador de chá*, em *BLCB*, 1875: "Esse drama expõe as terríveis opressões e crueldades dos plantadores de chá e seus *amlahs* e escarnece do governo britânico por esforços para abolir a es-

cravidão em outras terras, enquanto em suas próprias possessões se praticam tais cenas pungentes".

67. *Sabhyata Sopan, Drishya Samajchrita*, ou *Ponto de partida para o Iluminismo*, em *BLCB*, 1878.

68. Alguns exemplos típicos do *BLCB* de 1876: *Dasatwa-shrinkhala*, ou *Os laços de escravidão*: "Descreve o cativeiro do povo da Índia, cujos atos e vontades são tornados subservientes às ordens de outros"; *Manihara-phani Barat janani*, ou *A mãe Índia é como a serpente que perdeu sua joia maravilhosa:* "Descreve os males crescentes da Índia desde que passou para as mãos dos estrangeiros"; *Gyandipika*, ou *A luz do conhecimento*: "Discurso sobre a justiça e a administração do país, apontando os defeitos existentes".

69. *Ingraj Goonu Burnun*, ou *Uma descrição das virtudes dos ingleses*, em *BLCB*, 1871. Ver também *Satik Pauchali*, ou *Versos metrificados*, em *BLCB*, 1876, que elogiava os britânicos "pela introdução do telégrafo, do barco a vapor, da estrada de ferro, da administração da Justiça etc.".

70. *Rajputra*, ou *O príncipe*, em *BLCB*, 1876. Sobre a visão antimogol da história da Índia, ver *Bharathe Jaban*, ou *Os maometanos na Índia*, em *BLCB*, 1874: "Os atos tirânicos dos maometanos durante seu governo na Índia — matar vacas e brâmanes e violar a castidade das mulheres, até que os ingleses vieram para salvar a Índia".

71. *Inraj Pratibha*, ou *O gênio dos ingleses*, em *BLCB*, 1910.

72. *Bharat Kahini*, ou *A história da Índia*, em *BLCB*, 1900: "Eles [os indianos] devem ser fiéis aos princípios cardeais de sua religião e virar seu rosto contra a imitação das meras formas, sem o espírito, da civilização ocidental e evitar o ultrarradicalismo na questão da reforma social e religiosa. O movimento do Congresso é uma coisa boa, sem nenhuma dúvida, mas a mera agitação política não pode salvar o país. Que o povo trabalhe mais e fale menos, pois assim subirá na estima do governo. O livro é escrito num espírito excelente e reconhece livremente os benefícios do governo britânico".

73. Ver, por exemplo, *Daiva-lata*, ou *A máquina da Providência*, em *BLCB*, 1879: "O escritor [...] elogia os ingleses por sua administração justa e espera que prossigam por muito tempo a governar o país, e diz que toda a Índia deveria ser agradecida pelos benefícios recebidos do governo inglês". Não admira que esse tema tenha aparecido também em obras escritas em inglês, como *A educação superior na Índia*, em *BLCB*, 1878.

74. *BLCB*, 1879

75. *Sarat-Sashi* (nome próprio), tal como descrito no *BLCB* de 1881: "O herói é um jovem babu bengalês que sabe inglês, desvencilhou-se dos vínculos de casta e superstição, é repleto de fogo patriótico, é um filantropo prático, expõe a

corrupção e a perversidade oficial, escreve artigos em periódicos, odeia a tirania e a opressão de todos os tipos, em suma, é o ideal do autor do que deveria ser um bengalês instruído".

76. *Será isso o que chamam de civilização?*, um drama bengalês traduzido para o inglês, BLCB, 1871.

77. Ao resenhar *Kajer Khatam*, ou *O dom do negócio*, "uma farsa escrita em defesa dos teatros nativos", o bibliotecário comentou no BLCB de 1900: "A afetação de anglicismo por senhores 'retornados da Inglaterra' forma, como de hábito, um dos temas prediletos do riso".

78. Por exemplo, *Bharat-uddhara, athaba chari-ana matra*, ou *A libertação da Índia, ou Só quatro Annas*, em BLCB, 1878: "O escritor ridiculariza as aspirações militares dos chamados bengaleses instruídos, que, embora totalmente destituídos de coragem e força, estão descontentes com a condição abjeta de seu país, e em sua fala sempre exprimem seu desejo de se livrar da dominação estrangeira [...]. O escritor se refere a todo instante ao vício da bebida, à timidez, à inaptidão para a ação, ao amor à oratória e à completa superficialidade que caracteriza os bengaleses".

79. *Bharat-Ishwari*, ou *A imperatriz da Índia*, em BLCB, 1877.

80. Por exemplo, *Sukhamukur Kavya*, ou *O espelho da felicidade*, em BLCB, 1878: "A presente condição débil e degradada dos descendentes da raça ariana, sua sujeição a um poder estrangeiro e seus hábitos de intemperança são descritos numa linguagem de alguma força". Ver também em BLCB, 1878: *Manas Kusum*, ou *As flores da fantasia*, e *Bharate dukh*, ou *Índia em agonia*.

81. *Aryua Jati*, ou *A raça ariana*, em BLCB, 1900: "A influência da educação ocidental na sociedade hindu de hoje é declarada como nitidamente nociva, e o estabelecimento de uma associação religiosa hindu é defendido como um meio de combater aquela influência e incentivar um espírito de nacionalidade e de fraternidade entre os diferentes setores dos hindus".

82. *Kavi-kahini*, ou *Narrativas de um poeta*, BLCB, 1876. Ver também *Swadeshanurag-uddipak Sangita*, ou *Canções para incentivar o patriotismo*, BLCB, 1878.

83. "Literary Surveillance in the British Raj", pp. 147-9, e "Book Production in India", pp. 248-62, citados na nota 1.

84. Ibid., seção sobre Bengala. Até 1890, os editores recebiam pagamentos pelos exemplares que depositavam para registro nos catálogos. Depois de 1890, os responsáveis pelos catálogos perceberam uma tendência crescente para evitar o registro, apesar de ser uma exigência legal. No entanto, o conjunto da produção de livros, tal como é medida pelos catálogos, aumentou de forma constante ao longo do século XIX. A exceção foi 1898, quando os catalogadores avaliaram que a

produção havia decrescido em quase 5% em consequência da peste de 1897. Compilei estatísticas do Relatório de Publicações de 1878 para as presidências de Madras, Mumbai, Bengala e das Províncias do Noroeste com Oudh. Elas mostram uma produção total de 3847 títulos, em comparação com 5322 títulos em 1898. Em conjunto, essas quatro regiões respondem pela proporção dominante da produção de livros em toda a Índia. Não existem estatísticas para o subcontinente inteiro, mas eu estimo que 200 mil títulos seria um número modesto para a produção total no século XIX.

85. "Publications Registered at Curator's Office, Allahabad during the Year 1869", em "Selections from the Records of Government, North-Western Provinces", V/23/129, 1870.

86. Os relatos de 1864 ilustram a mesma atitude complacente e condescendente entre as autoridades britânicas em diversas partes do subcontinente ("Reports on Publications Issued and Registered in the Several Provinces of British India During the Year 1874", V/23/28). O relatório de Oudh (antiga pronúncia colonial para Avadh) afirmava sem rodeios que praticamente não existia nenhuma literatura fora dos gêneros tradicionais de religião e poesia. O relatório das Províncias Ocidentais (aproximadamente a Uttar Pradesh de hoje) encontrou pouca coisa, além de livros escolares. Os relatórios de Mysore e Coorg não notaram nada de interessante, com exceção de livretos escritos para uma variedade local de teatro de rua. E o relatório do Punjab concluía, sem meias palavras: "Nenhuma obra literária de alguma importância, qualquer que seja, apareceu durante este ano". Ninguém se queixava de agitação política. O relatório de Madras registrou: "A coluna de política está completamente em branco este ano, provavelmente devido aos tempos muito tranquilos que vivemos". E o relatório de Mumbai não encontrou nada para lamentar, senão dois impressos indecentes em urdu: "O tom geral das publicações aqui resenhadas era inatacável no que diz respeito à moralidade e lealdade". Em 1870, o relatório das Províncias do Noroeste concluía assim: "Por enquanto a cultura intelectual se resume a pouco mais do que uma colcha de retalhos de clareiras na selva" ("Publications Received at Curator's Office, Allahabad During the Year 1870", V/23/129).

87. As autoridades parecem ter estado bastante vigilantes quanto à relevância da literatura sediciosa durante a agitação nacionalista do início do século XX, como indicam os documentos políticos "confidenciais" das Atas do Ministério do Interior do Governo da Índia: P/7587, P/7590, P/7875, P/8153, P/8430, P/8431. Mas uma leitura cuidadosa desses documentos revela relativamente poucos casos envolvendo sedição, tal como os britânicos a entendiam. Em novembro de 1906, por exemplo, a polícia confiscou três caixas de livros e periódicos que tinham sido embarcadas do Cairo para M. A. Jetekar, um livreiro no Ba-

zar Bendi, em Mumbai. A maioria dos livros eram tratados árabes sobre religião e direito, mas um dos artigos do jornal conclamava os egípcios a derrubar seus conquistadores britânicos. Jetekar foi considerado um negociante "respeitável" durante seu interrogatório e foi solto depois de prometer cancelar sua assinatura do periódico (P/7587, n. pro. 258). Em 1908, funcionários de Mumbai receberam a prerrogativa especial para interceptar o correio a fim de confiscar exemplares de um livro sobre a revolta de 1857, de V. D. Savarkar (P/8153, n. pro. 23-7). Em 1909, as autoridades francesas em Pondicherry se ofereceram para colaborar com os britânicos, mas toleraram a impressão de jornais como *India*, que havia mudado de Madras para o território dos franceses. A julgar pela correspondência confidencial no Gabinete da Índia, os franceses gostavam de dar lições aos britânicos sobre "os limites permitidos pela legislação francesa no terreno da liberdade de imprensa" (Minto para Morley, 1 abr. 1809, P/8153, n. pro. 44-52). Mas a correspondência não sugere que Pondicherry funcionasse como uma fonte de livros proibidos, de forma comparável a Amsterdam e Genebra na Europa do século XVIII.

88. Em 1878, os britânicos impuseram restrições sobre a imprensa vernácula mediante uma "lei da mordaça" (Lei da Imprensa Vernácula), cujo intuito era esmagar as críticas da Segunda Guerra Afegã. Ela suscitou protestos veementes entre os indianos porque sugeria que a liberdade de imprensa existia apenas de um lado da linha que separava os britânicos dos "nativos". Mas foi rejeitada em 1880, quando Lord Ripon sucedeu a Lord Lyton no cargo de vice-rei em Calcutá e Gladstone tomou o lugar de Disraeli como primeiro-ministro em Londres.

89. Esse relato se baseia sobretudo nos documentos das Coleções da Seção Oriental e Indiana da British Library, mas também se apoia em Sumit Sarkar, *The Swadeshi Movement in Bengal 1903-1908* (Nova Delhi: 1973) e Peter van der Veer, *Religious Nationalism: Hindus and Muslims in India* (Berkeley: 1994), bem como na literatura-padrão sobre a história da Índia.

90. Mensagem de Denzil Ibbetson, 30 abr., P/7590, n. pro. 183, 1907: "Os habitantes do Punjab sem dúvida estão menos histéricos do que os de Bengala. Mas não estão isentos dos efeitos do leste. Crédulos a um grau que, para nós, é difícil entender, tradicionalmente dispostos a crer no mal de seu governo, talvez difíceis de provocar, mas emotivos e inflamáveis quando provocados, oferecem um solo admiravelmente propício aos propósitos dos agitadores políticos". Os documentos aqui e as séries seguintes nos arquivos das Coleções da Seção Oriental e Indiana da British Library estão reunidos em volumes encadernados que não têm numeração de página; portanto as referências são a seus "números progressivos" (n. pro.).

91. Mensagem de Sir Herbert White, 1 ago. 1907, P/7590, n. pro. 69.

92. Mensagem de H. J. Stanyon, 28 jul. 1907, P/7590, n. pro. 71.
93. Mensagem do Comissário da Divisão de Nagpur, 7 ago. 1907, P/7590, n. pro. 71.
94. Ver as mensagens da Província da Fronteira Noroeste, 29 jul. 1907, P/7590, n. pro. 72; de Bengala Oriental e Assam, 24 mar. 1908, P/7875, n. pro. 24; e de Mysore, 1 set. 1909, P/8430, n. pro. 65.
95. Minto para Morley, 11 jul. 1907, P/7590, n. pro. 31: "Nada pode estar mais longe de nossas intenções ou mais contrário ao espírito de nossa política geral do que interferir de qualquer forma que seja nas funções legítimas da imprensa. Mas, quando a segurança pública está em perigo, reivindicamos para o governo executivo o direito de intervir [...]. Aqui não se trata de liberdade de imprensa. O objetivo é simplesmente provocar a insatisfação".
96. Cotton penetrou nos pontos fracos da política de Morley de modo tão eficiente que este passou a temer suas perguntas e requisitava da Índia informações que lhe dessem alguma proteção. Morley para Minto, 5 jul. 1907, P/7590, n. pro. 31; Morley para Minto, 25 abr. 1910, P/8430, n. pro. 55. Ver também a informação relatada nas mensagens de 29 jul., 22 out., 17 dez. 1908, P/8153, n. pro. 15, 21, 36; e a versão publicada da correspondência Minto-Morley: *India, Minto and Morley, 1905-1910; Compiled from the Correspondence between the Viceroy and the Secretary of State by Mary, Countess of Minto* (Londres: 1935).
97. Ver os relatórios sobre a batida em Calcutá, no dia 2 de maio de 1908, em P/7875, pp. 625, 971.
98. Mensagem do governo de Mumbai, 30 jul. 1909, P/8430, n. pro. 65.
99. Mensagem do gabinete do vice-rei, 17 jun. 1910, P/8431, n. pro. 159.
100. P/7875, n. pro. 95. O governo também não permitiu a importação de uma tradução de um ensaio de Tolstói, *Ek Hindu pratye Mahan Tolstoy no Kagal*, ou *Grande carta de Tolstói para um hindu*, que o jovem M. K. Gandhi apresentou como um panfleto na África do Sul. Ao descrever Gandhi, um tradutor do governo de Bengala advertiu: "Embora finja ser amante da paz e resistente passivo a todo custo, obviamente quer expulsar a Inglaterra da Índia e dá expressão a sentimentos que não são calculados para ensinar a paz e a boa vontade com a nação governante" (P/18431, n. pro. 69). A polícia, mais tarde, confiscou um exemplar do panfleto de Gandhi Gujurati intitulado *Hindi Swaraj*, ou *Autonomia da Índia*. Ele reagiu, mandando uma tradução inglesa para o governo da Índia "inteiramente para ajudar. Isso não significa de maneira alguma que eu aprove necessariamente alguma ou todas as ações do governo, ou os métodos em que ele se baseia. Na minha humilde opinião, todo homem tem direito de defender a opinião que escolher, e de colocá-la em prática, contanto que, ao fazê-lo, não use a violência física" (Gandhi para o governo da Índia, 16 abr. 1910, P/8431, n. pro. 96).

101. Mensagem de M. W. Fenton no Punjab, 11 jun. 1909, P/8153, n. pro. 145.
102. Relatórios sobre literatura sediciosa no Punjab, maio/jul. 1909, P/8153, n. pro. 145-53.
103. Ver os casos em P/8431, n. pro. 117-34 e P/8153, n. pro. 89-94.
104. O texto crucial na seção 124A, cap. 6, p. 424, do Código Penal Indiano de 1860, diz o seguinte: "Qualquer pessoa que, por meio de palavras ditas ou destinadas à leitura, ou por meio de sinais ou de representação visível ou de outra maneira, provocar ou tentar provocar sentimentos de desafeição com o governo estabelecido conforme a lei na Índia britânica, deverá ser punido com o transporte por toda a vida ou por qualquer período que for, a que se deve acrescer uma multa" (V/8/319). Uma "explicação", que vinha a seguir, tentava, sem grande sucesso, deixar claro que desafeição "não é a expressão de desaprovação de medidas do governo por alguém disposto a ser obediente à sua autoridade". Numa seção separada (pp. 291-3), que nada tinha a ver com sedição, o código proibia a venda de livros e impressos obscenos.
105. A documentação relativa aos casos de Tilak foi reproduzida em *Law Realting to Press and Sedition*, a compilação preparada para o governo por G. K. Roy em 1915 (V5597). No primeiro caso, o juiz interpretou "desafeição" de forma ampla a despeito do argumento da defesa de que o termo era inviavelmente vago.
106. Emenda do Código Penal Indiano, 1898, *Law Realting to Press and Sedition*, p. 11. Essa lei também acrescentava uma seção nova, 153A, que exigia punição rigorosa para qualquer pessoa "que provocasse ou tentasse provocar sentimentos de inimizade e ódio entre classes diferentes dos súditos de Sua Majestade". Embora destinada inicialmente a evitar a hostilidade entre hindus e muçulmanos, a Seção 153A foi mais tarde usada para punir comentários ofensivos de indianos contra britânicos.
107. Lei da Imprensa Indiana de 1910, *Law Realting to Press and Sedition*, p. 45.
108. Para os textos da Lei da Representação Dramática e da Lei dos Jornais, ver *Law Realting to Press and Sedition*, pp. 8-10 e 35-8.
109. O texto do poema e a documentação sobre o caso, inclusive as citações seguintes, provêm de P/8431, n. pro. 144-64.
110. R. Nathan para o Governo de Bengala Oriental e Assam, jul. 1907; relatório sobre distúrbios no distrito de Mymensingh, abr./maio 1907, P/7590, n. pro. 58.
111. O texto seguinte, incluindo todas as citações, provém de P/7875, n. pro. 58.
112. P/8153, n. pro. 110-7.
113. O texto e o relato seguintes sobre os dois casos provêm de P/8153, n. pro. 112-31.

114. Essas são as palavras do juiz Strachey tal como citadas por T. Thornhill, um juiz em Calcutá, no dia 23 de fevereiro de 1909, ao condenar o babu Kiran Chandra Mukerjee a dezoito meses de prisão por escrever um livro intitulado *Pantha* em bengalês (P/8153, n. pro. 89-94). A exemplo de muitos outros juízes, Thornhill teve de analisar uma boa quantidade de mitologia védica, mas achou fácil chegar a um veredicto: "Não posso ter dificuldade para chegar à conclusão de que o livreto foi escrito e publicado com a intenção de provocar ódio e desprezo e suscita a desafeição com relação ao governo na Índia".

115. O caso envolvia a publicação de outro livro de canções, *Bande Mataram Sangit*, compilado por Ramani Mohan Das, que foi declarado culpado de violar a seção 124A no dia 19 de maio de 1909 (P/8153, n. pro. 43-7).

116. P/8153, n. pro. 110-7.

117. P/8431, n. pro. 60-5.

118. Essa citação e as seguintes provêm das atas do julgamento (P/8153, n. pro. 112-31).

119. P/8153, n. pro. 142.

120. Ibid. Para relatórios semelhantes dos agentes do Serviço Civil da Índia: P/8153, n. pro. 135-47.

121. P/8153, n. pro. 112, 115, 142.

122. P/8430, n. pro. 103.

PARTE 3 — ALEMANHA ORIENTAL COMUNISTA: PLANEJAMENTO E PERSEGUIÇÃO [pp. 169-272]

1. Publiquei um relato geral da queda do Muro de Berlim e do colapso da Alemanha Oriental em *Berlin Journal, 1989-1990* (Nova York: 1991), parte 3, pp. 193-217, no qual incluí minhas entrevistas com os censores e informações sobre escritores e instituições literárias. Uma versão anterior da minha entrevista com os censores apareceu em "Aus der Sicht des Zensors: Von der Überwachung der Literatur", *Lettre Internationale*, v. 3, n. 10, pp. 6-9, outono 1990. Ao longo deste livro, vou me referir à República Democrática Alemã pela sua sigla RDA e à República Federal da Alemanha como RFA. Por ter sido unificado à força com o Partido Social-Democrático em 1946, o Partido Comunista era formalmente conhecido como Partido da Unidade Socialista da Alemanha (Sozialistische Einheitspartei Deutschlands, ou SED). Em geral, vou me referir a ele como Partido Comunista e às vezes usarei SED.

2. Ver Theodor Constantin, *Plaste und Elaste: Ein deutsch-deutsches Wörterbruch*. Berlim: 1988. pp. 27, 67.

3. As editoras são listadas no diretório oficial da RDA *Verlag der Deutschen Demokratischen Republik* (Leipzig: 1988).
4. Ernest Wichner e Herbert Wiesner (Orgs.), *Zensur in der DDR: Geschichte, Praxis und "Ästhetik" der Behinderung von Literatur*. Berlim: 1991. p. 53.
5. Ibid., pp. 75, 81.
6. Ver especialmente Wichner e Wiesner, *Zensur in der DDR* e outro volume que eles organizaram, "*literaturenwicklungsprozesse*": *Die Zensur in der DDR* (Frankfurt am Main: 1993); Siegfried Lokatis, "Verlagspolitik zwischen Plan und Zensur: Das 'Amt für Literatur und Verlagswesen' oder die schwere Geburt des Literaturapparates der DDR", *Historische DDR-Forschung: Aufsätze und Studien*, org. de Jürgen Kocka (Berlim: 1997); Simone Barck e Siegfried Lokatis, *Zensurspiele: Heimliche Literaturgeschichten aus der DDR* (Halle: 2008); e Mark Lehmstedt e Siegfried Lokatis (Orgs.), *Das Loch in der Mauer: Der innerdeutsche Literaturaustausch* (Wiesbaden: 1997). Esse ensaio trata apenas da censura de livros e de instituições literárias, não da imprensa e de outros meios de comunicação.
7. "Protokoll der Sektorenleiterberatung vom 1-/12/84", Abteilung Kultur, ms. 32704, Archiv der Parteien und Massenorganisationen der DDR. A seguinte discussão se baseia nesses vastos arquivos, produzidos no interior do Comitê Central do Partido Comunista, em especial pelo gabinete de Kurt Hager (Büro Hager) e pela Divisão de Cultura (Abteilung Kultur).
8. Ragwitz para Hager, 11 nov. 1981 e 11 out. 1981, ms. 34935.
9. Ragwitz para Hager, 7 jul. 1983, ms. 34870. As estatísticas se referiam apenas à ficção da RDA classificada como belas-letras. A *Verlage der Deutschen Demokratischen Republik* estabelecia em 6471 o número total de títulos a ser publicados em 1985, com 144,6 milhões de exemplares. Os números redondos para 1988 foram de 6500 títulos e 150 milhões de exemplares. Estimando a produção de mais de oito livros por pessoa, ela reivindicava que a RDA era uma das líderes mundiais da produção de livros.
10. O estilo burocrático de Ragwitz fica especialmente visível num memorando que ela mandou para Hager no dia 18 de abril de 1983, intitulado "Information zu aktuellen Fragen des thematischen Plans für die Buchproduktion 1983", ms. 34870.
11. Para informações biográficas básicas sobre figuras públicas da RDA, inclusive muitos autores, ver *Wer War Wer in der DDR* (Berlim: 2010).
12. Ragwitz para Hager, 1 mar. 1982, ms. 32709.
13. Outro exemplo de contato informal está num bilhete de Ragwitz para Hager, 16 abr. 1984, ms. 32709. Mencionava dificuldades que tinham surgido com Christa Wolf, a autora mais conhecida da RDA, uma crítica da revista literária

Sinn und Form, a necessidade de evitar a discussão pública do tema sensível dos pedidos para viajar para fora da RDA e problemas com autores jovens desafetos.

14. Protokoll der Sektorenleiterberatung, 28 mar. 1984, ms. 32704.

15. Protokoll der Sektorenleiterberatung, 6 fev. 1984, ms. 32704.

16. Protokoll der Sektorenleiterberatung, 23 abr. 1984, ms. 32704. Ver também o Protokoll de 22 maio 1984, ms. 32704.

17. "Notiz. Arbeitsbesprechung des Genossen Hager mit Genossin Ursula Ragwitz und Genossen Hans-Joachim Hoffmann am 24-11-82", ms. 42325.

18. Relatório sobre uma reunião de Hager e Höpcke, 18 fev. 1988, ms. 42325.

19. Ibid.

20. Höpcke para Hager, 31 out. 1983, ms. 30344. Monika suplicou a Hager que lhe desse permissão para viajar para o lado oeste numa carta atormentada de 23 fev. 1983, ms. 33512.

21. Höpcke para Hager, 31 out. 1983, 6 out. 1983 e 1 out. 1983, ms. 30344. Em sua carta longa e minuciosa, datada de 31 de outubro, Höpcke comunicou a Hager uma ampla variedade de questões literárias para que Hager pudesse refletir sobre elas antes de uma reunião em que ele e Höpcke tomariam decisões estratégicas. Höpcke começou a carta com uma afirmação geral que classificava a maneira como a literatura era discutida nos escalões mais altos da RDA: "Refleti muito sobre a experiência de ler a literatura recente da RDA, da perspectiva da ideologia e da visão de mundo, e posso [...] apresentar algumas reflexões sobre isso". Em seguida, passava a discutir questões delicadas, como a maneira de lidar com o importante escritor dissidente Stefan Heym, que publicava obras na RFA sem permissão das autoridades da RDA: "A editora Der Morgen tem em mãos os originais de um romance intitulado *Schwarzenberg*. Como sugerido pelas resenhas anexas de camaradas na seção de belas-letras da HV, a publicação [do romance] em nossa república está fora de questão; nem é sensato discutir o assunto com o autor. Pois é uma questão de antissovietismo e falsificação da história de certos episódios na região em redor de Schwarzenberg, que em 1945 ficou temporariamente desocupada pelas tropas tanto dos Estados Unidos como da União Soviética".

22. Höpcke para Hager, 10 out. 1983, e um "Notiz" sem data, de Höpcke, sobre sua reunião com Hilbig, 6 out. 1983, ms. 30344.

23. Höpcke para Hager, 31 out. 1983, ms. 30344. Alguns meses antes, as autoridades tinham recusado o pedido de Braun para permitir que recebesse *Die Zeit*. Höpcke propôs suspender essa decisão, embora esperasse que algum membro do Partido fizesse objeção.

24. Ver, por exemplo, a lista e os dossiês anexos com o cabeçalho "Eingaben, 1985", ms. 42258.

25. Walter Vog, primeiro-secretário do Verband der Theaterschaffenden der DDR em Berlim para Peter Heldt, sem data, ms. 36835/1.

26. Memorando de Erika Hinkel para Hager, 20 dez. 1973, ms. 36835/1.

27. Kirsch para Oberbürgermeister Kraak, 18 mar. 1975, cópia de uma carta incluída em Kirsch para Erika Hinkel, 18 mar. 1975, ms. 36835/1.

28. Kirsch para Hager, 31 dez. 1984, e Ragwitz para Hager, 27 fev. 1985, ms. 36835/1. Numa carta para Hager, 3 mar. 1987, ms. 36835/1, Hermann Axen, membro do Politburo, protestava contra alguns poemas que Kirsch havia publicado pouco antes em *Neue Deutsche Literatur*, a revista literária do Sindicato dos Autores: "Alguns desses 'poemas' contêm, na minha opinião, ataques diretos e inequívocos e menosprezo contra nosso Estado e nossa liderança [...]. Será que alguém precisa publicar esses ataques na revista do Sindicato dos Autores e depois na Eulenspiegel?".

29. Ragwitz para Hager, 23 mar. 1983, com um relatório sobre Hilbig e seu volume de poemas, *Stimme, Stimme*, 24 dez. 1982, ms. 38787.

30. Memorando da Divisão de Cultura do Comitê Central do Partido para Hager, 12 jan. 1984, ms. 38787.

31. Memorando de Ragwitz para Hager, 14 dez. 1982, ms. 38787.

32. Por exemplo, em seu relatório sobre Hilbig para Hager, 23 mar. 1983, ms. 38787, Ragwitz disse que a editora Reclam tinha sido advertida de que não devia aceitar uma versão revista de *Stimme, Stimme* que incluísse "expressões contra o socialismo real".

33. Em 1976, o Partido havia feito uma "repreensão severa" a Hermlin por seu papel no caso Biermann. Em 20 de março de 1985, Hermann Kant, o presidente do Sindicato dos Autores, escreveu para Honecker sugerindo que revogassem aquela sanção, pois Hermlin tinha se mostrado leal na defesa da política da RDA durante os últimos nove anos, no entanto recomendava que o fizessem sem nenhum debate no comitê executivo do sindicato a fim de evitar que feridas antigas fossem reabertas. Ms. 36835.

34. Hermlin para Hager, 17 mar. 1983, ms. 38787.

35. Ragwitz para Hager, 23 mar. 1983, ms. 38787.

36. Höpcke para Hager, 6 mar. 1985, ms. 38787.

37. Hager para Hoffmann, 8 ago. 1985, ms. 36835/1. Antes, no mesmo ano de 1985, Hilbig havia passado por outros problemas com a Reclam, sua editora na Alemanha Oriental, relacionados a *Der Brief*, uma coletânea de seus escritos em prosa, e mandara publicar o livro sem autorização pela Fischer, na RFA.

38. Hermlin para Honecker, 19 out. 1985, ms. 36835/1.

39. Hilbig para Honecker, 26 ago. 1985, ms. 36835/1.

40. Hager para Hoffmann, 17 out. 1985, ms. 36835/1. Numa carta para

Hager, de 22 de setembro de 1985, Hoffmann recomendou que dessem o visto, apesar de Hilbig ter publicado *Der Brief* sem autorização na RFA e apesar de o "conteúdo do texto mostrar que Hilbig, até agora, não foi capaz de tornar suas atividades literárias congruentes com as expectativas culturais e políticas da RDA".

41. Ver, por exemplo, o relatório hostil sobre *Hinze-Kunze-Roman*, de Volker Braun, que Ragwitz mandou para Hager em 9 de setembro de 1985, citado na nota 150.

42. O termo desponta em várias cartas endereçadas a Hager pelo público em geral e que foram reunidas em três dossiês rotulados "Standpunkte, Meinungen... aus der Bevölkerung", 1987-9, ms. 42280/1, 42280/2, 42280/3. Um dos poemas que a HV fez questão de apagar do livro *Wir und nicht sie*, de Volker Braun, era intitulado "Die Mauer". Relatório sem assinatura da HV para Hager, f. 15, 1971, ms. 36834/1.

43. Ragwitz para Hager, 23 dez. 1981, inclui a carta de protesto, 20 dez. 1981, ms. 32747. A Divisão de Cultura do Comitê Central do Partido produziu um extenso relatório sobre a Antologia e seus autores datada de 1 out. 1981, e produziu também três memorandos recomendando medidas a serem tomadas. Esses documentos foram arquivados juntos no ms. 32747.

44. Citação de um memorando sem assinatura e sem data da Kultur, arquivado com os documentos em ms. 32747.

45. "Ideia de uma futura política relativa aos autores que desejam produzir um volume patrocinado pela Academia de Artes (como uma espécie de antologia)", um memorando sem assinatura da Divisão de Cultura do Comitê Central do Partido, 6 nov. 1981, ms. 32746.

46. Relatório da Divisão de Cultura do Comitê Central do Partido sem assinatura sobre o grupo da antologia, 27 jan. 1982, ms. 32746.

47. "Information zum Literaturgespräch am 29-10-81", um relatório sem assinatura arquivado com os documentos sobre a antologia, ms. 32747.

48. "Ideia de uma política futura", n. 45. Esse memorando continha descrições semelhantes de trinta autores ligados à antologia.

49. O mais bem documentado entre os muitos relatos sobre as espionagens de Anderson é o de Joachim Walther, *Sicherungsbereich Literatur. Schriftsteller und Staatssicherheit in der Deutschen Demokratischen Republik* (Berlim: 1996), pp. 639-42.

50. Ragwitz para Honecker, 3 abr. 1981, ms. 32747.

51. Memorando sem assinatura da Divisão de Cultura do Comitê Central do Partido, 29 jun. 1981, ms. 32747. Ragwitz rascunhou uma resposta para uma refutação dos programas de rádio ocidentais, que devia ser divulgada em nome de Honecker (Ragwitz para Hager, 6 abr. 1981, ms. 32747).

52. Ragwitz para Hager, 9 dez. 1982, com um relatório anexo, ms. 32746.

53. Memorando da Divisão de Cultura do Comitê Central do Partido, 12 nov. 1982, ms. 32746. Esse memorando, nitidamente destinado a Hager e a líderes de ponta do Partido, apresentava um diagnóstico cuidadoso, mas dogmático, da literatura da RDA, seus problemas e suas relações com as necessidades dos leitores da Alemanha Oriental. Ao analisar dificuldades recentes com escritores, ele registrava: "A insuficiente formação marxista-leninista dos autores e suas ligações muito estreitamente limitadas com a realidade socialista são, muitas vezes, a razão da predominância do elemento crítico e, em última instância, funcionam de maneira destrutiva. Surgem formulações complicadas em que o compromisso explícito dos autores com a RDA vem associado a pontos de vista alheios ao socialismo, por exemplo, noções pequeno-burguesas de humanismo ou subjetivismo concernentes à relação entre o ideal e a realidade".

54. "Ideia de uma política futura", n. 45.

55. Memorando da Divisão de Cultura do Comitê Central do Partido, sem título, 6 nov. 1981, ms. 32746. Os "Literaturzentren" foram criados e, em geral, atraíam de oito a cinquenta membros, mas parecem não ter sido muito eficazes, segundo um relatório da Divisão de Cultura do Comitê Central do Partido, 12 out. 1982, ms. 32746.

56. Essas medidas vêm descritas num memorando sem data de Ragwitz para Hager, ms. 32747.

57. Esse comentário, datado de 20 de junho de 1983, provém de um folheto com trechos dos cadernos de Braun que foi distribuído numa palestra que ele apresentou em Berlim no dia 1º de março de 1994.

58. Para o amplo espectro de ficção, poesia, ensaios, "belas-letras proletárias-revolucionárias", literatura ligeira e outros gêneros publicados pela Mitteldeutscher Verlag, a mais importante editora de ficção da RDA na década de 1980, ver *Verlage der Deutschen Democratischen Republik*, p. 45.

59. Erich Loest, *Der Zorn des Schafes*. Munique: 1993. pp. 38, 229.

60. Erich Loest, *Der vierte Zensor: Der Roman "Es geht seinen Gang" und die Dunkelmänner*. Stuttgart: 2003. p. 30.

61. Henryk M. Broder (Org.). *Die Schere im Kopf: Über Zensur u. Selbstzensur*. Colônia: 1976.

62. Essa é uma interpretação de Manfred Jäger em "*Literaturentwicklungsprozesse*", pp. 28-47. Ver também os comentários sobre autocensura de Christoph Hein em seu pedido de abolição da censura no congresso do Sindicato de Autores em 1987, *X. Schriftstellerkongress der Deutschen Demokratischen Republik: Arbeitsgruppen* (Berlim: 1987), p. 229. Recapitulando sua experiência anterior ao colapso da RDA, Uwe Kolbe comentou: "A autocensura é a censura de fato e todo-

-poderosa": Richard Zipser (Org.), *Fragebogen: Zensur. Zur Literatur vor und nach dem Ende der DDR* (Leipzig: 1995), p. 225.

63. Joachim Seypped, "Der Porzellanhund", em *Zensur in der DDR*, pp. 25-6, ver também o ensaio de Bernd Wagner no mesmo volume, pp. 27-8.

64. Ministerium für Kultur, HV Verlage und Buchhandel. A enorme quantidade de dossiês submetidos à HV pela MDV foi arquivada sob a rubrica geral DRI.2188 e DRI.2189. Cada dossiê era classificado pelo nome do autor cuja obra estava sendo submetida pela editora para obter autorização de publicação (*Druckgenehmigung*). Também peguei amostras de outras editoras na série DRI e recomendaria, em especial, que outros pesquisadores consultassem o dossiê de 54 páginas sobre Günter de Bruyn e seu romance *Neue Herrlichkeit* em DRI.2189.

65. Um memorando sem assinatura e sem data, provavelmente escrito na Divisão de Cultura do Comitê Central do Partido em setembro de 1978, ms. 32747. Explicava que, depois de examinado o original supostamente acabado, o editor-chefe da Verlag Neues Leben comunicou a Jacobs que não poderiam aceitá-lo, por razões ideológicas: "Particularmente mencionadas foram as deficiências da concepção ideológica básica, a oposição adialética entre o individual e o sistema social, uma imagem adulterada do socialismo e questões de motivação relativas às ações de alguns personagens no romance".

66. Dossiê Ahrndt, DRI 2189. Como já mencionado, os dossiês são identificados pelo nome dos autores.

67. Dossiê Flieger, DRI.2189.

68. Dossiê Brandstner, DRI.2189.

69. Dossiê Hammer, DRI.2189.

70. Dossiê Bruns, DRI.2189. Numa carta para a HV em 29 de maio de 1984, Helga Duty discutiu em detalhes a fraqueza literária do original e concluiu: "Por parte da editora, muitas concessões tiveram de ser feitas".

71. Dossiê Cibulka, DRI.2189.

72. Dossiê Rähmer, DRI.2188.

73. Dossiê Reinowski, DRI.2188.

74. Ver, por exemplo, dossiê Ebersbach, DRI.2189.

75. Dossiê Höntsch-Harendt, DRI.2189.

76. Dossiê Künne, DRI.2189.

77. Ver, por exemplo, o dossiê Kruschel, Heinz, sobre seu romance policial *Tantalus*, DRI.2189, e o dossiê Scherfling, Gerhard, sobre seu romance policial *Von einem Tag zum anderen*, DRI.2188.

78. Dossiê Herzberg, DRI.2189.

79. Por exemplo, seu bilhete no dossiê Meinck, Willi, DRI.2188.

80. Dossiê Mensching, DRI.2188.

81. Dossiê Nowak, DRI.2188.
82. Dossiê Püschel, Ursula, sobre *Der Schlangenbaum: Eine Reise nach Moçambique*, DRI.2188.
83. Dossiê Speitel, Ulrich, sobre *Das Grafenbett*, DRI.2188.
84. Dossiê Schulz-Semrau, Elisabeth, sobre *Suche nach Karalautschi*, DRI.2188.
85. Ver, por exemplo, o dossiê Herold, Ulrich, sobre *Was haben wir von Martin Luther?*, DRI.2188.
86. Siegfried Suckut e Jürgen Weber (Orgs.). *Stasi-Akten zwischen Politik und Zeitgeschichte*. Munique: 2003. p. 161.
87. Loest publicou longos trechos extraídos dos dossiês em *Der Zorn des Schafes*. Ver em especial pp. 84 e 148, e outro relato que ele escreveu mais tarde em *Die Stasi war mein Eckermann: Mein Leben mit der Wanze* (Göttingen: 1991).
88. Entre as muitas obras sobre a Stasi e os intelectuais, ver Walther, *Sicherungsbereich Literatur*, p. 21, que documenta o papel desempenhado por Christa Wolf, e Sonia Combe, *Une Société sous vigillance: Les intelectuels et la Stasi* (Paris: 1999). A colaboração de Christa Wolf com a Stasi veio à luz, primeiro, num artigo publicado em *Berliner Zeitung*, em 21 de janeiro de 1993, ampliado por *Der Spiegel* em 25 de janeiro de 1993 e depois amplamente debatido na imprensa alemã. A espionagem da Stasi sobre a própria Wolf somava 42 volumes. Um amigo alemão-oriental me contou, em 1992, que eu tinha meu próprio dossiê nos arquivos da Stasi e citou um relatório em que eu aparecia como um "jovem burguês progressista".
89. O relato seguinte se baseia em Walter Janka, *Schwierigkeiten mit der Wahrheit* (Reinbeck bei Hamburg: 1989), e Janka, *Die Unterwerfung: Eine Kriminalgeschichte aus der Nachkriegszeit* (Munique: 1994).
90. A saúde de Janka foi gravemente afetada na prisão, porém ele se recuperou, mais tarde, e conseguiu trabalho de tradutor e na indústria de cinema. Em vista do perigo de voltar a ser preso, não falou abertamente sobre sua experiência até 28 de outubro de 1989, quando Heiner Müller e outros organizaram uma leitura no Deutsches Theater de um texto posteriormente publicado como *Schwierigkeiten mit der Wahrheit*.
91. *Die Unterwerfung*, pp. 27-8.
92. Ibid., pp. 50-1.
93. O relato seguinte se baseia em *Der Zorn des Schafes* e *Die Stasi war mein Eckermann*, de Loest.
94. *Der Zorn des Schafes*, p. 96.
95. Honecker fez seu famoso comentário sobre "nenhum tabu" na condição de um forte compromisso com o socialismo: "Wenn man von der festen Po-

sition des Sozialismus ausgeht, kann es meines Erachtens auf dem Gebiet von Kunst und Literatur keine Tabus geben"; Martin Sabrow, "Der unterschätzte Diktator", *Der Spiegel*, n. 34, 20 ago. 2012. O comentário ecoava através das cartas enviadas pelos autores para funcionários no Partido, de 1971 a 1989, mas na década de 1980 foi citado em geral para exprimir a decepção em face da continuação da censura repressiva. Por exemplo, numa carta para Hager, sem data e marcada como recebida em 7 de janeiro de 1988 (ms. 42313), Rainer Kerndle protestava contra a rejeição da HV da autorização para publicar seu romance *Eine gemischte Gesellschaft*, observando: "Ainda tenho parcialmente na memória a conclusão do VIII Congresso do Partido, segundo a qual não deveria haver tabus para a arte e a literatura em nossa sociedade". Erich Loest recontou ssua própria decepção com a "*berühmten Worte*" de Honecker em *Der Zorn des Schafes*, p. 60.

96. Entre os muitos relatos sobre o caso Biermann, ver Serek Fogg: "Exodus from a Promised Landa: The Biermann Affair", em *The Writer and Society in the RDA*, org. de Ian Wallace (Fife, Escócia: 1984), pp. 134-51. Uma das reflexões mais interessantes sobre isso é do próprio Biermann: *Wie man Verse macht und Lieder: Eine Poetik in acht Gängen* (Colônia: 1997), cap. 7.

97. Tradução de uma entrevista publicada em *La Stampa*, no dia 4 de julho de 1984, feita para a Divisão de Cultura do Comitê Central do Partido, ms. 32747.

98. Os limites deste ensaio tornam impossível para mim entrar em detalhes, mas vou fazer uma lista dos dossiês nos documentos do escritório de Hager que podem interessar a outros pesquisadores: ms. 38788 (Volker Braun, Günter de Bruyn); ms. 36834 (Volker Braun); ms. 39000 (Christa Wolf); ms. 38786 (Christa Wolf, Monika Maron); ms. 39005 (Franz Fühmann); ms. 38787 (Erwin Strittmatter); ms. 38789 (Monika Maron, Heiner Müller); ms. 36835 (Christoph Hein). Num debate com Christel Berger, que foi relatado a Ursula Ragwitz e Kurt Hager num memorando datado de 20 de outubro de 1985, ms. 39000, Christa Wolf definia o papel que ela desejava desempenhar na RDA: pretendia se dedicar a escrever, longe de Berlim, na cidade de Woserin, Mecklenburg, mas não queria ser alijada da vida cultural e política da RDA. A despeito da impossibilidade de discutir questões essenciais, ela esperava poder continuar no SED, como Erich Honecker lhe dissera para fazer, embora ela entendesse caso o Partido quisesse expulsá-la.

99. Numa palestra em 4 de novembro de 1992, em Magdeburg, Höpcke confirmou a crença, amplamente disseminada, de que Christa Wolf havia persuadido a HV a inserir as reticências: Höpcke, "Glanz und Elend der DDR-Kultur", p. 8 (cópia datilografada de um exemplar particular, enviada para mim por Höpcke, numa carta de 14 de julho de 1994).

100. *Kassandra: Vier Vorlesungen: Eine Erzählung*. Berlim: 1987. p. 110.

101. "Relatório sobre uma conversa com Christa Wolf em 22/8/1983", um memorando de Höpcke, supostamente para Hager (ms. 38786/2): "Perguntei a ele como era possível que na terceira leitura de *Kassandra* a Otan e o Pacto de Varsóvia fossem equiparados e se contemplasse a possibilidade do desarmamento unilateral (trechos que apagamos da edição do livro na RDA). Não consegui acompanhar seu raciocínio e, para mim, foi incompreensível que ela tivesse chegado a tais ideias. Christa Wolf disse que estava perfeitamente consciente das opiniões opostas àquelas que pusera por escrito. Ela havia refletido sobre tais ideias muitas e muitas vezes. Mas no fim chegara à conclusão de que o desarmamento unilateral era a saída".

102. Entre os muitos estudos sobre Volker Braun e seu romance mais conhecido, *Hinze-Kunze-Roman*, ver especialmente Rolf Jucker (Org.), *Volker Braun in Perspective* (Nova York: 2004), e Kai Köhler, *Volker Brauns Hinze-Kunze--Texte: Von der Produktivität der Widersprüche* (Würzburg: 1996).

103. Braun para Sigrid Busch, Chefdramaturgin im Deutschen Nationaltheater Weimar, sem data, cópia incluída numa carta de Arno Hochmut para uma assistente de Hager, Erika Hinkel, 7 maio 1969, ms. 36834/1.

104. Memorando da HV, 15 fev. 1971, ms. 36834/1. Ver também Johannes Hornig, chefe da Divisão de Ciência do Comitê Central, em 7 jan. 1976, em Ragwitz para Hager, 9 jan. 1976, ms. 36834/2.

105. Hager para Ragwitz, 2 nov. 1983, ms. 36834/1.

106. Memorando sobre uma reunião na Divisão de Cultura do Comitê Central do Partido em 7 jan. 1976, em Ragwitz para Hager, 9 jan. 1976, ms. 36834/2.

107. Ragwitz para Hager, "Relatório sobre uma conversa com o camarada Volker em 9/1/1976", ms. 36834/2. Esse relatório apresenta uma exposição notavelmente completa de como a relação entre os escritores e o Partido era compreendida no nível do Comitê Central. Ragwitz registrou:

> Perguntei-lhe como podia conciliar suas duas últimas publicações, "Gedächtnisprotokoll" e "Unvollendete Geschichte", com sua posição de membro do Partido e disse que essa pergunta tinha sido feita por muitos camaradas do Partido que ficaram preocupados e, em certa medida, bastante inquietos. Isso aconteceu tanto por causa dos ataques contra a política do Partido e do Estado que o poema e o conto contêm como por causa da reação do inimigo. Volker Braun havia fornecido [ao inimigo] material para sua propaganda anticomunista e, ao mesmo tempo, ele — V. B. — estava sendo incluído nas fileiras dos chamados dissidentes.
>
> Deixei claro para B. que agora era inevitável que ele deixasse clara sua posi-

ção. Portanto, era necessário que fizesse uma declaração pública, para que tornasse verossímil sua posição, e repudiasse de modo inequívoco as especulações do inimigo. Naturalmente sua conduta em publicações futuras também deveria ser verossímil.

O estilo de minhas afirmações foi tranquilo, profissional, mas inflexível.

Então V. B. disse que ficou horrorizado com a maneira como o inimigo o havia usado, que ele jamais tivera essa intenção e que desejava defender-se publicamente. Assim, ficou claro para mim que ele tem uma percepção completamente fantasiosa e confusa de nossa realidade e do papel do escritor. Ele expressou muita coisa mal digerida ou fora do prumo segundo seu ponto de vista particular. Tal como encaro, é uma questão importante o fato de que, no seu modo de ver, a função crítica da literatura deve, ao mesmo tempo, ser construtiva. Ele afirmou que, quanto mais crítica é a forma como um escritor aborda sua sociedade, mais construtiva é sua contribuição para sua transformação. Isso, a seu ver, só poderia acontecer mediante a apresentação de casos, na verdade, histórias.

Aqui, tentei deixar claro para ele, com muitos detalhes, a diferença entre as circunstâncias, casos que sem dúvida ocorreram, e a visão e a avaliação do escritor — ou seja, sua posição e responsabilidade no processo de fazer generalizações por meio da literatura.

108. Arno Hochmuth para Hager, 20 jan. 1971, ms. 36834/1. Os dois únicos escritores que defenderam Braun nas reuniões do Sindicato dos Autores em 2 e 20 jan. 1971 foram Stefan Heym e Christa Wolf. Braun foi atacado de forma semelhante numa reunião do sindicato quatro anos depois, por causa de "Gedächtnisprotokoll", poema que publicou na revista *Kürbisken*, da RDA. Ver o relatório de Konrad Nauman, secretário do Partido do Berlin Bezirksleitung, para Honeckler, 12 maio 1975, ms. 36834/2. Ao se defender, Braun disse que não queria ser associado à posição de Wolf Briemann: "Para ele, seria a pior coisa que poderia acontecer, pois não adotava aquela posição".

109. "Zu Volker Baruns 'Che Guevara' — Ergebnisse einer Diskussion", memorando sem assinatura para Hager, 15 jul. 1976, com um "Aktennotiz" sem assinatura, trazendo a mesma data, ms. 36834/1.

110. Memorando sobre uma reunião entre Hager e Braun, 5 jul. 1977, ms. 36834/1. Hager disse para Braun revisar seu texto de modo que o papel de Guevara não pudesse ser entendido como uma crítica ao Partido e registrou: "A verdade repousa objetivamente na representação da teoria marxista-leninista da revolução; isso também deve se tornar claro por meio dos personagens e do curso da ação".

111. As mudanças são descritas em dois memorandos preparados pela Divisão de Cultura do Comitê Central do Partido para Honecker, que os marcou com suas iniciais. O primeiro, intitulado apenas "Informação", era datado de 22 mar. 1977; o segundo, "Zu Volker Brauns 'Guevara'", era datado de 23 mar. 1977. Eles estão juntos no ms. 36834/2. Braun mandou para Hager o texto de uma versão muito modificada da última cena, com uma carta explicativa de 29 abr. 1977, ms. 36834/1. Até onde consigo determinar, esse texto não consta de nenhuma edição das obras de Braun.

112. Memorando da Divisão de Cultura do Comitê Central do Partido, sem assinatura, 15 dez. 1976, ms. 36834/1.

113. Relatório, sem assinatura, 28 mar. 1977, sobre uma reunião entre Hager e o embaixador cubano, Nicolae Rodriguez, em 25 mar. 1977, ms. 36834/1.

114. Memorando para Honecker, de Paul Markowski, chefe da Divisão de Relações Internacionais do Comitê Central do Partido, 4 mar. 1977. Mais detalhes sobre a crise podem ser encontrados num relatório de Erika Hinkel sobre uma reunião no gabinete de Hager, em 4 abr. 1977, ms. 36834/1.

115. Memorando "Zu Volker Brauns 'Guevara'", 23 mar. 1977, ms. 36834/2, e o memorando intitulado "Informação", 22 mar. 1977, ms. 36834/2.

116. Braun para Honecker, 23 mar. 1977, ms. 36834/2.

117. "Gespräche mit Volker Braun am 24/3/77", relatório de Hager para Honecker, 25 mar. 1977, ms. 36834/2.

118. O mais revelador entre os numerosos documentos produzidos após o cancelamento da peça é um "Notiz" sobre uma reunião entre Braun e Hager, em 31 mar. 1977, escrito por Hinkel e datado de 5 abr. 1977, ms. 36834/1. Segundo seu relato da conversa, Hager frisou a necessidade de defender a Revolução Cubana como uma vitória na luta contra o imperialismo e um evento de enorme importância para a opinião pública em toda a América Latina. O retrato de Castro feito por Braun minava essa causa. Além disso, a peça parecia endossar os ataques ultraesquerdistas contra o "socialismo real" e, portanto, era inaceitável no contexto da RDA. Em resposta, Braun defendeu "seu direito como autor de expor a distância entre o ideal revolucionário (o estágio final) e aquilo que é atualmente factível [na forma como é representado por] uma pessoa". Hager rejeitou o argumento insistindo que o Guevara de Braun exprimia "tagarelice pseudorrevolucionária e irresponsável" e que a peça favorecia "argumentos ultraesquerdistas" (à la Biermann). Braun disse que estava disposto a reescrever o texto ainda mais uma vez, mas teria de encarar um problema moral se a peça fosse banida indefinidamente: "Então ele não poderia definitivamente (como um autor cuja obra não poderia ser encenada) continuar com o emprego no

Deutsches Theater e receber um salário mensal, e teria de se afastar do público, incapaz de responder a suas perguntas".

119. Os documentos mais importantes relacionados à proibição da peça, a par daqueles já citados, são uma carta de Braun para Hager, sem data, mas posterior à sua reunião de 31 mar. 1977, em que dizia que agora estava mais otimista quanto a ser capaz de dar continuidade à sua obra; um "Notiz" escrito por Erika Hinkel sobre uma reunião ocorrida no gabinete de Hager em 4 abr. 1977 e que envolveu membros do Deutsches Theater, membros da Divisão de Cultura do Comitê Central do Partido e funcionários do Ministério da Cultura; e memorandos de Hinkel para Hager, datados de 1 jun. e 24 jun. 1977, sobre telefonemas de Braun relativos ao futuro da peça. Tudo está disperso na série de documentos sobre a peça em ms. 36834/1.

120. O relato seguinte se baseia principalmente nos arquivos do gabinete de Hager e da Divisão de Cultura do Comitê Central do Partido, sobretudo ms. 34377, ms. 36843/1, ms. 36843/2, ms. 38787 e ms. 38788; mas deve muito à soberba edição dos documentos da MDV, York-Gothart Mix (Org.), *Ein "Oberkunze darf nicht vorkommen": Materialen zur Publikationsgeschichte und Zensur des Hinze-Kunze-Romans von Volker Braun* (Wiesbaden: 1993), citado daqui em diante como *Oberkunze*.

121. Köhler, *Volker Brauns Hinze-Kunze-Texte*, cap. 2-3.

122. *Hinze-Kunze-Roman* (Leipzig: 1990), pp. 58-61.

123. Ibid., pp. 36-9.

124. Ibid., p. 119.

125. Holger J. Schubert, "Gutachten", 12 jul. 1882, em *Oberkunze*, p. 41. O outro parecer de leitor, de Harald Korall, 22 jul. 1982, vem a seguir nas pp. 42-4.

126. Memorando sobre *Hinze-Kunze-Roman*, em Hoffmann para Hager, 2 set. 1985, ms. 38788.

127. Hinnerk Einhorn, "Gutachten", dez. 1982, em *Oberkunze*, p. 52.

128. Dieter Schlenstedt para Eberhard Günther, out. 1983; Dieter Schlenstedt, "Arbeitsgutachten", out. 1983; e Hans Kaufmann, "Gutachten", nov. 4, p. 1983, em *Oberkunze*, pp. 62-80. Schlenstedt reescreveu seu parecer em forma de cartas fictícias, publicadas como a "Lesehilfe" no fim do romance (na ed. de 1985, pp. 197-223) e que eram ostensivamente endereçadas à editora, ao leitor, a Braun e a um crítico do Sindicato dos Autores.

129. Entrevista com Dieter Schlenstedt, feita após o colapso da RDA, em *Oberkunze*, p. 229.

130. Helga Duty, "Verlagsgutachten", 13 jan. 1984, em *Oberkunze*, pp. 85-7.

131. Ibid., p. 84.

132. Eberhard Günther para Klaus Selbig, 13 jan. 13 1984, em *Oberkunze*, pp. 85-7.

133. Klaus Selbig para Klaus Höpcke, 28 jan. 1984, em *Oberkunze*, p. 91. A carta de Selbig revelava uma visão sofisticada do texto de Braun e da literatura em geral, que creio ser característica dos censores da HV. Por exemplo, no decurso de uma aguda exegese do original, ele citava a interpretação de Michel Butor de *Jacques le fataliste*.

134. Werner Neubert, "Gutachten", 13 jul. 1984, em *Oberkunze*, pp. 93-6, citação da p. 94.

135. Helga Duty, "Verlagsgutachten", 11 dez. 1984, em *Oberkunze*, pp. 100-4, citação da p. 103. Sobre esses desdobramentos, ver Selbig para Höpcke, 13 jul. 1984; Selbig para Braun, 17 jul. 1984; Günter para Höpcke, 11 dez. 1984, e o memorando produzido pela HV, 9 jan. 1985, em *Oberkunze*, pp. 97-114.

136. Höpcke, "Ein komischer Essay Volker Brauns", reproduzido em *Oberkunze*, pp. 117-25. Numa argumentação mais tensa, Höpcke afirmou que a crítica social de Braun devia ser inserida no contexto dos acontecimentos recentes na economia planificada da RDA e da administração progressista; ver, por exemplo, p. 119.

137. Tiedke para Mittag, 21 ago. 1985, ms. 34377. Tiedke enviou para Hager uma carta igualmente hostil em 9 set. 1985, ms. 38788.

138. O relato seguinte se baseia nos arquivos do gabinete de Mittag, ms. 34377. Os memorandos não estão assinados e foram nitidamente endereçados a Mittag, que assinalou suas iniciais em todos eles, indicando supostamente que os havia recebido e lido.

139. Memorando sem assinatura, 25 set. 1985, ms. 34377.

140. "Zu dem *Hinze-Kunze-Roman* von Volker Braun", memorando sem assinatura, 3 set. 1985, ms. 34377.

141. Memorando sem assinatura, 25 set. 1985, ms. 34377.

142. O memorando datado de 25 set. 1985, ms. 34377, dava os nomes desses três autores e afirmava que pertenciam a uma "frente de solidariedade àqueles da mesma convicção [*Solidaritätsfront Gleichgesinnter*]".

143. "Zum 'Hinze-Kunze-Roman' von Volker Braun", memorando da MDV, ago. 1985, em *Oberkunze*, pp. 128-31.

144. Hager para Ragwitz, 11 fev. 1983, ms. 36834/1.

145. "Zum 'Hinze-Kunze-Roman' von Volker Braun", memorando sem assinatura, 3 set. 1985, assinalado com as iniciais para indicar que foi recebido por Hager, ms. 38788. O memorando frisava que Kunze era identificável como um representante dos membros do mais alto escalão do aparato do Partido. Assim, por exemplo, as indicações de onde Hinze estacionava o carro Tatra associavam Kunze ao Ministério do Interior e ao Comitê Central do SED.

146. Hager para Ragwitz, 11 fev. 1983, ms. 36834/1.
147. Hager para Ragwitz, 7 jul. 1982, ms. 36834/1. Hager observou que as publicações de Braun mostravam "que ele tinha pouca compreensão dos complexos problemas econômicos e outros. Além disso, elas ultrapassam os limites da sátira e do humor".
148. Ragwitz informou Hager acerca das medidas tomadas para suprimir o livro num memorando de 9 set. 1985, ms. 38788. Um relatório mais minucioso sobre a interrupção das vendas foi feito por H.-G. Hartwich, diretor da divisão de distribuição de livros da HV, em 12 de setembro, em *Oberkunze*, pp. 131-2.
149. Memorando de Ingrid Meyer da Divisão de Distribuição de Livros da HV, 27 set. 1985, e memorando de Hinnerk Einhorn, 27 set. 1985, sobre a leitura cuidadosamente organizada de Braun, no dia anterior, em *Oberkunze*, pp. 140-3.
150. Ragwitz para Hager, 9 set. 1985, ms. 38788. Ao denunciar Braun, Ragwitz empregou a linguagem que caracterizava seus pronunciamentos nas questões do Partido: "Para ele, a liderança e o planejamento centrais, o papel de liderança do Partido, do aparato do Estado, são nitidamente obstáculos decisivos para alcançar a democracia verdadeira, o comunismo. Sua imagem vaga e utópica do comunismo, do ponto de vista do qual ele critica o presente, bloqueia uma visão de mundo que lhe daria acesso à verdadeira dialética do socialismo desenvolvido".
151. Ibid. Em outro memorando para Hager, datado de 11 set. 1985, ms. 38788, sua assistente Erika Hinkel confirmou a afirmação de Ragwitz de que Höpcke havia retirado *Hinze-Kunze-Roman* do Plano de 1985, sob o argumento de que pretendia obter mais concessões de Braun e, portanto, havia fornecido a autorização por conta própria.
152. "Protokollnotiz" da reunião de 16 set. 1985, ms. 36834/1.
153. Hager para Honecker, 17 set. 1985, exemplar original assinalado com as iniciais de Honecker como "E.H. 18.9.85", ms. 38788. Não encontrei nenhum registro de outras discussões sobre esse caso no nível de Honecker e do Politburo, embora muito provavelmente tenham ocorrido.
154. Hager para Honecker, 27 set. 1985, ms. 36828. Honecker sublinhou passagens importantes e assinalou esse documento com suas iniciais, como era seu costume. Outro relatório — sem assinatura, datado de 30 de setembro e arquivado no gabinete de Hager (ms. 42277/1) — sugeria que a reunião não foi inteiramente hostil a Braun. Citava-o como se houvesse dito que a intervenção de Hager o tivesse tranquilizado e incentivado a prosseguir seu trabalho.
155. Relatório datado de 13 dez. 1985, em Ragwitz para Hager, 17 dez. 1985, ms. 38788. Algumas resenhas contratadas para denegrir *Hinze-Kunze-*

-*Roman* na imprensa da Alemanha Oriental foram reproduzidas em *Oberkunze*, pp. 149-200.

156. Memorandos para Hager datados de 13 set., 15 out. e 20 nov. 1985, ms. 38788.

157. Ibid.; Hager para Günther Schabowski, 4 out. 1985; Schabowski para Hager, 2 out. 1985, ms. 36834/1.

158. "Lizenzurkunde", 27 jan. 1988, em *Oberkunze*, p. 146.

159. Memorando de Hilde Schmidt para Hager, 20 jan. 1988, ms. 42321/2. A autorização foi concedida de modo bastante natural, como Hager indicou num bilhete rabiscado no rodapé de seu memorando. Numa carta para Hager de 14 jul. 1987, Hoffmann tinha perguntado se a autorização para a nova edição podia ser fornecida, como a MDV havia solicitado (*Zensur in der DDR*, p. 161).

160. Alguns documentos importantes relativos a *Neue Herrlichkeit* foram publicados em *Zensur in der DDR*, pp. 143-51.

161. Discurso de Günter de Bruyn em *X. Schrifstellerkongress der Deutschen Demokratischen Republik: Plenum* (Berlim: 1987), p. 128.

162. Christoph Hein, *X. Schrifstellerkongress der Deutschen Demokratischen Republik: Arbeitsgruppen*, p. 228.

163. Ibid., p. 233.

164. Minutas de uma reunião do comitê executivo do Sindicato dos Autores, 24 jun. 1987, ms. 42277/1.

165. Memorando sobre uma reunião entre Hager e Höpcke em 18 fev. 1988, ms. 42325.

166. Memorando sobre uma reunião entre Hager e Höpcke em 14 nov. 1988, ms. 42325.

167. Memorando sobre uma reunião do comitê executivo do Sindicato de Autores com Höpcke em 28 jun. 1989, ms. 42277/1.

168. Braun para Hager, 17 jul. 1987, ms. 42321/2. Mais detalhes num memorando de Hilde Schmidt para Hager, datado de 31 mar. 1987, sobre uma conversa telefônica entre Braun e Höpcke, e um memorando sobre uma conversa telefônica entre Hager e Braun, em 17 jul. 1987, ambos em ms. 42321/2. Ver também os documentos publicados em *Zensur in der DDR*, pp. 161-5.

169. Braun para Hager, 28 mar. 1987, ms. 42321/2. Braun caracterizou a recusa como "um ato impensado e arbitrário [*gedankenlosen Willkürakt*]". O problema do *Reisekader* se tornou claro numa carta de Hoffmann para Hager, de 27 mar. 1987, ms, 42321/2.

170. Hager para Schabowski, 4 fev. 1988, e Braun para Hager, 8 fev. 1988, ms. 42321/2.

171. Braun para Hager, 22 jan. 1971, ms. 36834/1. O emprego de *du* não era

automático entre os colegas membros do Partido Comunista: ver Janka, *Schwierigkeiten*, p. 18.

172. Rainer Kerndl para Hager, sem data, mas rubricada como recebida em 7 jan. 1988, ms. 42321. Para um exemplo semelhante de firmeza por parte de um autor, nesse caso Peter Hacks, que protestou contra as exigências para modificar o texto de um ensaio que ele havia escrito para *Sinn und Form*, ver o memorando de Hilde Schmidt para Hager datado de 4 out. 1988, ms. 42322.

173. Schneider para Hager, 15 jan. 1988, ms. 42313.

174. Ragwitz para Hager, 6 mar. 1989, com um memorando sobre a reunião, ms. 42322/2.

175. Comentário feito por Höpcke num seminário no Wissenschaftskolleg zu Berlin em 6 de julho de 1994, segundo anotações que fiz no seminário. Höpcke disse que o informante, Ulrich Franz, lhe fornecia informações sobre o que Ragwitz e os outros na Kultur diziam sobre ele nas suas costas. Também disse que eles tinham suas próprias fontes de informações confidenciais sobre autores e livros. Portanto, suas sessões com a Kultur ocorriam numa atmosfera de desconfiança mútua e eram difíceis, mas cordiais e corretas. Ragwitz sempre mantinha um tom sereno em suas reuniões e não deveria ser descrita como uma "bruxa" (*Hexe*). A única pessoa na alta hierarquia do Partido a quem Höpcke se referiu com um profundo sentimento crítico foi Günter Mittag, que, disse ele, era brutal na forma de tratar os outros e ficaria feliz de arruinar a carreira de Höpcke, caso os procedimentos judiciais que protegiam a *nomenklatura* não barrassem seu caminho. É claro que Höpcke, a exemplo de muitas personalidades eminentes na RDA, podia estar tentando se defender contra acusações de abuso de poder. Embora tivesse recebido muitas críticas depois do colapso do regime, ele se manteve firme ao responder a seus críticos. Ver Wolfgang Kohrt, "Als ob die Seele eine Mauer hat: Klaus Höpcke, einst stellvertretender DDR-Kulturminister: Eine Deutsche Karriere", *Süddeutsche Zeitung*, 27-8 nov. 1993, p. 11, e o relato de Höpcke sobre sua administração, "Glanz und Elend der DDR-Kultur", texto de uma palestra que ele me enviou numa carta de 14 jul. 1994.

176. Ragwitz para Hager, 3 mar. 1989; Ragwitz para Hager, 6 mar. 1989; e Höpcke para Honecker, 3 mar. 1989, ms. 42322/2.

177. Höpcke para Hager, 20 jul. 1989, ms. 42313.

178. Hager para Honecker, 1 abr. 1987, ms. 42313. Honecker escreveu "aceito" [*einverstanden*] sobre o memorando em que Hager recomendava a proibição da obra.

179. Hager para Honecker, 13 maio 1987, e Höpcke para Hager, 14 maio 1987, ms. 42313. A HV forneceu a autorização para publicação com base na recomendação da editora e de dois pareceres de leitores, mas uma das censoras, Gerta

Barz, admitiu que não conseguiu ler o texto, devido à sobrecarga de trabalho dois dias antes de suas férias. Depois que o livro foi publicado, o Instituto de Marxismo-Leninismo protestou com Hager por causa de seu relato falso da história e o livro foi proibido: parecer de Gerda Barz, 14 maio 1987, ms. 42313.

180. Höpcke para Hager, 20 jul. 1989, junto com um memorando da HV datado de 17 jul. 1989, ms. 42313.

181. Höpcke para Hager, 16 dez. 1988, e E. Strnad para Hager, 4 mar. 1989, ms. 42313.

CONCLUSÃO [pp. 273-92]

1. O caso mais conhecido, provavelmente, é o de William Prynne, que teve as orelhas cortadas após sua condenação por calúnia sediciosa em 1634. Ver Annabel Patterson, *Censorship and Interpretation: The Conditions of Writing and Reading in Early Modern England* (Madison, Wisc.: 1984), pp. 52-127. Por mais horrendo que pareça hoje, o caso de Prynne envolveu processos jurídicos que discutiam os argumentos a seu favor e que pareciam escandalosos para seus contemporâneos, cujo ponto de vista era plasmado pelo aparato de Estado Tudor-Stuart. Ver Mark Kishlansky, "A Whipper Whipped: The Sedition of William Prynne", *Historical Journal*, v. 56, n. 3, pp. 603-27, set. 2013.

2. Para análises da estética da recepção, ver Susan R. Suleiman e Inge Crossman (Orgs.), *The Reader in the Text: Essays on Audience and Interpretation* (Princeton: 1980), e Jane P. Tompkins (Org.), *Reader-Response Criticism: From Formalism to Post-Structuralism* (Baltimore: 1980).

3. Leo Strauss, *Persecution and the Art of Writing* (Glencoe, Ill: 1952). Strauss rejeitou explicitamente o tipo de "historicismo" que eu advogo neste livro.

4. Na década de 1870, M. Kempson, um funcionário nas Províncias do Noroeste (grosso modo, Uttar Pradesh e Uttaranchal, hoje), recomendava os manuscritos para receberem subsídios e prêmios, como mil rupias e um relógio de pulso, apesar de sua visão geral da literatura "nativa" como "pouco mais do que uma colcha de retalhos de clareiras na selva". Robert Darnton, "Book Production in British India, 1850-1900", *Book History*, n. 5, p. 247, 2002.

5. Nicholas Cronk, "Voltaire and the Uses of Censorship: The Example of the *Lettres philosophiques*". In: E. Joe Johnson e Byron R. Wells (Orgs.), *An American Voltaire: Essays in Memory of J. Patrick Lee* (Newcastle-upon-Tyne: 2009).

6. A esse respeito, invoco o testemunho de J.M. Coetzee, cuja compreensão da censura foi marcada pela experiência de escrever sob ela, na África do Sul. Ver seu *Giving Offense: Essays on Censorship* (Chicago: 1996), especialmente pp. ix-x,

9, 18-9, 185-203. Alguns estudos recentes combinam visões das teorias pós--estruturalistas com pesquisa empírica rigorosa. Ver, por exemplo, Peter McDonald, *The Literature Police: Appartheid Censorship and Its Cultural Consequences* (Oxford: 2009); Deborah Shuger, *Censorship and Cultural Sensibility: The Regulation of Language in Tudor-Stuart England* (Filadélfia: 2006); e Jonathan Bolton, *Worlds of Dissent: Charte 77, The Plastic People of the Universe, and Czech Culture under Comunism* (Cambridge, Mass.: 2012).

7. Aleksandr Nikitenko, *The Diary of a Russian Censor* (Amherst: 1975). Um dos temas principais de Nikitenko era seu compromisso com a literatura e a colaboração com escritores de talento. Seu relato deve ser contrastado com a pesquisa acadêmica sobre o tema feita por I. P. Foote, "Counter-Censorship: Authors v. Censors in Nineteenth-Century Russia", *Oxford Slavonic Papers*, n. 27, pp. 62-105, 1994. *The Black Book of Polish Censorship* (Nova York: 1984) é menos revelador, embora contenha exemplos de termos e temas que eram tabus para os censores na Polônia durante as décadas de 1970 e 1980.

8. Aleksandr Soljenítsin, *The Oak and the Calf: Sketches of Literary Life in the Soviet Union* (Nova York: 1980), p. 29. [Ed. bras.: *O carvalho e o bezerro*. São Paulo: Difel, 1976.]

9. Ibid., p. 10.

10. Esse relato se baseia em Dusan Hamsik, *Writers against Rulers* (Londres: 1971), que inclui o texto do discurso de Kundera. Citações das pp. 176, 174-5.

11. Ibid., p. 90.

12. Ibid., p. 93.

13. Ibid., p. 86.

14. Ibid., p. 173.

15. Norman Manea, *On Clowns: The Dictator and the Artist*. Nova York: 1992. p. ix.

16. Ibid., p. 87.

17. Ibid., p. 89.

18. Ibid., p. 88.

19. Danilo Kiš, *Homo Poeticus*. Nova York: 1992. pp. 91-2.

20. Czeslaw Milosz, *The Captive Mind*. Nova York: 1953. p. 14.

21. Ibid., p. xii.

22. Ibid., p. x.

23. Ver Coetzee, *Giving Offense: Essays on Censorship*, e McDonald, *The Literature Police*.

24. Ver Thomas Lahusen, *How Life Writes the Book* (Ithaca: 1997), um estudo notável da produção e da difusão de *Longe de Moscou*, de Vassíli Ajáiev, um romance épico sobre a construção de um oleoduto no extremo oriente soviético.

Embora condenado ao gulag por atividade contrarrevolucionária, Ajáiev tornou-se um devoto convertido ao stalinismo e trabalhou em estreita cooperação com os censores, que o orientaram a cortar trezentas páginas e reescrever outras duzentas de seu original de mil páginas. O livro foi um enorme sucesso entre os leitores soviéticos. Celebrado como um clássico do realismo socialista, ganhou o prêmio Stálin em 1949.

25. Como exemplo do debate entre antropólogos sobre os problemas relativos à compreensão do ponto de vista de "nativos", ver Gananath Obeyesekere, *The Apotheosis of Captain Cook: European Mythmaking in the Pacific* (Princeton: 1997), e Marshal Sahlins, *How "Natives" Think: About Captain Cook, for Example* (Chicago: 1995).

26. Stanley Fish, *There's No Such Thing as Free Speech, and It's a Good Thing, Too* (Nova York: 1994), p. 110.

Créditos das imagens

p. 21: Típica folha de rosto de um livro censurado, *Nouveau voyage aux isles de l'Amérique*, Paris, 1722. Exemplar particular.

p. 23-4: As aprovações e o privilégio impressos no livro censurado *Nouveau voyage aux isles de l'Amérique*, 1722. Exemplar particular.

p. 39: *Billet de censure* que ilustra o mecanismo de censura na França, 1751. Bibliothèque Nationale de France.

p. 43: Página da "feuille des jugements", que mostra os procedimentos administrativos entre os censores franceses, 1777. Bibliothèque Nationale de France.

p. 112: Folha de rosto do melodrama supostamente difamatório *Nil Darpan*, 1861. British Library. Copyright © Conselho da British Library, 11779.c.94, folha de rosto.

pp. 126-7: Páginas 10-1 do catálogo confidencial de livros em Bengala, 1879. British Library. *Bengal Library Catalog of Books, for the Second Quarter Ending 30th June 1879*. Copyright © Conselho da British Library, ORW 1986.b.149/3 (30 jun. 1879).

p. 174: Diagrama das instituições de controle da censura na República Democrática Alemã. Exemplar particular.

p. 177: Plano para a literatura na Alemanha Oriental em 1990. (Themenplan 1990). Exemplar particular.

p. 181: Relatório ideológico sobre o plano para a literatura em 1989 (Themenplaneinschätzung 1989). Exemplar particular.

pp. 238-9: Passagem censurada inserida numa edição da República Democrática Alemã de *Kassandra*, de Christa Wolf, p. 110. Exemplar particular.

Índice remissivo

Abwesenheit (Hilbig), 206
Academia de Artes (Alemanha Oriental), 199, 210, 243, 263
Academia de Ciências (França), 49
Academia de Ciências Sociais (Alemanha Oriental), 214
Academia de Estudos do Estado e do Direito (Alemanha Oriental), 255
Académie des dames, ou les entretiens galants d'Aloysia, L', 88
Académie Française, 32-3, 42, 45
África do Sul, 324; censura na, 290, 343
Agência Nacional de Segurança dos Estados Unidos: vigilância digital pela, 7
Agostinho, Santo, 44, 53
Ahrndt, Waltraud, 219
Ajáiev, Vassíli, 344-5
Alemanha Ocidental: autores da Alemanha Oriental publicados na, 185, 201, 206, 209, 217, 234-6, *238*, 240, 242, 259, 263, 268, 279; contrabando de livros da, 186, 240; desertores para, 178, 217, 231, 235; mídia na, 202-3, 208, 212, 234; relações da Alemanha Oriental com, 219, 250
Alemanha Oriental, 171-272; burocracia na, 173, *174*, 187, 200, 266; colapso da, 175, 264-5, 279, 326; conceito de *Leseland* na, 175; constituição da, 172; corrida armamentista e, 197, 251; cultura de consumo combatida na, 175; Departamento de Direitos Autorais na, 217, 234-5; dissidentes na, 175, 188, 201, 205, 209, 228, 236, 265-6, 279; escassez de papel na, 190, 197, 266; espírito revolucionário na, 251; governo socialista na, 180; levante de Berlim na, 227; Partido do Socialismo Democrático na, 193; polícia secreta na *ver* Stasi; poluição na, 186, 188, 205; região

de Prenzlauer Berg na, 201, 212; relações da Alemanha Ocidental com a, 178, 202, 208, 212, 240, 263; restrições para viajar na, 200-1, 209, 214, 233, 242-5, 263, 328; sociedade de nichos na, 178; teatro na, 198-9, 241-8; vigilância na, 227, 231, 241; *ver também* autores da Alemanha Oriental; censores da Alemanha Oriental; editores da Alemanha Oriental; literatura da Alemanha Oriental; Partido Comunista da Alemanha Oriental

Alemanha, reunificação da, 171, 192, 219

Alençon, França, 90-1, 310

Almanach de la librairie, 66, 300, 302, 309

Almanach royal, 36, 42, 300

"Alpha" (autor), 289

Alsácia, 303

Alternative, Die (Bahro), 236

Amravati, Índia, 154

Amsterdam, 49, 52, 92, 95, 202, 302, 310, 323

Anderson, Alexander "Sascha", 212

Angola, 214

Antigo Regime, 26-7, 37, 42, 47, 52, 56, 59, 64, 77-8, 279, 300

antropologia, 281, 291

Anushilan Samiti, 144

Apanhador no campo de centeio, O (Salinger), 188

apartheid, 290

aprovações, 22, *23*, 25, 27, 40, 61, 276; repercussões das, 46; texto das, 40

Areopagitica (Milton), 14, 296

Argentina, 246

arianos, 121, 136-7, 155, 321

Aristóteles, 145

Aryua Jati, 321

Ásia: movimentos nacionalistas na, 141

Assamya Larar Ditya Shikhya, 318

Assembleia Geral do Clero (França), 59-60, 309

ateísmo, 86, 89

Aubert (advogado), 45

Aufbau-Verlag, editora, 216, 228-9, 231

autores da Alemanha Oriental: autocensura pelos, 187, 217-26, 242-6, 252-3, 256; censura denunciada por, 266, 269-71, 334; como informantes, 212, 227; dissidentes, 175, 201, 205, 209, 228, 265-6, 279; "exílio interno" de, 236; grupo da antologia, 210, 212-4, 330; publicações da Alemanha Ocidental de, 185, 201, 206, 209, 217, 234-6, *238*, 240-2, 259, 263, 268, 279; punição criminal de, 215, 232, 236; relacionamento das editoras com os, 182, 187, 196, 203, 208, 215, 232-6, 242, 251-6, 272, 332; sistema de apadrinhamento de, 204; tratamento do Partido Comunista dado aos, 192, 199-14, 226-7, 230-71, 328-42; truques anticensura de, 218; viagem de, 200-1, 209, 214, 233, 242-5, 263, 328; vigilância de, 227, 231, 241; *ver também* Alemanha Oriental; literatura da Alemanha Oriental

autores franceses: atividades de censura de, 35, 275; condição jurídica de, 20, 25, 41; criados como, 67-76; de "livros ruins", 67-76; prisão de, 68, 75, 274, 296; relacionamento dos censores com, 45-51, 64, 277-8; *ver também* França; literatura francesa autores indianos: acusações de sedição contra os, *126*, 144, 147, 149, 161-2, 166; apelos contra a censura de, 278; aumento do número de, 104, 108; do Renascimento de Bengala, 124, 131; obras anônimas de, 111, *112*; prisão de, 143, 149, 162, 165, 274, 326; *ver também* Bengala; literatura bengalesa; Índia; literatura indiana

Avignon, França, 50

Axen, Hermann, 329

Bagavadguitá, 147

Bahro, Rudolf, 236

Balzac, Honoré, 78

Bande Mataram (hino nacionalista), 141, 162, 164-5

Bande Mataram Sangit (livro de canções), 326

Bangadarshan (revista literária), 318

Barisal, Índia, 158, 164-5

Baroda, caso (Índia — 1876), 133, 319

Baron (médico), 47, 312

Barry, Madame du, 79, 81, 312

Barz, Gerda, 342-3

Bastilha, 15, 67-8, 75, 84, 86-7, 89, 91, 96, 274, 310-1, 313; arquivos da, 75, 77, 89, 310; comerciantes de livros na, 68, 72, 75, 79, 81-3, 85-9, 95-6, 274, 312

Bautzen (Alemanha Oriental), 230, 232-3

Beaumarchais, Pierre, 312

Beausobre, Louis de, 62

Becher, Johannes R., 229-30, 242

Becker, Jurek, 236

Bedrohung, Die (Sjoeberg), 179

Bekentnisse eines Einfältigen (Rähmer), 221

Belle-Isle, marechal de, 32, 303, 307

Bengala, 101, 103, 109-10, 120, 131, 138, 162, 164; divisão de, 140, 148; intelectuais bengaleses, 111, 141-2; "Jovem", 136-7; Ocidental, 141; Oriental, 128, 141, 160, 162, 164, 324-5; Renascimento de, 124, 131, 140; reunificação de, 143; *ver também* literatura bengalesa

Bentinck, William, 123

Berger, Christel, 334

Berlim: levante de (1953), 227; Muro de, 16, 171, 175, 188, 210, 212, 217, 227-8, 231, 241, 266, 272, 326; Ocidental, 171, 192, 202, 205, 209, 212, 220, 233; Oriental, 171, 193, 201

Berliner Ensemble, 199, 241, 243, 248

Bharat Kahini, 320

Bharathe Jaban, 320

Bharat-uddhara, athaba chari-ana matra, 321

Bhasha Tattva, 131

Bhubudeb Puddhuti, 318

Bíblia, 10

bibliotecários, 119-20, 124-9, 131, 138, 161, 276, 280, 316-7, 321

bibliotecas, 120, 144, 146, 184

Bibliothèque amusante, 307

Bibliothèque Nationale de France, 15, 27, 298, 300, 310-1

bienséances, 44, 48

Biermann, Wolf, 201, 205, 208, 235-6, 265, 334, 337

billets de censure, 38, *39*, 40, *43*, 45, 302-3

bispos franceses, 59

Bloch, Ernst, 231
Bloch, Marc, 9, 295
Boileau, Nicolas, 29
Bolívia, 245-7
Böll, Heinrich, 192
Bonafon, Marie-Madeleine, Mademoiselle, 68-9, 71-6, 98, 274, 310
Bose, Bidhu Bhusan, 149
Bose, Chunder Nath, 125, 317
bouquinistes, 77-8, 82-3, 89, 95-6, 312
Boyer, J.-B. de, 62
Brahmo Samaj (Sociedade de Brahma), 124
brâmanes, 121, 164-5, 320
bramoísmo (movimento de reforma do hinduísmo), 131
Branstner, Gerhard, 219
Braun, Volker, 175, 185, 191, 203, 205, 215, 236, 241, 243, 251, 268, 278, 330, 334-5, 337-9
Brecht, Bertolt, 213, 230, 241
Brejnev, Leonid, 284
brevet de librairie, 66
Bréviaire des chanoines de Rouen, 81
Brief, Der (Hilbig), 329-30
British Library, 16, 315, 317; Seção Oriental e Indiana da, 313-4, 323
Bruns, Marianna, 220, 332
Bruxelas, 49
Bryan, William Jennings, 146
Buhoobibahu Rahityarahityu Neernuyu, 317
Buna: Roman eines Kunstoffes (Künne), 222
Bunke, Nadia, 247
Bunke, Tamara, 246-7
Bureau de la Librairie, 33
Buret, abade, 44, 302-3
"burguês tardio", estilo (na Alemanha Oriental), 9, 192, 207, 210-1, 214, 225, 258
Buridans Esel (De Bruyn), 232
Burma, 118, 145
burocracia, 33, 37, 42, 102, 113, 123-4, 173, 175, 180, 182, 187, 190, 193, 208, 242, 245; na Alemanha Oriental, 173, *174*, 187, 200, 266; na França dos Bourbon, 37, 42, 302; na Índia britânica, 102, 113, 123, 141
Butterfield, Herbert, 296

Cabana do Pai Tomás, A (Stowe), 111, 115
Caen, França, 85-7, 89-91, 93, 310, 312
Cairo, Egito, 322
Calcutá, Índia, 102, 104-6, 108, 110, 117, 122, 126, 129-30, 136, 138, 140-1, 143-4, 157, 278, 314-5, 317, 323-4, 326; crime em, 122, 130; cultura decadente em, 136; formação profissional em, 140; indústria do livro em, 103-9; julgamento de *Nil Darpan* em, 115; "literatura de rua" de, 129; movimento nacionalista em, 139-43; população muçulmana em, 142; Revolta Azul em, 110; teatro em, 106, 111, 129
calúnia, 110, 115-6, 147, 313-4, 343
Calvino, João, 10
"Canção do rato branco, A", 158, 160, 163-5, 167, 274
Canning, Lord, 114
capitalismo, 203, 230, 250, 274
Caradeuc de la Chalotais, Louis-René de, 90
Carlyle, Thomas, 122

Carvalho e o bezerro, O (Soljenítsin), 282, 295, 344
Castro, Fidel, 245-7, 337
Catálogo descritivo de livros e livretos em línguas vernáculas (Long), 102
Cavallier *fils*, 24
Cavallier *père*, 24
Ceausescu, Nicolae, 286
censores da Alemanha Oriental: apoio sistêmico dos, 215, 226, 237, 240, 277-8; crenças dos, 191, 279; declínio dos, 264-71; operações extraoficiais dos, 198-9, 253-4, 256, 270, 279; preocupações de linguagem dos, 210, 233; quartel-general dos, 171; relatos em primeira mão dos, 12, 16, 171-92; *Spielraum* e, 183, 185, 279; *ver também* HV; Kultur
censores franceses: atividades cotidianas de, 36-51; carga de trabalho de, 42, 303; casos problemáticos para, 51-64, 306, 308-9; endossos positivos por, 27; juízos de, 39, 40, *43*; limitações de, 97; nomeação de, 42, 44, 46-7; opções de aprovação para, 29, 31; pagamentos de, 35; perícia de, 42; permissões dadas por, 30, 299; ponto de vista de, 27-36, 280; preocupação de anonimato dos, 46, 303; preocupações literárias de, 27-9, 42, 44, 47, 49, 54, 299, 304; prestígio de, 36; rejeição por, 31, 49, 58, 299, 306, 308; relação de autores com, 45-51, 64, 277-8; relatórios negativos de, 28, 46; relatórios positivos de, 28
censura: abolida na Inglaterra, 13, 110; abordagens acadêmicas da, 12-4, 19-20, 281, 291; adversários da, 9;

autocensura, 217, 237, 254, 282, 288, 331; concessões na, 277, 286; definição de, 10, 12, 15, 273, 281; experiências da, 273, 282-9, 343, 345; funcionamento da, 8, 12; limites da, 8; na Alemanha Oriental, 171-2; na era digital, 7-8, 292; na França dos Bourbon, 19-98; na Índia Britânica, 101-68; pontos de vista sobre, 279; "positiva", 26, 191; pós-publicação, 9, 59, 64, 66, 306; provas documentais da, 8, 12, 15, 192-9, 275, 291
Cha-kar Darpan Natak, 319
chambres syndicales, 65-6
Chancelaria da França, 37-8, 60-1
Chandra, Bharut, 108
Chartres, duque de, 32
Châteauroux, duquesa de, 75-6
China: censura da internet na, 7
Chinta Lahari, 128
Chrétien, abade, 309
Christiade, La (De La Baume), 303
Christianisme dévoilé, 86
Chronologie historique militaire, 303
Cibulka, Hans, 220, 332
Clara-Zetkin-Strasse, editora, 171, 183, 185, 187, 191-2, 216, 224, 272
Código Michaud (França — 1629), 60
Código Penal Indiano: de 1860, 147, 325; emenda ao Código Penal Indiano de 1898, 148, 325
Coetzee, J.M., 343-4
Colbert, Jean-Baptiste, 25
Colporteur, histoire morale et critique, Le, 88
Comédie Française, 69
Comilla, Índia, 142
Comissão do Índigo, 111, 114

Comitê Central (Alemanha Oriental): aprovação do Plano anual pelo, 179, *181*, 182, 184, 195, 255; documentos do, 193-4; recepção de *Hinze-Kunze-Roman* pelo, 256-62; supervisão da HV pelo, 190, 195; *ver também* Kultur
Companhia das Índias Orientais, 102, 117, 119, 123-4, 146
Compère Mathieu, ou les bigarrures de l'esprit humain, Le, 88
comunicação: poder da, 16; restrições da, 13
Condillac, Etienne Bonnot de, 35
Congresso Nacional Indiano, 140
conseils supérieurs, 311
Conselho do Rei (França), 60-3
Constantin, príncipe de, 74, 76, 326
Constantinopla, 57
Constituição dos Estados Unidos, Primeira Emenda da, 13-4, 282, 289, 292, 295
Contrat social, Du (Rousseau), 52
Convento das Bernardinas (Moulins), 75
Coreia do Norte, 279
Corporação de Donos de Papelarias (Inglaterra), 14
Cotteret, M., 303, 305, 307
Cotton, Henry, 145, 324
Cour des Aides, 38
Cours de chimie (Baron), 47
Cowper, William, 152
Coyer, G.-B., 62
Cramer, Gabriel, 52, 95
Crébillon *fils*, 35, 280, 305
Cronin, William, 296
Cuba, 244-6
Curzon, Lord, 141, 162

Curzon-Wyllie, William, Sir, 143
Czerny, Horst, 219

D'Alembert, Jean le Rond, 46, 304
D'Hémery, Joseph, 66, 89-90, 96, 309-11
Dahne, Gerhard, 192-3
Daiva-lata, 122, 320
Damiens, Robert-François, 62, 308
Das, Ramani Mohan, 326
Dasatwa-shrinkhala, 320
Dawson, V., 158
De Boze, M., 39
De Bruyn, Günther, 191, 232, 258, 264, 334, 341
De l'Esprit (Helvétius), 60, 64, 275
De La Baume, abade, 303
De la Philosophie de la nature (Delisle), 309
De La Ville, abade, 44, 303
De Lorme, M., 306
De Pons, *chevalier*, 32
De, Harinath, 317
Declaração Universal dos Direitos Humanos, 14
Defoe, Daniel, 110
deísmo, 52-3, 306-7
Dekhila-hansi-paya, 122
Delhi, Índia, 117, 137, 143
Delisle de Sales (J.-B.-C. Isoard), 309
Deméntiev, Aleksandr, 283
Demi-Savant, Le, 69
Depasse, 306
Derniers soupirs du soi-disant parlement, 88
Desauges *fils*, 84, 89
Desauges *père*, 84-5, 89, 91
Deser Gan, 165
"Deserted Village" (Goldsmith), 152

Deshiya prakriti o chikitsa, 317
Deshmukh, Ganesh Yadeo, 154
Despertar do Japão, O, 145
Deutsches Theater (Alemanha Oriental), 198, 246-7, 333, 338
Dia na vida de Ivan Deníssovitch, Um (Soljenítsin), 283
Dialogues et fables allégoriques, 304
Diário de um censor russo, 282
Diary of a Russian Censor, The (Nikitenko), 344
Dickens, Charles, 115
Diderot, Denis, 14, 62-4, 250, 257, 296, 300
Direction de la Librairie, 25, 27, 37, 42, 49, 52, 61, 78, 98, 298, 305
direitos autorais, 26, 120, 197, 201, 240
direitos civis, 14, 275
Disraeli, Benjamin, 323
Dmitri (Braun), 243
Don Giovanni (ópera), 250
Don Quixote (Cervantes), 250
Dons, Les, 69
Doutor Jivago (Pasternak), 185
Du Plessis, *chevalier*, 305
Dubcek, Alexander, 284
Dubuisson, M., 68, 70-3, 76
Dutta, Ashwini Kamar, 164
Duty, Helga, 220, 222, 224, 226, 233, 235, 253-4, 256, 332, 338-9

École des filles, L', 311
editores da Alemanha Oriental: e a criação do Plano anual, 184; ideias para livros de, 216; na HV, 173; produção de, 327; punição criminal de, 229-30; relações da HV com, 226, 234, 267, 342; relações dos autores com, 182, 187, 196, 203, 208, 215, 232, 234-6, 242, 251-4, 256, 272, 332; supervisão geral de, 182; tratamento do Partido Comunista dado aos, 228-34, 329
editores franceses *ver* livreiros franceses
editores indianos: acusações de sedição contra, *126*, 144, 146-7, 149, 161; monitoramento britânico de, 104, 106-7, 109, 119, 144, 146, 321; obras não registradas por, 138, 321; prisão de, 144, 150, 167; *ver também* autores indianos; literatura indiana
Eduardo VII, rei da Inglaterra, 157
Eduardo, príncipe de Gales, 135, 162
Educação superior na Índia, A, 320
Egito, 322
Einhorn, Hinnerk, 252-4, 256, 338, 340
Ek Hindu pratye Mahan Tolstoy no Kagal (Tolstói), 324
Emile (Rousseau), 45, 52
Encyclopédie, 19, 52, 62, 64, 300, 309-10
Endler, Adolf, 202
Enfield, fuzil, 117, 316
Envelope preto, O (Manea), 286-7
Errinerung na eine Milchglasschleibe (Mensching), 224
Es geht seinen Gang (Loest), 233-5, 331
Esho Ma Polli-Rani, 150
Estados Unidos: bases de mísseis norte-americanos na Europa Ocidental, 202, 240, 251; direitos da Primeira Emenda da Constituição dos, 13, 292; importância da literatura nos, 10; referências na litera-

tura da Alemanha Oriental sobre, 188
Europa, 14, 26, 91, 129, 139, 178, 202, 225, 240, 251, 289, 323; movimentos nacionalistas na, 141, 145
Exortations sur l'Eucharistie, 307
Exposition des vérités chrétiennes et des moeurs de ce siècle, 307

Fall Tessnow, Der (Schneider), 269
fascismo, 197, 222
Feldek, Lubomír, 183
Ferrand, viúva, 68, 76
Fille de joie, La, 92, 312
filósofos, 13-4, 26, 52, 229, 231, 276, 289; argumentos pela liberdade de expressão, 13
Fischer Verlag, editora, 206, 329
Fish, Stanley, 15, 295, 345
Flieger, Jan, 219, 332
Flugasche (Maron), 202
Flugversuche (Ahrndt), 219
Flüstern eines Kleides, Das (Kohrt), 179
Fontenelle, Bernard Le Bovier de, 35, 45, 303
Foucault, Michel, 116, 123, 315
Foucher, abade, 44, 298-9, 305
França dos Bourbon, 19-98; burocracia do Antigo Regime na, 37, 42, 302; disputas políticas na, 54, 60-4, 80, 90; impostos na, 55, 62, 307; influência política na, 58; *le monde* (elite) na, 31-2, 45, 57, 275; lei do Antigo Regime na, 26; opinião pública na, 80; parlamentos na, 59-61, 64, 90, 311; polícia na, 63-97, 274; política externa na, 54; privilégios na, 78; queda do Antigo Regime na, 59; queima de livros na, 62; regulamentação comercial na, 23; sistemas de "proteção" na, 31-4, 56, 278; *ver também* autores franceses; censores franceses; literatura francesa; livreiros franceses
France-Presse, agência, 236
Frankfurter Allgemeine Zeitung, 234
Franz, Ulrich, 342
Fraser, Andrew, 143
Frederico II, rei da Prússia, 28, 54, 62, 196
Fréron, Elie-Catherine, 304
Freud, Sigmund, 192
Fuchs, Jürgen, 236
Fuckas, Marion, 224-6
Fühmann, Franz, 192, 210, 213, 236, 252, 258, 334
Fuller, Bampfylde, Sir, 161-2

Gaelic American, The, 146
Gajimiyar Bastani, 132
Gandhi, M. K., 324
Ganesh, 155
Ganguli, Kunja Behari, 161-3, 166
Gazette de Cythère, ou histoire secrète de Madame la comtesse du Barry, La, 88, 92, 312
"Gedächtnisprotokoll" (Braun), 335-6
Gemischte Gesellschaft, Eine (Kerndl), 269, 334
Genebra, Suíça, 10, 52, 89, 92, 95, 299, 323
Ghosh, Anindita, 313, 318
Giffart, Pierre-François, 20, *24*
Gladstone, William, 123, 323
glasnost, 264
Goesman, Louis-Valentin, 312
Goffman, Erving, 22
Goldsmith, Oliver, 152

Gorbatchov, Mikhail, 188, 264
Goupil, Pierre-Auguste, 79-81, 83-90, 95-7, 310, 312-3
Granin, Daniil, 271
Grant, J. P., 114
Grécia, 132
Grigri, histoire véritable traduite du japonais, 88
guardião dos selos (na França), 41
Guenther, Lothar, 178
Guerra de Sucessão Austríaca, 54, 75
Guerra dos Sete Anos, 54, 61-2
Guerra Fria, 194, 241, 266, 281
Guerra Russo-Japonesa, 141
Guevara, Che, 246-7, 336-7
Guevara, oder Der Sonnestaat (Braun), 242-9
Guiroy, abade, 57, 299, 308
Gujurati, Gandhi, 324
Günther, Eberhard, 224, 233, 251, 253, 338-9
Gyananjan, 127
Gyandipika, 320

Hacks, Peter, 342
Hager, Kurt, *174*, 182, 188, 194-6, 198-206, 208-9, 211, 213, 226, 243-6, 248, 259-71, 276, 327-31, 334-43
Haia, Holanda, 92
Hamilton, R. C., 150
Hamsík, Dusan, 285-6
Hanke, Erich, 271
Hanley, William, 298, 300
Hans Faust (Braun), 242, 249
Haquenettes ou étrennes au seigneur de Maupeou, 87
Hardinge, Lord, 143
Harithan De, 126
Hartwich, H.-G., 340

Haute messe célébrée par l'abbé Perchel, conseiller-clerc du ci-devant soi-disant conseil supérieur de Rouen, 88
Havel, Václav, 191, 271
Havemann, Robert, 236
Havlícek, Frantisek, 285
Hegel, Georg Wilhelm Friedrich, 290
Hein, Christoph, 175, 264-5, 331, 334, 341
Heinrich Schlaghands Höllenfahrt (Kirsch), 204
Helvétius, Claude-Adrien, 60-1, 63, 308
Helvétius, Madame, 61
Henrique VIII, rei da Inglaterra, 279
Hentschel, Franz, 261
Hermlin, Stephan, 208, 329
Herzberg, Wolfgang, 223
Heym, Stefan, 185, 192, 236, 328, 336
Hilbig, Wolfgang, 202, 205-9, 328-30
Hindi Swaraj, 324
Hindoo Patriot, 111
hinduísmo, hindus, 128, 131, 134-5, 140, 142, 151-2, 321, 325
Hinkel, Erika, 204-5, 248, 329, 335, 337-8, 340
Hinstorff Verlag, editora, 192
Hinze-Kunze-Roman (Braun), 191, 215, 248, 253-6, 258-64, 268, 275-6, 280, 330, 335, 338-40
Histoire de dom B..., portier des Chartreux, 86, 88, 94, 311-2
Histoire de l'Opéra, 304
Histoire de la Rochelle (Arcere), 304
história: comparativa, 9; interpretação whig da, 14, 296
Hitler, Adolf, 11, 222
Hoch-Zeit am Honigsee (Reinowski), 221

Hoffmann, Hans-Joachim, *174*, 193, 198-200, 209, 226, 243, 259-60, 328-30, 338, 341
Holanda, 92
Holzwurm und der König, Der, 220
Honecker, Erich, 173, *174*, 180, 182, 184, 194, 197-9, 209, 212, 226, 236, 247-8, 262, 265, 270-1, 329-30, 333-4, 337, 340, 342
Höntsch-Harendt, Ursula, 221-2
Höpcke, Klaus, *174*, 184-5, 190-3, 195-7, 201-3, 209, 226, 241, 243, 253-6, 258, 260-2, 264-7, 270-1, 276, 328-9, 334-5, 339-43
Horn, Christina, 171, 216
Horns Ende (Hein), 264
Horsbrugh, R. P., 154
Hovius, M., 90
Howitt, William, 146
Hungria: levante antissoviético na, 228, 231
HV (Hauptverwaltung Verlage und Buchhandel — Administração Central da Publicação e do Comércio de Livros da Alemanha Oriental): administração da, 182; arquivos da, 192; autorizações para publicação pela, 187, 189-90, 213, 220, 226, 252, 256, 259, 261, 264-8, 271, 332, 334, 340, 342; burocracia da, *174*; convenções estilísticas aceitas pela, 207; criação do Plano anual na, 182-6, 195, 197, 224, 266; disputas internas na, 192; divisões da, 182; documentação na, 188; finalidade declarada da, 172; *Hinze--Kunze-Roman* na, 253-4, 256, 259-62, 264; influência de autores na, 240, 334; métodos de censura da, 183; negociações de Braun com a, 190, 242, 330; proposta do grupo da antologia na, 210; propostas de livros na, 183-4, 216, 223, 225; relacionamento da Kultur com a, 184-6, 196-7, 215, 224, 270, 342; relações de editores com a, 226, 234, 267, 342; revisão e veto de textos na, 187, 223, 225-6, 233, 253-4, 256, 261, 275, 277, 339, 343; salvaguardas processuais na, 189; supervisionada pelo Comitê Central, 190, 195

Ibárruri, Dolores, 271
ICS *ver* Serviço Civil da Índia
Idade Média, 59
Igreja católica, 19, 44, 53, 60, 63
Illusions perdues, Les (Balzac), 78
Iluminismo, 19, 35, 52, 59, 61-4, 120, 281, 297, 300, 320; conceito de polícia literária no, 67; dicotomias e, 19; obras importantes do, 35, 51-2, 58-62, 64; repressão literária no, 35; valores modernos derivados do, 20
imperialismo, 101, 104, 117, 140, 179, 196, 280, 313, 316, 337; abordagem britânica do, 116, 120, 124, 145, 147, 168, 280; batalhas hermenêuticas sobre, 149; visão da Alemanha Oriental do, 197; visão literária do, 135
Império Mogol, 117
Império Otomano, 57
imprensa, liberdade de, 14, 110, 116, 145, 167, 323-4; manifesto de Milton em favor da, 14; posição do Raj britânico sobre, 101, 104, 115,

123, 140, 143, 145, 148, 167, 275, 323; restrições jurídicas inglesas à, 110; *ver também* liberdade de expressão
Índia: compreensão britânica da, 102-3, 116-25, *126*, 128-9, 132, 148, 160, 316; impressão na, 102, 104, 119; línguas da, 117; ponto de vista histórico na, 136; portugueses na, 103; província de Oudh na, 118, 322
Índia britânica, 101, 168; agricultores de índigo na, 104-5, 107, 110-1, 113-4; analfabetismo na, 104, 109, 153, 166; "babus" (burocratas) na, 113, 124-5, 136, 160, 315; bibliotecários na, 120, 125, 128, 131, 161, 276, 280, 317; bibliotecas na, 120, 144; boicotes de produtos britânicos na, 142, 162, 165; burocracia na, 102, 113, 123, 141; camponeses na, 102-4, 110, 113, 115, 124, 133, 153, 163; casamento de viúvas na, 104, 118; caso Baroda na, 133, 319; censo de 1872 na, 119; como uma construção cultural, 124; conflitos hindu-muçulmanos na, 142; Congresso Nacional Indiano, 140; educação na, 105, 123; estrutura política da, 132; "informantes" hindus na, 117; jornais na, 104, 116, 140, 144, 147, 154, 162; legislação de sedição na, 147, 325; liberalismo e princípios liberais na, 101, 104, 115, 118, 123, 140-1, 145, 147, 167, 280; marajás na, 102; missionários cristãos na, 106, 118, 134; movimento de reforma da, 113, 141; movimento nacionalista na, 138-47, 158, 162-6, 322-4; muçulmanos na, 118, 128, 142; nababos, 102; racismo na, 118, 124; Raj britânico, 101, 116, 136, 274, 280, 313, 315; Revolta Azul na, 110; Revolta dos Cipaios na, 102, 316; senhores de terra na, 105, 111, 113, 124, 133; sistema judicial na, 110, 123, 133, 147, 274; terrorismo na, 143, 148; utilitarismo na, 123; *ver também* autores indianos; editores indianos; literatura indiana; Serviço Civil da Índia (ICS)
indianos: catalogação de livros por, 125-39; criticismo de, 149, 161, 280; preocupações filológicas de, 125, 131, 317
Inglaterra, 26, 55, 102, 117, 146, 162, 279, 297, 321, 324; censura abolida na, 13, 110; direito autoral na, 26; liberalismo e princípios liberais na, 101; movimento de reforma da Índia na, 113, 145; processos contra calúnia na, 110, 314
inspecteurs de la librairie, 65, 67, 78
Instituição Braja Mohan (Índia), 164-5
Instituto Central de História Literária (Alemanha Oriental), 214
Instituto de Marxismo-Leninismo (Alemanha Oriental), 193-4, 343
Instituto Literário Johannes R. Becher (Universidade de Leipzig), 231
internet, 296; censura da, 7, 16; direitos civis e, 14
Irgendwo in Europa (Kroeber), 178
Irlanda, 50, 54, 102, 145
Isoard, J.-B.-C., 309
Itália, 145, 237
Iugoslávia: censura na, 288

jacobitas, 54, 314
Jacobs, Karl-Heinz, 218, 236
Jacques le fataliste, 250, 339
Jaeger, Manfred, 213
Jagannather Rath-arohana-o-Kamini--ranjana, 122
Janka, Walter, 228-31, 274-5, 333, 342
Jansen, Cornelius, 53
jansenismo, 53, 55-6, 62-4, 306-7
Jarmatz, Klaus, 262
jatras (teatro itinerante indiano), 106-7, 157-8, 161, 163-4, 166
Jel Darpan Natak, 319
Jesus Cristo, 92, 312
Jetekar, M. A., 322-3
Jorge V, rei da Inglaterra, 157
jornalismo/jornais, 103-4, 116, 125, 140, 144, 147-8, 154, 162, 167, 173, 190, 232, 234, 237, 277, 316, 323
Journal historique de la révolution opérée dans la constituition de la monarchie française par M. de Maupeou, 93
Joyce, James, 207
"Junius", cartas de, 110

Kajer Khatam, 321
Kali, 128, 164
Kali, a mãe (Noble), 140
Kant, Hermann, 263, 329
Karl May Verlag, editora, 197
Kassandra (Wolf), 237, *238*, 240, 334-5
Kaufmann, Hans, 252-5, 261, 338
Kerndl, Rainer, 269, 342
Kesari (jornal indiano), 140, 147
Khrishna Bhakti Sar, 318
Khruschov, Nikita, 228, 283-4
Kierkegaard, Søren, 192
Kirsch, Rainer, 203-5, 329

Kirsch, Sarah, 205, 236
Kiš, Danilo, 288, 344
Klages, Ludwig, 192
Kohrt, Wolfgang, 179, 342
Kolbe, Uwe, 201, 212, 214, 331
Krishna, 9, 107, 122
Kroeber, Wolfgang, 178
Kultur (Alemanha Oriental), 182-6, 193, 196, 198, 200, 207, 211, 214, 246, 260-1, 285, 327, 330, 332, 334, 342; aprovação do Plano anual, 184-6, 196-7, 260; convenções estilísticas aceitas por, 207, 214; diretrizes ideológicas da, 182, 199, 206; investigação da antologia por, 211; ofensiva cultural da, 214; recepção de Hinze--Kunze-Roman por, 260-1; rejeições de livros por, 185; relações da HV com, 184-6, 196-7, 215, 224, 270, 342; relações de Braun com, 245-6; relações do Ministério da Cultura com a, 199; *ver também* Ragwitz, Ursula
Kundera, Milan, 284-6, 344
Kunert, Günter, 236
Künne, Manfred, 222
Kürbisken (revista), 336

L'Ecorché, viúva, 85, 87, 311
La Marche (Louise Manichel), 77-82, 84-5, 89, 95-7, 310, 312-3
Lahore, Índia, 140
Lamoignon, família, 38
Lange, Arno, 196
Lange, Katja, 214
Langsamer knirschender Morgen (Braun), 268
Last der Nähe (Paschke), 176

latim, 70, 126
Lavaur, M., 307
Lawler, William, 120-3, 125, 127, 130, 139, 317
Le Gras, Theodore, 24
Le Rouge, abade, 307
Leben Gudrun, Das (Nowack), 225
Lei da Autorização (Inglaterra), 13-4
Lei da Calúnia (Inglaterra — 1792), 110, 314
Lei da Imprensa Vernácula (Índia — 1878), 323
Lei das Representações Dramáticas (Índia — 1876), 148
Lei de Alistamento (Índia — 1856), 118
Lei de Imprensa e Registro de Livros (Índia — 1867), 119
Lei de Imprensa Indiana (1910), 148
Lei dos Atos de Traição e Sedição (Inglaterra — 1795), 314
Lei dos Jornais (Índia — 1908), 148, 325
Lênin, Vladimir, 246
Lenins Tod (Braun), 242, 246-8
Lenoir, Jean-Charles-Pierre, 80-2, 84, 87, 95-6, 310-3
Lettre à un duc et pair, 79
Lettre au R.-P. Berthier sur le matérialisme (Coyer), 62
Lettre de M. l'abbé Terray à M. Turgot, 80, 83
Lettre du sieur de Sorhouet au sieur de Maupeou, 79
Lettre sur les peintures d'Herculanum, 39
Lettres philosophiques par M. de Voltaire, 88

Lettres semiphilosophiques du Chevalier de *** au comte de *** (Pascal), 62
liberalismo, 14, 20, 101, 123, 140, 145, 280, 296, 313
liberdade de expressão, 13, 15, 19, 37, 282, 284, 292, 295-6; abordagem de filósofos europeus sobre, 13, 296; garantida pela constituição da Alemanha Oriental, 172; ideal democrático de, 13; Iluminismo e, 52; posição do Raj britânico sobre, 101, 145; processos judiciais no Raj britânico e, 101; visão pós-moderna sobre, 15, 296; *ver também* imprensa, liberdade de
Liebknecht, Karl, 251, 260
Liège, Bélgica, 49
Liga Muçulmana Indiana, 142
Literární noviny (revista tcheca), 285
literatura: elementos de, 279-80; importância social da, 10, 280, 284, 286, 289; intervenções do Estado na, 16; pressões do mercado ocidental na, 176, 265, 287, 289; reação do leitor à, 275; satírica, 115
literatura bengalesa: ação da polícia contra a, 144; ações da justiça contra a, 150-3, 157-60, 162-5; almanaques em bengalês, 105-6, 129; aspecto oral da, 109, 111, 166; canções na, 106, 129, 157-9, 163-6, 274; catálogos da, 119, 121-2, 125, *126*, 128-31, 133-5, 137-9, 144, 157, 161, 317-21; comentários dos funcionários civis sobre a, 120-2, 125, *126*, 128-31, 133-5, 137-9, 317-21; conteúdo sedicioso na, *126*, 132-9, 144, 149-53, 157-65; desenvolvimento da, 124, 131, 153; drama/

teatro na, 106-7, 111, 115, 130, 133, 137, 157-65; erotismo na, 107, 122, 125; influências culturais na, 124, 130-1, 136-7; "literatura de rua" da, 129-30, 138; nacionalismo na, 141, 143, 158, 162-6; não catalogada, 138; repressão da, 144, 157-65; temas de decadência na, 136-7; temas de opressão na, 133-7; vigilância britânica da, 103-9, 132-39, 143, 277, 317-21; *ver também* Bengala; autores indianos

literatura da Alemanha Oriental: antifascismo na, 179, 210, 223, 225, 266; aspectos econômicos da, 182; autorizações para publicação da, 187, 189, 190, 213, 220, 226, 252, 256, 259, 261, 264-8, 271, 332, 334, 340, 342; Bitterfelder Weg na, 207; capitalismo retratado na, 179, 232, 250; censura sistêmica da, 215, 226, 236, 240, 251, 267, 277-8; centro de distribuição de, 256, 259, 271, 340; ciências sociais na, 223; controlada pelo Partido Comunista, 173, 183, 187, 189-90, 193, 195, 211, 213-5, 218, 328; demanda por, 220; drama/teatro na, 241-8; dramas familiares na, 178; "erros" tipográficos na, 189; estilo "burguês tardio" na, 9, 192, 207, 210-1, 214, 225, 258; ficção científica na, 179, 196-7, 219; gêneros literários na, 176; grupo da antologia na, 210-4, 330; histórias de detetive na, 179, 196; histórias policiais da, 223; importância da linguagem na, 210, 233; jornais e revistas na, 173, 190, 200, 203, 213, 260; kitsch na, 220; livros "quentes" na, 185-6, 189, 195, 233-5, 263, 272; livros estrangeiros na, 183, 186, 188; papel declarado da HV na, 172; pareceres de leitores na, 206, 233, 253-4, 261, 276, 338, 342; processo e revisão pré-publicação da, 187, 189, 215, 217-26, 233-5, 249-56, 268-71; publicações *samizdat* na, 240, 264; realismo socialista na, 178, 180, 197, 206-7, 214, 250, 262, 345; repercussões de *Hinze-Kunze-Roman* na, 261; repressão da, 191-2, 195, 208, 213, 227-64, 268, 270-1, 332-4, 337-42; resenhas na imprensa sobre a, 208, 213, 235, 256, 260-2, 280, 340; romances históricos na, 196, 222, 245; romances policiais na, 219, 232; romances românticos na, 219; supervisão burocrática da, *174*, 187, 200, 266; temas "sensíveis" na, 188; temas proletários na, 196; *ver também* Alemanha Oriental; autores da Alemanha Oriental; censores da Alemanha Oriental; editores da Alemanha Oriental; livreiros da Alemanha Oriental

literatura francesa: administração real para *ver* Direction de la Librairie; "aplicações" na, 58, 71, 76; aspectos econômicos da, 50, 63, 73-6, 84-5, 89, 91-3, 95, 278, 306, 311; autoridade do Estado sobre, 59-60, 97; censura pós-publicação da, 33, 59-97, 306; comércio provincial na, 65-6, 78, 85-95; condição jurídica da, 20, 25, 41; dedicatórias na, 32, 34, 50, 277; expansão da, 36, 56; *feuille des jugements* para, *39, 43*;

folhas de rosto da, 20, *21*, 27; ideias não ortodoxas na, 29, 49, 52-3, 59-64; ilegal, 50, 278; ilegal, 65-97; impressão da, 41; obras de protesto na, 80, 87-93; obras do Iluminismo na, 35, 52, 58-64; obras históricas na, 55; obras políticas na, 54-5, 80, 86-93, 274; papel das mulheres na, 76, 98; partidarismo na, 46; pornografia na, 56, 81, 86-7; regulamentação para publicação na, *23*; repressão policial da, 64-97, 274; *roman à clef* na, 57, 76, 275; sistema de distribuição para, 77-97; *ver também* França; autores franceses; censores franceses; livreiros franceses

literatura indiana: ação da polícia contra, 144-5, 322; aspecto oral da, 154-65; canções na, 153-9, 163-6, 274, 326; catálogos da, 119, 121-2, 125, *126*, 128-39, 144-5, 149, 157, 161, 280, 321; conteúdo religioso na, 9, 104, 107, 128-30, 153; conteúdo sedicioso na, *126*, 132-9, 144-66, 168, 322-5; difusão provincial da, 154-66; drama/teatro na, 148, 153, 157-66; monitoramento britânico da, 102-9, 119-22, *126*, 132-9, 144-5, 157, 317-22, 343; repressão da, 139-67, 278, 322-5; *ver também* Índia; autores indianos; editores indianos

litografia, 119-20

livre sur la librairie, 40

livreiros da Alemanha Oriental: armazenamento de *Hinze-Kunze-Roman* por, 256, 259, 264; na criação do Plano anual, 184, 197; supervisão de, 182; *ver também* editores da Alemanha Oriental

livreiros franceses: censo de 1764 e, 65; censo de 1777 e, 65, 299; comércio ilegal de, 50, 65-97; em pequena escala (*bouquinistes*), 77-85, 95-6; guilda de, 25, 38, 41, 65, 296; prisão de, 68, 72, 79, 82-9, 96, 313; provinciais, 66, 78, 85-95; responsabilidades legais de, 20; truques sujos de, 95

Livro negro da censura polonesa, O, 282

livros: história dos, 297; repressão de, 9, 35, *ver também* censura, pós-publicação, 35; visão liberal dos

Lobat, F. J.-B., *23*

Locke, John, 13-4, 296, 303

Loest, Erich, 192, 217, 227, 231-5, 278, 331, 333-4

Londres, 55, 102, 107, 110, 121, 130, 143, 146, 278, 323; comércio de livros franceses com, 89, 92, 312

Long, James, 101-3, 133, 279, 314

Longe de Moscou (Ajáiev), 344

Louvre (Paris), 78, 84

Lucas, Abraham, 85-6, 89

Luftschaukel (Bruns), 220

Luís XV, rei da França, 54, 62, 75, 93, 304, 312

Luís XVI, rei da França, 80, 311-2

Lukács, Georg, 229-31, 274

Luxemburgo, Rosa, 251, 260

Lyon, França, 57, 65, 92-3

Lytton, Lord, 136

Macaulay, Thomas Babington, 123

Machault d'Arnouville, Jean-Baptiste, 307

Madras, Índia, 140, 314, 322-3

Mahabharata, 109, 122, 149
Mahajana Sabha (jornal indiano), 140
Maillard, M., 73-4, 76
Malásia, 155
Malassis, Jean-Zacarie, 90-1
Malesherbes, C. G. de Lamoignon de, 27, 30, 32-8, *39*, 40-1, 45-8, 50-2, 55-8, 61, 63-6, 297, 299-309; audiências de, 32, 37, 302; indicação de censores por, 42-7; ligações da corte com, 57; memórias de (*Mémoires sur la librairie*), 64, 304-5; permutas de censores com, 40, 48; relações dos autores com, 45-6, 51, 63-4
Mammach, Klaus, 271
Manea, Norman, 286-7, 344
Manichel, Louise *ver* La Marche
Manihara-phani Barat janani, 320
Mann, Heinrich, 228
Manoury, Jacques, 85-91, 93-5, 311-2
Maomé, 28, 92, 312
Margot la ravaudeuse, 88
Mariage de Figaro, Le (Beaumarchais), 37
Marigny, marquês de, 34, 300
Maron, Monika, 201, 267, 334
Marquand, Hans, 208-9
Marville, Claude-Henri Feydeau de, 68-72, 74-5
materialismo dialético, 288
Matri Puja (peça de teatro), 157, 161, 164
Matri Puja Gan (livro de canções), 165
"Mauer, Die" (Braun), 242, 330
Maupeou, René-Nicolas-Charles--Augustin de, 79-80, 87-8, 93, 311-2
Maupeouana, ou correspondence secrèts et familière de M. de Maupeou, 312

May, Karl, 197
Mayer, Hans, 231
Mazelin, M., 68-74, 76
Mazumdar, Bhabaranjan, 165
Mémoires authentiques de la vie de Madame du Barry, 79
Mémoires pour servir à l'histoire du Parlement de Paris (Beaumarchais), 312
Mémoires secrets d'une femme publique (Morande), 312
Mémoires sur la librairie (Malesherbes), 65, 299, 304-5, 308-9
Mensching, Steffen, 224, 332
Mequignon, *la femme* (*bouquiniste* de Paris), 83, 85
Michault, M., 46, 303
Mill, James, 104, 123
Mill, John Stuart, 122-3, 316
Milosz, Czeslaw, 288-9, 344
Milton, John, 14, 149, 296
Minet, 69
Ministério da Cultura (Alemanha Oriental): na criação do Plano anual, 184; no caso *Guevara*, 338; proposta do grupo da antologia para, 210; relações da Kultur com, 199; *ver também* HV
Minto, Lord, 141-3, 145, 323-4
Mir fehlte Spanien (Ibárruri), 271
mitologia hinduísta, 10, 104, 106, 108, 129, 136, 151-2, 159, 161, 165, 326
Mitra, Dinabandhu, 111, 315
Mittag, Günter, 257, 259, 339, 342
Mitteldeutscher Verlag (MDV), editora, 215-6, 218, 220-1, 224, 226, 232-3, 235, 242, 251, 253-4, 256, 258, 264, 268, 331-2, 338-9, 341

modernismo *ver* "burguês tardio", estilo (na Alemanha Oriental)
Moisés, 92, 312
Molière, 115
Moncrif, F.-A. Paradis de, 32-5, 45-6, 300, 302-4, 307
Mongólia, 214
Montauban, princesa de, 68-9
Morande, Charles Théveau de, 312
Morley, John, 104, 123, 141, 143, 145, 155, 323-4
Mot et la chose, Le, 308
Mouhy, *chevalier* de, 31-3, 42
Moulins, França, 75; estatuto de (1566), 60
muçulmanos: na Índia britânica, 118, 128, 142, 325
Mukerjee, babu Kiran Chandra, 326
Mukherjee, Harish Chandra, 111
Mukunda Lal Das, 157, 274
mulheres no comércio de livros na França, 76, 98
Müller, Heiner, 333-4
Mumbai, Índia, 104, 140, 145, 166, 322-4
Muro de Berlim, 16, 171, 175, 188, 210, 212, 217, 227-8, 231, 241, 266, 272, 326
Mymensingh, Índia, 142, 325
Mystères de l'hymen, ou la bergère de velours cramoisy, 56

Nachdenken über Christa T (Wolf), 232
"Nachtgedanken" (Mensching), 225
nacionalismo, 123, 138-47, 158, 162, 164-5, 281, 322
Nagy, Imre, 229
Negative Erfolg, Der (Branstner), 219

Nesle, marquês de, 75
Nestler, Solveig, 195
Neubert, Werner, 255-6, 261, 339
Neuchâtel, Suíça, 64, 92, 94, 309, 311-2
Neue Deutsche Literatur (revista literária), 213, 260, 329
Neue Herrlichkeit (De Bruyn), 190, 264, 332, 341
Neues Deutschland (jornal), 232
Neues Leben Verlag, editora, 233, 332
Neumann, Gert, 192
Neveu de Rameau (Diderot), 250
Néville, Le Camus de, 297
Newton, Isaac, 47
Nibelungen (Braun), 268
Nibhrita Nivas Kavya, 128
Nietzsche, Friedrich, 192, 196
Nigurha Atma-darsan, 318
Nikitenko, Aleksandr, 344
Nil Darpan (Mitra), 110-1, *112*, 113-6, 133, 138, 275, 315
Nirbasita Seeta, 318
Noailles, família, 57
Noble, Margaret, 140
Nonnes éclairées, 94
Nouveau voyage aux isles de l'Amérique (Labat), 20-1, *23*
Nouvelle Héloïse, La (Rousseau), 45
Novak, Kurt, 178
Nóvi Mir (revista soviética), 283, 285

Oeuvres diverses (Moncrif), 45
Oliver Twist (Dickens), 115
On Liberty (Mill), 123
opinião pública, 19, 80, 235, 337
Oraison funèbre des conseils supérieurs, 88
orientalismo, 124, 126
Orléans, duque d', 78

Otan, 197, 240, 271, 335
Oudh, província de (Índia), 118, 322

Palais de Justice (Paris), 78, 83
Palais-Royal (Paris), 77-8, 80, 82-3, 95-6
palavra: liberdade de *ver* liberdade de expressão, 13; poder da
Pallichitra (revista literária), 149
panchalis (recitações de histórias hinduístas), 106-7
Pantha (Mukerjee), 326
Paris, 33-8, 41, 50, 60, 65, 68, 73, 78, 84-5, 89, 91, 277, 280, 296, 302, 305, 310; Parlamento de, 55, 60-1; Universidade de, 59
Parlamento de Rennes, 90
Partido Comunista da Alemanha Oriental: Academia do, 257; *apparatchiks* no, 175, 182, 184, 191, 216, 227, 231, 233, 243-4, 249, 251, 257, 260, 262, 277; arquivos do, 193; burocracia no, 173, *174*, 187, 200; controle da literatura pelo, 173, 183, 187, 189-90, 193, 195, 211, 213-5, 218, 227-64, 328; documentos do, 16; linha do, 182-3, 196-7, 200, 203, 205, 214, 226, 230-1, 233, 243, 256, 269, 271-2, 275, 290; reformistas no, 175; repreensões do, 190, 235, 260, 329; retórica burocrática no, 210; táticas repressivas do, 227-8, 230-1, 236; tratamento das editoras pelo, 228, 230-2, 234, 329; tratamentos dos autores pelo, 192, 199-214, 226-7; *ver também* Comitê Central; Kultur; Politburo
Pascal, J.-B., 62

Paschke, Erika, 176
PEN, organização (Alemanha Oriental), 191, 270
Pensées philosophiques (Diderot), 61-2
Pensées théologiques, 92
Pensées théologiques relatives aux erreurs du temps, 312
permissions de police, 305
permissões simples, 30, *43*, 50
permissões tácitas, 30-1, 35, 39-40, *43*, 45, 50, 52-3, 55, 58, 63, 278, 301, 304, 307
philosophes, 19, 52, 56, 59, 62, 64, 67, 297, 304
Philosophie du bon sens, La (Boyer), 62
Picus et Canente (ópera), 304
Pietrass, Richard, 192
Plan général d'institution publique pour la jeunesse du ressort du parlement de Bourgogne, 46
Plano anual (Alemanha Oriental): aprovação do, 179, *181*, 182, 184-6, 195-7, 255, 260; caráter secreto do, 184; funcionamento do, 182-6, 195, 197, 224; Grupo de Trabalho Literário do, 184; para 1982, 196; para 1984, 197, 252; para 1985, 196, 260, 340; para 1989, 179, *181*, 267; para 1990, 176, *177*; títulos reimpressos no, 185
Plenzendorf, Ulrich, 236
poder do Estado, 7-8, 16, 274; abusos de, 281; compromisso dos funcionários com, 280; opiniões do Iluminismo sobre, 19
Politburo (Alemanha Oriental), 173, 175, 182, 195, 197-8, 235, 251, 257, 262, 265, 269-71, 284, 329, 340
Política (Aristóteles), 145

Polônia: censura na, 282, 288, 344; levante antissoviético na, 228, 231; sindicato Solidariedade na, 264

Pompadour, Madame de, 34, 61, 75-6

Poncet de la Grave, Guillaume, 33-5, 300

pornografia, 7, 56, 81, 86-7, 116, 312

pós-modernismo, 15

Power in Print (Ghosh), 313, 318

Primavera de Praga, 232, 284-5

Primeira Guerra Mundial, 143

Principes du droit naturel, Les (Formey), 306

privilégios, 22, *23-4*, 25-30, 35, *39*, 40-2, *43*, 45-6, 52, 55, 60-1, 64-5, 78, 97, 191, 257, 261, 276-7, 280-1, 297, 299-302, 309; alternativas a, 30; concessão de, 31-2; criação de, 60; processo burocrático para obtenção de, 38, *39*, 40-2, *43*, 44; revogação de, 61, 63

Procès instruit extraordinairement contre M. de Caradeuc, Le, 90

Projet des embellissements de la ville et des faubourgs de Paris (Poncet), 33

protestantismo, protestantes, 53, 59, 302, 306

Proust, Marcel, 207, 296

Provérbios de Bengala (Long), 102

Prússia, 54, 79

Prye, marquês de, 73-4

Prynne, William, 343

Punjabee (jornal indiano), 140

puritanos, 10

Putain errante, La, 311

Pyrrhonisme du sage (Beausobre), 62

Questão britânica, 90

Raghuvansa, 109

Ragwitz, Ursula, *174*, 184-6, 193, 195-201, 204-8, 211-3, 215, 226, 243-6, 260-1, 265, 270, 327-31, 334-5, 339-40, 342; no caso da antologia, 211-4, 330; no caso Hilbig, 205-8, 329; no caso Wangenheim, 212-3; nos casos de Braun, 243-6, 260, 276, 335-6, 340; pontos de vista ideológicos de, 205-6; relacionamento de Hager com, 198-9, 327

Rahasya-pratibha, 122

Rähmer, Joachim, 221, 332

Rajatgiri Nandini Natak, 130

Ramayana, 109, 122, 128, 130, 149, 318

Rathenow, Lutz, 201, 227, 267

Ravinet, M., 85

realismo socialista, 9, 178, 180, 197, 206-7, 214, 250, 262, 289, 345

Reclam Verlag, editora, 196, 203, 206, 208, 329

Réflexions impartiales sur l'Evangile, 88

Reforma protestante, 59

Réfutation d'um livre publié par feu M. l'évêque de Mirepoix sous le titre de Défense de la grâce efficace par ele--même, 306

Regnault, Gabriel, 92-3, 311-2

Reignière, M. de la, 32

Reinowski, Werner, 221, 332

religião: contradições e, 280; na literatura indiana, 9, 104, 107, 128-30, 153; textos franceses heterodoxos sobre, 52-3, 59-61, 86, 89

Religion naturelle, poème, La (Voltaire), 61

Renânia, 50

Renascimento de Bengala, 124, 131, 140

Reporter des Glanzes (Czerny), 219
República Democrática Alemã (RDA) *ver* Alemanha Oriental
Revolta Azul (Calcutá — 1859-60), 110-1
Revolta dos Cipaios (Índia — 1857), 102, 316
Revolução Francesa, 58
Rey, Marc-Michel, 52, 95
Rilke, Rainer Maria, 207
Rimbaud, Arthur, 207
Ripon, Lord, 323
Robinson, John, 128, 316-7
Rockwell, Norman, 288
Romênia: censura na, 286-8
Rossbach, batalha de, 62
Rouen, França, 65, 68, 70, 72, 76, 81, 85-6, 88, 91-2, 310
Rousseau, Jean-Jacques, 19, 45, 52, 95
Rousselet, M., 306-8
Roy, Ram Mohun, 124
Rudra, Manmatha Natha, 161
Rússia, 10, 288; *ver também* União Soviética

Sacheverell, Henry, 110
Sachs, Heinz, 232
Saint-Malo, França, 90-1
Sammya, 122
Sankhya Darsan (Vidyasagar), 318
sânscrito, 107, 115, 117, 126, 131-2, 157, 159-60
Sarat-Sashi, 320
Sarbbagyan Gyanmanjari, 129-30
Sartine, Antoine de, 50, 65-6, 297, 301, 310
Sastri, Sibnath, 140, 144, 317
Satik Pauchali, 320
Saturday Evening Post, 288

Satya Pir, 128
Schabowski, Günter, 269, 341
Schattenboxen (Loest), 233
Schlenstedt, Dieter, 224, 252-6, 258, 261, 276, 338
Schlenstedt, Silvia, 224, 252
Schneider, Hans, 269, 342
Schopenhauer, Arthur, 192
Schreibt die Menschheit ihr letztes Kapitel? (Hanke), 271
Schwierigkeiten mit der Wahrheit (Janka), 229, 333
Secousse, M., 45
Seghers, Anna, 228-30
Segunda Guerra Mundial, 222, 271, 288
Seid ein Gespräch wir sind (Cibulka), 220
Selbig, Klaus, 254, 256, 258, 262, 339
Sénac, Jean-Baptiste, 47, 304
Serviço Civil da Índia (ICS), 16, 103, 109, 114-5, 119-20, 126, 139, 144-5, 157-8, 167, 276-7, 316, 326
Seton-Karr, W. S., 111
Seyppel, Joachim, 218
Shaw, Graham, 16, 313
Shishubodh (Chandra), 108
Shivaji, 140, 147
Sie nannten ihn Ur (Granin), 271
Silésia, 221
Sindicato dos Autores (Alemanha Oriental), 173, 184, 205-6, 213-4, 232, 236, 246, 251, 260, 262, 267, 269, 284, 329, 336, 338, 341; administração da HV do, 182; candidatura para o, 214; censura contestada pelo, 265-8; censura de Braun pelo, 246; condição de não membros do, 206; controle

do Partido Comunista do, 203-4; expulsões do, 232, 236; na criação do Plano, 184, 197; questionamento de Braun pelo, 260, 261-2, 336; revista literária do, 213, 329
Sindicato dos Dramaturgos (Alemanha Oriental), 204
Singh, Ajit, 146
Sinn und Form (revista literária), 200, 243, 328, 342
Sisteron, bispo de, 53
Sjoeberg, Arne, 179
So war es: Lebensgeschichten zwischen 1900-1980 (Herzberg), 223
Sociedade dos Panfletos de Calcutá, 106
Societé Typographique de Neuchâtel (Suíça), 309
Sofrimentos do jovem Werther, Os (Goethe), 243
Sog, Der (Flieger), 219
Soirées du Roi de Prusse, Les, 79
Solidariedade (Polônia), 264
Soljenítsin, Aleksandr, 10, 282-4, 286, 295, 344
Sonntag (semanário cultural), 231
Sorbonne, 22, 53, 59-60
Späte Post (Guenther), 178
Sriyukta Babu Srigopal Basu Malliker Phelosiper Lekchar, 318
Stálin, Ióssif, 11, 186, 229, 264, 283
stalinismo, 188, 200, 228, 230-31, 241, 284-5, 288-9, 345
Stasi (polícia secreta da Alemanha Oriental), 212, 227-9, 231, 235, 241, 265, 333
Stille, Die (Jakobs), 218
Stimme, Stimme (Hilbig), 329
Strachey, juiz, 159, 326

Strauss, Leo, 276, 296, 343
Strittmatter, Erwin, 192, 334
Stuart, Carlos Eduardo, 54
Suard, Jean-Baptiste-Antoine, 35
Suíça, 50, 92, 278, 309
Sukhamukur Kavya, 321
Sura-sanmilana, 136
Surendra-Binodini Natak, 125
Surkhamp Verlag, editora, 242, 255, 259, 268
Swarajya Sapan, 154
Swarnalata (Tagore), 131, 318
Système de la nature, 89

Tablettes dramatiques (Mouhy), 32
Tagore, Rabindranath, 131
Tamponnet, M., 307
Tanastès (conto de fadas político), 68-9, 71, 74-6, 274, 280, 310
Tangospieler, Der (Hein), 190
Tchecoslováquia: censura na, 284-5; levante antissoviético na, 232, 284; Primavera de Praga, 232, 284-5
Tchernobil, acidente nuclear de, 264
Tercier, Jean-Pierre, 54, 60
Téron, Jacques-Benjamin, 92
Thakur-Jhi, 318
Theater der Zeit, 204
Théologie curieuse, ou questions recherchées extraites des Santies Ecritures, 307
There's No Such Thing as Free Speech, and It's a Good Thing, Too (Fish), 15, 295-6, 345
Thérèse philosophe, 87
Tiedke, Kurt, 257, 339
Tilak, Balwantrao Gangadhar, 140, 146-8, 155, 159, 164, 325
Timoféiev-Ressóvski, Nikolai, 271

Tinka (Braun), 242
tolérances simples, 31
Tolstói, Liev, 324
Traité des erreurs populaires, 88
Transit Europa (Braun), 269
Tratado de Potsdam, 221
Trenungszeinchen (Novak), 178
Trois imposteurs, 92, 312
Turgot, Anne-Robert-Jacques, 80
Tvardóvski, Aleksandr, 283
Tyndale, William, 10

Udvaha Chandraloka, 131
Ulbricht, Walter, 229
União Soviética, 188, 228, 232, 271, 279, 283, 286, 328; censura na, 282-4, 344-5; colapso da, 264; desestalinização na, 228; importância da literatura na, 10, 284, 289; invasão da Tchecoslováquia pela, 232, 284; livros da Alemanha Oriental na, 271; materialismo dialético na, 288; referências literárias da Alemanha Oriental à, 188, 232; tropas soviéticas na Alemanha Oriental, 227
Universidade de Amsterdam, 202
Universidade de Leipzig, 231, 246
Universidade de Paris, 59; *ver também* Sorbonne
Universidade de Strasbourg, 303
Universidade Humboldt de Berlim, 172
Unterm Neomond (Hilbig), 206
"Unvollendete Geschichte" (Braun), 243-5, 335
utilitarismo, 123, 316

Vana-Vihangini, 120
Vaticano, 59

Vedanta, 318
Vedas, 128
Vénus dans le cloître, ou la religieuse en chemise, 94
Vérités des mystères de la religion, 94
Versalhes, França, 34, 47, 50, 62, 65, 68-9, 71-4, 84, 94, 278, 280; "livros ruins" oriundos de, 68, 75-6, 85
Vida e as obras de Joseph Mazzini, A, 145
Videa Sundar (Chandra), 108
Vidyasagar, Ishvarchandra, 131, 318
Vie de Clément XI, 307
Vie de Madame la comtesse du Barry, 82, 84, 86, 88
Vitória, rainha da Inglaterra, 114, 135
Vixnu, 107
Vogt, Walter, 204
Voltaire, 19, 45, 46, 52, 55, 61, 67, 88, 95, 278, 285, 297-8, 300, 303, 343
Volupteux hors de combat, Le, 81
Vrillière, duque de la, 96, 312-3

Walle, M., 85, 87, 89, 93, 311
Wangenheim, Inge von, 213
Weber, Max, 37, 42, 301-2
Weckwerth, Manfred, 244
Weigel, Helene, 230
Weimarer Beiträge, 260
Weltbühne, Die, 256, 261
Wesener, Hans-Jürgen, 171-3, 175-6, 179, 182-5, 187, 189-91, 195, 216
whigs (Inglaterra), 55, 101, 296
Widerstand 1939 bis 1945 (Mammach), 271
Wilkite, 110
Wir Flüchtlingskinder (Höntsch-Harendt), 221
Wir und nicht sie (Braun), 242, 330

Wissenschaftskolleg zu Berlin, 16, 342
Wolf, Christa, 185, 192, 205, 209, 228, 232, 236-7, *238*, 240, 252, 258, 265, 333-6
Wolf, Gerhard, 236
Wolf, Konrad, 199

Xiva, 107, 136

Yoganand, Swami Shivanad Guru, 154
Yugantar (romance de Sastri), 140, 144
Yugantar (semanário revolucionário), 144

Zeit, Die, 328
Zorn des Schafes, Der (Loest), 217, 331, 333

ESTA OBRA FOI COMPOSTA PELA SPRESS EM MINION E IMPRESSA EM OFSETE
PELA GRÁFICA BARTIRA SOBRE PAPEL PÓLEN SOFT DA SUZANO PAPEL E CELULOSE
PARA A EDITORA SCHWARCZ EM ABRIL DE 2016